文物保护修复丛书

中国陶质彩绘文物保护修复案例报告

青州香山汉墓

刘江卫　著

科学出版社
北　京

内 容 简 介

2008年秦始皇帝陵博物院承担了青州香山汉墓出土陶质彩绘文物的保护修复实施工作，历经7年完成了1011件陶质彩绘文物的保护修复。本书是针对该项目的详细记录与总结，内容包括了项目背景、文物信息调查、病害评估、科学检测分析、制作工艺研究、保护修复实施等，并以典型器物的修复保护过程为案例，既是在经验中总结，也是在探索中研究，旨在推广陶质彩绘文物保护修复工作的规范化与科学化，为从事文物保护修复的技术人员提供一定的参考和指导性。

本书可供从事文物保护、科技考古及相关学科的研究者和大专院校相关专业师生参考、阅读。

图书在版编目（CIP）数据

中国陶质彩绘文物保护修复案例报告. 青州香山汉墓 / 刘江卫著. —北京：科学出版社，2020. 10

ISBN 978-7-03-066196-8

Ⅰ. ①中… Ⅱ. ①刘… Ⅲ. ①汉墓 – 古代陶瓷 – 器物修复 – 研究 – 青州市 Ⅳ. ① G264.3

中国版本图书馆 CIP 数据核字（2020）第 177545 号

责任编辑：赵 越 / 责任校对：王晓茜
责任印制：肖 兴 / 封面设计：刘可红

科学出版社 出版
北京东黄城根北街16号
邮政编码：100717
http://www.sciencep.com

北京汇瑞嘉合文化发展有限公司 印刷
科学出版社发行 各地新华书店经销

*

2020年10月第 一 版 开本：787 × 1092 1/16
2020年10月第一次印刷 印张：17 1/2
字数：415 000

定价：298.00 元

（如有印装质量问题，我社负责调换）

本书得到

陕西秦兵马俑文物保护基金会

资助

序　一

陶质彩绘文物保护国家文物局重点科研基地自2005年挂牌成立至今，已经走过了十五个年头。科研基地从秦俑彩绘保护出发，逐步扩展至各个时期的陶质彩绘类文物的保护修复，在彩绘分析、陶质本体保护、彩绘加固、彩绘回贴、施彩工艺研究、保护修复方法及材料研究等方面开展了大量的研究实践工作，也为国内许多兄弟单位提供了技术支持和服务。

山东青州香山汉墓陶质彩绘文物保护修复项目就是其中规模较大的一个项目。香山汉墓陪葬坑共出土各类彩绘陶器、陶俑两千余件，种类丰富，具有极高的艺术价值和科学价值。同时，由于保存状况不佳，且数量巨大，这批文物的保护修复任务也非常艰巨。受青州市博物馆的委托，陶质彩绘文物保护国家文物局重点科研基地承担了此次文物保护修复项目。前后历时五年，不仅完成了这批文物的保护修复工作，同时以此项目为契机，举办了陶质彩绘文物青州培训班，提升了来自全国22家单位48名文物修复人员的专业技术水平和素养，也为青州市博物馆建立了一支文物保护修复队伍。

本书是对整个项目的梳理和总结，是一线文物保护工作者点滴心血的凝结。不仅是回顾和积累，也希望能为推动文物保护修复工作的科学化和规范化提供一些分享和借鉴。

秦始皇帝陵博物院院长

侯宁彬 研究员

序　二

自 2006 年冬至 2014 年春，山东青州香山汉墓陪葬坑出土文物的修复保护工作历经了 9 个年头，走过了一条漫长而艰辛的路，同时也收获了沉甸甸的硕果。

在项目进行过程中，青州先后有 20 余人参与到该项目中，为青州市博物馆文物修复保护人才队伍建设打下了良好的基础，对青州市博物馆的文物保护工作起了极大的推动作用，为其日后成为陶质彩绘文物保护国家文物局重点科研基地青州工作站、山东省文物保护科学与技术研究重点基地夯实了基础。

这个项目不仅为青州培养了人才,也为全国培养了文物保护技术力量。2009 年 7~10 月，依托该项目，国家文物局在青州举办了“2009 年陶质彩绘文物保护修复专业技术培训班”，共有来自全国 18 个省市的 48 名学员参加了学习。学员们修复的文物和秦始皇帝陵博物院、青州市博物馆工作人员修复的文物，先后在首都博物馆、内蒙古博物院、秦始皇帝陵博物院、日本九州国立博物馆等国内外多个单位展出，收获好评无数。同时，青州市博物馆以“汉梦华章”为主题，增设基本陈列，供海内外游客欣赏，为汉代物质文化生活的研究提供了丰富的资料。

文物保护是一项需要长期坚持的工作，不仅需要专业人员的坚守，国家的支持尤为重要，资金的保障是一切工作顺利实施的基础。借本书的出版，一并向给予青州香山汉墓陪葬坑出土文物保护项目大力支持的各级政府及有识之士表示深深的谢意，特别要向已过世的李培松先生表示衷心的感谢！正是在他的积极协调下，该项目才得以及时顺利实施。文物保护任重道远，相信在我们共同的努力下，一定会为将来留下更多的财富。

青州市博物馆馆长

第十二届、十三届全国人民代表大会代表

王瑞霞 研究馆员

序 三

陶质文物是人类历史上最为主要的发明创造之一，它的出现、应用与发展，见证人类的物质文明与精神文明的进步；改变了史前人类“茹毛饮血”的生活状态，从此迈入了农业生产和稳定定居的社会，并为金属冶铸、瓷器生产提供了经验与技术支持。从我国历代陶俑的制作发展来看，每一个时代都有其不同的制作特征，因此，彩绘陶质文物是古代制陶经验与造型工艺的结合，呈现不同时代人们的日常生活、服饰装束、军事装备等，反映出各时代的经济、政治、文化、民俗等信息。然而，在漫长的历史岁月中，每件文物都经历了不同的历史，遭受了不同的损坏，特别是陶质彩绘文物很容易受到所处保存环境的影响，时至今日大量的陶俑都无法完整展示其原有的历史、科学、艺术风貌，这为考古研究、展示活动带来了诸多不便。如何将这些陶质彩绘文物所带有的历史、政治、经济、文化等方面的信息完好地保存与传承，是我们文物保护修复工作者的一项艰巨的任务。

青州香山汉墓出土的陶质彩绘文物数量大、种类全，工艺精湛，色彩艳丽，被评为“2006 年全国重要考古发现之一”，价值极高；但同时，由于埋葬环境等因素，造成其出土后损害严重的现状，保护修复难度很大。2008 年，受青州市博物馆委托，经国家文物局审批，秦始皇帝陵博物院、陶质彩绘文物保护国家文物局重点科研基地承担了该批陶质彩绘文物的保护修复。通过近十年工作的开展，不仅有效地保护了千余件珍贵的陶质彩绘文物，而且在此基础上探索与总结了陶质彩绘文物保护修复规范化操作流程，针对我国陶质彩绘文物建立了国家及行业标准，加强了陶质彩绘类文物保护的研究、运用、示范和推广工作。秦始皇帝陵博物院、陶质彩绘文物保护国家文物局重点科研基地坚持“立足平台、整合资源、技术创新、推广应用”， 利用自身技术优势，积极发挥科研基地的示范带头作用，围绕陶质彩绘文物保护以及相关文物的保护修复展开成果推广工作，于 2008 年在青州市博物馆设立陶质彩绘文物保护国家文物局重点科研基地青州工作站，面向青州以及周边地区开展陶质彩绘文物保护修复工作；

并以此为基础，面向全国开办了“国家文物局陶质彩绘文物保护修复培训班”，加强培养具有扎实理论知识和实操经验的文物保护修复技术人员，提升了我国陶质彩绘文物保护修复整体水平。本书是对该项目的全面总结、记录和展示，是陶质彩绘文物保护修复工作规范化流程的标准范本，内容翔实地介绍了文物保护修复流程、病害识别方法、科学分析技术、修复保护措施以及数字化技术应用和预防性保护等，对从事文物保护修复的技术人员和大专院校的文物修复专业学生有一定的参考性、指导性。

中国文化遗产研究院原副院长
中国文物保护基金会副理事长
[signature] 研究员

目　录

第一章　项目背景

香山汉墓位于山东省青州市谭坊镇东南约 5 千米的香山西北麓。2006 年 6 月因公路施工，在墓旁发现一座陪葬坑。2006 年 6~8 月，由山东省考古所、潍坊市博物馆、青州市博物馆组成了联合考古队，开展了香山汉墓的勘探及陪葬坑的发掘工作，共发掘陪葬坑一座，汉代窑址一座，并确定香山汉墓为“甲”字形大型土坑竖穴墓。

香山汉墓陪葬坑位于墓道西侧，南北长 7.3 米、东西宽 5.1 米，深 4 米，陪葬品以陶质彩绘文物为主，共出土各类陶器、陶俑 2000 余件，陶车两乘，以及大量铜、铁兵器，种类丰富，分布密集。陶器主要是成套的礼器和生活用具等，表面髹漆并绘有卷云纹、平行条纹、波状纹等纹饰；陶俑包括骑俑、立俑、仕女俑、马俑、牺牲俑等，通体彩绘多见红、白、紫等颜色；不同形制的人俑冠饰、服饰各异，马俑、牺牲俑刻画生动传神，表现了该时代成熟的制陶工艺和精湛的绘画技艺，为研究该时期陪葬的形制，仪仗的规模，服饰、马具的时代特点及人民的生产劳动力提供了珍贵的实物资料。

因此，该陪葬坑一经发现和发掘就得到国内考古、史学研究和社会民众的广泛关注。从香山汉墓的墓葬形制和陪葬坑出土物来看，该墓年代应属西汉中前期，推测墓主可能和西汉菑川国有关。发掘工作结束后，山东省青州市博物馆负责接收了陪葬坑的出土文物。面对数量巨大、种类齐全的珍贵历史文物，如何完成保护任务，使它们完美地呈现在观众的面前，成为摆在青州市博物馆面前的棘手问题。

陶质彩绘文物保护国家文物局重点科研基地（秦始皇帝陵博物院）（以下简称科研基地）成立于 2005 年，是在国家文物局、陕西省文物局的大力支持和帮助下，以秦始皇帝陵博物院（以下简称秦陵博物院）为依托成立的国家文物局重点科研基地，是国家文物局首批重点科研基地之一。科研基地的宗旨是力求解决历史文化遗产保护领域面临的基础性、关键性问题，通过理论创新、体制创新和科技创新，为文物保护事业科学和技术的大发展创造良好的条件，解决领域内重大科技问题。秦陵博物院、科研基地在长期的秦兵马俑陶质彩绘文物的保护修复工作实践中，逐步建立了成套的陶质彩绘文物保护技术体系，形成了科学化的保护修复流程，积累了丰富的工作经验，并不断在全国范围内进行技术推广和辐射。

国家文物局非常重视青州香山汉墓陪葬坑出土文物的保护工作，在调查研究后要求，文物的保护修复应依照工程施工的模式开展实施，并加大科技力量在保护修复中的投入。在科技分析、前期实验的基础上编制科学、合理的保护修复实施方案，推动文物保护修复工程实施的规范化。随后，受青州市博物馆委托，秦陵博物院、科研基地编制了《山东青州香山汉墓陪葬坑彩绘陶器及铜铁器保护方案》，并通过国家文物局审批。

与秦始皇帝陵陪葬坑出土的陶质彩绘兵马俑相比，香山汉墓出土的陶质彩绘文物体量相对小，但数量庞大，并且部分文物的装饰工艺与秦兵马俑一样，在陶质胎体上施以生漆后再进行彩绘，彩绘中出现了珍贵的紫色矿物颜料。由于这批文物埋藏时间长，器物之间叠压堆放、排列紧密，导致脆弱的陶质胎体残损较为严重；地下不利环境的长期侵蚀导致器物表面彩绘层出现了脱落、起翘、开裂、污染等各种病害，因此对于这批文物的保护修复重点是彩绘加固和陶体修复。

该项目是科研基地成立以后承接的第一个大型文物保护修复工程，为了更好地完善陶质彩绘文物保护修复工作规程，保证工程质量，秦陵博物院、科研基地决定以此次香山汉墓文物保护修复工程为契机，在原有工作经验的基础上制定一系列科学的、实操性强的工作流程、标准和规范，以文物保护工作者严谨的态度、强烈的责任心来对待这批珍贵文物的保护修复工作。由此组建了青州香山汉墓文物保护修复工作组，明确了任务分工和技术目标，陆续将文物运至秦陵博物院或派人员赴青州实地工作，开启了此次山东青州香山汉墓出土陶质彩绘文物保护修复工程的序幕。

第二章　出土文物信息调查及价值初探

山东省青州市谭坊镇东南约 5 千米的香山，又名箕山，是一处颇有知名度的小山脉。百姓相传，这里有一墓葬，当地群众俗称“纪侯冢”“纪季冢”，据史料记载应为春秋时期纪国国君之弟纪季之墓。2006 年 6 月公路施工时，在此地发现一处规模不大的陪葬坑，出土大量精美的陶器和铜、铁兵器，经考古发掘确定此陪葬坑的时代应为西汉中前期。而这一仅不到 40 平方米的陪葬坑，出土陶质彩绘文物 2000 多件，器形种类繁多，造型多样并均施以彩绘，具有典型的西汉时代的风采，备受社会各界的关注。

1. 山东青州的历史

青州，山东半岛西部的一座小城，历史悠久、文化灿烂，经历两千多年的发展，形成了积淀深厚而又内涵丰富的历史文化内涵，千年的沧桑变化为这里留下了丰富的文物古迹和历史遗存。

古青州为古“九州”之一，关于青州的记载最早见于《尚书·禹贡》：“海岱惟青州。嵎夷既略，潍、淄其道。厥土白坟，海滨广斥。厥田惟上下，厥赋中上。厥贡盐絺，海物惟错。岱畎丝、枲、铅、松、怪石。莱夷作牧，厥篚、檿丝。浮于汶，达于济。”[1] 记述了渤海和泰山之间均为青州的领地，

[1]　冀昀主编．尚书 [M]. 北京：线装书局，2007.

交通发达，物产丰富等重要信息。《周礼·职方氏》曰："正东曰青州。"并注释说："盖以土居少阳，其色为青，故曰青州。"[1] 大体的意思指：正东面是青州，因为土的颜色是青色，所以得名青州。《资治通鉴》中，青州被概括为"左有负海之饶，右有山河之固"[2]，可以说青州一直以来都是连接内陆和沿海的交通要塞，其地理位置重要性可想而知。

上古时期，青州为东夷之地。至夏商间，先后为爽鸠氏、季则氏、逄伯陵氏所据。周初封吕尚为齐侯，地始归于齐。春秋战国时期属于齐国，秦朝建立后废除分封制，实行郡县制，青州时属齐郡，后改为临淄郡。西汉前期分封同姓诸侯王，青州主要属于齐国，都临淄。汉武帝时期实行郡国制与州县制并存，在全国设十三个州，置刺史进行监察。自此以青州命名的正规行政建制首次出现，青州刺史部的监察范围有济南、平原、齐、千乘、北海、东莱六郡及淄川、胶东、胶西三国（图 2.1、图 2.2）。此后历经隋、唐、宋、金、元、明、清等封建王朝，建制频仍，青州均为州、府、郡、道、路的治所。在军事上由于青州城具有易守难攻的天然地理优势，所以历史上一直是兵家必争之地，青州城内多有驻兵，军事地位显著。在经济上，青州的农桑业、纺织业、冶铁业、制陶业均发展良好，在国内处于领先水平，其中又以纺织业最为有名，正因此，有学者提出古青州应为陆路丝绸之

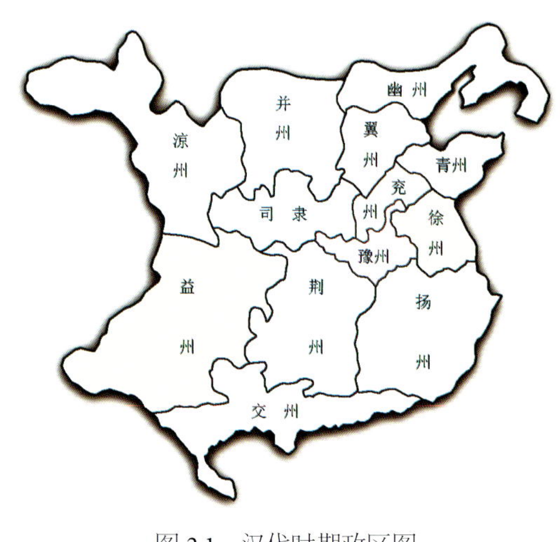

图 2.1　汉代时期政区图

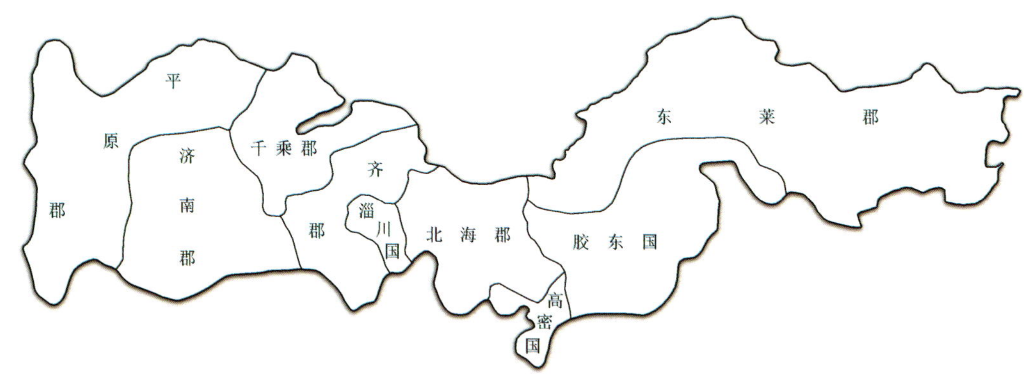

图 2.2　西汉时期青州政区图

[1]　黄公渚选注 . 周礼 [M]. 北京：商务印书局，1936.
[2]　（宋）司马光撰 . 资治通鉴（第三卷）[M]. 北京：当代中国出版社，2001.

路的源头之说[1,2]。

无论在政治、经济、军事还是文化方面，青州都长期居于山东半岛地区的中心地位，重要的历史地位和悠久的历史文化赋予了青州众多弥足珍贵的历史文化遗产。目前，青州市共发现古遗址、古墓葬、古建筑和古石刻造像等文化遗产 600 多处，可移动文物 4 万余件。青州市现有国家级重点文物保护单位 2 处，省级重点文物保护单位 10 处，潍坊市级重点文物保护单位 69 处，青州市级重点文物保护单位 484 处，青州市博物馆是我国唯一的县级国家一级博物馆。

2. 香山汉墓及其陪葬坑发掘的基本情况

2006 年 6 月，山东省青州市香山之阴的谭坊镇大赵村在建设取土过程发现一处汉代墓葬陪葬坑，内有大量彩绘陶质文物，随即上报上级文物主管部门。山东省文化厅随即组织山东省文物考古研究所（现山东省文物考古研究院）、潍坊市博物馆和青州市博物馆联合成立考古队，对陪葬坑进行抢救发掘。发掘的同时，对整个墓葬形制、陪葬坑数量、墓葬茔域内附属设施等内容进行了考古钻探和测绘，并对香山汉墓开展了勘探工作。经过 3 个多月的钻探发掘，确定香山汉墓为“甲”字形大型土坑竖穴墓，墓室正方形，边长 35 米，墓道长 40 米（图 2.3）。

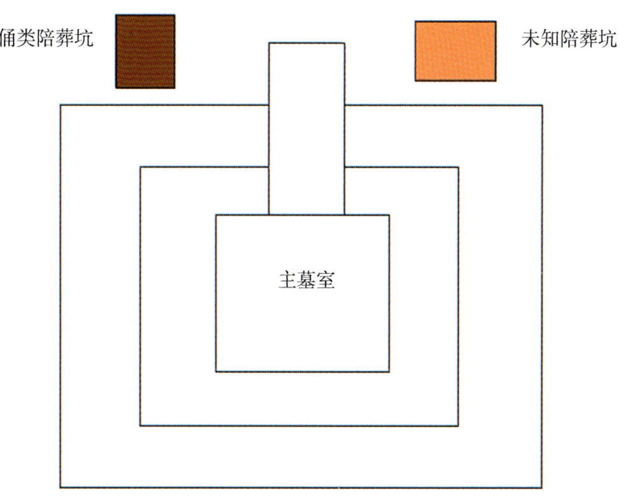

图 2.3　香山“甲”字形汉墓平面图及陪葬坑位置示意图

陪葬坑位于墓道西侧，南北长 7.3 米、东西宽 5.1 米，深 4 米，从发掘迹象看，陪葬坑底部有木板铺垫，陪葬品以陶质文物为主，种类丰富，分布密集。这些器物在坑内分三层埋藏。最上一层在位于坑南部东西向放

[1]　马晓飞. 唐代青州研究 [D]. 山东大学，2014：32-34.

[2]　葛美珠. 古青州与陆上丝绸之路的关系 [J]. 城市学刊，2016，37（1）：84-86.

图 2.4 香山汉墓陪葬坑考古现场

置一箱，东、西、南与坑壁齐，南北宽 2 米，内置鼎、壶、钫、尊、耳杯等礼器和生活用具。第二层木箱与坑的面积相同，以箱的中部为界，南北向分成东西两部分：东部自北向南依次排列，第一排为鼎、耳杯、卮等陶器，第二排为陶俑与马、羊、鸡、狗等陶器，第三排为盆、盘、耳杯、卮、簸箕、刀、壶、鼎等陶器；西部自北向南依次为两排牛、陶马和陶俑。第三层（最底层）木箱的东、西、北三面与坑壁齐，主要放置陶俑、陶马与两部陶车，陶车位于箱的南部偏西；南部剩余约 1 米宽的空间，东半部分放置铜、铁的武器模型，由于年代久远，大部分已锈结且小于正常尺寸，应为兵马仪仗俑所佩戴，种类有剑、弩、镞和戟等；西半部分放置一小箱。三层器物的放置较凌乱，基本无规律可循，放置的方向也不一致，这可能与墓主下葬较仓促有关（图 2.4）[1]。

由于香山汉墓主墓室尚未发掘，印玺、金属器皿铭文等可资说明问题的直接证据还未见到，墓主人的身份现在还没定论。山东大学宗教科学与社会问题研究所的李森先生认为，从香山汉墓的历史、地理背景、文献记载、墓葬规格以及现有的考古发现等几个方面著文对墓主人的身份进行了分析推测，香山汉墓墓主人在时间、国属、身份和情节等一系列方面俱能与第一代菑川国王，汉高祖刘邦之孙，齐悼惠王刘肥之子刘贤相合[2]。

青州香山汉墓陪葬坑被国家文物局评为“2006 年全国重要考古发现”，出土的文物种类丰富、形制多样，对研究当地西汉时期的历史、社会、艺术、丧葬制度具有重要的价值。

3. 青州香山汉墓陪葬坑出土彩绘陶质文物基本情况

青州香山汉墓陪葬坑位于“甲”字形大墓西北角，竖穴土坑，坑内陶质遗物被分别安置在三个木箱中，陶俑数量达 1000 多件，陶礼器及生活

[1] 国家文物局主编 . 2006 中国重要考古发现 [M]. 北京：文物出版社，2007：117-122.
[2] 李森 . 香山汉墓墓主为第一代菑川国王 [N]. 中国文物报，2006-12-8（7）.

用器数百件，陶车两乘[1]，基本分类情况详见表 2.1。

表2.1 青州香山汉墓陪葬坑出土彩绘陶质文物基本类型

类型		尺寸（厘米）	修复文物数量（件）
人俑	立俑	高度：30~58	496
	骑俑	高度：43~53	103
马俑		长度：44~72 高度：47~77	143
牺牲俑		—	146
器物		—	121
车		—	2
合计			1011

3.1 立俑

出土立俑近 800 件，位于陪葬坑中间层及底层，数量多，造型逼真，通体彩绘，多数保存较为完好。从出土情况来看，立式人俑根据尺寸大小可分二式。

Ⅰ式立俑体型较大，高 56~58 厘米，根据烧制工艺的不同分为 A、B 两类。Ⅰ式 A 类立俑，头部与躯干分开塑型烧制后，再用粘接物将头部与躯干连接在一起，最后通体施彩。此类立式陶俑，前额发髻左右平分，在头后束髻，施黑彩，以黑带结缨于颔下；面部胎体塑型并施以粉色，墨笔勾勒出眉目及胡须，红色描唇，脸型饱满，表情庄重；着交领右衽三重衣，衣领皆外露，内衣衣领多见白色、红色，中衣多见白衣红边；外衣为束袖曲裾深衣，施白、红、紫、黑彩，束白色腰带结于前襟，下半身呈喇叭状，外衣长及地面；双手拱于胸前，拳心有上下相通的孔洞，部分俑左肋下有穿孔；双履用红、黑、白绘于正面下方（图 2.5）。

Ⅰ式 B 类立俑制作工艺为整体塑型、烧制、施彩。此类立俑前额发髻左右平分，在头后束髻，施黑彩，以黑带结缨于颔下，个别陶俑下颌处有横条状缨带，极少陶俑头戴板冠；陶俑面部上宽下窄施粉彩或白彩，墨笔勾勒出眉目及胡须，红色描唇；着交领双重衣，内衣多见白衣红边；外衣为广袖曲裾深衣，施白、红、紫、黑彩，束白色腰带结于前襟，下半身呈喇叭状，外衣长及地面；双手拱于胸前，拳心有上下相通的孔洞，部分俑左肋下有穿孔；正面下方双履外显（图 2.6）。

[1] 国家文物局主编 .2006 中国重要考古发现 [M]. 北京：文物出版社，2007：117-122.

图 2.5　Ⅰ式 A 类立俑整体正面及头部细节

图 2.6　Ⅰ式 B 类立俑整体正面及头部、足部细节

体型较小的Ⅱ式立俑高 30~42 厘米，整体塑型烧制后通体施彩。分男俑、女俑两类。男俑前额发髻左右平分，头戴赤帻，以黑带结缨于颔下；陶俑面部施粉彩或白彩，墨笔勾勒出眉目及胡须，红色描唇；着单衣或双重衣，内衣多见白衣红边，外衣为直袖及膝短襦，多见施白、红、紫、黑彩，交领束腰；双手握拳，于身侧曲肘向前呈 90°，拳中空。个别男俑上半身着黑色白点甲衣，仅见两例（图 2.7）。

女俑数量较少，高 30~40 厘米，前额发髻左右平分，长发束于身后挽小髻并垂至腰间；面部上宽下窄施粉彩或白彩，墨笔勾勒出眉目及胡须，红色描唇；着交领右衽三重或二重衣，衣领皆外露，内衣衣领多见白色、红色，中衣多见白衣红边；外衣为广袖曲裾深衣，施白、红、紫彩，下半身呈喇叭状。双手拱于胸前，身姿优美（图 2.8）。

图 2.7　男俑整体正面及头部细部

图 2.8　女俑整体正面及背面

3.2　骑俑

出土骑俑与马俑相配，可分为二式。

Ⅰ式骑俑为头部与躯干分开塑型烧制，再用粘接物将头部躯干连接在一起，最后通体施彩，高 49~53 厘米。此类俑前额发髻左右平分，在头后束髻，施黑彩，以黑带结缨于颔下；面部胎体塑型并施以粉色，墨笔勾勒出眉目及胡须，红色描唇，脸型饱满，表情庄重；着交领右衽三重衣，衣领皆外露，内衣衣领多见白色、红色，中衣多见白衣红边；外衣及膝直袖束腰短襦，施红、紫、白、黑彩，衣领、袖边有环纹；下身着白色或花色长裤；双臂一侧自然下垂，一侧曲肘向前呈 90°，曲肘部位有贯穿俑身的孔洞（图 2.9）。

Ⅱ式骑俑为整体塑型烧制，高 43~47 厘米。此类俑前额发髻左右平分，头戴赤帻，以黑带结缨于颔下；俑面部上宽下窄，施粉彩或白彩，墨笔勾勒出眉目及胡须，红色描唇；着双重衣，内衣多见白衣红边，外衣为宽袖及膝短襦，多见施白、红、紫、黑彩，交领束腰；双臂弯曲于前身，分别向前或放于身体侧呈握拳状，曲肘部位有贯穿俑身的孔洞（图 2.10）。

图 2.9　Ⅰ式骑俑整体正面、背面及右侧面

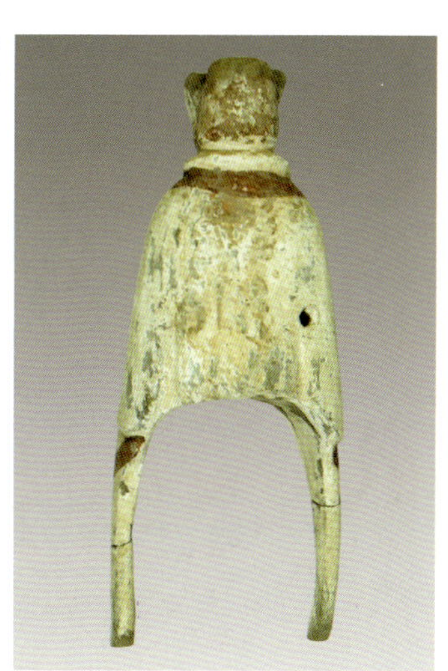

图 2.10　Ⅱ式骑俑整体正面、背面

3.3　马俑

陪葬坑出土马俑约 350 件，颔首站立，造型生动，颜色绚丽，马具、马饰一应俱全。其中除 4 件体型较大的马与陶车相配外，其余均与骑俑相配。根据马俑的制作工艺不同可分为二式。

Ⅰ式马俑为马头、躯干、四肢分开塑型、烧制，利用粘接物整体连接后施彩，长 60~72 厘米，高 59~77 厘米，体型较大。Ⅰ式马俑造型稳重，颔首，双目圆睁，嘴部微张，表情生动，颈部弯曲有力，躯干结实浑圆，前腿直立，后腿微曲，四肢修长挺拔，马尾束成髻状；马身通体多见白色、红色、黑色或花色，并绘制有马辔、马鞍等配饰，马身还绘有纹饰（图 2.11）。

Ⅱ式马俑为整体塑型烧制，长 44~51 厘米，高 47~52 厘米，相对Ⅰ式体型较小。Ⅱ式马俑直立，或颔首或正视前方，嘴部微启或闭合，个别颈部较长，躯干浑圆，四肢直立，马尾束成髻状；通体施白色、红色彩绘，部分马身上绘制马辔、马鞍等配饰（图 2.12）。

图 2.11
Ⅰ式马俑整体

图 2.12
Ⅱ式马俑整体

3.4 牺牲俑

出土牺牲俑250余件，为猪、牛、羊、狗、鸡等，大多分布于陶马和陶器的间隙中，除二层箱西北端有两排牛外，一般很少看出单独明确的排列。牺牲俑基本为模制或捏塑成型，各类型尺寸见表2.2。陶牛、陶猪身体健硕，呈站姿，造型生动，通体施白色或黑色彩绘，陶猪前腿短后腿长，憨态可掬；陶羊体型中等，通体施白色彩绘，身形圆润；陶鸡数量较多，造型小巧，施白色、红色或黑色彩绘，其冠、翅及尾部有细部刻划；陶狗或昂首挺立，或探头向前，生动活泼，多见白色或黑色彩绘（图2.13）。

表2.2　牺牲俑类型及尺度统计

类型	尺寸（厘米）	
牛	长：48~49	高：29~32
羊	长：22~24	高：23~24
猪	长：28~29	高：16~17
狗	长：21.5~23.5	高：18.5~19.5
鸡	长：9~11	高：5.5~7.5

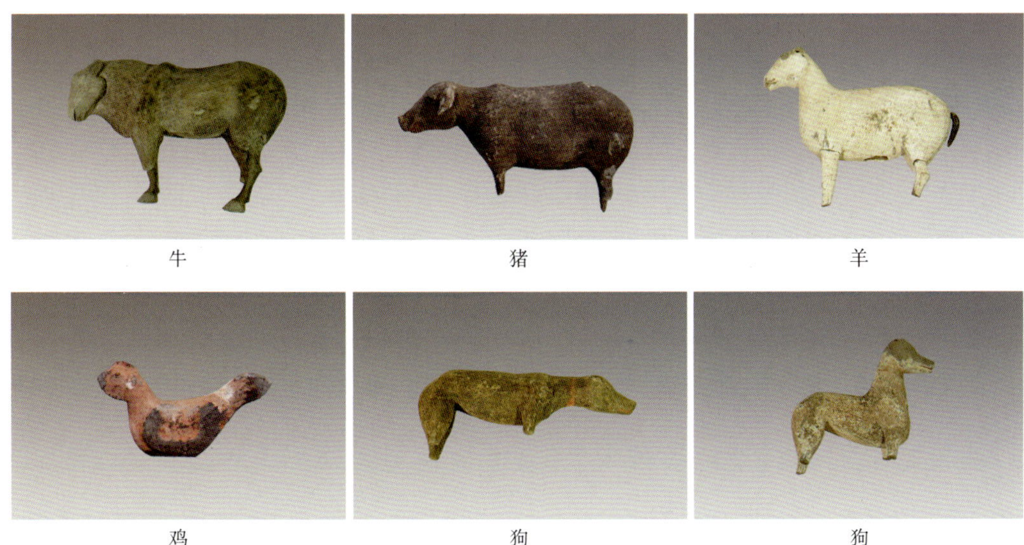

牛　猪　羊

鸡　狗　狗

图2.13　牺牲俑

3.5 陶礼器及生活用具

出土陶质礼器及生活用具600余件，包括鼎、壶、卮、耳杯、盒、刀、簸箕、盘等，残损较为严重，各类型尺寸统计见表2.3。器物表面一般通体以黑色生漆层打底，后在生漆层表面进行彩绘，个别器物以白色彩绘颜料打底（仅见一例陶鼎）；彩绘多见白色、红色和紫色等，图案以云纹为主（图2.14）。

表2.3　陶礼器及生活用具类型及尺度统计

类型	尺寸（厘米）
钫	暂无参考尺寸
鼎	宽：24~30.5　高：25~30
壶	腹径：35~39　口径：16.5~18.5　高：52~58
耳杯	长：16~20　宽：12~16　高：4~5.5
盒	腹径：20~21　高：8~10
卮	腹径：9~12　高：10~13.5
尊	盖直径：42~45　尊暂无参考尺寸
刀	长：30~30.5　宽：6.5~8.5
盘	口径：23.8~65
器盖	腹径：20~25　高：7.5~9
簸箕	长：23.5~24.5　宽：19~23.5　高：8~9.5
钵	口径：18~19　高：8~9

陶鼎圆腹三足两耳，长方形竖耳，蹄形足，球面形盖上对称置三环形纽，鼎盖与鼎身子母扣吻合，器腹凸弦纹一周；多数通体髹漆，红色弦纹装饰；仅见一例通体白色彩绘，用黑色、红色勾勒出云纹，紫色、红色填白。彩绘陶耳杯数量较多，整体呈椭圆形，浅弧腹，平底矮圈足，双耳呈新月形，通体髹漆，耳杯腹底及双耳上施红色彩绘。陶卮为圆柱状，三蹄足，器身一侧有铁质衔环铺首，通体髹漆，并用红、白、紫绘制卷云纹。

鼎　鼎　壶

卮　耳杯　盒

刀　簸箕　盘

图 2.14　陶礼器及生活用具

3.6　陶车

两辆陶车位于陪葬坑底层箱南部，东西向排列，每乘陶车前有两马驾辕。单辕有车衡及两轭；车毂、軎、辐条都作为插件与轮和轴相连；轴芯为铁质，陶质伏兔套在车轴上；车厢内外皆施彩绘纹饰（图 2.15）。

图 2.15　陶车出土现场

4. 青州香山汉墓陪葬坑出土陶质彩绘文物价值初探

4.1　陶俑的服饰

青州香山汉墓陪葬坑出土的陶质彩绘人俑服饰主要包括首服、身服、鞋。

（1）首服

出土陶俑的首服主要常见巾帻和长冠两种类型（图 2.16）。

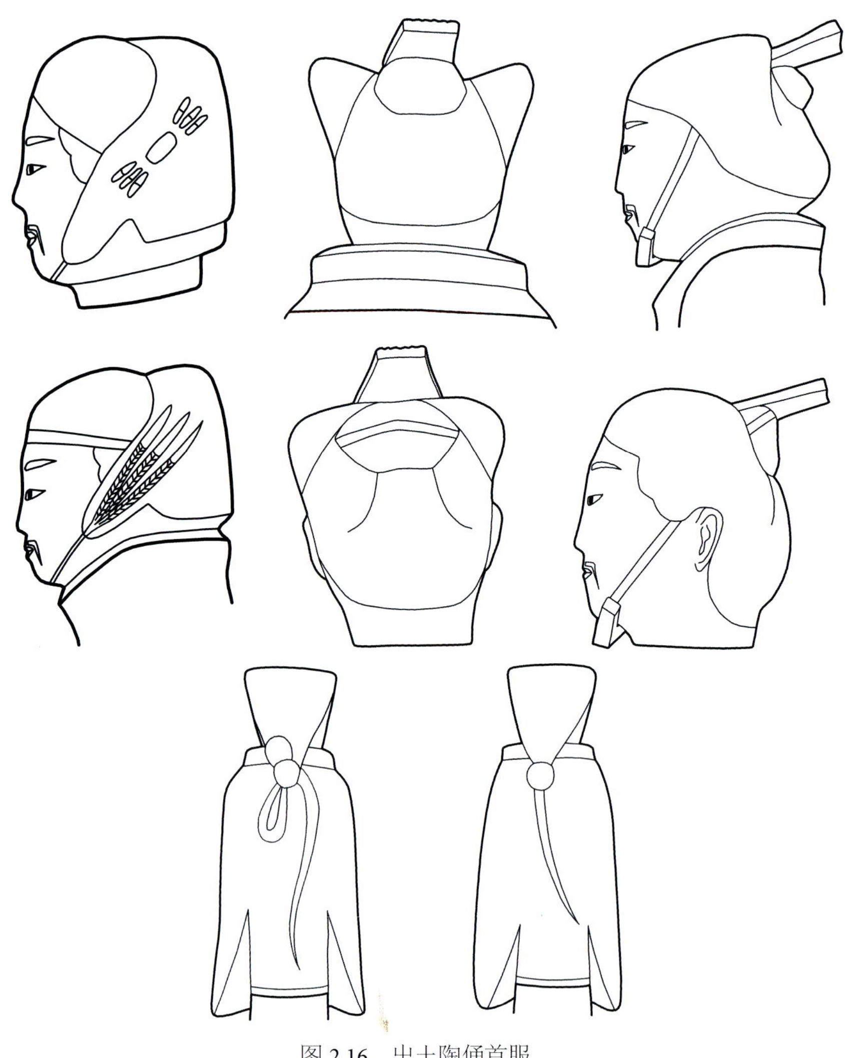

图 2.16　出土陶俑首服

帻早期为男子束发包髻的一种发箍，其作用是将四周头发整齐向上收起，防止头发下散遮挡视线，因此早期为平民首服[1]。到了汉代，巾与帻逐渐合为一物，上层贵族也会使用，形式逐渐多样，有平巾帻、介帻、平顶帻、冠帻等，此外，汉代还形成以巾帻颜色区别身份的制度，如群吏春服戴青帻，武吏戴赤帻等[2]。出土陶俑头部带有赤帻，头顶上方形成一个可以包住发髻的平顶，四周整齐，两侧围沿上有护耳，颔下系带。

长冠又名斋冠，用竹皮制作，形制如板，高七寸，广三寸，形如鹊尾。早期为楚国的冠制，后因汉高祖刘邦未起事时所戴，因此汉朝建立后，用它作为祭祀宗庙等活动的首服，规定“爵非公乘以上”不能使用[3]。香山汉墓陪葬坑出土头戴长冠的陶俑数量较少，此类立俑前额发髻左右平分，在头后束髻，长冠戴于俑头顶部并结缨于颔下。

女俑发式简单朴实，为身后或头后挽髻，发髻的位置普遍较低，温婉可人。根据文献记载，汉代女子发式中常见堕马髻，是一种稍微倾斜的髻式，似坠非坠，增加女性妩媚之态。

（2）身服

出土立俑的身服主要分为三类（图 2.17）。

第一类，男俑与女俑服装差别不明显，多通过发式、面部来辨识俑所代表人物的性别。此类立俑着交领右衽三重或双重衣，衣领皆外露；内衣衣领多见白色、红色，中衣多见白衣红边；外衣为宽袖曲裾深衣，束白色腰带结于前襟，外衣长及地面，下半身呈喇叭或直筒状，外衣为纯色，多见白、红、紫、黑；外衣衣袖宽大，中衣衣袖束于手腕。

第二类，立俑着双重衣，直袖及膝短衣，或交领右衽或无交领，腰间束有腰带；个别陶俑在外衣之上罩有甲胄背心，背心仅到腰部。此类短衣或称为襦，又名短袍，是一种由衬里，长至膝上的上衣，多为底层或劳动人民穿着[4]。

第三类为骑马俑的服饰，着交领右衽三重衣或双重，衣领皆外露，内衣衣领多见白色、红色，中衣多见白衣红边；外衣及膝宽袖束腰短衣，中衣或内衣衣袖束于手腕；骑俑外衣除纯色外，部分骑俑的外衣上还有花纹，颜色艳丽（图 2.18）。

[1] 孙晨阳，张珂．中国古代服饰词典 [M]. 北京：中华书局，2015.

[2] 赵超，熊存瑞．衣冠灿烂：中国古代服饰巡礼 [M]. 四川：四川教育出版社，1996.

[3] 孔德明．中国古代服饰·用具·职官 [M]. 北京：北京广播学院出版社，1996.

[4] 孙晨阳，张珂．中国古代服饰词典 [M]. 北京：中华书局，2015.

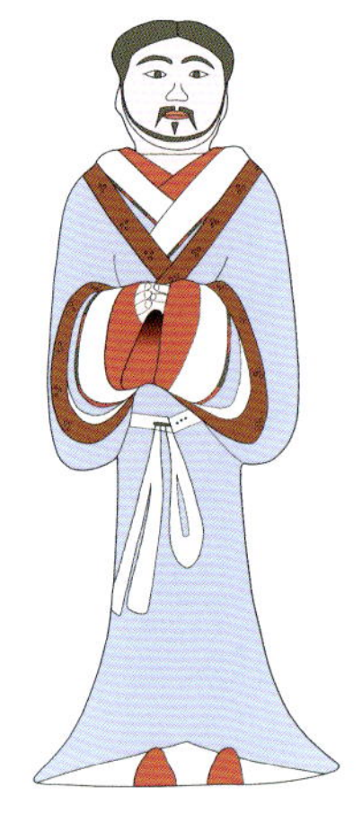
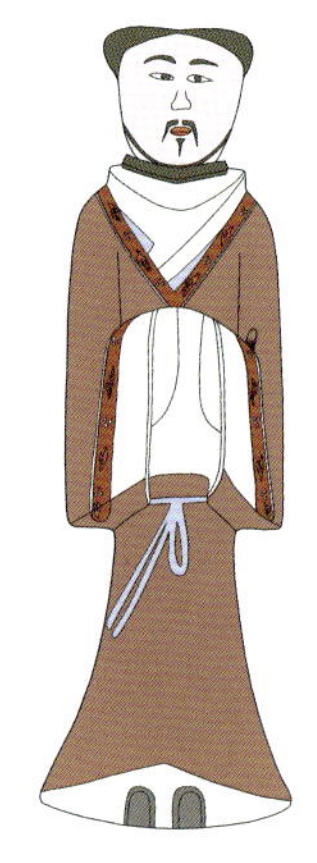
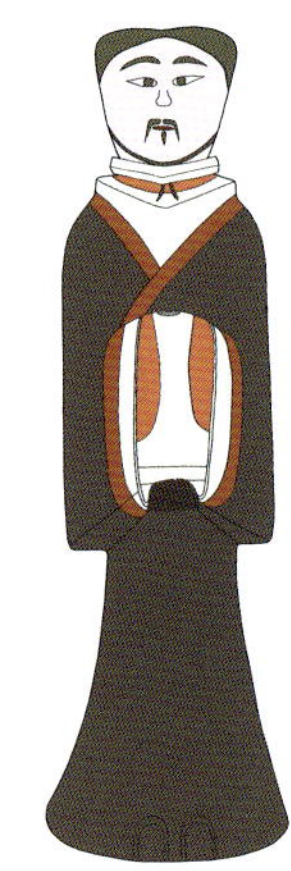
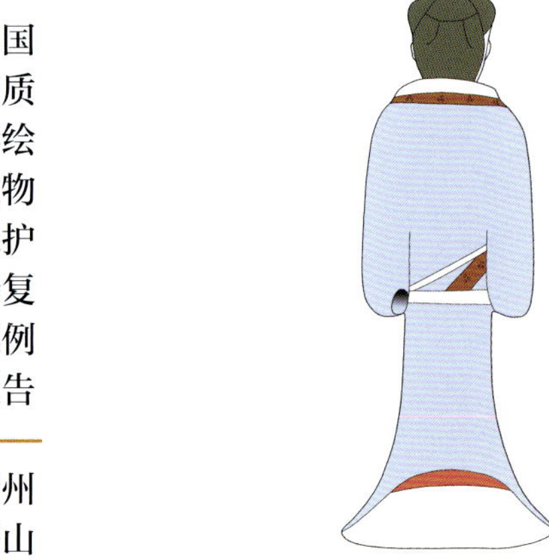
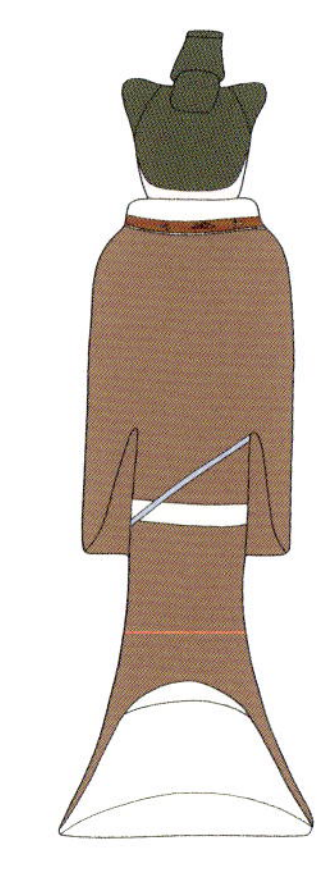

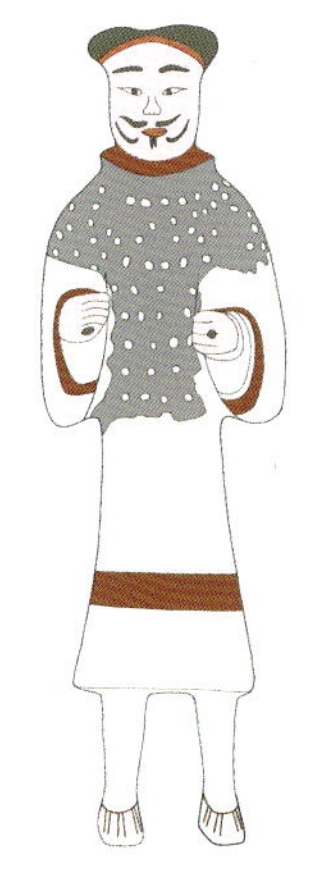

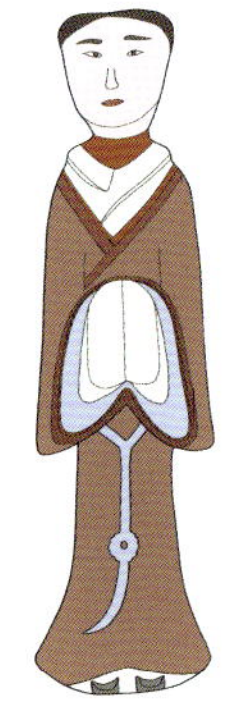
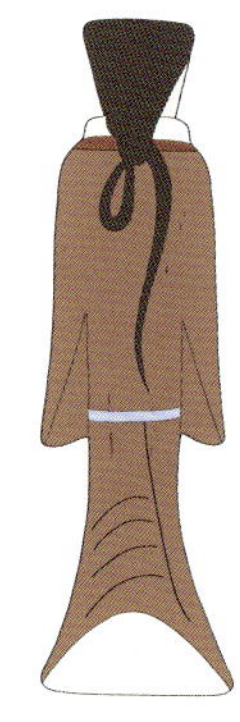

图 2.17　立俑身服

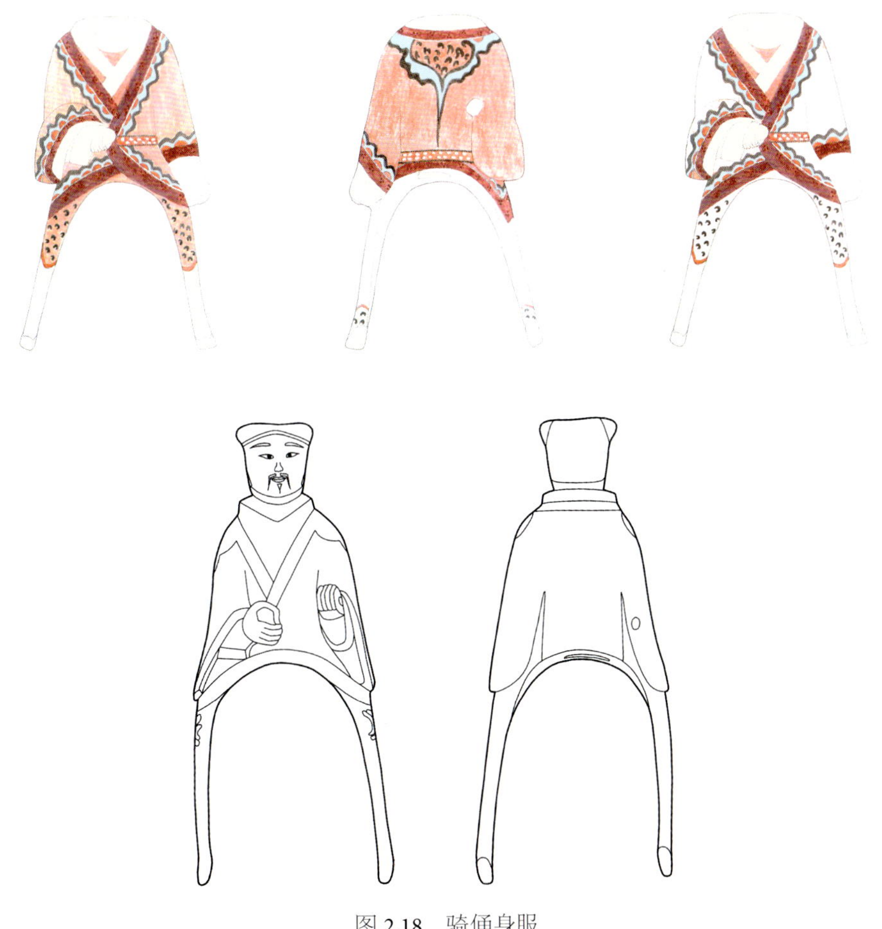

图 2.18　骑俑身服

（3）鞋

出土陶俑的鞋履造型简单，着长衣立俑衣下露圆头鞋履，着短襦立俑着平底圆头鞋或有系带，骑俑着高筒平底圆头鞋且侧面有纹饰。

4.2　陶马的装具与配饰

4000 年前的新石器时代，人类就开始驯化野马，在不断的实践与发展中，古人发明了一系列驾驭马的马具，主要分为三类：鞁具，控制马首；挽具，用于车与马的固定；鞍具，用于乘骑[1]。香山汉墓陪葬坑出土陶马 300 余件，与骑俑相配，马身通体彩绘，绘制有马具与配饰：马头正面额

[1]　刘永华．中国古代车舆马具 [M]. 北京：清华大学出版社，2013.

头处绘有当卢，配有络头和衔，络头上有点状修饰和节约；马身有鞍，鞍下有鞯，鞍鞯用肚带、胸带固定于马身之上，鞍鞯上绘有装饰纹饰；肚带、胸带上坠有杏叶（图 2.19）。

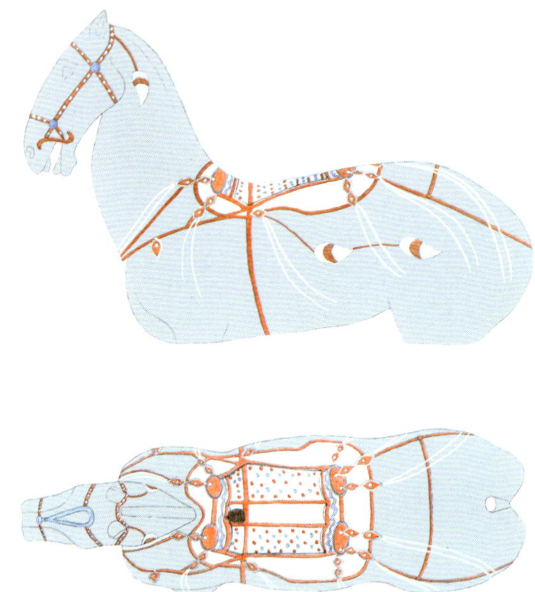

图 2.19　陶马的装具与配饰

4.3　随葬特点

西汉时期的殡葬观念受到了春秋时期孔孟荀儒家的“事死如事生”、道家的自然生死观和墨家的节葬观的影响，认为“灵魂不灭”“以死教生”，并随着社会政治、文化、经济等各方面的发展，形成了其特有的殡葬制度，起到了承上启下的作用。早期的土圹墓、多重棺椁、人殉、铜质礼器在西汉时期逐渐消失，随葬品种类逐渐生活化[1]。青州香山汉墓陪葬坑内陪葬文物组合较为简单，以陶质彩绘文物为主，有人俑、马俑、牺牲俑和陶质礼器等，另有少量铜质、铁质兵器模型；陪葬器物分装在大木箱里，叠放于陪葬坑内，放置位置基本无序。据专家推断，该墓主可能为西汉菑川王刘贤，参与“七国之乱”后兵败被杀，故仓促下葬。

[1]　路则权 . 中国殡葬史 [M]. 第二卷“秦汉”. 北京：社会科学文献出版社，1980.

第三章 前期保护保存状况调查

文物保存环境及保护修复历史调查是保护修复工作开展前的重要环节。文物是由古代人类创造出来，具有珍贵历史、科学、艺术价值的物质材料，作为物质材料不可避免地受到外界环境因素的影响，向着衰败—损坏—消失的方向发展，例如陶胎的酥粉、漆层的起翘、颜料层的脱落等。文物本身材质的老化是内因，环境因素的影响是加速老化衰变的外因。因此，文物保存环境调查是研究文物劣化原因的基础，便于科学合理地开展文物保护修复工作。出土文物在发掘过程面临了各种复杂的情况，往往在考古现场就会对文物进行临时性保护处理，而进入实验室后对前期保护工作情况的全面掌握，能更好地针对文物开展保护修复工作。

1. 文物埋藏环境调查

1.1 青州地区的环境特点[1, 2]

青州市位于山东半岛中部（东经 118°10′~118°46′，北纬 36°24′~36°56′），属山东省潍坊市所辖，东临昌乐县，西靠淄博市的淄川、临淄两区，南接

[1] 高建英，高学芹，李芳臻，安明，蒋冬青，李洪，宫雪．1961~2010 年青州市气候特征及变化趋势分析 [J]. 现代农业科技，2015（23）：241-242.

[2] 高建英，闫景鹏，邱东凤．近 50 年青州市气温变化特征分析 [J]. 安徽农业科学，2017，45（15）：179-180，183.

临朐，北与东营市的广饶接壤，东北与寿光市毗连，总面积1569平方千米。

青州地处鲁中山区和鲁北平原结合部，属南北气候过渡带的暖温带大陆性季风气候区，气候温和，四季分明，雨量集中，雨热同期，光热资源充足。冬季寒冷干燥，夏季炎热多雨，春秋温暖适中。年平均气温12.7℃，寒暑变化显著；年平均最高气温19.2℃，极端最高气温40.7℃；年平均最低气温7.7℃，极端最低气温-21.4℃。年平均降水量682毫米，最大降水量1215.7毫米，最小降水量372.3毫米。年平均空气湿度67.5%，最大空气湿度90%，最小空气湿度55%。

青州市西南部为山峦起伏的低山丘陵，东北部为山前洪积平原。地势由西南向东北呈缓坡倾斜。青州市土壤类型有棕壤、褐土、潮土和砂姜黑土四大土类，土壤分布具有明显的垂直地带性。大致情况是海拔20~50米主要为潮土、砂姜黑土和褐土；350~750米为褐土性褐土；750~950米出现棕壤性土、棕壤。青州市地下水的pH7.3~7.9，总硬度123~265毫克/升，属中等到硬水范围，矿化度0.419~0.74克/升。地下水最丰富的是山前平原砂砾石层孔隙水，山前隐伏，灰岩岩溶裂隙水和覆盖型第三系砂岩孔隙水。

1.2　青州香山汉墓陪葬坑出土文物埋藏环境

香山位于山东省青州市城东22千米处的谭坊镇内，主峰海拔189米，总面积2.5平方千米，突兀于平原之上，草深林密，沟壑纵横。全年实际日照时数平均为2608小时；平均气温12.7°C，年降水量平均在640~860毫米。香山汉墓位于香山之阴，处于一山前缓坡之上，东、西两侧各有一南北向的深沟（图3.1）。低山岭坡，土层薄，砾石含量大，水土流失严重，地表水为主要来源，其次是弥河入境客水，山之南有季节性河流。

图3.1　青州香山汉墓陪葬坑自然环境

因此，陪葬坑内的文物处于一个潮湿、多变的埋藏环境。陪葬坑位于香山北面的缓坡上，该地区雨水较为充足，常年的雨水冲刷使得埋葬深度不断变浅；在地表水、地下水系的共同作用下，文物所处的埋葬位置水位变化复杂，再加上土壤中砾石含量大，致使土壤的结构疏松，造成环境潮湿、干燥交替频繁，加速陶质胎体的酥粉、颜料胶结物的流失、颜料的变色等诸多问题，同时地下水所含矿物元素也加速侵蚀着文物材质；香山植被茂密的根茎起到了固土保水作用的同时，也为埋藏在地下的文物带来了物理和生物损坏……这些危害不但影响着埋藏在地下的文物，也是后期开展文物修复保护工作不可忽略的因素。

2. 修复前文物保护保存状况

青州香山汉墓陪葬坑发掘时处于一年中最炎热的季节，随着发掘区域暴露于自然环境下，原来潮湿的埋葬环境迅速干燥，造成了陶器内的水分急剧蒸发，漆层卷曲、起翘，彩绘颜料胶结物流失等诸多问题。为了使这批彩绘陶质文物能够更好地保存下来，考古现场发掘过程中，对部分出土损害较为严重的文物进行了现场保护。

2.1　搭建临时性保护建筑

这批陶质彩绘文物已埋藏近两千年，饱受诸多不利因素的影响，陶体及表面彩绘较为脆弱。发掘出土后，文物原有的存放环境及化学平衡迅速变化，加速了文物材质的损坏。陪葬坑的发掘工作开展于 2006 年 6~9 月，环境条件比较恶劣，温度、湿度变化较大。据统计，平均气温最低 10.3℃，最高温度 38℃，其中最热的时期最高温度达 42℃；湿度最高时达 96%，最低时达 30%，其中当年 8 月为最大降水月，月降水量达到 174.9 毫米；而陪葬坑处于香山北面山坡上，四周并无遮挡。

因此，考古发掘过程中为了尽量减少文物出土前后的环境差异，减弱光照、风、雨等外界环境的影响，采取了必要的物理防护措施，先后在陪葬坑上加盖遮阳网，搭建帆布篷（图 3.2）。随着发掘的逐步展开，又加盖了黑色的塑料薄膜，并且每天早晚各喷一次水，以减少已暴露陶器以及土壤中水分的挥发。经观察，所采取的措施是有一定效果的。

图 3.2　发掘现场搭建临时保护建筑

2.2　考古现场彩绘保护

青州香山汉墓陪葬坑出土的陶质文物表面均带有彩绘，其施彩方式可分为两类，一类是直接在陶胎表面绘彩，另一类是先在陶胎表面刷一层有机底层，再在有机底层上进行绘彩。经过近 2000 年的埋藏及发掘中环境的骤然变化，由于机底层老化、彩绘中的胶结物流失等原因，彩绘层出现了严重的脱落、起翘、粉化等病害；而这一过程有时非常迅速，往往只有几分钟，即可造成文物不可逆转的损坏。

面对这一情况，考古现场的保护人员使用了非水分散体树脂材料——丙烯酸树脂类材料，对带有有机底层的陶器彩绘进行了临时的现场保护加固。丙烯酸树脂是一种通用型热塑性人工合成树脂，是由丙烯酸酯类和甲基丙烯酸酯类及其他烯属单体共聚而成的化合物，无色透明，有良好的成膜性和稳定性，广泛应用于国内外文物保护领域[1,2]。考古发掘现场使用 1% 的丙烯酸树脂的丁酮溶液渗透加固较为脆弱的彩绘颜料层（图 3.3）。

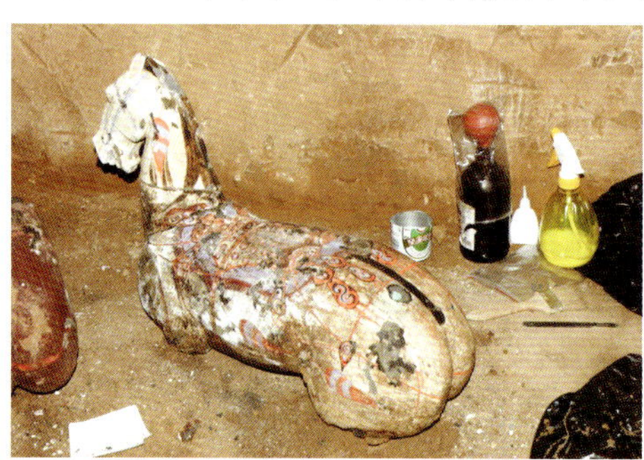

图 3.3　考古发掘现场临时性彩绘保护

[1]　郑军．浅议丙烯酸树脂在文物保护领域中的应用 [J]. 文物世界，2018（6）：74-76.

[2]　栗荣贺．简述文物保护用丙烯酸树脂 Paraloid B-72[A]. 辽宁省博物馆馆刊 [C]. 沈阳：辽海出版社，2014：237-243.

2.3 临时性粘接

由于青州香山汉墓陪葬坑出土的陶质文物数量非常大，陶俑、陶马为主要陪葬品，大部分文物的形体特征非常的相似，且破损之后的文物相互叠压在一起，导致陶片极易混淆。因此，为了避免对后期文物拼对工作造成困扰，工作人员在考古发掘现场对一些不易辨认、残缺不全的陶片进行了临时性粘接（图 3.4）。

图 3.4　考古发掘现场临时性粘接

2.4 文物包装及运输

文物出土后，经有关部门同意运入博物馆内进行保管。考虑到陶质表面彩绘层珍贵且脆弱，为减少运输过程中器物因相互摩擦、碰撞造成损伤，同时也为了避免文物迅速失水，因此在包装文物上采取了一些防护措施：将提取的文物首先用麻纸包裹，然后放入干净的自封袋中，再装入纸箱或整理箱内，箱内充填纸屑用于减震（图 3.5）。

图 3.5　文物包装

3. 文物存放环境基本情况

青州香山汉墓陪葬坑出土文物发掘后存放于山东省的青州市博物馆（图 3.6）。虽然青州市博物馆在该批文物的存放环境上做了很大努力，但由于受到空间、资金等方面的限制，大部分出土文物只能按出土位置的顺序堆放于 400 平方米的地下库房内（图 3.7）。

图 3.6　青州市博物馆外景

图 3.7　青州市博物馆地下库房

由于库房处于封闭的地下，没有通风及控温控湿设备，从而导致库房内的温湿度随室外环境的变化而变化，地下库房内的最低温度可达 0℃以下，最高时可达 40℃以上。尤其到了雨水集中的季节，室内始终维持着较高的湿度（图 3.8）。在高温高湿环境下，存放于塑封袋或纸箱内的文物表面出现凝结水并滋生霉菌（图 3.9），当环境温度降到零度以下，水汽又会结冰，如此反复作用，对彩绘层及陶胎的保存十分不利。

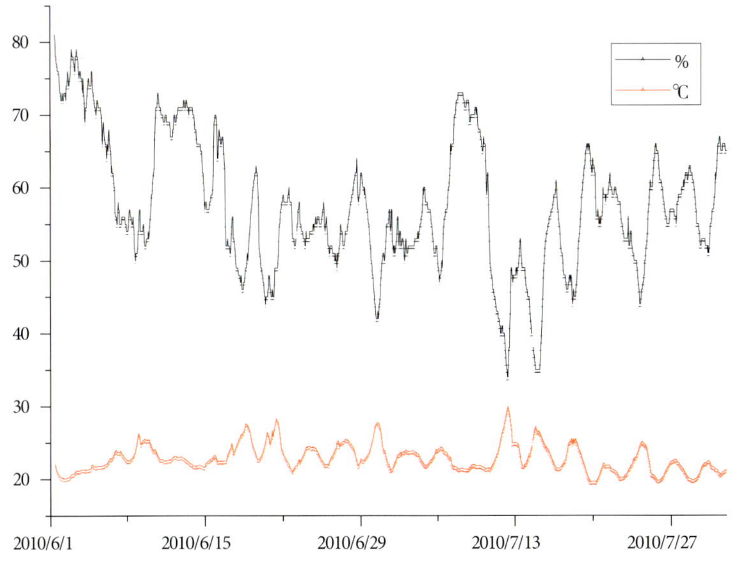

图 3.8　青州市博物馆修复室 2010 年 6~7 月温湿度变化曲线图

图 3.9　文物表面霉菌

第四章　病害类型调查

陶质彩绘文物在埋藏过程中长期受到对其保存不利环境的侵害，当出土后所处环境发生突变，劣化加速，会出现陶胎酥粉、残损，彩绘层起翘、脱落、空鼓、龟裂，漆层的失水卷曲、脱落，结晶盐污染，以及霉菌滋生等诸多病害，这些病害严重影响着文物的“寿命”。在对文物开展科学保护修复工作前，应通过器物观察、环境调查、现代科学技术分析等手段对文物病害进行分析与认知，不但使保护修复工作的开展可以做到有的放矢，同时也使文物修复后的保管保存有据可依。

1. 出土陶质彩绘文物损坏的主要原因 [1]

1.1　损坏的内因

陶质文物是以黏土为原料，经高温（一般在 900℃左右）烧制成型。黏土是地壳中岩石经长期风化与地质作用而产生的，具有可塑性和结合性；经高温作用发生物理化学变化后成型。原料与烧制工艺决定了陶质文物质地较为疏松、多孔且吸水性强，在长期埋葬的过程中易于受到水及水中各种溶质的侵蚀与损害。

[1]　王蕙贞编著. 文物保护学 [M]. 北京：文物出版社，2009.

1.2　损坏的外因

（1）埋藏于地下的文物易受到雨水和地下水的侵蚀，长期处于高湿的环境之中，不利于疏松、多孔器物的陶质文物的保存；同时，水分的流动亦会导致器物表面彩绘层中颜料与胶结物质的流失，使得表面彩绘脱落。

（2）埋藏的土壤及地下水中含有大量的可溶盐，这些可溶盐溶于水中侵入到陶器的孔隙中，随着温湿度的交替变化，盐分发生溶解—结晶—再溶解的反复过程，这一过程对被附着的孔隙壁产生张力，并且不断变化，最终导致器物胎体酥粉；可溶盐还会与陶胎中的阳离子发生置换作用，破坏器物结构致使胎体疏松。

（3）地下水中的阴离子与钙、镁、铁等金属阳离子易于形成质地坚硬且不同于水的结壳，附着于器物的表面，掩盖了原有的颜色与花纹，影响文物的形貌。

（4）潮湿温润的埋藏环境易于生物及细菌的滋长，颜料层中胶结物质和大漆等都是微生物和细菌生长繁殖的营养基，细菌不仅影响文物外观，而且破坏文物材质。

（5）埋藏环境塌陷等地质危害，易造成陶质胎体的残损。

（6）陶质文物出土后环境发生突变，器物迅速失水，会引起胎体酥粉、颜料层起翘脱落、漆层卷曲脱落等现象。

（7）发掘过程中的操作不当、发掘环境恶劣或文物存储不当亦会加剧器物的劣化程度。

2. 青州香山汉墓陪葬坑出土陶质彩绘文物常见病害类型

青州香山汉墓陪葬坑出土的陶质彩绘文物经历了近 2000 年的地下埋藏过程，受到各种因素的侵蚀与影响；同时，原陪葬坑顶部结构自然老化后坍塌，出土前工程取土造成的机械碾压，使得文物损坏非常严重（图 4.1）；另外，在发掘过程中，现场环境难以控制，也对文物造成了一些不利的影响。

图 4.1　发掘现场破损的陶片

2.1　表面污染

这批陶质彩绘文物的表面污染损害主要包括泥土附着物、硬结物、流淌痕等。

泥土附着物，也就是土垢，是考古发掘出土文物常见的一种病害。文物在地下经历上千年的埋藏，由于墓葬原有结构坍塌，地下水的侵蚀，使得土壤与文物接触，从而通过作用力黏附于器物表面（图 4.2）。

由于附着于器物表面的黏土所含的成分不同，其质地也会有所不同：大部分泥土附着物质地都比较酥松，与陶体的结合不紧密；而当土垢里面含有钙、镁、钡、铁等的成分较多时，经过化合反应后形成不溶性的硬结物（图 4.3），就会与器物表面结合非常紧密，硬度较大。

泥土附着物和硬结物的存在，会掩盖住器物表面的一些重要迹象，影响文物外观的整体性；土垢成分复杂、结构疏松，潮湿环境下可能会与其他不利因素共同作用，影响文物的寿命。

图 4.2　泥土附着物

图 4.3　附着于文物表面的硬结物

文物表面形成的流淌痕主要有三种情况：第一种是器物在制作过程中由于制作的原因而造成颜料流淌痕迹，这是在涂刷颜料过程中形成的，属于制作缺陷；第二种是由于地下水、雨水的冲刷造成颜料或泥土流淌所形成的痕迹；第三种情况是在考古发掘现场操作不当造成的水或试剂流淌引起的病害（图 4.4）。

泥水流淌痕迹

试剂流淌痕迹

图 4.4　器物表面流淌痕

2.2　结晶盐

陶质文物的埋葬环境中存在大量的可溶盐，这些可溶盐通过介质水进入到陶胎的孔隙之中，当环境温湿度发生变化时，这些可溶盐也随之溶解、结晶，反复交替。可溶盐结晶时，不但会污染器物表面，而且会对器物胎体产生力的作用，而结晶盐溶解后这种力就会消失；如此反复，胎体就会酥粉，同时，也会造成颜料层的病变（图 4.5）。

图 4.5　器物表面结晶盐析出

2.3 颜料层病害

陶质彩绘类文物是在陶胎烧制成型后，使用胶结材料调和矿物颜料后在器物表面施彩。其中，矿物颜料为无机颜料，性质稳定，但不具有黏附性；胶结材料为天然有机化合物，种类繁多，均含有丰富的蛋白质，有分子量大、结构复杂、易老化、易分解等特点。因此，颜料层的病变主要是由于胶结材料的老化、失效所产生。陶质表面的彩绘颜料层历经上千年的埋葬过程，高湿环境、结晶盐、微生物等的侵害都会导致胶结材料老化、流失，使得颜料层发生脱落、空鼓、起翘、龟裂等现象。

颜料层脱落指部分或全部颜料层脱离其附着体的现象；空鼓指彩绘层局部脱离其附着体，但脱离区域周边仍与附着体连接的现象；起翘指彩绘层局部脱离其附着体，但脱离区域的部分边缘仍与附着体相连的现象；龟裂指彩绘层表面微小网状开裂的现象（图 4.6）。

另外，考古发掘现场人为的操作不当也会导致颜料层的脱落。

脱落

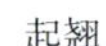

起翘

空鼓

龟裂

图 4.6 颜料层病害

2.4 生漆层病害

青州香山汉墓陪葬坑出土的陶礼器及生活用具一般都在烧制成型的陶胎表面涂刷生漆底层后再施彩。生漆是一种最古老的涂料，在我国古代广泛运用。涂刷生漆底层的器物经历上千年的埋葬后被发掘出土，环境温湿度发生急剧变化，生漆层迅速失水发生剧烈收缩，出现起翘、卷曲、脱落等现象，部分绘制于有机底层之上的彩绘层也随之起翘或脱落（图 4.7）。

图 4.7　生漆底层失水起翘、卷曲

2.5 陶胎病害

陶质文物的胎体脆弱，易受物理损害。青州香山汉墓陪葬坑出土的陶质文物胎体病害主要有残断、裂隙、裂缝、缺失、剥落等（图 4.8）。造成这些物理损害的原因主要有以下几个方面：首先，该陪葬坑经历上千年的埋葬，原始顶部结构由于自然老化发生坍塌，致使陪葬坑内的陶质文物破损；其次，在发掘前，因工程取土对地表有过反复的机械碾压；最后，发掘中操作不当对胎体产生一定损害。

剥落

残断

裂隙

裂缝

图 4.8　陶胎病害

残断是指陶质胎体的整体结构被破坏；裂隙指文物表面形成的细小缝隙，但是却没有贯穿器壁；裂缝指的是缝隙已经贯穿器壁，但彼此却没有分离；剥落指陶胎表面局部呈现片状脱落，但未对器物结构完整性造成破坏。

2.6　微生物病害

微生物病害指微生物的滋长或其代谢对文物造成的破坏。青州香山汉墓陪葬坑出土陶质彩绘文物的微生物病害主要由霉菌造成，霉菌的生长发育情况不仅与环境空气的温湿度有关，与载体的物质成分、含水量等也有密切的关系。

对该陪葬坑进行考古发掘时正值夏季高温多雨季节，考古现场环境温湿度大，适宜微生物大量快速生长；出土后文物全部移入博物馆库房内，无温湿度调控及通风设备；在运输与保管过程中，文物存放于瓦楞纸包装箱内，并用塑封袋或麻纸、纸屑包裹，为微生物的滋长提供了适宜的环境及食物源，因此霉菌生长旺盛（图 4.9）。

图 4.9　微生物病害

2.7　植物损害

植物损害主要是指植物根须对文物的损害。由于文物埋藏于地下，植物的根须就会附着在文物表面并遗留下痕迹（图 4.10）。

图 4.10　植物损害

2.8　划痕

文物表面的划痕主要有两种情况：第一种是制作痕迹，陶器在制作过程为了使表面平整、光滑遗留下打磨、刮削痕迹，这些痕迹是需要保留的；第二种是人为因素造成的痕迹，如考古发掘过程使用手铲等工具引起的刮伤划痕，或包装运输时形成的划痕等（图 4.11）。

图 4.11　划痕

2.9 铁锈污染物

青州香山汉墓陪葬坑最底层南部出土了部分铜质、铁质武器类文物，锈蚀严重。由于年代久远，陪葬坑原始结构坍塌，致使文物间相互接触、叠压在一起。在地下水的作用下铁质文物发生矿化，与铁质文物叠压在一起的陶质文物受到影响，表面黏附牢固的铁质锈蚀产物（图 4.12）。

图 4.12 铁锈污染物

3. 青州香山汉墓陪葬坑出土陶质彩绘文物病害调查结果

青州香山汉墓陪葬坑发掘于 2006 年，坑内文物在上千年的埋葬过程中饱受地下环境的各种侵害。陪葬坑原有结构因自然损坏而坍塌，使陶质文物残损严重，并与土壤、地下水等完全接触；在地下水、可溶盐、微生物、植物等的共同作用下，陶质文物表面附着大量污染物，如土垢、结晶盐、硬结物、铁锈等；表面的彩绘、漆层等出现了脱落、龟裂、空鼓等多种病害。文物出土后，由于保存条件有限，加剧了病害的进一步发展。

保护修复工作开展前对即将保护修复的 1011 件香山汉墓陪葬坑出土的彩绘陶质文物进行病害统计（表 4.1；图 4.13）：所有陶质文物的表面都有土垢，并都存在颜料层脱落或漆层脱落的现象；残断、缺失较为严重者占 90% 以上；57% 的文物表面都有结晶盐。因此，这批文物的保护修复工作重点集中在表面清理、彩绘层加固、漆层加固、可溶盐去除、文物粘接等方面。

表4.1 陶质彩绘文物主要病害统计表

文物类型及数量（件）	病害类型								
	土垢	盐分析出	起翘	颜料层脱落	表面硬结物	残断	植物残留痕	缺失	漆层脱落
立俑（496）	496	234	42	496	149	478	131	429	/
骑俑（103）	103	65	11	103	57	101	27	100	/
马（143）	143	93	36	143	81	143	74	143	/
牛（26）	26	22	3	26	6	26	15	26	/
羊（39）	39	26	3	39	15	39	16	39	/
猪（13）	13	10	1	13	5	13	9	13	/
狗（14）	14	11	2	14	8	14	3	14	/
鸡（53）	53	21	6	53	18	47	22	41	/
鸟（1）	1	1	0	1	0	1	0	1	/
盖鼎（11）	11	10	3	11	4	11	6	11	11
壶（2）	2	2	1	2	0	2	2	2	2
耳杯（47）	47	32	20	47	5	46	22	45	47
盒（7）	7	6	4	7	4	7	4	7	7
卮（25）	25	16	9	25	12	25	14	25	25
尊盖（3）	3	3	1	3	1	3	1	3	3
刀（11）	11	9	5	11	4	10	8	6	11
盘（5）	5	4	3	5	0	5	4	5	5
器盖（2）	2	2	1	2	2	2	2	2	2
簸箕（6）	6	5	0	6	1	6	2	5	6
钵（1）	1	1	1	1	0	1	1	1	1
钫（1）	1	1	0	1	1	1	1	1	1
车（2）	2	2	2	2	2	2	2	2	2
总计（1011）	1011	576	154	1011	375	983	366	921	123
病害百分比	100%	57%	15%	100%	37%	97%	36%	91%	100%

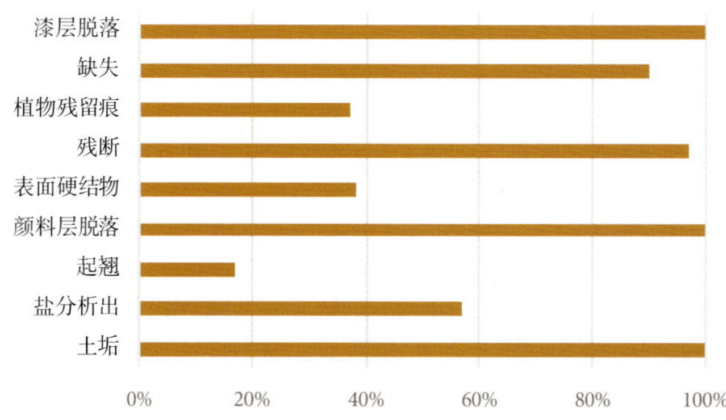

图 4.13 陶质彩绘文物主要病害示意图

第五章　科学检测分析

全面、科学的检测分析，为后期的文物保护修复工作提供可靠的数据保障，同时也可揭示古代生产技术、制作工艺等信息，为研究古代人类社会、经济、科技、文化、习俗等方面提供重要科学依据。针对山东青州香山汉墓陪葬坑出土的陶质彩绘文物，本项目的分析工作主要囊括了陶胎的组成和烧成温度，彩绘颜料和彩绘层的分析观察，漆层和胶结物质等有机成分分析，以及相关病害的检测等方面，为研究这一批彩绘陶质文物的制作工艺和保存状况提供基础数据和信息。

1. 陶胎的分析

陶胎的科学分析研究是为了解答了古代劳动人民在制作该器物时是如何选择原材料、如何制作塑型、如何烧制成型等问题。随着现代科技的发展，研究陶器的方法逐渐发展并完善，例如，通过元素或物相分析可以得到陶胎的物质组成、主要元素和微量元素等信息，通过显微观察可以得到陶胎内部组成、黏土材质、羼和物种类及分布、空隙大小等信息，通过加热过程中的膨胀或收缩性质来确定烧成温度信息……这些研究手段为保护修复工作中的粘接、加固等环节的材料、工艺选择提供数据支持，更为制作工艺、生产技术、历史文化等方面的研究提供依据。

1.1 陶胎样品的选择与预处理

青州香山汉墓陪葬坑出土的彩绘陶器胎体以灰陶为主，陶质较坚硬。根据出土器物的类别、器形、薄厚等不同外观特征，选取了24件破损严重、无法拼对的陶片进行科学检测分析。

选取的样品来自考古发掘现场，大多表面附着各种污染物，分析前需要进行预处理。对于质地坚硬，表面污染严重，沉积物较多的残片，将其浸于无水乙醇中，放入超声波清洗器中清洗去污，清洗3次，每次10分钟，每次清洗都需更换清洁的无水乙醇，清洗完成后在110℃温度下烘干2小时待用；对于质地疏松的陶片，使用毛刷和手术刀进行表面清洁。处理后的样品按照不同检测方法的要求再进行制样，分析样品及检测内容见表5.1。

表5.1 分析样品及检测内容

样品编号	分析检测内容
001/004/006/007/009/011/013/016/019/020/022/023/033/034/035/036/038	化学组成、烧成温度、吸水率、气孔率、抗压强度
015	化学组成、烧成温度、吸水率、气孔率
025/026/027	化学组成、吸水率、气孔率
028/029/030	岩相

1.2 陶胎的物相分析

1.2.1 分析仪器及样品制备

陶胎的物相分析使用了X射线荧光光谱仪（XRF）和X射线衍射仪（XRD）。

X射线荧光分析通过X射线照射试样时激发出各种波长的荧光X射线，将混合的X射线按波长（或能量）分开，并测量不同波长（或能量）的X射线的强度，从而进行定性和定量分析。X射线荧光分析法适应范围广，除了H、He、Li、Be外，可对其余元素的常量、微量进行定性和定量分析；操作快速方便，在短时间内可同时完成多种元素的分析；不受试

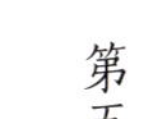

样形状和大小的限制，但灵敏度偏低，一般只能分析含量大于0.01%的元素。进行X射线荧光光谱分析的样品可以是固态，也可以是水溶液，但样品的制备情况对测定误差影响很大，表面不平的样品要打磨抛光，粉末样品需要研磨并压片。

X射线衍射相分析（Phase Analysis of X-ray Diffraction）利用晶体形成的X射线衍射，对物质进行内部原子在空间分布状况的结构分析方法。将具有一定波长的X射线照射到结晶性物质上时，X射线因在结晶内遇到规则排列的原子或离子而发生散射，散射的X射线在某些方向上相位得到加强，从而显示与结晶结构相对应的特有的衍射现象。求出该晶体衍射X射线强度和面间隔，与已知的表对照即可确定试样结晶的物质结构，此即定性分析。通过X射线衍射强度的比较，可进行定量分析。

1.2.2 分析结果[1]

使用XRF对21个样品进行元素分析，确定了每个样品中的8种主要化学组成：Na_2O、MgO、Al_2O_3、SiO_2、K_2O、CaO、TiO_2、Fe_2O_3（表5.2），总量都在99.5%左右，基本代表了样品的组成特点。可以看出这些样品的组成特征为Al的含量在15%左右，Fe含量较高，在5%左右，这与秦汉时期北方一般陶器的原料并无太大差异，都属于易熔黏土，并且各个样品之间的数据很接近，这表明它们所用原料特征和来源较为一致。

XRD晶相组成分析结果图5.1，其矿物组成主要为石英，还有部分长石类矿物。

表5.2 陶胎样品主量化学组成（wt%）（XRF定量分析）

序号	Na_2O	MgO	Al_2O_3	SiO_2	K_2O	CaO	TiO_2	Fe_2O_3	总量
001	0.97	1.65	15.56	70.46	3.03	1.29	0.81	5.70	99.47
004	1.71	1.82	14.31	71.84	2.88	1.50	0.74	4.81	99.61
006	1.51	2.20	15.45	67.46	3.17	3.30	0.78	5.61	99.48
007	1.75	1.77	13.93	71.77	2.93	1.80	0.71	4.86	99.52
009	1.54	1.81	14.72	70.21	2.85	2.67	0.76	4.96	99.52
011	1.47	1.70	14.63	70.07	2.74	2.64	0.78	5.36	99.39
013	1.36	2.08	15.57	67.10	3.15	3.47	0.78	5.93	99.44
015	1.71	2.09	14.29	70.78	2.73	1.89	0.73	5.30	99.52
016	1.66	1.96	14.37	70.98	2.77	1.89	0.73	5.20	99.56
019	1.79	1.95	14.36	70.82	2.73	1.63	0.73	5.50	99.51

[1] 张尚欣，付倩丽，王伟锋，夏寅，刘江卫，兰德省，黄建华，毛晓芬. 山东香山汉墓出土陶质彩绘文物材质及制作工艺的初步研究[J]. 文物保护与考古科学，2014，26（1）：46-53.

续表

序号	Na_2O	MgO	Al_2O_3	SiO_2	K_2O	CaO	TiO_2	Fe_2O_3	总量
020	1.73	1.68	13.89	71.78	2.74	1.88	0.72	5.09	99.51
022	1.63	2.16	14.51	70.72	2.72	1.49	0.71	5.55	99.49
023	1.77	1.92	14.11	71.39	2.83	2.22	0.75	4.53	99.52
025	1.60	2.22	15.11	70.20	2.75	1.52	0.75	5.48	99.63
026	1.65	2.06	14.91	70.51	2.78	1.47	0.74	5.45	99.57
027	1.64	1.96	14.88	70.97	2.51	1.58	0.86	5.20	99.6
033	0.91	1.67	15.76	70.50	3.02	1.29	0.81	5.60	99.56
034	0.96	1.70	15.60	70.16	3.09	1.29	0.79	5.85	99.44
035	0.93	1.71	15.63	70.01	3.07	1.39	0.80	5.95	99.49
036	1.53	2.15	15.04	67.65	3.28	3.63	0.73	5.41	99.42
038	1.70	1.77	14.42	71.01	2.82	1.92	0.74	5.18	99.56

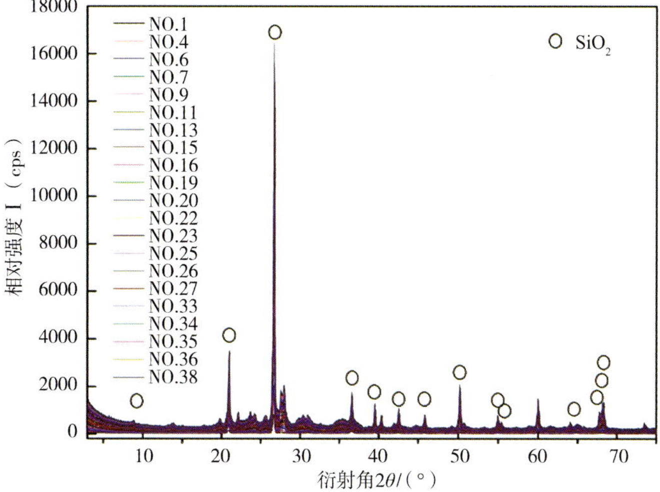

图 5.1　陶胎样品 XRD 图谱

1.3　陶胎的岩相分析

岩相分析是地质学上确定岩石性质的一种常规方法。1983 年，Williams 指出陶片可以视作一类变质沉积岩。这一论断成为切片法（Thin Section）应用于陶片岩相分析的基础原理[1]。运用陶器切片法进行岩相分析主要是通过观察陶器切片，判断、统计和分析陶器中各类颗粒的性质和

[1]　D. F. Williams. Petrology of Ceramics[A]. Petrology of Archaeological Artefacts[C]. Oxford: Calerendon Press, 1983: 301.

数量，来判断陶器成分的一种方法。这种方法运用定性和定量手段分析陶器成分，为解决上述问题提供了帮助，也为我们了解陶器的矿物成分、陶器制造的原料配比工艺乃至产地提供方便[1]。

1.3.1　分析仪器及样品制备

本项目陶胎的岩相分析采用了偏光显微分析手段。运用偏光显微镜来研究陶片的光学性质时，首先要把陶片制成薄片，制备步骤分为切片、磨片、抛光、固化等。偏光显微镜分析陶胎薄片，就是在显微镜下观察描述黏土、颗粒物这三种物相成分的形状、大小、颜色、分布等特点，进而揭示陶胎所蕴含的信息[2]。

选取青州香山汉墓陪葬坑出土陶质彩绘文物中无法拼对的残陶片 17 块（表 5.3），用切片机进行切割时，应确保原样显微结构或存在的缺陷不受影响；同时须不断用水冲洗冷却，避免样品的残渣碎屑飞溅。由于陶片本身疏松多孔，为了使切割好的陶片在研磨过程中不受损伤，采用环氧树脂及邻苯二甲酸酐进行浸渗、固化以提高其强度。浸渗、固化过程中需将样品放入真空恒温箱内，60~70℃温度下烘干、固化 4~5 小时，取出后进行研磨、抛光。抛光后的样品粘于载玻片上，并在表面盖上盖玻片后即可进行观察分析。

表5.3　岩相分析样品信息表

样品编号	出土编号	样品大小（厘米）长×宽×厚	样品描述
1	残31箱、残25箱（无号）冠板	3×3.5	整体呈梯形，陶色为深灰色，表面中部自上而下有竖纹
2	K1②区5：486 立俑（中型）	6×3.4×1.6	整体呈不规则形状，陶体为深灰色，表面有一层黄白色颜料，在中部还有一小块赭红色颜料，断裂面较粗糙，有些许气孔，背面有制作的横向痕迹
3	K1②区4中部与305马相配：306 马（残块）	5×4.3×1.5	整体呈不规则形状，陶体颜色为浅灰色，表面有一层白色颜料残留，断裂面存在夹杂现象，呈浅灰—深灰—浅灰现象
4	K1×2区4西部：498 陶盘	4×3.5×09	整体呈不规则形状，陶体颜色为浅灰色，正面中部偏上有横向长条纹饰，纹饰上附有红色颜料，背面有横向制作痕迹，断裂处有气孔
5	K1②区5东部偏西与435马相配：434 骑俑（胳膊位置）	6.2×5×1.7	整体呈不规则形状，陶色呈灰色，表面残留有白色颜料

[1]　段天璟．陶器岩相分析在史前陶器产地和交流研究中的应用 [A]. 边疆考古研究（第 5 辑）[C]. 北京：科学出版社，2010：305-315.

[2]　夏寅等著．遗彩寻微：中国古代颜料偏光显微分析研究 [M]. 北京：科学出版社，2017：177-184.

续表

样品编号	出土编号	样品大小（厘米）长×宽×厚	样品描述
6	残31箱、残25箱（无号） 嘴	4×4×1	整体呈长方形，嘴型完整，位于残块中部偏上，表面附有一层浅粉色颜料，背面陶色为灰色，表面不平整
7	K1×2区6 耳杯残片	3.5×3×0.6	整体呈块状，陶体颜色为深灰色，表面有打磨痕迹，背面有横向轮制痕迹
8	K1×2区4中部 俑	3×2	整体呈双层台柱体，胎体颜色为深灰色，上层残留有浅粉色颜料，断裂面较粗糙，有大颗粒杂质
9	K1×3区3 羊腿	3×1.4	整体呈长条状，陶体颜色为深灰色，断裂处有明显的颗粒状，正面上部残留少量的红色颜料
10	K1②区5东部偏西：436 立俑（肩部）	5×4×1	整体呈长方体，陶体颜色为深灰色，断裂面存在分层现象，颗粒物较大，制作较粗糙
11	残31箱、残25箱（无号） 马蹄	7.5×5.5	完整马蹄状，陶色为浅灰色，整体附有一层赭红色颜料，上部断裂面有一排气孔，正面下部有一裂缝
12	K1②区5西部 立俑（裙边）	6.4×4.5×2	整体呈不规则形状，陶体颜色为浅灰色，表面有白色颜料，白色颜料上有少量的红色颜料残留，陶质略粗糙
13	K1×2区5 卮	3×2.2×1	整体呈不规则形状，陶体颜色为深灰色，中部有横向纹饰，断裂面有黑色的颗粒夹杂物
14	残31箱、残25箱（无号） 环	4.5×3×0.8	整体呈圆环状，两侧有衔接部位，陶色为深灰色，表面有龟裂现象
15	K1×2区4中部：536 骑俑	7×5×2	整体呈不规则形状，陶体颜色为浅灰色，表面残留一层红色颜料，背面有凹陷痕迹，断裂面陶质较粗糙，有较大颗粒物，且有些许气孔存在
16	K1×3区5南六排西马八：1314 红马	5×3.5×1.7	整体呈不规则形状，陶体颜色为浅灰色，表面有赭红色颜料，断裂处陶质粗糙
17	残31箱、残25箱（无号） 马腿	4.5×3	呈圆柱状，陶色为灰色，表面附有一层白色颜料，疑似石膏，断裂处呈大小不一的颗粒状

1.3.2 分析结果[1]

由偏光显微观察可知，该批文物陶胎大多都含有石英等矿物颗粒，且颗粒大小都比较均一，颗粒也较为精细，应人为加工筛选过；大多数陶胎的空隙较少，颗粒物之间较为紧凑，应有很好的练泥技术，胎质较为紧密。分析结果详见表 5.4。

[1] 陶胎岩相分析数据由秦始皇帝陵博物院文物保护部夏寅、孙文言、杨真真等提供。

表5.4　岩相分析结果

样品编号	样品描述	夹杂物分析结果	图5.2
1	样品在单偏光下颗粒物整体呈椭圆形，边缘较圆润，单偏光下基质颜色呈黄褐色，正交偏光下基质颜色呈黑色，空隙呈椭圆形状；正交偏光下有浅黄色物质	石英+黄色物质	
2	样品在单偏光下颗粒物整体呈椭圆形，边缘较圆润，单偏光下基质颜色呈黄褐色，正交偏光下基质颜色呈黑色，空隙呈椭圆形状；正交偏光下有浅黄色物质	石英+黄色颗粒	
3	样品在单偏光下颗粒物呈椭圆形，边缘较圆润，也有一部分颗粒物边缘棱角分明；单偏光下基质颜色呈黄褐色，正交偏光下基质颜色呈黑色，空隙呈长条形	石英	3-a 3-b
4	样品在单偏光下颗粒物呈椭圆形，边缘较圆润，也有一部分颗粒物边缘棱角分明；单偏光下基质颜色呈黄褐色，正交偏光下基质颜色呈黑色，有一像眼睛一样椭圆形的黄褐色物质，单偏光下和正交偏光下变化不大；空隙呈椭圆形	石英+碳酸钙+黄褐色物质	4-a 4-b
5	样品在单偏光下颗粒物呈椭圆形，边缘较圆润，颗粒物较精细，应该是经过淘洗；单偏光下基质颜色呈黄褐色，正交偏光下基质颜色呈黑色，空隙呈椭圆形和长条形	石英+碳酸钙	5-a 5-b
6	样品在单偏光下颗粒物呈椭圆形，边缘较圆润，颗粒物较精细，应该是经过淘洗；单偏光下基质颜色呈黄褐色，正交偏光下基质颜色呈黑色，空隙呈椭圆形	石英	
7	样品在单偏光下颗粒物呈椭圆形，边缘较圆润，也有一部分颗粒物边缘棱角分明；单偏光下基质颜色呈黄褐色，正交偏光下基质颜色呈黑色，正交偏光下基质上有金黄色颗粒物；空隙呈椭圆形	石英+金黄色颗粒物	7-a 7-b
8	样品在单偏光下颗粒物呈椭圆形，边缘较圆润，颗粒物较精细，应该是经过淘洗；单偏光下基质颜色呈黄褐色，正交偏光下基质颜色呈黑色，空隙呈长条形	石英	
9	样品在单偏光下颗粒物呈椭圆形，边缘较圆润，也有一部分颗粒物边缘棱角分明；单偏光下基质颜色呈黄褐色，正交偏光下基质颜色呈黑色，有一椭圆形的黄褐色物质，单偏光下和正交偏光下变化不大；空隙呈椭圆形和长条形	石英+黄褐色物质	
10	样品在单偏光下颗粒物呈椭圆形，边缘较圆润，颗粒物较精细，应该是经过淘洗；单偏光下基质颜色呈黄褐色，正交偏光下基质颜色呈黑色，空隙呈椭圆形	石英+碳酸钙	
11	样品在单偏光下颗粒物呈椭圆形，边缘较圆润，颗粒物较精细，应该是经过淘洗；单偏光下基质颜色呈黄褐色，正交偏光下基质颜色呈黑色，空隙呈长条形	石英+金黄色物质	
12	样品在单偏光下颗粒物呈椭圆形，边缘较圆润，颗粒物较精细，应该是经过淘洗；单偏光下基质颜色呈黄褐色，正交偏光下基质颜色呈黑色，空隙呈长条形	石英+金黄色物质	
13	样品在单偏光下颗粒物呈椭圆形，边缘较圆润，颗粒物较精细，应该是经过淘洗；单偏光下基质颜色呈黄褐色，正交偏光下基质颜色呈黑色，空隙呈椭圆形	石英	
14	样品在单偏光下颗粒物呈椭圆形，边缘较圆润，也有一部分颗粒物边缘棱角分明；单偏光下基质颜色呈黄褐色，正交偏光下基质颜色呈黑色；空隙呈椭圆形	石英+碳酸钙	
15	样品在单偏光下颗粒物呈椭圆形，边缘较圆润，颗粒物较精细，应该是经过淘洗；单偏光下基质颜色呈黄褐色，正交偏光下基质颜色呈黑色，空隙呈长条形有一椭圆形的黄褐色物质；空隙呈椭圆形	石英	
16	样品在单偏光下颗粒物呈椭圆形，边缘较圆润，颗粒物较精细，应该是经过淘洗；单偏光下基质颜色呈黄褐色，正交偏光下基质颜色呈黑色，空隙呈椭圆形	石英+白色物质	16-a 16-b
17	样品在单偏光下颗粒物呈椭圆形，边缘较圆润，也有一部分颗粒物边缘棱角分明；单偏光下基质颜色呈黄褐色，正交偏光下基质颜色呈黑色，正交偏光下有黄色物质；空隙呈椭圆形和长条形	石英+碳酸钙	

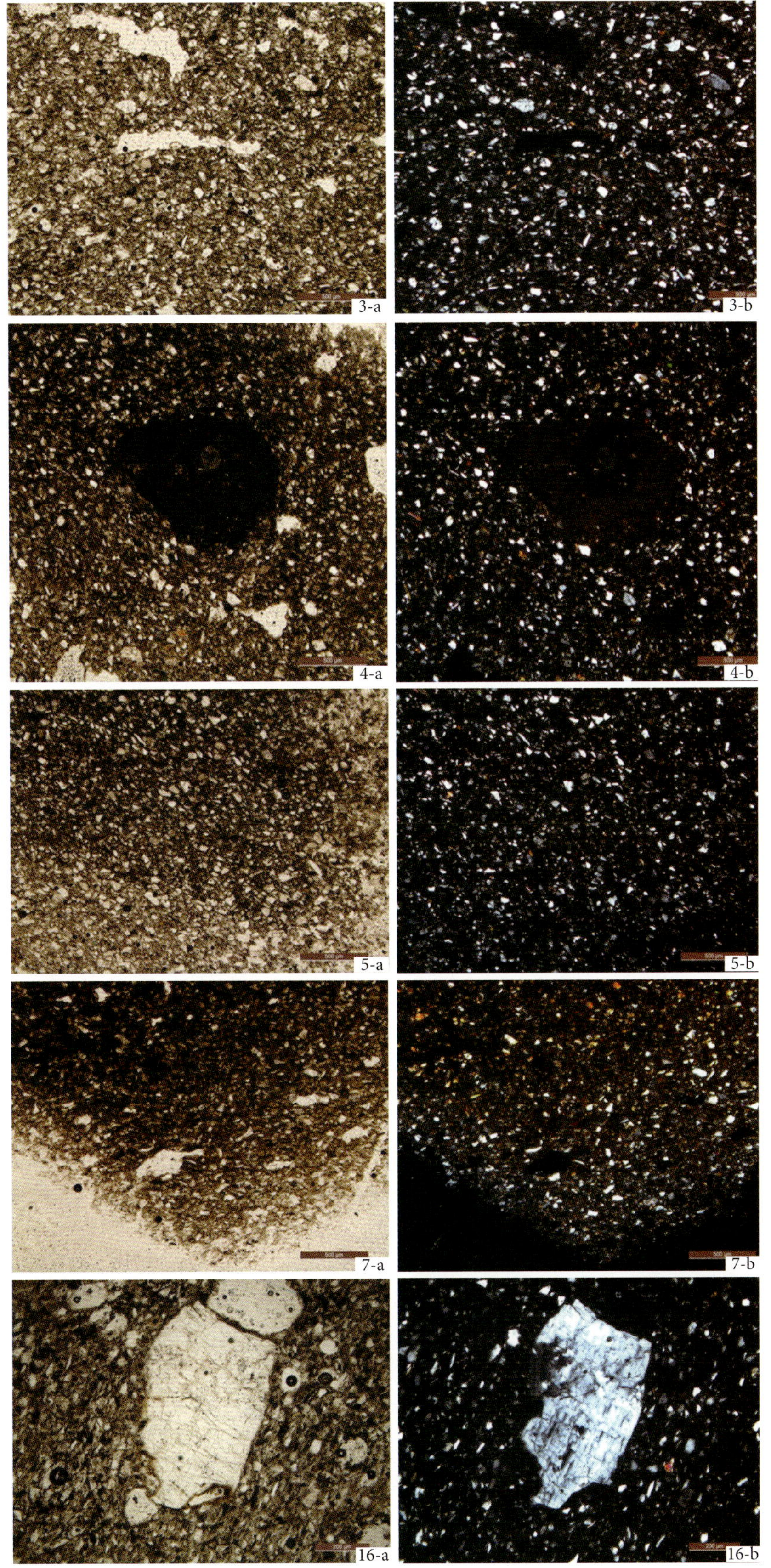

图 5.2　陶胎岩相照片（左列为单偏光照片，右列为正交偏光照片）

利用显微镜的Petrog计数分析系统，对其中的7个陶胎岩相中的孔隙、颗粒物和基质三者进行分析，可以看出陶胎样品的孔隙率都相对较高，在5%以上，其中3号样品和10号样品的孔隙率分别达到了8%和11.7%；颗粒物的含量一般在18%~26%；基质的含量在66%~73.7%（图5.3）。

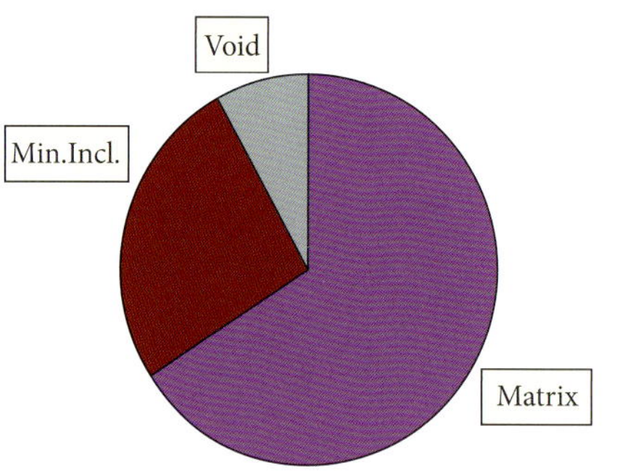

样品3基质66%，颗粒物26%，孔隙8%

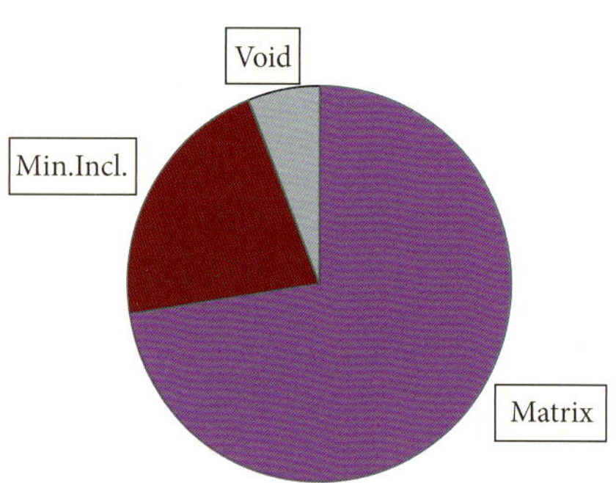

样品4基质72.7%，颗粒物21.3%，孔隙6%

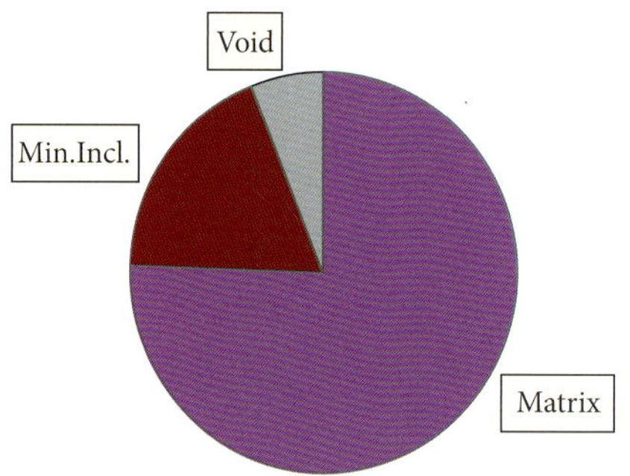

样品6基质75.7%，颗粒物18.3%，孔隙6%

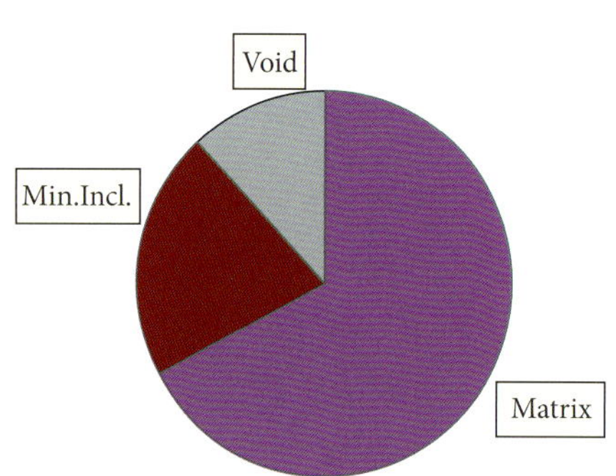

样品10基质67.3%，颗粒物21%，孔隙11.7%

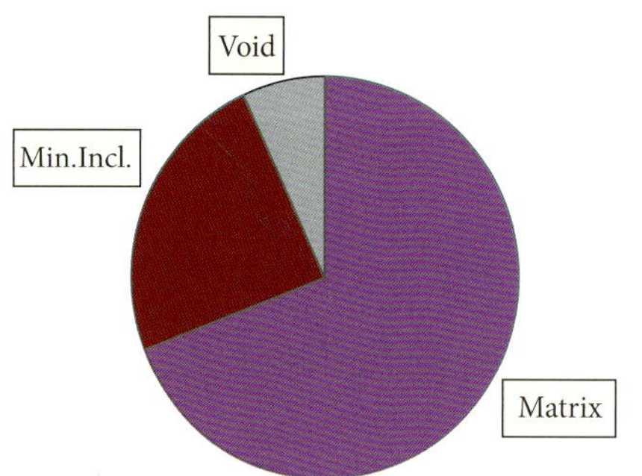

样品11基质69.3%，颗粒物24%，孔隙6.7%

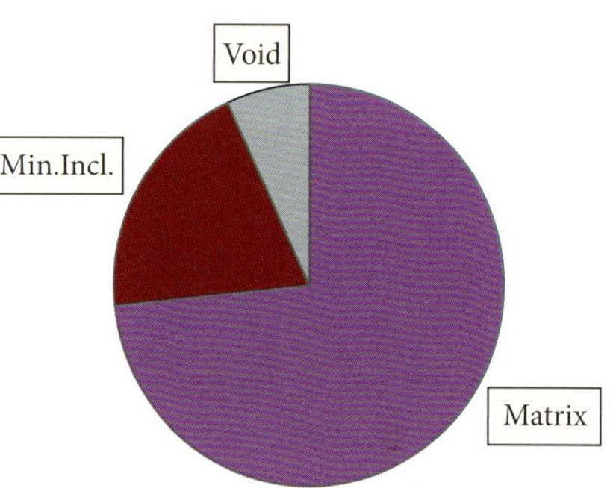

样品12基质73.7%，颗粒物19.7%，孔隙6.7%

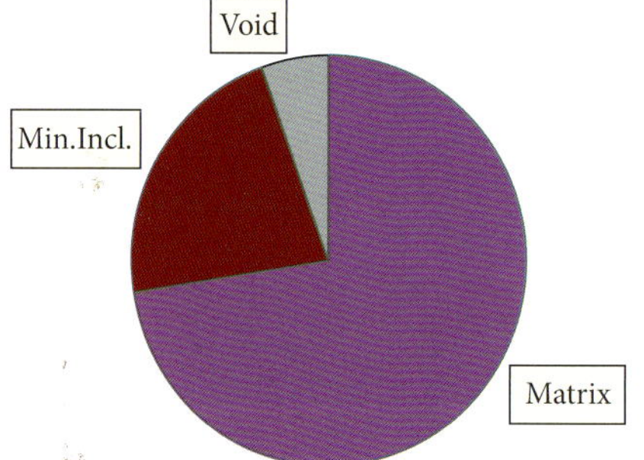

样品16基质72.7%，颗粒物22%，孔隙5.3%

图5.3 样品3、4、6、10、11、12、16陶胎基质、颗粒物、孔隙比例图

同时对 7 个陶胎样品中的颗粒物（主要是石英颗粒）进行粒径和数量分析，并绘制相应的粒径频率直方分布图（图 5.4）。从所测 7 个样品的粒度分布结果来看，都形成的是单峰粒度分布组成，且粒径大小也主要在 0.2 毫米以下，都属于细颗粒；但 6 号样品和 16 号样品有些特殊，这两个样品的颗粒粒径均在 0.2 毫米以上，尤其是 16 号样品，粗颗粒粒径分布范围较广且含量较多。

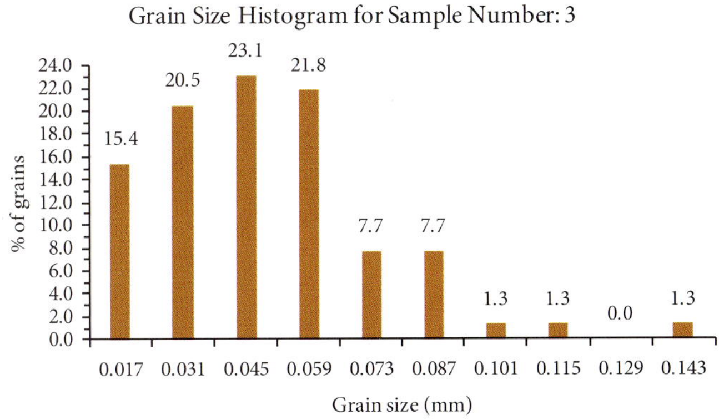

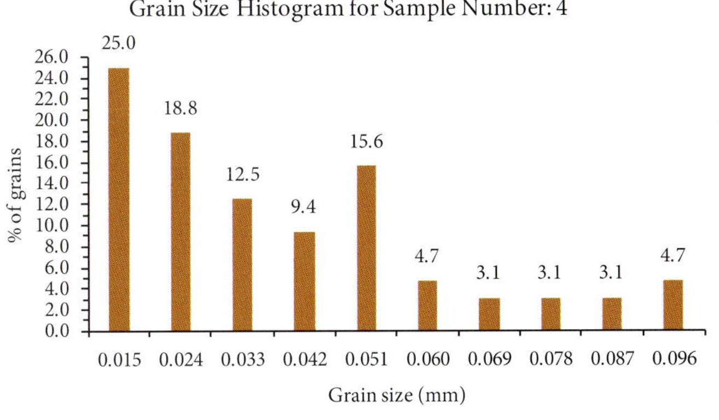

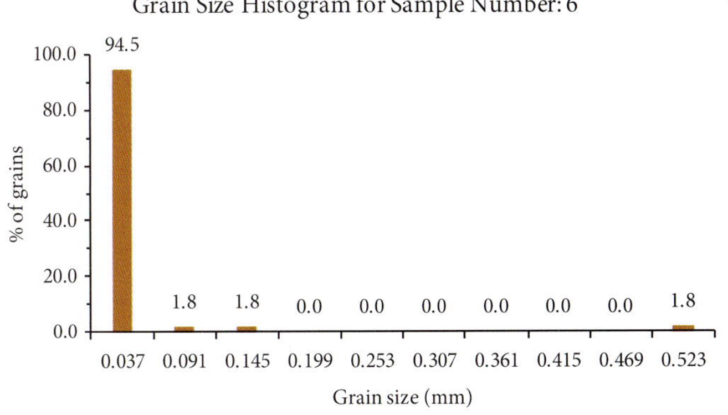

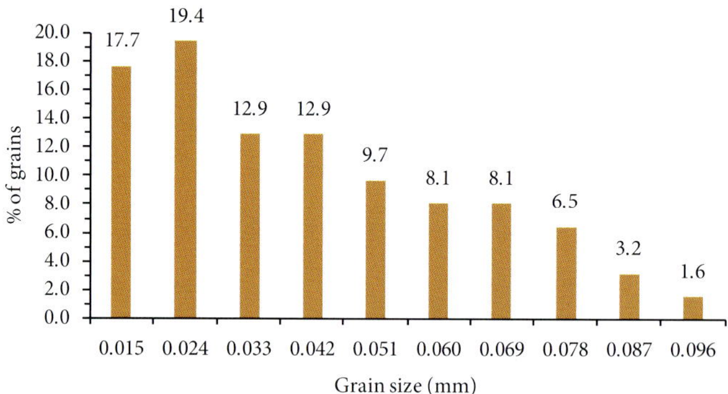

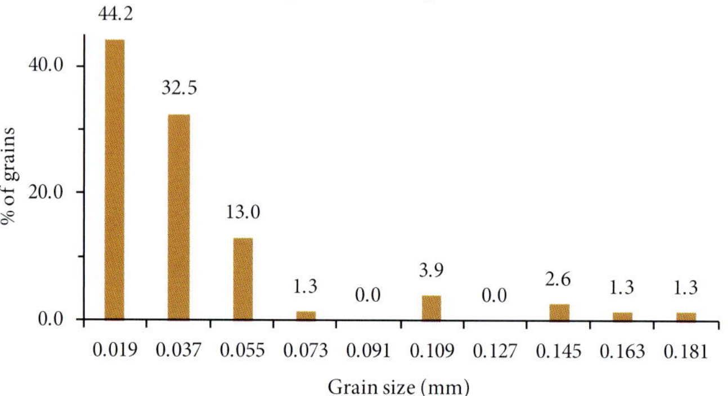

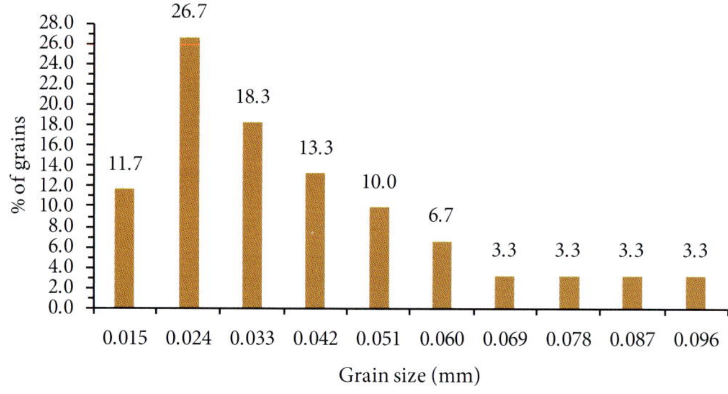

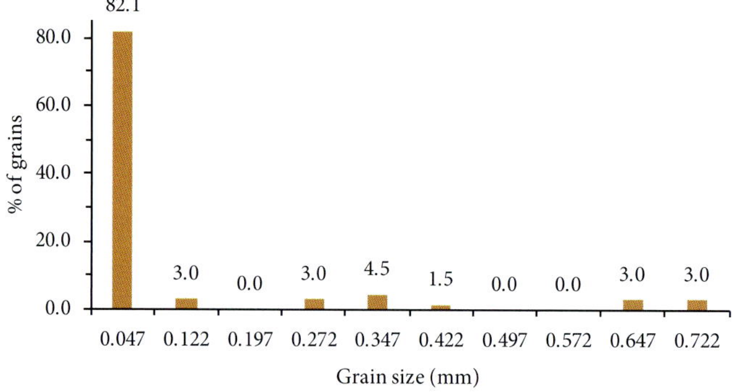

图 5.4 样品 3、4、6、10、11、12、16 陶胎样品粒径频率直方分布图

1.4 陶胎的烧成温度

1.4.1 分析仪器及样品制备

陶器烧成温度研究为研究古代陶器烧制工艺提供了重要的信息。研究陶瓷烧成温度的方法主要有 X 射线衍射法、红外光谱法、差热 – 热重仪、拉曼分析、扫描电镜等，这些分析方法的依据是黏土中特定矿物组分在特定的温度下会发生分解或变化，通过陶胎中矿物组成变化来估算陶器的烧成温度的方法。而热膨胀分析法是通过古陶瓷材料在加热过程中的膨胀或收缩性质来确定烧成温度，相比其他分析方法更具可行性和准确性。

黏土在焙烧过程中，在各种因素（如结构水的失去，空隙率降低，晶粒尺寸与形状的变化，熔融，晶变，相变，新物质的生成）的作用下发生收缩烧结。当对一个具有一定烧成温度的黏土材料从室温加热到它的原始烧成温度之前，它会表现为正常的可逆热膨胀；如果继续升温，由于烧结的继续和加深，会在已有的可逆膨胀之上叠加不可逆的急速收缩，这个开始叠加收缩效应的温度的起始点，就是判断其原始烧成温度的依据 [1]。

本项目分析使用德国耐驰公司 Netzsch 402E 热膨胀分析仪进行测试，升温速率 5K/min，最高温度 1200℃，样品尺寸要求为 25 毫米 ×5 毫米 ×5 毫米。

1.4.2 分析结果 [2, 3]

表 5.5 为 21 个陶胎所测得的体积密度、吸水率、显气孔率、抗压强度及烧成温度等数据。可以看出，这些样品的吸水率都较大，在 15% 以上，这也为我们在以后制定陶器脱盐技术工艺时提供了参考数据；陶胎的抗压强度最高者可达 61.5MPa。这些陶胎样品的指标也基本上符合秦汉时期一般陶器的性能特征。此次所分析样品的烧成温度大都集中在 900~1000℃，部

[1] 童永东．热膨胀法陶瓷测温多因素分析及在广西古陶瓷中的应用研究 [D]. 广西民族大学，2018.

[2] 张尚欣，付倩丽，王伟锋，夏寅，刘江卫，兰德省，黄建华，毛晓芬．山东香山汉墓出土陶质彩绘文物材质及制作工艺的初步研究 [J]. 文物保护与考古科学，2014，26（1）：46-53.

[3] 鲁晓珂，李伟东，李强，容波，周铁．山东青州和沂源地区出土彩绘陶器的测试分析 [J]. 文物保护与考古科学，2014，26（2）：1-8.

分样品（015、016、019、020）的烧成温度较低，在800℃左右。烧成温度较低的现象推测可能与烧制过程中窑炉内不同部位的温差造成样品个体间受热不均匀有关。另外，这些样品的外观大多是青灰色，而其组成中铁含量又较高，所以青州香山汉墓陪葬坑出土陶器应该是在还原气氛下烧制的。

表5.5　烧成温度及相关物理性能分析

序号	体积密度（g/cm³）	吸水率（%）	显气孔率（%）	抗压强度（MPa）	烧成温度（℃）（±20）
001	1.83	15.0	27	45.5	990
004	1.85	15.0	28	25.6	980
006	1.71	20.4	35	19.4	970
007	1.77	18.0	32	16.2	980
009	1.78	18.6	33	34.2	800
011	1.80	17.7	32	34.0	990
013	1.66	22.2	37	37.5	990
015	1.83	17.4	32	—	820
016	1.80	18.4	33	22.5	810
019	1.75	19.4	34	12.7	880
020	1.75	19.3	34	30.4	800
022	1.76	19.6	35	14.4	960
023	1.68	21.3	36	8.1	990
025	1.76	18.8	33	—	—
026	1.77	18.9	34	—	—
027	1.79	18.6	33	—	—
033	1.82	16.8	31	25.9	960
034	1.88	15.6	29	61.5	1020
035	1.80	17.2	31	24.7	980
036	1.74	19.1	33	22.5	1000
038	1.75	18.5	32	29.8	980

基于所测得烧成温度曲线，为进一步判断青州香山汉墓陪葬坑出土的陶质文物的烧制特点，根据出土的不同种类进行分类归纳，不同类型的烧成温度值见表5.4。可以看出，器物的烧成温度大多较低，而陶俑的烧成温度普遍较高，最大可相差200℃以上。所以器物和陶俑胎体的原料基本相近，但它们的烧成温度却存在明显差异（图5.5；表5.6）。

表5.6　香山汉墓陪葬坑出土不同类型陶质文物的烧成温度

器形	器物（壶）	器物（盘）	器物	马俑	牺牲俑	大立俑	大立俑	马俑（蹄部）
烧成温度（℃）	820	840	840	980	980	1030	1050	1060

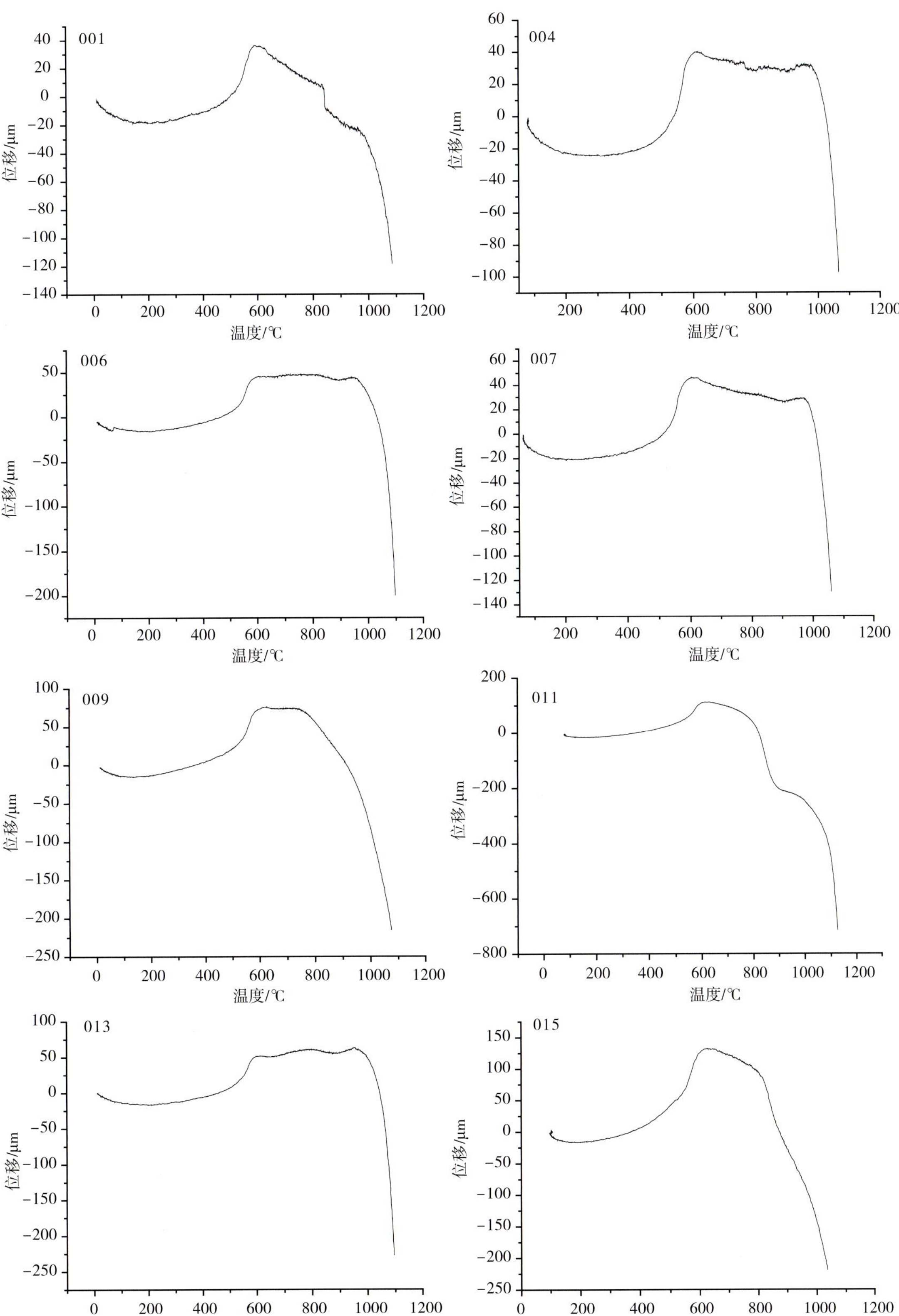
001
004
006
007
009
011
013
015
位移/μm
温度/℃

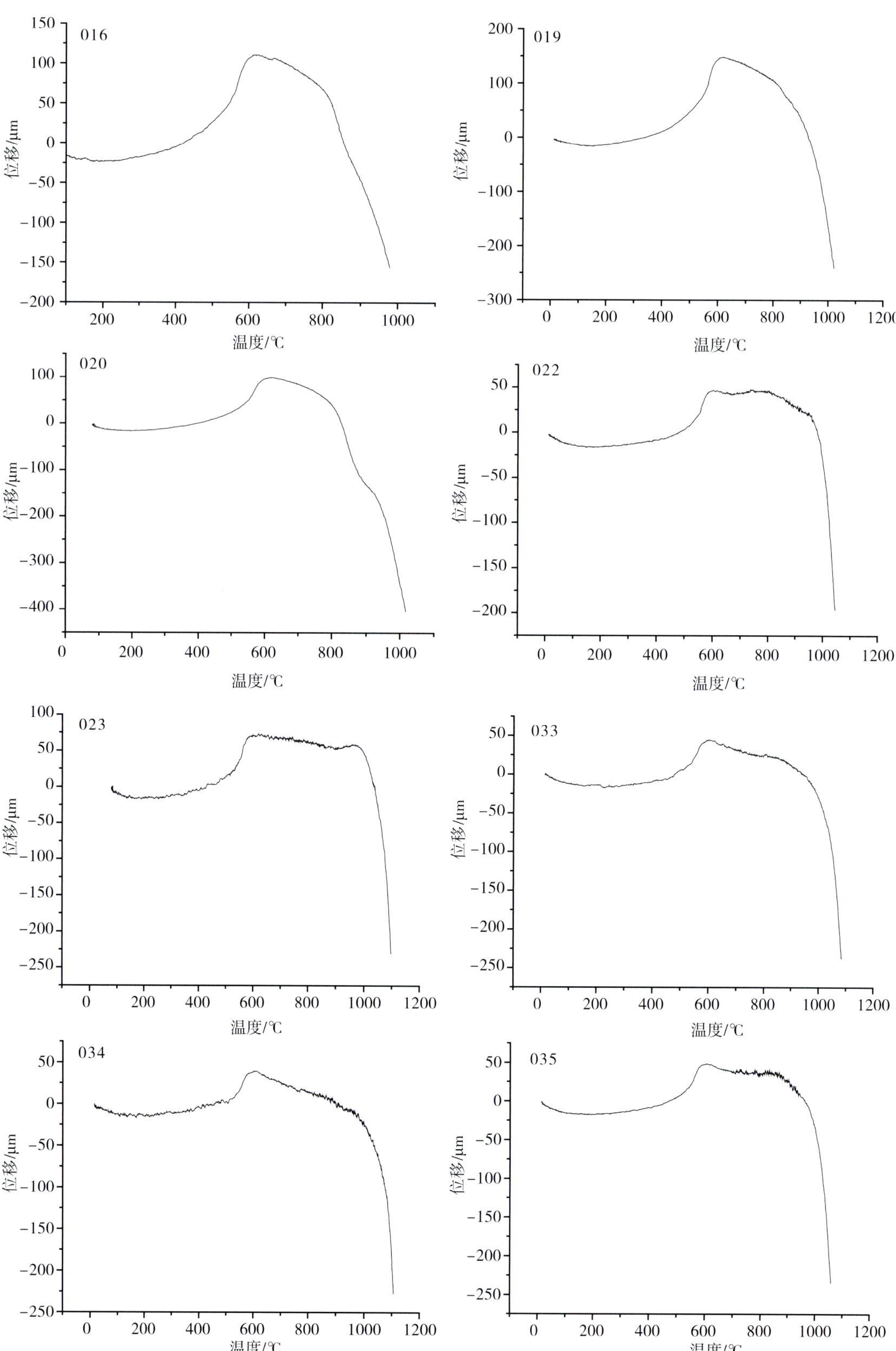
016
150
100
50
0
-50
-100
-150
-200
200
400
600
800
1000
位移/μm
温度/℃
019
200
100
0
-100
-200
-300
0
200
400
600
800
1000
1200
位移/μm
温度/℃
020
100
0
-100
-200
-300
-400
0
200
400
600
800
1000
位移/μm
温度/℃
022
50
0
-50
-100
-150
-200
0
200
400
600
800
1000
1200
位移/μm
温度/℃
023
100
50
0
-50
-100
-150
-200
-250
0
200
400
600
800
1000
1200
位移/μm
温度/℃
033
50
0
-50
-100
-150
-200
-250
0
200
400
600
800
1000
1200
位移/μm
温度/℃
034
50
0
-50
-100
-150
-200
-250
0
200
400
600
800
1000
1200
位移/μm
温度/℃
035
50
0
-50
-100
-150
-200
-250
0
200
400
600
800
1000
1200
位移/μm
温度/℃

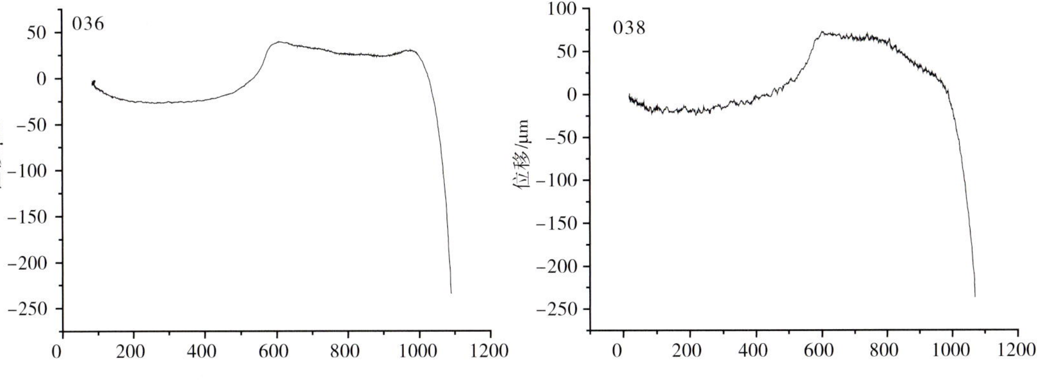

图 5.5　陶胎样品热膨胀曲线

1.5　小结

青州香山汉墓陪葬坑出土陶质彩绘文物的陶胎色调一致，大多为浅灰色或深灰色，主要组成元素包含 O、Si、Al、Fe、K、Mg、Ca、Na、Ti 等，并含有 As、Mn、Cu、Zn、Rb、Sr、Y、Zr 等微量元素。陶俑、陶马及其他陶质器物的元素分析数据基本相同，说明其烧制原料是相似的。其中，熔剂氧化物的含量在 16% 左右（Fe_2O_3 含量在 5% 以上），说明其为易熔黏土，与我国古代北方地区一般陶器（红陶、灰黑陶等）的胎料相似。陶胎的矿物组成主要为石英和长石类矿物，结合其化学组成也说明原料可能就是山东地区黄河流域的沉积黏土。

陶胎中含有石英等矿物颗粒，颗粒物含量在 18%~26%，较为精细且大小均匀，基质含量在 66%~73.7%，应经过了人为筛选、练泥等加工工序。烧制温度在 900~1000℃，不同器物的烧成温度存在明显差异，陶俑要高于器物，应该是工匠为了提高陶俑的烧结强度有意为之。

2. 彩绘颜料及彩绘层的分析

彩绘类文物是我国常见文物，因而彩绘颜料及彩绘层的分析研究较为成熟和全面。出土陶质彩绘类文物所使用的颜料主要为矿物颜料，常见矿物颜料有朱砂、铅丹、土红、雄黄、雌黄、土黄、铜绿、孔雀石、蓝铜矿、群青、中国蓝、中国紫、碳酸钙、白土、铅白、骨白等[1]。随着科学技术的发展，多种分析手段应用于彩绘文物颜料的分析，常见的有X射线荧光法（XRF），X射线衍射分析法（XRD）、激光拉曼光谱法（Raman）、扫描电子显微镜法及能谱仪（SEM-EDS）、偏光显微分析法（PLM）、激光诱导击穿光谱法（LIBS）等。秦陵博物院与科研基地建立了PLM、Raman、SEM-EDS等分析实验室，通过多年的研究和积累，形成了一套系统的彩绘颜料及彩绘层分析流程，并初步建立了彩绘颜料数据库。

2.1 分析方法及样品制备

本项目对青州香山汉墓陪葬坑出土的陶质彩绘文物彩绘颜料及彩绘层的分析方法主要采用了偏光显微分析、拉曼光谱分析、扫描电子显微镜及能谱仪分析等手段。

偏光显微作为分析和研究颜料的手段，具有准确、快捷的特点。分析仪器主要为Leica DMLSP偏光显微镜、Leica Wild体视显微镜等。偏光显微分析样品的制备方法：选取具有代表性的10件文物的不同部位不同颜料样品共40个，首先用丙酮擦拭载样面，再用黑笔在背面标出载样区域；据样品的离散状况，滴加无水乙醇至样品边缘后，用钨针研匀样品直至溶剂完全挥发；镊取盖玻片放于样品上，加热至90~100℃；同时，吸取固封树脂沿盖玻片一侧缓慢渗满整个盖玻片；待冷却后，即可在偏光显微镜下观察。

拉曼光谱是一种高精度的非破坏性的分子分析技术，它能对无机或有机材料进行定性和半定量的常规分析，其分析方法是基于对与入射光频率不同的散射光谱进行分析以得到分子振动、转动等相关信息，并应用于分子结构研究。在文物材料分析研究中能够实现无损或微损，成为文物分析研究的常用手段[2]。分析使用的仪器为英国Renishaw公司生产，配备有Leica显微镜Invia拉曼光谱分析仪，采用氩离子激光器，激发光波长为514nm，物镜放大倍数为100，信息采集时间为10s，累加次数3次。将采集到的颜料粉末颗粒直接放在载玻片上，放进拉曼光谱仪样品室进行分析。

扫描电子显微镜（SEM）及能谱仪（EDS）分析是电子束微束分析技术中应用极为广泛的仪器，是材料微观形貌观察和成分分析非常有用的技

[1] 万希章.矿物颜料[M].上海：中华学艺社，1935.

[2] 常晶晶.古代壁画中颜料及染料的拉曼光谱研究[D].吉林大学，2010.

术手段，在形貌观察的同时进行微区成分分析。其在文物分析研究中的优势在于样品需求量小，制备简单；一般情况下分析要求样品表面导电，但对于不导电样品或导电性差的样品可以进行喷镀，或者利用低电压、低真空、环境扫描等成像技术同样可以进行观察分析，所以在样品制备上无特殊要求，只要合适样品室大小即可；快速、自动进行多种方法分析，同时对多种元素进行定性、定量分析，有无标准样品都可以获得较好的分析结果[1]。分析设备：SEM 为 FEI QUANTA 650，EDS 为牛津 INCA X-MAX250。SEM 加速电压在 200V~30KV，放大倍率在 6 万 ~10 万倍；EDS 分析元素范围从铍（Be）到铀（U），探测限一般为 0.1%~0.5%，相对误差在 2%~3%。

2.2 彩绘颜料的分析[2]

2.2.1 偏光显微分析结果

偏光显微分析结果见表 5.7。青州香山汉墓陪葬坑出土的陶质彩绘文物上常见彩绘颜色有红色、白色、紫色、黑色等。红色颜料为朱砂、铁红；紫色颜料为中国紫（$BaCuSi_2O_6$），白色颜料主要是白土和碳酸钙，黑色颜料是以碳为主要成分的墨。

[1] 惠娜，王亮，王春燕，夏寅，容波，毛晓芬．扫描电子显微镜及能谱仪在彩绘文物分析中的应用 [J]. 文博，2015（1）：99-103.

[2] 王伟锋，夏寅，刘江卫，付倩丽，黄建华．山东青州香山汉墓陪葬坑出土彩绘文物颜料分析 [A]. 秦始皇帝陵博物院 [C]. 西安：陕西师范大学出版总社，2013：458-466.

表5.7 偏光显微分析结果

样品编号	文物编号	采样位置	样品描述	分析结果	备注
1/415-QZ	K1②层区5-415	陶马身左侧红色装饰带	红色颜料	朱砂	
2/415-QZ	K1②层区5-415	陶马身左侧深红色装饰带	深红色颜料	铁红+朱砂（少量）	
4/415-QZ	K1②层区5-415	陶马身左侧臀部	粉红色颜料	铁黄+朱砂+白土	
5/415-QZ	K1②层区5-415	陶马身右侧颈部	红色颜料	朱砂	
7/415-QZ	K1②层区5-415	马背左侧最后一排左1紫色点	紫色颜料	中国紫	图5.6
1/128-QZ	K1X2区1-128	耳杯口沿处	红色颜料	朱砂	图5.7
2/127-QZ	127	耳杯口沿处	红+漆+陶	朱砂	
1/125-QZ	K1X2区1-125	脱落下的颜料	红色颜料	朱砂	
1/933-QZ	933	陶盘中部	紫色颜料	中国紫	
1/1168-QZ	K1X2区7东部-1168	陶俑右袖底部	白色颜料	白土+铁黄（少量）	图5.8
2/1168-QZ	K1X2区7东部-1168	陶俑前面裙底	白色颜料	白土+铁黄（少量）	
3/1168-QZ	K1X2区7东部-1168	陶俑领口处	粉红颜料	铁黄+朱砂（少量）+白土	
4/1168-QZ	K1X2区7东部-1168	陶俑领口处	白色颜料	白土+铁黄（极少）+碳酸钙	
6/1168-QZ	K1X2区7东部-1168	陶俑前面裙底	黑色	铁黄+白土+碳	
1/147-QZ	K1X2区1-147	鼎盖	红色+漆	朱砂	
5/147-QZ	K1X2区1-147	鼎足右侧，鼎身突起处	紫色颜料	中国紫	
3/11-QZ	K1②层区1西北部-11	陶俑衣领	深红色颜料	铁红	图5.9
1/1169-QZ	K1X2区7-1169	嘴角左下部	粉红颜料	朱砂+铁黄（少量）+白土	
2/1169-QZ	K1X2区7-1169	俑鼻下部偏左	白色颜料	白土+铁黄（极少量）	
3/1169-QZ	K1X2区7-1169	俑头顶中心	黑色粉末	碳+铁黄（少量）+铁红（少量）	图5.10
4/1169-QZ	K1X2区7-1169	俑右脖领	红色颜料	朱砂	
7/1169-QZ	K1X2区7-1169	俑右袖底偏上	紫色颜料	中国紫	
8/1169-QZ	K1X2区7-1169	右袖装饰带上	褐色	铁红	
14/1169-QZ	K1X2区7-1169	裙后部中间	白色颜料	白土	

续表

样品编号	文物编号	采样位置	样品描述	分析结果	备注
5/784-QZ	K1X3区4-784	陶马背上前方，左侧	紫色颜料	中国紫	
8/784-QZ	K1X3区4-784	陶马背上方红带处	红色颜料	朱砂	
9/784-QZ	K1X3区4-784	陶马身左侧前方	深红颜料	铁红	图5.11
12/784-QZ	K1X3区4-784	陶马脖子右侧	粉红颜料	朱砂+碳酸钙	
19/784-QZ	K1X3区4-784	陶马背后侧	白色（有亮点）	白土+石英	
1/105-QZ	105	陶马上唇左侧	粉红色颜料	白土+铁红+朱砂（少）+针状盐	
2/105-QZ	105	陶马背	黑色粉末	铁黄+白土	
3/105-QZ	105	陶马嘴左侧	紫色颜料	中国紫（多）+中国蓝（少）	
4/105-QZ	105	陶马颈底部	红色颜料	铁红+白土（钙化）	
5/105-QZ	105	陶马右侧中下部	粉红色颜料	白土（钙化）+铁红	
6/105-QZ	105	陶马颈左侧底部	黑色粉末	铁红+铁黄+白土（钙化）	
7/105-QZ	105	陶马颈左侧中部	白色颜料	朱砂+白土（钙化）	
8/105-QZ	105	陶马颈左侧后	红色+紫色颜料	朱砂+中国紫+白土（钙化）	
9/105-QZ	105	陶马颈右侧缺口处	紫色颜料	中国紫+中国蓝+白土（钙化）	
10/105-QZ	105	陶马右侧背部	白色+紫色颜料	中国紫+白土（钙化）	
11/105-QZ	105	陶马左侧靠近尾处	棕红色颜料	铁红+白土（钙化）	

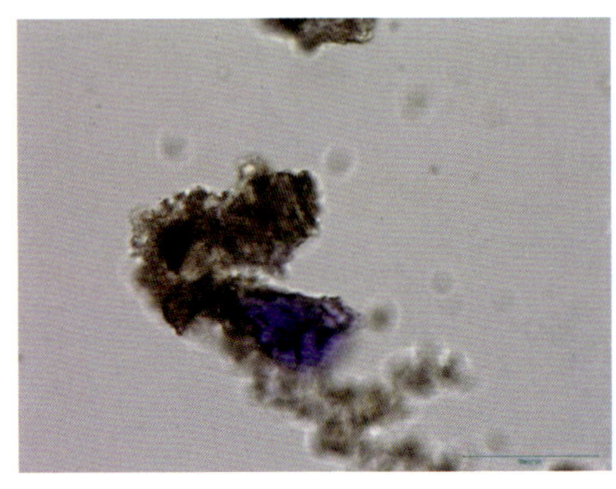

图 5.6　7/415-QZ 紫色（400×）

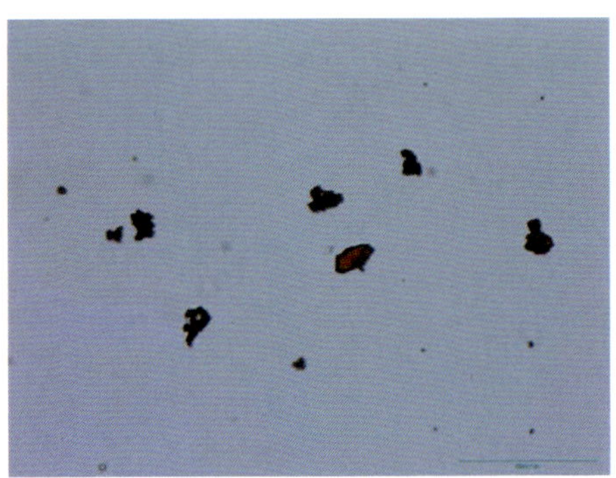

图 5.7　1/128-QZ 红色（400×）

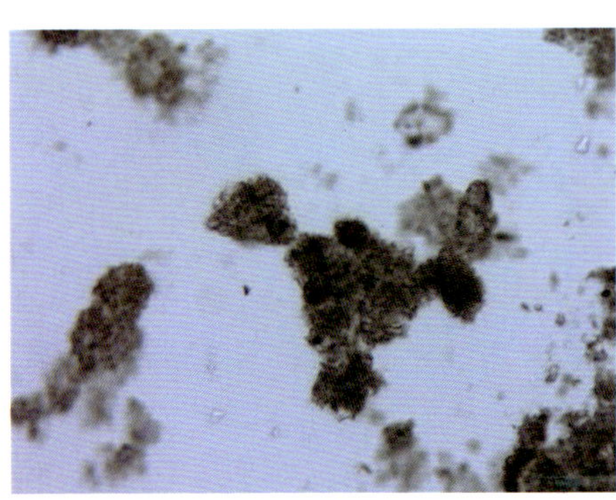

图 5.8　1/1168-QZ 白色（200×）

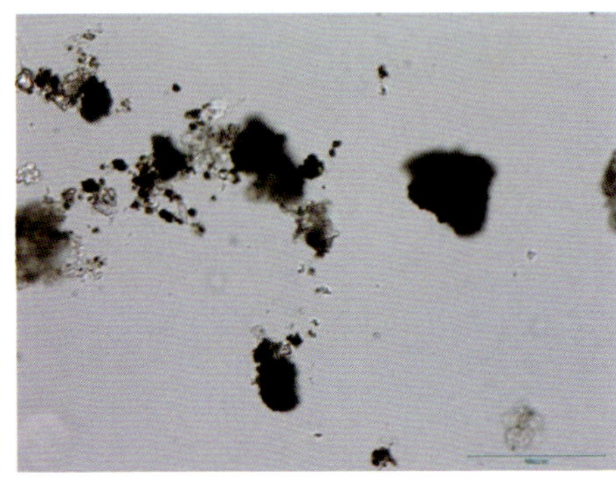

图 5.9　3/11-QZ 深红（200×）

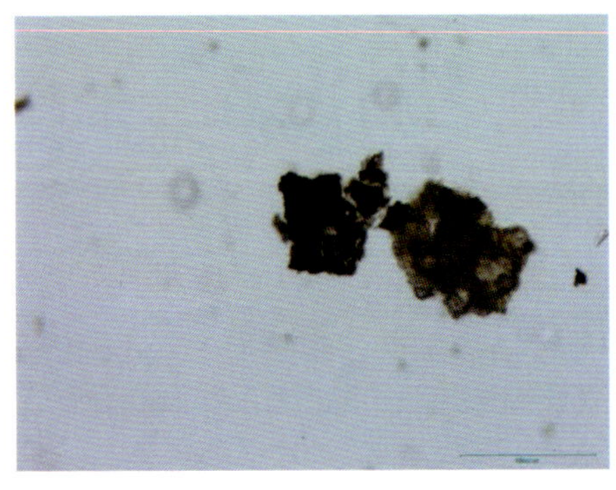

图 5.10　3/1169-QZ 黑色（200×）

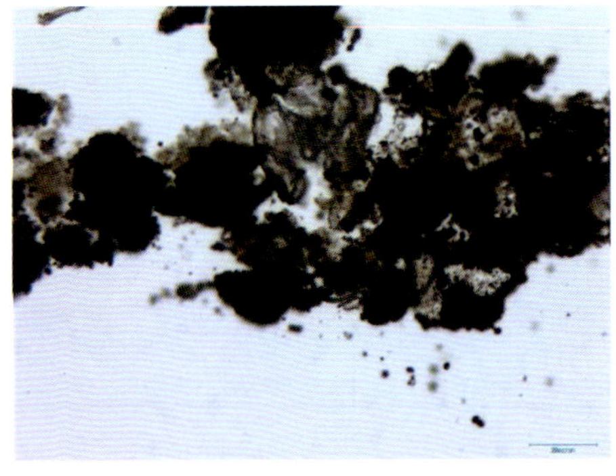

图 5.11　9/784-QZ 深红（200×）

2.2.2　拉曼光谱分析结果

选取了青州香山汉墓陪葬坑出土的彩绘陶质文物上具有代表性的黑、红、紫三种颜色进行拉曼光谱分析。

图 5.12 为黑色颜料的拉曼光谱图，从拉曼光谱吸收峰中可以看出样品在 1350cm^{-1} 和 1583cm^{-1} 处有拉曼吸收峰，根据文献报道这两处强峰都是石墨的拉曼特征峰，但其中 1350cm^{-1} 处吸收峰较为弥散，这可能是样品中混有其他杂质而导致背景荧光太强，并与 C 的拉曼信号重叠而导致峰

宽变大，也有可能是由于晶粒尺寸效应所产生，随着晶粒尺寸的减小，不少纳米材料的拉曼峰均发生明显的红移和宽化。而 1583cm^{-1} 处的拉曼吸收峰很明显。因此可判断黑色颜料为石墨结构的炭黑。

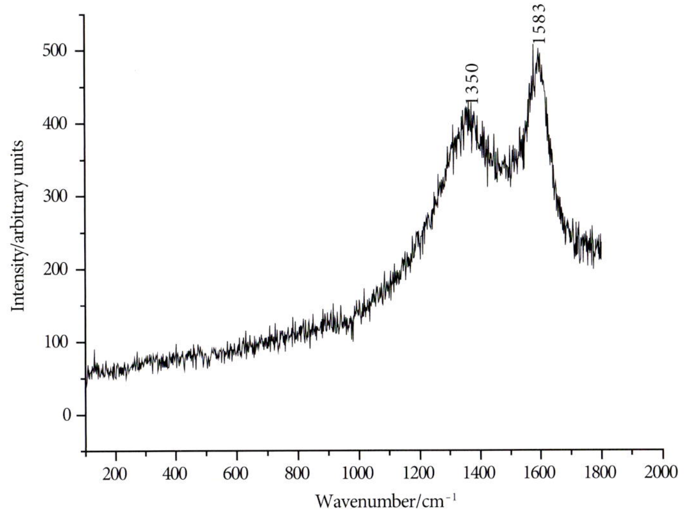

图 5.12　黑色颜料的拉曼光谱图

红色颜料的拉曼光谱分析结果显示有两种矿物颜料。图 5.13 为红色颜料 A 的拉曼光谱图，样品的拉曼光谱在 223cm^{-1}、291cm^{-1}、410cm^{-1} 处有拉曼吸收峰，参考标准峰图谱，这些吸收峰与赤铁矿的拉曼吸收峰较为一致，故判定此红色颜料为赤铁矿（Fe_2O_3）。图 5.14 为红色颜料 B 的拉曼光谱图，样品在 140cm^{-1}、252cm^{-1}、340cm^{-1} 处有拉曼吸收峰，这与朱砂的拉曼特征峰完全一致，因此判定该红色颜料为朱砂。

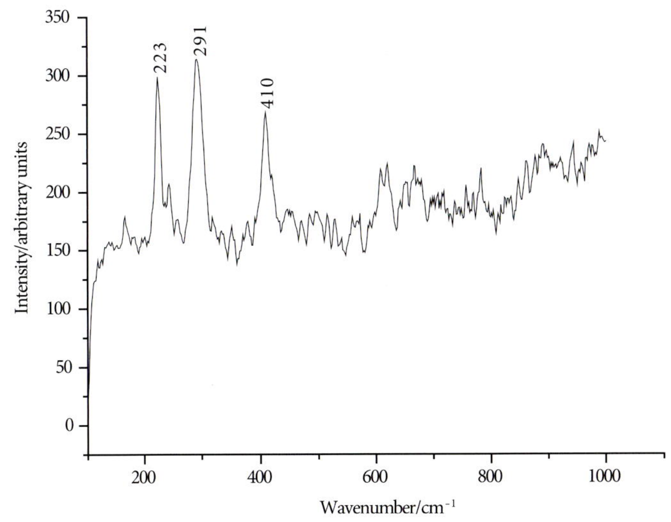

图 5.13　红色颜料 A 的拉曼光谱图

第五章　科学检测分析

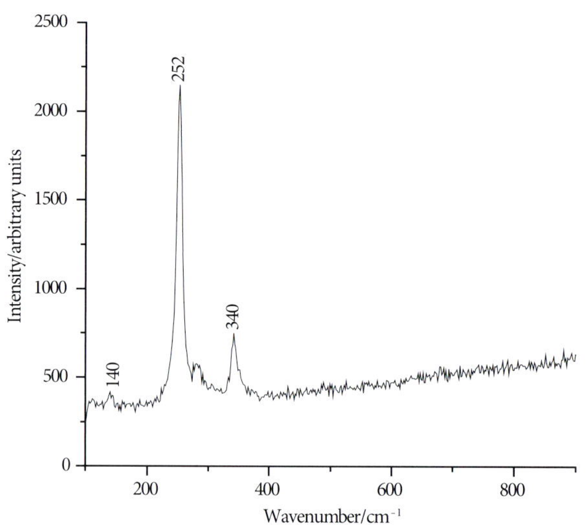

图 5.14　红色颜料 B 的拉曼光谱图

图 5.15 为紫色颜料的拉曼光谱图，样品在 160cm^{-1}、312cm^{-1}、356cm^{-1}、456cm^{-1}、557cm^{-1}、673cm^{-1}、894cm^{-1} 处有拉曼吸收峰，这与中国紫的拉曼特征峰完全一致，因此判定紫色颜料为中国紫。中国紫是中国目前发现的最早的人工合成颜料，最早由美国科学家在中国汉代的器物上发现，故也称“汉紫”。

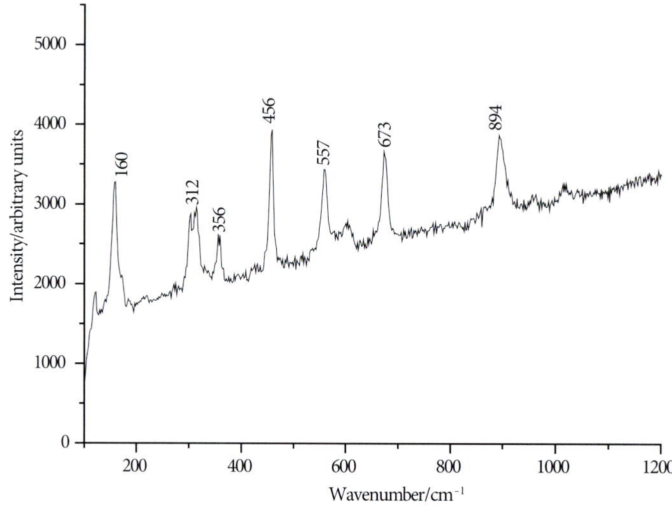

图 5.15　紫色颜料的拉曼光谱图

2.2.3 扫描电子显微镜及能谱仪分析结果 [1]

选取了青州香山汉墓陪葬坑出土的彩绘陶质文物上具有代表性的白、红、紫三种颜色进行扫描电子显微镜及能谱仪分析，样品的元素分析数据见表 5.8。

表5.8 彩绘颜料的EDS分析数据（原子百分比）

文物编号	取样位置	样品颜色	平均原子百分比										备注
			C	O	Al	Si	S	Ca	Fe	Cu	Ba	Hg	
K1②区5：486	立俑衣领	白色	24.12	59.98	0.58	1.25		13.23					图5.16
K1②区5：486	立俑头部下端与躯干连接处	白色	20.97	52.61				26.42					图5.17
K1②区3北三排：155	白马马腿	白色	36.53	50.31				13.16					图5.18
K1②区5：486	立俑衣领	深红	0	50.45	2.2	3.43		0.47	42.52				图5.19
K1②区5：486	立俑袖沿	红色	32.05	4.63			32.96					30.36	图5.20
K1②区5：486	面部右耳	粉色	29.99	46.75	3.06	3.54	12.35	7.16				12.27	图5.21
K1X3区4：787	红马前胸	红色	40.67	13.83	1.28	15.79	22.27	1.56		1.39		20.27	图5.22
K1X1区4东侧：809	耳杯耳部	红色	51.68	5.48			22.41					20.44	图5.23
K1X3区4：787	红马马背璎珞	紫色	27.45	40.7		14.15		0.31		8.68	8.71		图5.24
K1②区4中部靠南：386	立俑裙摆	紫色	25.7	54.39	0.52	13.51		0.53		2.72	2.62		图5.25

白色颜料样品以 K1 ②区 5∶486 立俑（衣领）、K1 ②区 5∶486（立俑头部下端与躯干连接处粘接物质）、K1 ②区 3 北三排∶155（白马马腿处）为例，见图 5.16~ 图 5.18。白色颜料主要元素为 Ca、C、O、Si、Al、Na、Mg 等，从显微镜照片和背散射照片可以看出陶俑衣服上的白色颜料颗粒较大，连接处次之，白马马腿上的白色颜料颗粒最细。

a.取样照片

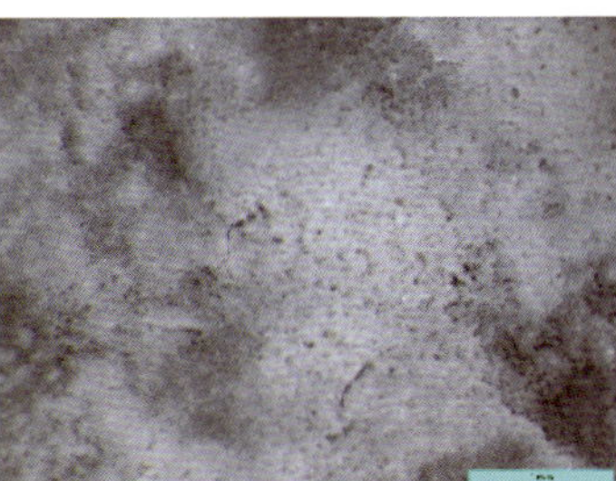

b.显微镜照片（40×）

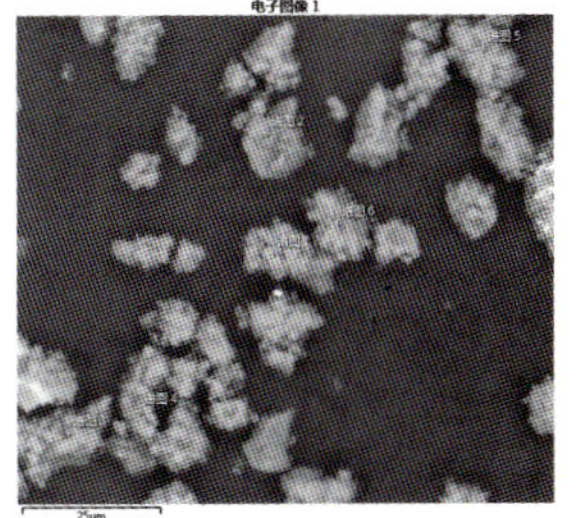

c.背散射照片（3000×）

图 5.16 K1 ②区 5∶486 立俑衣领处白色

[1] SEM-EDS 分析数据由秦始皇帝陵博物院文物保护部扫描电子显微实验室提供。

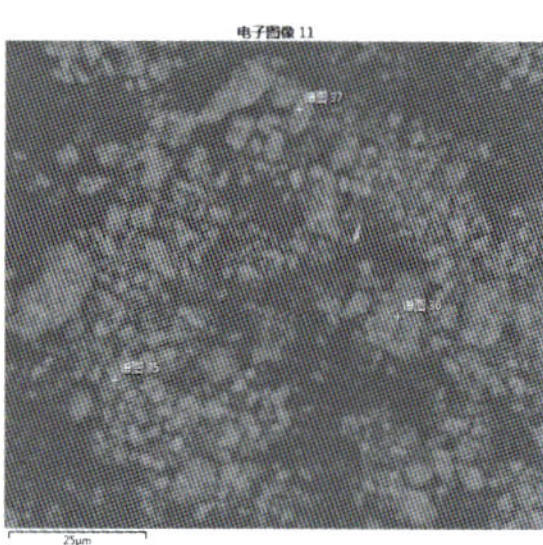

a.取样照片　　b.显微镜照片（40×）　　c.背散射照片（3000×）

图 5.17　K1 ②区 5∶486 立俑头部下端与躯干连接处粘接物质白色

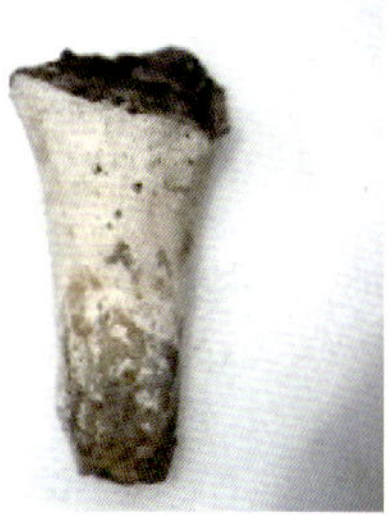

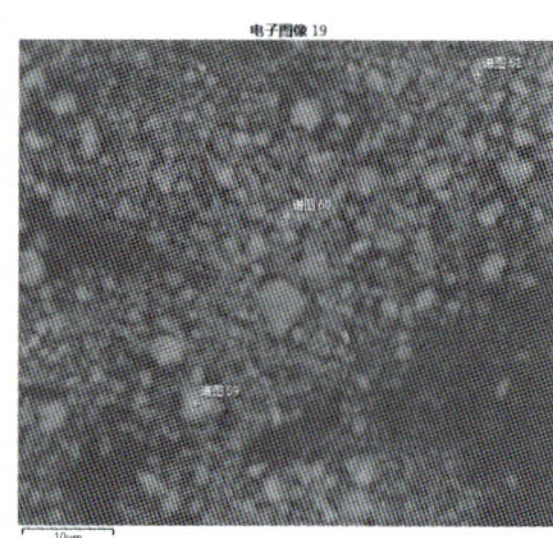

a.取样照片　　b.显微镜照片（40×）　　c.背散射照片（5000×）

图 5.18　K1 ②区 3 北三排∶155 白马马腿处白色

红色颜料以 K1 ②区 5∶486 立俑（衣领、袖沿、面部）、K1X3 区 4∶787 红马、K1X1 区 4 东侧∶809 耳杯为例，见图 5.19~ 图 5.23，出土陶质文物的红色彩绘有铁红与朱砂两种矿物材料。大立俑衣领处深红颜料为铁红，颜料颗粒大，杂质少，显色度高；陶俑其余部位为浅红色或粉色，以朱砂为显色矿物颜料，里面羼入白色颜料（碳酸钙），根据对颜色的需要，两种颜色掺入比例不同。红马马身红色颜料为朱砂，其中大量掺入含有 Si、Al、O、K 等元素的物质。耳杯上红色朱砂颜料，显色度高，颗粒较小。

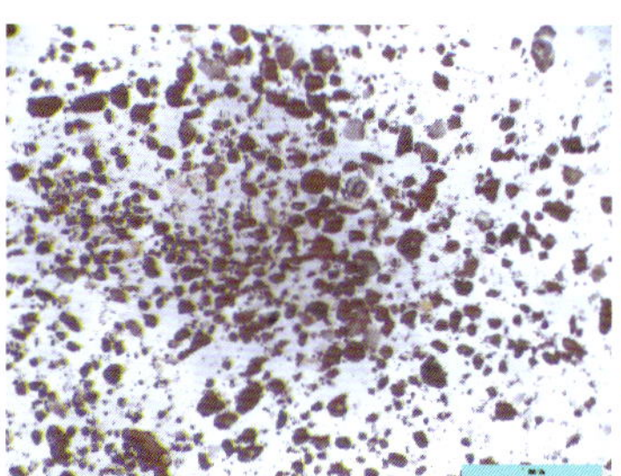

a.取样照片　　b.显微镜照片（40×）　　c. 背散射照片（3000×）

图 5.19　K1 ②区 5∶486 立俑衣领处深红色

a.取样照片　　b.显微镜照片（40×）　　c.背散射照片（3000×）

图 5.20　K1 ②区 5∶486 立俑袖沿处红色

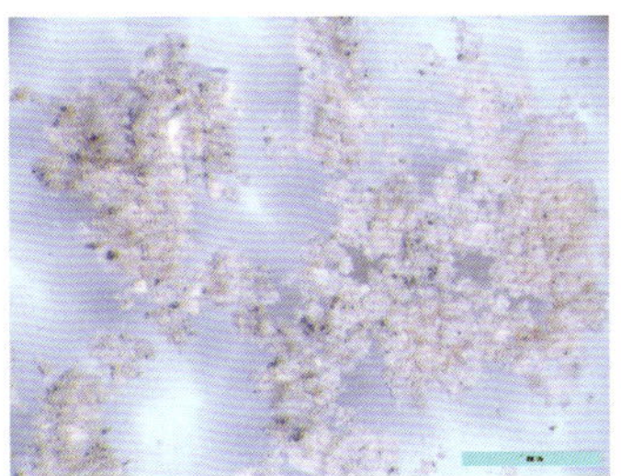

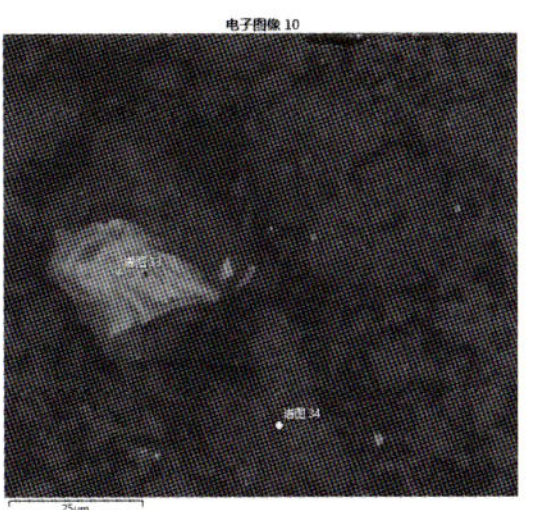

a.取样照片　　b.显微镜照片（40×）　　c.背散射照片（3000×）

图 5.21　K1 ②区 5∶486 面部右耳处粉色

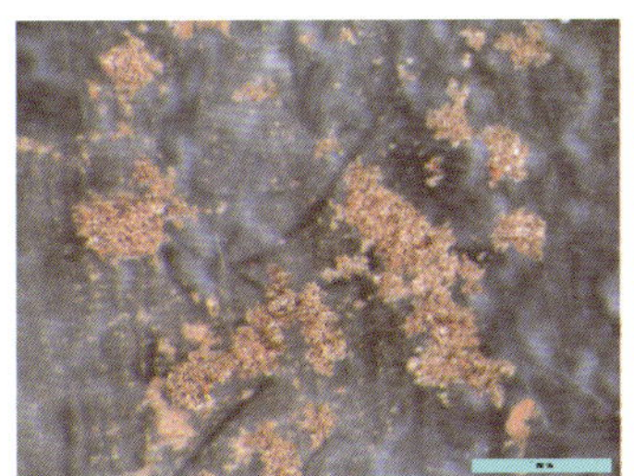

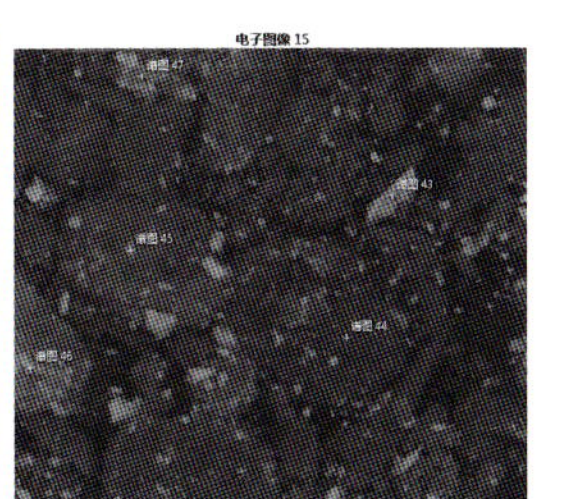

a.取样照片　　b.显微镜照片（40×）　　c.背散射照片（5000×）

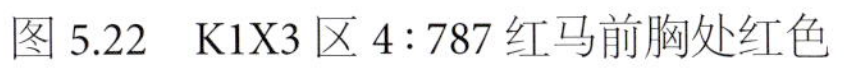

图 5.22　K1X3 区 4∶787 红马前胸处红色

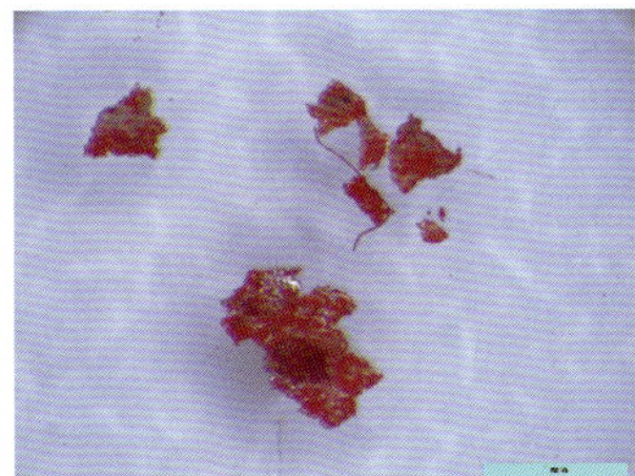

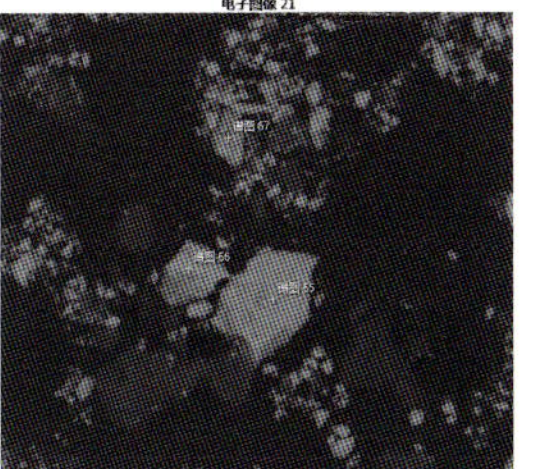

a.取样照片　　b.显微镜照片（40×）　　c.背散射照片（5000×）

图 5.23　K1X1 区 4 东侧∶809 耳杯耳部红色

紫色颜料以 K1X3 区 4∶787 红马（马背璎珞）、K1 ②区 4 中部靠南

386 立俑（裙摆）为例，见图 5.24、图 5.25。紫色颜料元素包含 O、Si、Cu、Ba、Ca、C，为中国紫。

a.取样照片

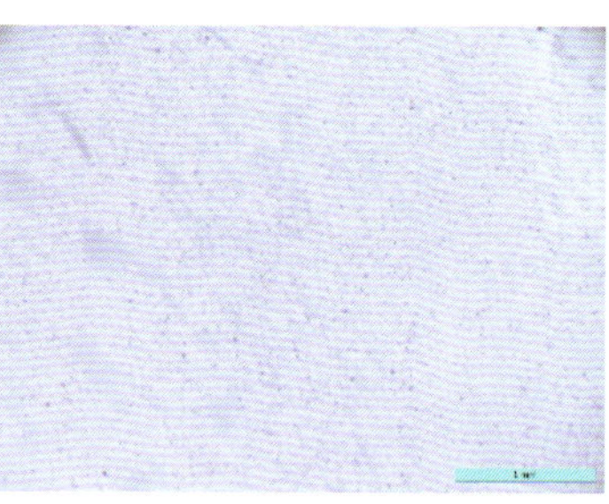

b.显微镜照片（40×）

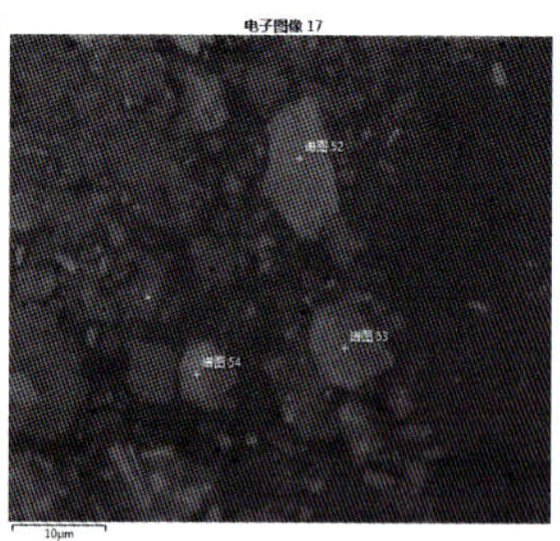

c.背散射照片（5000×）

图 5.24　K1X3 区 4 : 787 红马马背璎珞紫色

a.取样照片

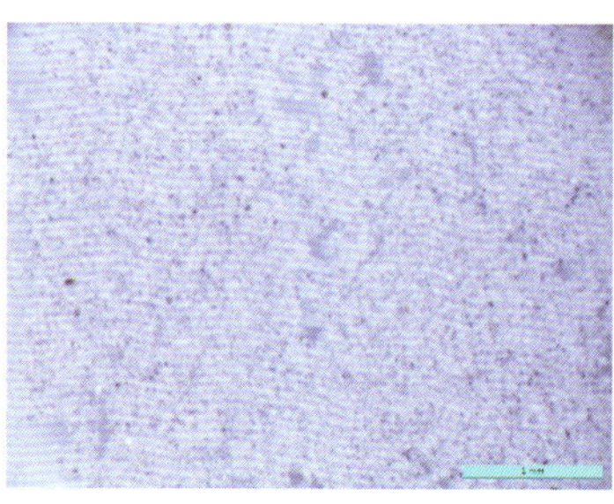

b.显微镜照片（40×）

c.背散射照片（5000×）

图 5.25　K1 ②区 4 中部靠南 : 386 立俑裙摆紫色

2.3　彩绘层的分析

在对残破文物进行观察时发现，出土的陶质彩绘文物的彩绘层出现了多层结构，为进一步研究其工艺，使用剖面分析可清晰地观察到彩绘样品的彩绘层结构组成。

与彩绘颜料的分析相同，选取 10 件具有代表性的彩绘陶质文物，选取不同文物不同部位不同彩绘的样品 41 个，用于彩绘层剖面的观察研究。样品制备：先将双面胶带粘在硅橡胶片上，在体式显微镜下，将颜料块垂直粘在双面胶带上，用透明塑料管圈住颜料块，小心地将树脂注入塑料管内。然后将样品放入紫外加固机中，加固时间为 20~30 分钟。加固完毕后，再在打磨机上用 320 目砂纸打磨包样面；分别在 2400、3000、4000、6000、8000 目的细磨砂纸上研磨。样品抛光完成后，将样品底部粘在载玻片上，表面加一层镜头纸，在压样器上压平后，即可在反射光显微镜下观察。彩绘层剖面分析结果见表 5.9。

表5.9 彩绘层剖面分析结果

样品编号	文物编号	样品描述	备注
1/784-QZ	K1X3区4：784	深红色+白色颜料，红色层17~80μm，白色层117~170μm	
2/784-QZ	K1X3区4：784	红色+深红色+白色颜料，红色层11~47μm，深红色层11~47μm，白色层120~180μm	图5.26
10/784-QZ	K1X3区4：784	深红+白色颜料，深红色层25~66μm，白色层15~37μm	
11/784-QZ	K1X3区4：784	黑色+红色+白色颜料，紫色层20~50μm，红色层20~60μm，白色层60~120μm，深红色层20~50μm	
13/784-QZ	K1X3区4：784	红色+白色颜料，红色层12~50μm，白色层90~200μm	
14/784-QZ	K1X3区4：784	紫色+红色+白色颜料，紫色层120~300μm，红色层12~70μm，白色层约70μm	
16/784-QZ	K1X3区4：784	黑色+红色+白色颜料，红色层12~40μm，深红色层12~145μm	
17/784-QZ	K1X3区4：784	紫色+红色颜料，紫色层28~64μm，红色层45~74μm	
18/784-QZ	K1X3区4：784	紫色+红色颜料，紫色层60~120μm，红色层12~25μm	图5.27
21/784-QZ	K1X3区4：784	白色颜料，灰白色层50~60μm，红色层12~60μm，白色层约120μm	
5/1169-QZ	K1X2区7：1169	红色+白色颜料，红色层6~20μm，白色层180~260μm	
6/1169-QZ	K1X2区7：1169	紫色+白色颜料，紫色层12~36μm，白色层240~600μm	
9/1169-QZ	K1X2区7：1169	红色+深红+（紫色）+白色颜料，红色层12~25μm，深红色层12μm，紫色层36~50μm，白色层96~220μm	
10/1169-QZ	K1X2区7：1169	紫色+深红+白色颜料，深红色层6~20μm，白色层180~220μm	
11/1169-QZ	K1X2区7：1169	浅紫色颜料，浅紫色层210~260μm	
13/1169-QZ	K1X2区7：1169	深红+紫色+白色颜料，深红色层12~36μm，紫色层60~110μm，白色层约560μm	
15/1169-QZ	K1X2区7：1169	紫色+白色颜料，紫色层12~24μm，白色层360~600μm	
1/415-QZ	K1②层区5：415	红色颜料，红色层24~180μm	
3/415-QZ	K1②层区5：415	深红色颜料，红色层12~36μm，深红色层12~36μm，白色层190~480μm	
2/127-QZ	K1X2区1：127	红色颜料+漆+陶，红色层13~36μm，漆12μm	
1/125-QZ	K1X2区1：125	红色颜料，红色层12~36μm	
2/1168-QZ	K1X2区7东部：1168	白色颜料，白色层180~310μm	
4/1168-QZ	K1X2区7东部：1168	白色颜料，白色层600~920μm	
5/1168-QZ	K1X2区7东部：1168	红色+白色颜料，白色层400~480μm	
7/1168-QZ	K1X2区7东部：1168	白色颜料，白色层360~720μm	
8/1168-QZ	K1X2区7东部：1168	粉色颜料+陶，粉色层60~72μm	图5.28
9/1168-QZ	K1X2区7东部：1168	粉色颜料+漆+陶，粉色层13~60μm	
4/105-QZ	K1②区2：105	红色+白色颜料，红色层13~450μm，白色层13~440μm	
6/105-QZ	K1②区2：105	黑色+红色+白色颜料，黑色层1~2μm，红色层47~53μm，白色层134~280μm	
8/105-QZ	K1②区2：105	红色+紫色颜料，红色层13~36μm，紫色层25~36μm，深红色层13~36μm，白色层360~480μm	
9/105-QZ	K1②区2：105	紫色+白色颜料，紫色层6~60μm，白色层约360μm	
10/105-QZ	K1②区2：105	白色+紫色+白色颜料，白色层30~45μm，紫色层34~60μm，白色层360~600μm	图5.29
11/105-QZ	K1②区2：105	棕红色颜料，棕红色层13~36μm，白色层480~600μm	
1/147-QZ	K1X2区1：147	红色颜料+漆，红色层7~36μm，黑色层25~36μm	

续表

样品编号	文物编号	样品描述	备注
3/147-QZ	K1X2区1∶147	白色+绿色颜料，白色层约240μm，绿色层85~102μm	
4/147-QZ	K1X2区1∶147	黑色+白色+红色颜料（三色交汇），白色层12~180μm，红色层96~133μm，黑色层约96μm	
6/147-QZ	K1X2区1∶147	红色+白色颜料，红色层13~25μm，白色层36~50μm	
8/147-QZ	K1X2区1∶147	红色+黑色颜料，红色层13~50μm，黑色层13~36μm	图5.30
1/11-QZ	K1②层区1西北部：11	紫色+红色+白色颜料，紫色层13~36μm，红色层13~60μm，白色层60~200μm	
2/11-QZ	K1②层区1西北部：11	红色+白色颜料，红色层13~60μm，白色层240~300μm	
3/11-QZ	K1②层区1西北部：11	深红色颜料，深红色层194~240μm	

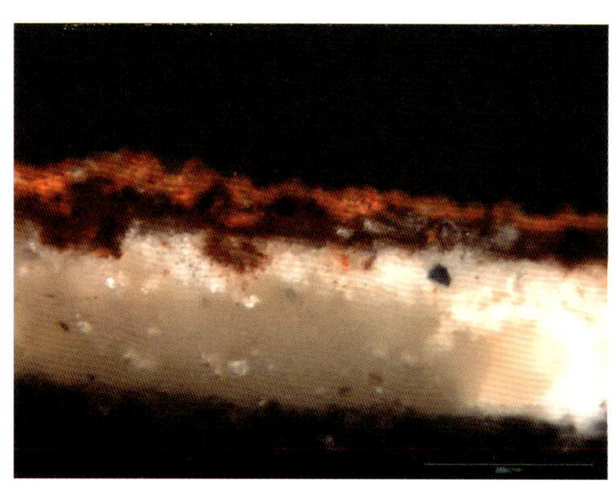

图 5.26　2/784-QZ：红色层 + 深红色层 + 白色层

图 5.27　18/784-QZ：紫色层 + 红色层

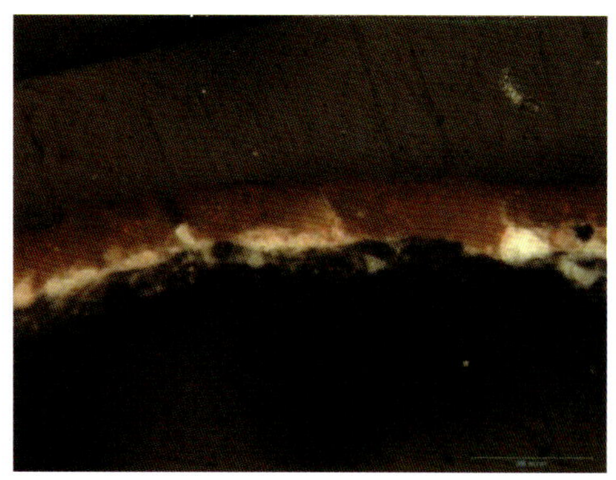

图 5.28　8/1168-QZ：粉色层

图 5.29　10/105-QZ：白色层 + 紫色层 + 白色层

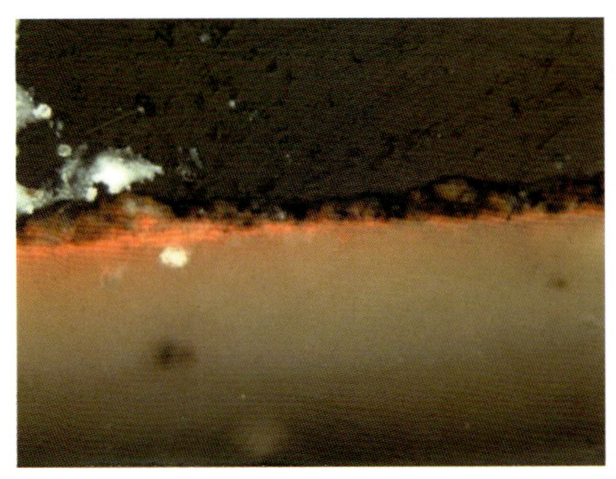

图 5.30　8/147-QZ：红色层 + 黑色层

2.4　小结

青州香山汉墓陪葬坑出土彩绘陶器文物色彩比较简单，以红、白、紫、黑为主，其绘制方法是大多直接在陶器上施以彩绘，部分器物是先涂刷漆层或白底，再施以彩绘。

所使用的彩绘颜料为矿物颜料。白色颜料为白土和 $CaCO_3$，大量使用于马身和俑身，并与红色颜料混合用于面部。黑色颜料为炭黑，主要用于俑头部。红色颜料为朱砂、铁红，铁红主要用于立俑的衣襟边沿，颜色较深；朱砂使用量较铁红多，不同使用部位，朱砂的颗粒度不同，并混合不同程度的白色颜料以达到不同绘制效果。紫色颜料为中国紫，是中国目前发现的最早的人工合成颜料，由孔雀石、石英、碳酸钡矿混合，用铅矿催化，在 900~1000℃高温下烧制而成，主要见于战国、秦、两汉时代的器物上，汉代以后就基本未发现其存在。

3. 褐色有机底层的分析

在对青州香山汉墓陪葬坑出土陶器进行前期调研时，发现部分器物的彩绘层和陶胎中间还存在一层褐色底层，这一现象与秦兵马俑的有机生漆底层极为相似，推测极有可能与秦俑的施彩工艺接近，就是在陶胎表面先涂刷一层生漆层，再施以彩绘。本项目使用傅里叶变换红外光谱仪对青州香山汉墓陪葬坑出土的陶鼎内未受到污染的褐色有机底层物质进行检测分析，并以秦始皇帝陵出土兵马俑表面的生漆底层为参考样品。

分析发现（图 5.31；表 5.10），有机底层物质在 3428cm^{-1} 处有羟基团（OH）的强大吸收，在 2925cm^{-1} 和 2856cm^{-1} 处有清晰的亚甲基（CH_2）伸缩振动吸收，在 1630cm^{-1} 处有酯类或羧酸盐的特征吸收，在 1405cm^{-1} 处有较小的次甲基（CH）吸收峰，与秦兵马俑表面漆层的红外吸收峰数据（表 5.11）几乎是相同的，由此推断，香山汉墓出土陶器的褐色底层应主要由生漆材料制作。

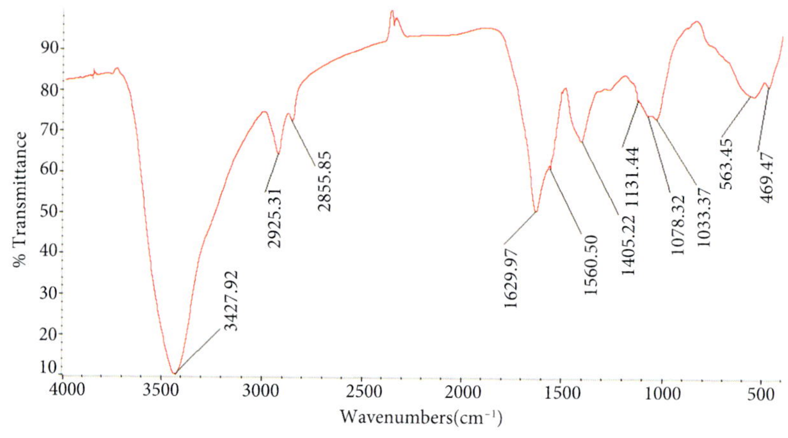

图 5.31　青州香山汉墓陪葬坑出土陶鼎内褐色有机层的 FT-IR 分析谱图

表5.10　彩绘有机底层红外吸收光谱曲线上各个吸收峰对应的有机基团

红外吸收峰波数/cm^{-1}	对应的有机基团
3428	—OH
2925	—CH_2—
2856	—CH—
1630	—CH=CH—（苯环）
1405	—CH—
1078，1033	胶质

表5.11　秦俑生漆底层红外吸收光谱曲线上各个吸收峰对应的有机基团

红外吸收峰波数/cm^{-1}	对应的有机基团
3430	—OH
2926	—CH_2—
2855	—CH_2—
1625	—CH=CH—（苯环）
1407	—CH_2—，—CH—

4. 胶结物和粘接物的分析[1]

彩绘类文物中使用的矿物颜料无法单独附着在器物表面，为了增加矿物颜料的胶黏性，防止颜料脱落，工匠们会在颜料中加入胶结物，因此，胶结物的分析对于研究陶质彩绘类文物也十分关键。古代常用的胶结材料可以分为蛋白质类胶结材料和非蛋白质类胶结材料。常见的蛋白质类胶结材料包括哺乳动物胶、蛋清、蛋黄、鱼胶、牛乳等；非蛋白质类包括多糖类（桃胶、阿拉伯胶）、油脂类（桐油、亚麻籽油和蓖麻油）、树脂类（松香等）、蜡（蜂蜡、源青）。

虽然现代科技手段不断发展，但对彩绘颜料层中的胶料研究还是有一定难度，这主要是由文物本身的特殊性所致：①文物具有不可再生性，因此文物分析要做到无损或微损，取样不得破坏文物；②文物埋藏时间久远，胶料老化降解；③彩绘层本身结构复杂，再加上埋藏环境的污染，样品中含有大量杂质，干扰分析结果。因此，此研究对分析方法和手段有很高的要求。

此外，青州香山汉墓陪葬坑出土的陶质彩绘文物中，有一批陶俑和陶马是烧制后利用粘接物质组合在一起的（图 5.32），故与彩绘层中的胶结物质一同分析。

图 5.32　陶马马身与右前腿连接处的粘接物质

[1]　魏书亚，马清林，Manfred Schreiner. 山东青州香山西汉墓彩绘陶俑胶接材料研究 [J]. 文博，2009(6)：71-78.

4.1 分析方法及样品制备

胶结物和粘接物的分析采用了红外光谱（FT-IR），热裂解 – 气相色谱 – 质谱分析（Py-GC-MS）和气相色谱 – 质谱分析（GC-MS）等方法。

FT-IR 分析特征性强，气体、液体、固体、样品都可以测定，并具有用量少，分析速度快的特点，是鉴定化合物和测定分子结构最有用的分析方法。分析使用 Perkin Elmer Spectrum 2000 红外光谱仪，配有 PERKIN ELMER i-Series 系列显微镜，并采用微量样品金刚石晶片 Diamond cell（SPECTRA-TECH Inc.）压制样品。辨析率：$4cm^{-1}$；孔径：100μm；采集 $580\sim4000cm^{-1}$ 波长范围的显微中红外透射图谱。

GC-MS 分析技术是一种结合气相色谱和质谱的特性，在试样中鉴别不同物质的方法。Py-GC-MS 是在气相色谱 – 质谱联用仪的进样口上面接一个裂解器，高聚物首先进入裂解器进行高温裂解，变成低沸点的小分子物质后进入气相色谱 – 质谱进行分离、检测。Py-GC-MS 使用日本前线试验室的热裂解仪 PY-2020 ID 和日本岛津气相色谱质谱仪 GCMS-QP2010 PLUS 组合而成。热裂解仪参数：热裂解温度 600℃，热裂解时间 10s，注射器温 250℃，注射器和色谱仪的联结界面温度 320℃。GC-MS 分析采用日本岛津气相色谱质谱仪 GCMS-QP2010 Plus。气相色谱和质谱仪的连接界面温度和电离室的温度分别是 280℃和 200℃，最后用 NIST 05 和 NIST 05s 质谱数据库来鉴定分离后的化合物。

对青州香山汉墓陪葬坑出土的彩绘陶质文物中紫色、红色和褐色彩绘碎片中使用的胶接材料，以及取自马腿与马身粘接处的物质进行了分析，以期为考古学提供科学信息。样品取自彩绘陶俑和陶马无法复原的小碎片，来源及描述见表 5.12。

表5.12 彩绘陶俑样品和胶接物样品描述

编号	样品描述	考古编号
MQBK1	马腿与马身结合处的粘接物，灰褐色片状物	K1②区1：4
MQHP	紫色彩绘碎片	K1X2区3：286
MQHP1	紫色彩绘碎片	K1②区6中部：657立俑裙部
MQHP1 white	MQHP1样品的白色底层	K1②区6中部：657立俑裙部
MQRed	红色彩绘碎片	K1②区6中部：657立俑裙部
MQBrown	棕色彩绘碎片	K1②区6中部：657立俑裙部

4.2 分析结果

4.2.1 红外光谱（FT-IR）分析结果

FT-IR 分析：将分析所得数据与数据库相比较（图 5.33），其中 3400~3200cm^{-1}，N-H 拉伸振动；3100~2800cm^{-1}，C-H 拉伸振动；1660~1600cm^{-1}，C=O 拉伸振动；1565~1500cm^{-1}，C-N-H 弯曲振动；1480~1300cm^{-1}，C-H 弯曲振动，结果显示可能含有蛋白质类化合物。

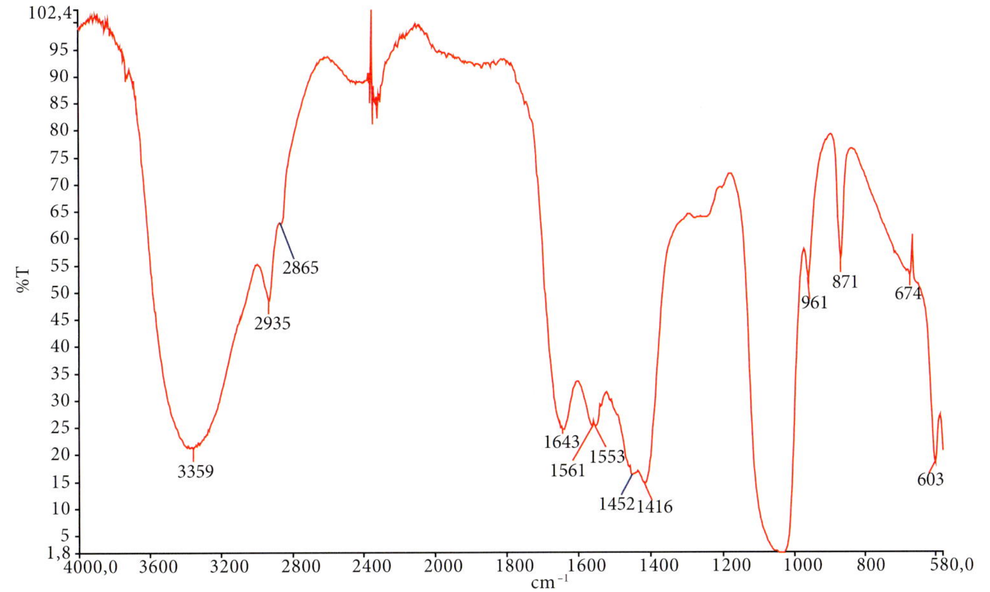

图 5.33 彩绘陶马马腿间粘接物的红外光谱（MQBK1）

4.2.2 热裂解－气相色谱－质谱分析（Py-GC-MS）

直接将样品（大约 100μg）置于热裂解器里在 600℃下裂解，裂解后的产物进入气相色谱－质谱中分析。图 5.34 及表 5.13 为马腿胶接物样品 MQBK1 的热裂解气相色谱质谱分析结果。

本次分析的标准样包括骨胶、皮胶、蛋黄、蛋清及奶酪，并在相同条件下对待测样品分析。吡咯（Pyrrole，M/Z 67）、吡咯衍生物（Hexahydro-pyrrolo[1，2-a]pyrazine-1，4-dione，M/Z 154）、甲苯（toluene）和甲

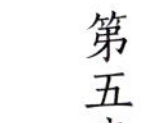

基吡咯（2-methyl-1H-Pyrrole）用来作为蛋白质经热裂解后所产生的标志性化合物。吡咯和其衍生物是羟脯氨酸的热分解产物，甲苯是苯丙氨酸的热裂解产物。它们在样品中的检出表明了蛋白质类化合物的存在，在其他几个陶俑彩绘样品的分析中只测出了吡咯和甲苯，说明该样品中可能有蛋白质类化合物的存在。

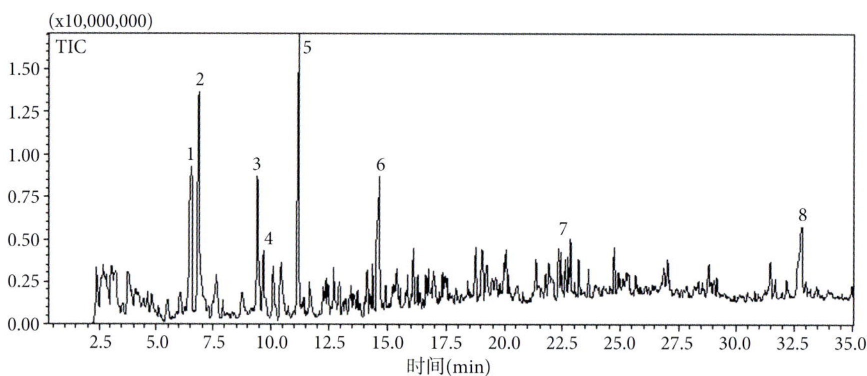

图 5.34　彩绘陶马腿胶接物样品 MQBK1 的热裂解气相色谱图 TIC

表5.13　彩绘陶马腿胶接物样品MQBK1的热裂解气相色谱质谱分析结果

峰号	RT	峰面积%	化合物英文名称	中文名称
1	6.529	12.86	Pyrrole	吡咯
2	6.841	14.81	Toluene	甲苯
3	9.433	8.89	2-methyl-1H-Pyrrole	2-甲基吡咯
4	9.665	2.32	3-methyl-1H-Pyrrole	3-甲基吡咯
5	11.18	15.07	Styrene	苯乙烯
6	14.653	12.89	2-Cyclohexen-1-one	2-环已烷-1-酮
7	22.338	2.86	5H-Pyrrolo（3，2-d）pyrimidin-4-amine	吡咯衍生物
8	32.83	8.25	Hexahydro-Pyrrolo[1，2-a] pyrazine-1，4-dione	吡咯衍生物

4.2.3　气相色谱 – 质谱分析（GC-MS）

样品处理：第一步，将样品和衍生试剂三甲基氢氧化硫（TMSH）反应后，用气相色谱 – 质谱分析油类、树脂类和蜡类；第二步，将进行油类、树脂类和蜡类分析剩余的残留物进行水解，然后和衍生试剂氯甲酸乙酯（ECF）发生反应，利用气相色谱分析技术分析每种氨基酸的种类和含量，与已知样品比较来确定。

在第一步的分析中仅测出了少量的棕榈酸和硬脂酸，没有测出油类的氧化产物，也没有测出树脂类和蜡类的特征化合物，显示样品中不含这些化合物。

图 5.35 和表 5.14 为彩绘陶马腿胶接物样品 MQBK1 水解并与衍生试剂 ECF 反应后的气相色谱质谱分析结果。检出的氨基酸有丙氨酸（Ala）、甘氨酸（Gly）、缬氨酸（Val）、亮氨酸（Leu）、异亮氨酸（Ile）、脯氨酸（Pro），其中含量较高的是脯氨酸和甘氨酸，这是动物蛋白质的特征。然而未检出动物蛋白质中的特征氨基酸，羟脯氨酸（Hyd），可能由于羟脯氨酸在样品中含量太低的缘故。该样品中测出了壬二酸（Az）、棕榈酸（Pa）和硬脂酸（St），可能来源于动物胶在提取过程中残留的脂肪。

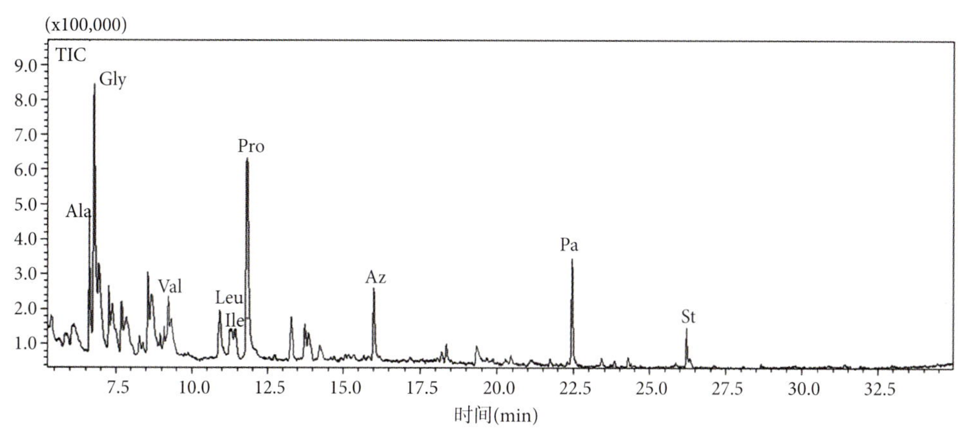

图 5.35　彩绘陶马腿胶接物样品 MQBK1 水解并与 ECF 反应后的全扫描方式气相色谱质谱（TIC）

表5.14　彩绘陶马腿胶接物样品MQBK1水解并与ECF反应后的气相色谱质谱分析结果

峰标	RT	峰面积%	化合物英文名称	中文名称
Ala	6.63	8.3	Alanine EE	丙氨酸
Gly	6.79	17.6	Glycine EE	甘氨酸
Val	9.23	2.9	Valine EE	缬氨酸
Leu	10.90	3.2	l-Leucine EE	亮氨酸
Ile	11.28	2.3	Isoleucine EE	异亮氨酸
Pro	11.80	18.1	Proline EE	脯氨酸
Az	16.00	3.9	Azelaic acid EE	壬二酸
Pa	22.45	4.9	Hexadecanoic acid EE	棕榈酸
St	26.21	1.8	Octadecanoic acid EE	硬脂酸

应用选择性离子色谱法（SIM）可以提高分析的灵敏度，旨在进一步确定是否由于样品中羟脯氨酸含量太低而未检出，排除其他干扰。取彩绘陶马腿胶接物样品 MQBK1 样品 2mg 于试管中，加入蒸馏水，超声波水浴加热 3 小时，将上部清液转移至反应瓶中，蒸发至干，水解后和 ECF 反应，进行选择性离子色谱法（SIM）分析（图 5.36）。

氨基酸和 ECF 所生成脂的特征离子除丙氨酸（M/Z 116）、甘氨酸（M/Z 102）、缬氨酸（M/Z 144）、亮氨酸（M/Z 158）、异亮氨酸（M/Z 158）、脯氨酸（M/Z 142）外，天冬氨酸（M/Z 188）和羟脯氨酸（M/Z 158）也可用来做选择性离子色谱法分析，所测结果图 5.36。除了测出在全扫描方式气相色谱质谱分析中的相同氨基酸外，在保留时间（RT）为 16.28 分处测出了羟脯氨酸（Hyd），此结果进一步证实了该胶合物是动物胶。

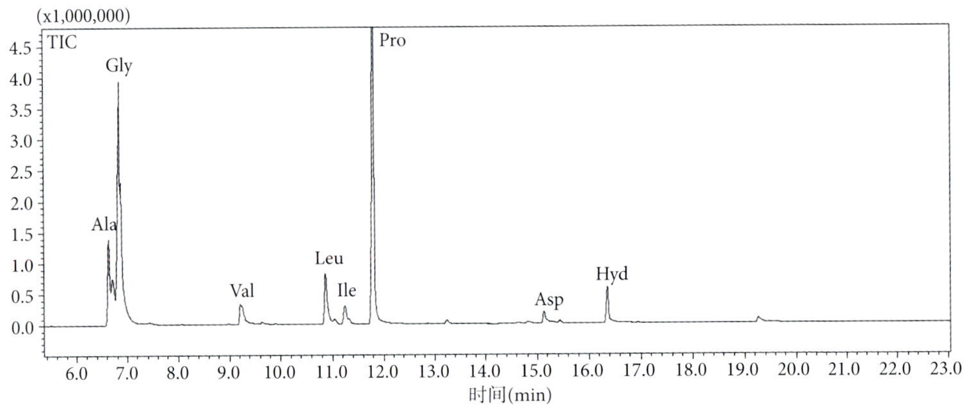

图 5.36　彩绘陶俑样品 MQBK1 水解并与 ECF 反应后的选择性离子色谱图（SIM）

（Asp：天冬氨酸，Hyd：羟脯氨酸，其他同图 5.35）

图 5.37 和表 5.15 为彩绘陶俑样品 MQHP1 white 水解并与衍生试剂 ECF 反应后的气相色谱质谱分析结果。与样品 MQBK1 水解并与 ECF 反应后的气相色谱分析结果相似，检出的氨基酸包括丙氨酸、甘氨酸、缬氨酸、亮氨酸、异亮氨酸、脯氨酸，其中含量较高的是甘氨酸和脯氨酸，基本上可以确定该样品中含有动物蛋白质。样品中未检出羟脯氨酸，可能由于埋藏环境的影响，蛋白质发生变化使得羟脯氨酸的含量低于可测定限值。在该样品中也测出了壬二酸（Az），棕榈酸（Pa）和硬脂酸（St）。

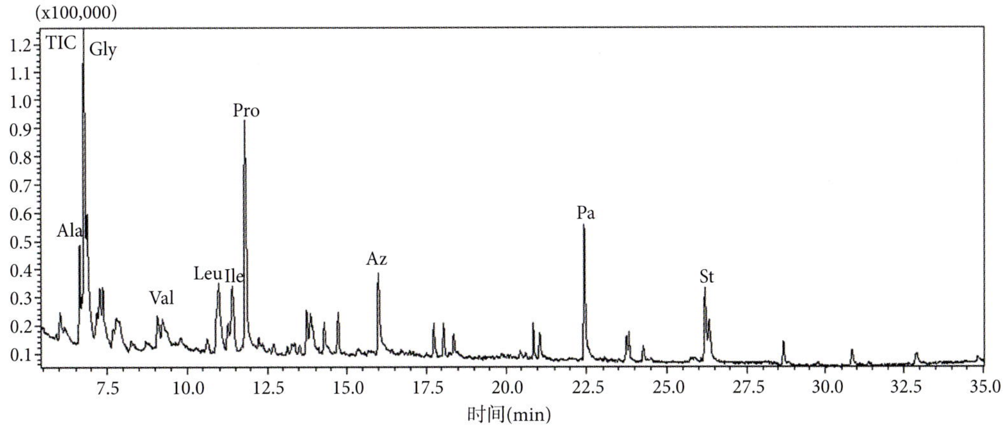

图 5.37　彩绘陶俑样品 MQHP1 white 水解并与 ECF 反应后的气相色谱图

表5.15　彩绘陶俑样品MQHP1 white水解并与ECF反应后的气相色谱质谱分析结果

峰标	RT	峰面积%	化合物英文名称	中文名称
Ala	6.63	9.7	Alanine EE	丙氨酸
Gly	6.84	26.1	Glycine EE	甘氨酸
Val	9.23	3.1	Glycine EE	缬氨酸
Leu	10.96	4.5	l-Leucine EE	亮氨酸
Ile	11.29	3.6	Isoleucine EE	异亮氨酸
Pro	11.80	26.4	Proline EE	脯氨酸
Az	16.00	7.9	Azelaic acid EE	壬二酸
Pa	22.45	11.3	Hexadecanoic acid EE	棕榈酸
St	26.22	7.4	Octadecanoic acid EE	硬脂酸

其余几个样品的气相色谱质谱分析结果和 MQHP1 相似，其中测出甘氨酸和脯氨酸的相对含量较高，可以确定这些样品中都含有动物胶。

4.3　小结

通过红外光谱、热裂解气相色谱质谱（Py-GC-MS）和气相色谱质谱（GC-MS）的分析结果可看出，青州香山汉墓陪葬坑出土的彩绘陶俑上紫色、红色和褐色彩绘层中使用的胶接材料为动物胶，马腿与马身粘接处中的粘接物质亦为动物蛋白胶。从工艺技术与胶接材料使用便捷性考虑，彩绘颜料中的胶接物与陶俑、陶马各部件粘接处的胶合物应使用同一种动物胶。

5. 病害的分析检测

5.1 表面结晶盐的分析 [1]

文物长期埋藏于地下，受地下水及土壤中盐类的侵蚀较为严重，这些盐类与所处的土壤、水等有关，可分为可溶盐和不可溶盐。其中可溶盐常见的有氯化钠（NaCl）、氯化钾（KCl）、硫酸镁（$MgSO_4$）及这些金属阳离子的氢氧化物。可溶性盐类在一定温度和湿度情况下有一定的溶解度，当温度和湿度条件发生变化时，就会发生溶解重结晶现象。陶胎内部结构呈细密蜂窝状微孔，是胎体在烧制的过程中由于气体被包裹进壳内而形成的。可溶盐随着温湿度的变化，在多孔的胎体内反复的重结晶，不仅在器物表面形成结晶物粉末使文物表面泛白，而且在器物内部的结晶盐会撑破陶器的蜂窝状结构，逐渐造成陶质胎体疏松，表面粗糙，彩绘结构层易剥落。

5.1.1 分析方法和样品制备

结晶盐的分析采用 X 射线衍射分析方法。观察和选取不同类型器物表面疑似可溶盐的白色物质（图 5.38）呈雾状或细针状的结晶类物质，用毛刷收集 1~2 克用于分析检测。

图 5.38 彩绘陶器上的白色结晶盐

[1] 党小娟，容波，段萍，李华，周麟麟 . 山东青州香山汉墓出土西汉彩绘陶器腐蚀病害及其机理分析 [J]. 文物保护与考古科学，2012，24（2）：50-55.

5.1.2 分析结果

X射线衍射分析结果见表5.16和图5.39，结果显示陶器表面的白色腐蚀矿物主要成分为碳酸钙、硫酸钙。

表5.16 彩绘陶器表面盐分XRD分析

样品编号	样品描述	分析结果
LH1	彩绘陶鼎表面富集的白色物质	方解石、云母、石英石
LH2	彩绘陶马K1②区2：105马腿表面富集的白色物质	石膏、云母、石英石
LH3	彩绘耳杯底部表面富集的白色污染物	方解石、云母、石英石、高岭石
LH4	彩绘陶马K1②区5：415马腿表面富集的白色物质	石膏、云母、石英石、高岭石
LH5	彩绘陶俑俑身表面富集的白色污染物	方解石、云母、伊利石

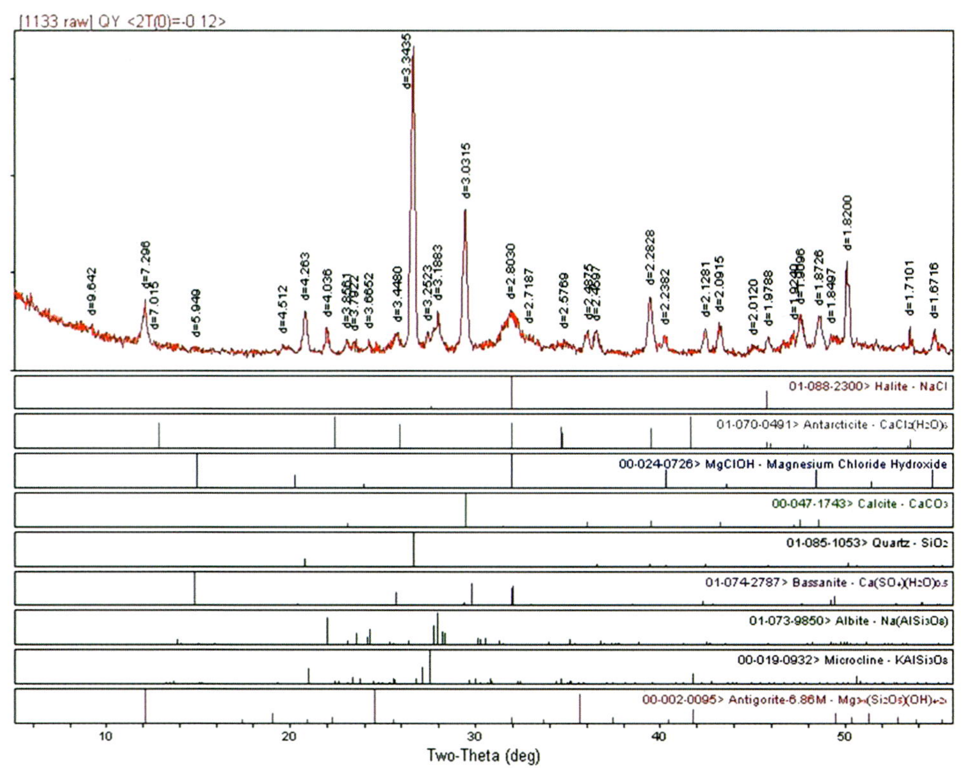

图5.39 彩绘陶器表面盐分XRD谱图

5.2 霉菌的分析[1]

青州香山汉墓陪葬坑的发掘工作正值夏季，发掘现场温度高雨水多，文物出土后，用棉纸包裹后放入纸箱移入库房，库房处于封闭的地下，没有环境温湿度控制设备，这些因素为霉菌的滋生创造了适宜的环境。

分析样品的采集包括文物上及文物所处的环境中的霉菌。文物所处环境包括发掘地点、库房和实验室；文物表面霉菌样品选取了不同种类不同形制的器物。

文物表面霉菌采用无菌采样棒随机轻轻蘸取霉斑表面，在不同采样区域分别采样 1~2 支，立即转接于无菌培养皿内，置 25~28℃培养箱进行培养（图 5.40）；环境中霉菌样品的采集采用空气沉降法。样品经培养、分析、纯化后对照鉴定，鉴定结果见表 5.17~ 表 5.18 及图 5.41。

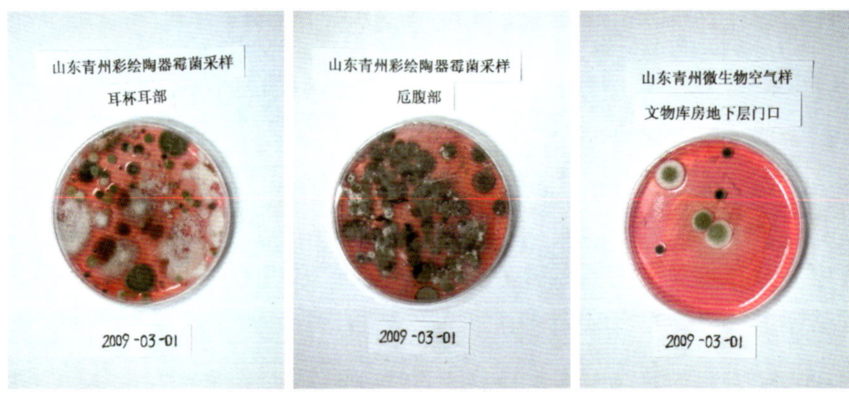

图 5.40　部分采样点霉菌采样照片

表5.17　青州库房、保护修复室、考古工地现场空气样霉菌鉴定结果

序号	采样地点	分离鉴定出霉菌菌种
1	青州地下库房中央	杂色曲霉，蜡叶芽枝孢霉，拟青霉
2	青州地下库房门口	灰绿曲霉，金龟子绿僵菌
3	青州修复室门口	未长
4	青州修复室里面	未长
5	青州香山现场工地	球孢白僵菌，顶孢头孢霉，串珠镰刀菌，新月弯孢菌，淡黄曲霉，茄丝核菌

[1]　霉菌分析数据由秦始皇帝陵博物院文物保护部微生物实验室严苏梅老师提供。

表5.18　彩绘文物样品上的霉菌鉴定结果

样品序号	器物名称	器物编号	采样位置	分离鉴定出霉菌菌种
1	彩绘陶马	K1②区5：426	左腿与躯干连接处	蜡叶芽枝孢霉，灰绿曲霉，土曲霉，禾谷镰刀菌
2	彩绘陶耳杯	K1X2区3：307	耳部	顶孢头孢霉，桔青霉，黄曲霉，出芽短梗霉，黑青霉，灰绿曲霉，粉红头孢短孢变种
3	彩绘陶盒	K1X2区6：1027	口沿	串珠镰刀菌
4	彩绘陶卮	K1X2区5：1028	腹部	黑青霉
5	彩绘陶马	K1X3区4：795	包装纸箱内	桔青霉，顶孢头孢霉，蜡叶芽枝孢霉，黑青霉
6	彩绘陶马	K1②区7：766	右腿前部	轮枝孢属，沙门柏干酪青霉，淡黄青霉，出芽短梗霉，桔青霉，产黄头孢霉，华丽曲霉，淡紫青霉，米曲霉，宛氏拟青霉
7	彩绘陶马	K1X3区7：1202	腹部	淡黄青霉，灰绿曲霉，桔青霉
8	彩绘陶盒	K1X2区1：142	盒内泥上表面灰白色霜	茄丝核菌，产黄青霉，新月弯孢菌
9	彩绘陶俑	K1X2区7：1133	裙摆与袍部连接残处，白色絮状	唐菖蒲青霉，桔青霉，寄生曲霉，米曲霉，黑曲霉
10	彩绘陶俑	K1X2区7：1127	文物表面泥土的白色霜状	灰绿曲霉，华丽曲霉，淡黄曲霉，文氏曲霉，桔青霉，蜡叶芽枝孢，草酸青霉
11	彩绘陶马	K1X3区7：1204	腹与腿部残断处白色絮状	灰绿曲霉，桔青霉，尖孢镰刀菌，烟曲霉

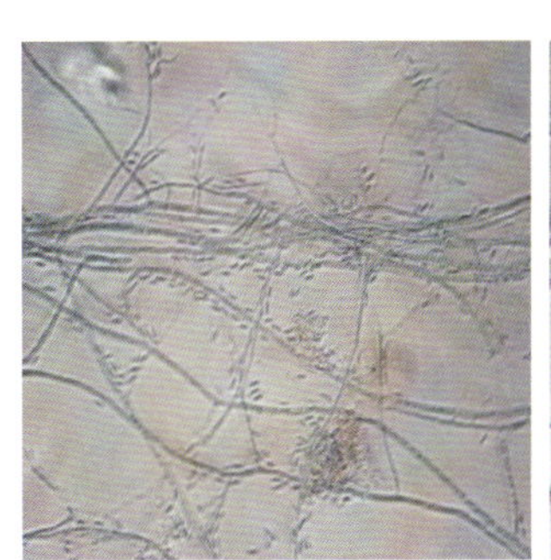

顶孢头孢霉

新月弯孢菌

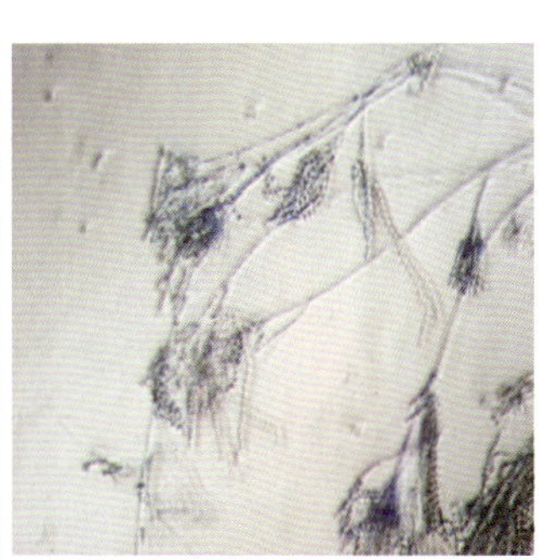

桔青霉

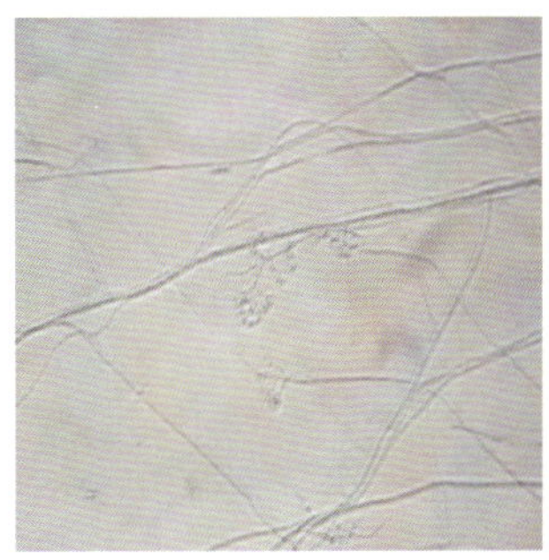

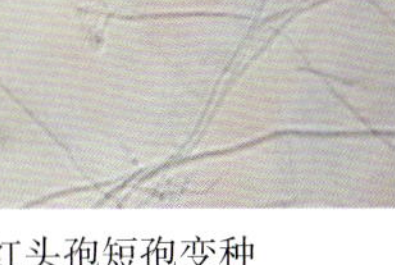

粉红头孢短孢变种

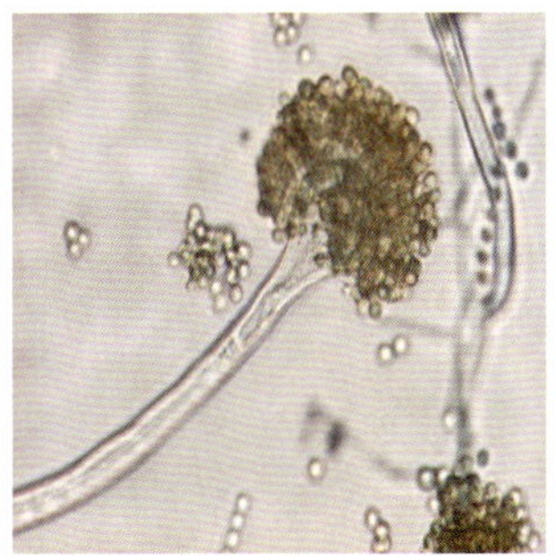

黄曲霉

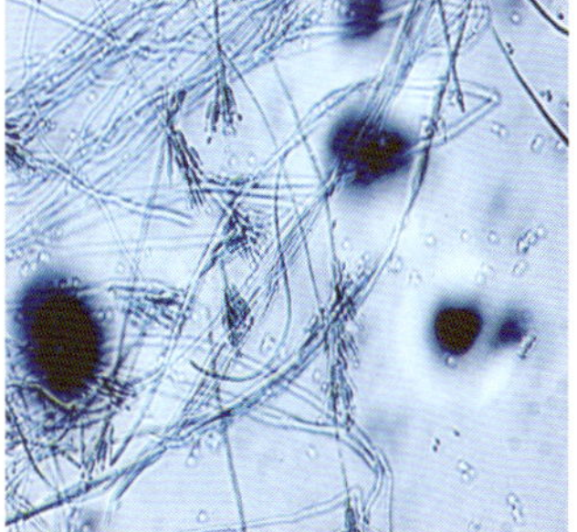

淡紫青霉

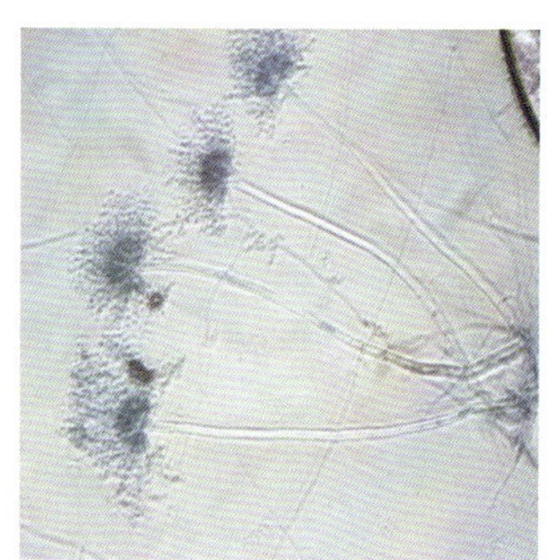
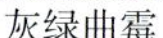
灰绿曲霉

蜡叶芽枝孢霉

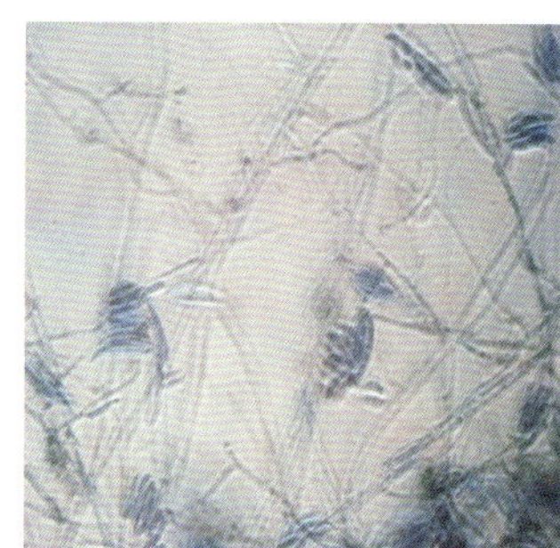
茄丝核菌

图 5.41 部分霉菌显微照片

5.3 小结

青州香山汉墓陪葬坑出土的彩绘陶器本身结构不均匀致密，其内部基质气孔个体差异较大，气孔较多而且小。陶片中的孔隙促使盐分易于随着水分渗入内部，水与盐分长时间的活动、沉积、积累，并随着环境温湿度变化，盐分反复溶解、再结晶，导致盐分在陶器表面富集致使陶器表面酥碱发白，随着盐分的积累最终导致陶器胎体发生酥粉。

微生物对文物的损害，主要是微生物在适宜的温湿度环境下，以文物材料作为营养，生长繁殖，污染文物表面、破坏文物材料，并且可能与其他危害（结晶盐等）共同作用于文物。彩绘陶器中的胶结材料、漆底都是微生物滋长的营养基，长期发展会导致漆底、彩绘层材料劣化脱落，陶体酥粉等危害。

利用科学技术手段研究文物材质、病害，就是研究文物老化劣变的原因和规律，以便更加科学合理有效地保存文物，为保护修复方案的制定提供可靠的数据基础和依据。

第六章　制作工艺研究

陶质文物是考古发掘最常见的遗物，这类文物具有出现时代早、分布广、数量大、种类多、时代长的特点。目前我国最早的陶器发现于江西万年仙人洞遗址，距今约有 2 万多年的历史，早期陶质文物大多用于日常生活，如炊器、容器等；随着人类社会生产生活的需要和生产技术水平的提高，陶质文物的类型逐渐广泛化，出现了陶质砖瓦、管道等建筑材料；并且在人类文明不断地进步下，塑造出了陶质人俑、动物俑等逐渐取代活人祭祀陪葬，以秦始皇兵马俑坑、汉景帝阳陵、徐州狮子山汉墓等出土的彩绘陶质人俑、动物俑为代表，体现了我国古代陶塑艺术的高水平发展。所以，陶质文物是了解古代人类日常行为活动、审美观念、价值崇拜、生活风俗等方面最直接的珍贵遗物，同时它也揭示了古代社会的生产技术、社会结构，文化交流等重要信息。

青州香山汉墓陪葬坑出土陶质彩绘文物 2000 多件，器形种类繁多，造型多样并均施以彩绘，具有典型的西汉时代风采，与汉景帝阳陵陪葬坑、徐州狮子山汉墓出土的彩绘陶俑形制相似，因此备受社会各界的关注。这批文物在出土前经历了近两千的地下埋藏过程，受到各种因素的侵蚀与影响；同时，原陪葬坑顶部结构自然老化后坍塌，出土前工程取土造成的机械碾压，使得文物损坏非常严重，基本上都已经破碎，但这却为研究其制作工艺提供了便利。通过前期的信息调查、观察研究以及科学技术分析确定这批陶质彩绘文物的制作工艺为陶土加工、制坯成型、焙烧成器、表面施彩等步骤（图 6.1）。

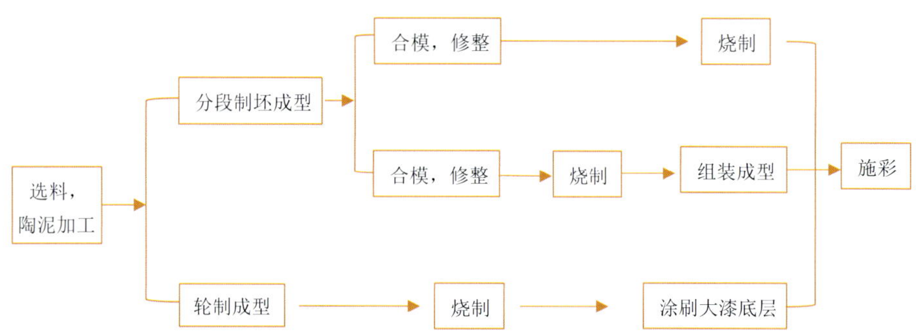

图 6.1　青州香山汉墓陪葬坑出土陶质彩绘文物制作工艺流程图

1. 陶泥加工

从残损的文物断面来看，香山汉墓陪葬坑出土陶器的陶质胎体为泥质灰陶，泥质细腻，杂质较少。

在我国古代，烧制陶质文物的原材料大多就近选择合适的黏土，因而具有地域特点。黏土（陶土）是岩石的风化产物，含有石英、长石、云母及硫酸盐、硫化物、碳酸盐等多种物质。不同地方的黏土，各种成分的比例不同，烧制出来的陶质文物在胎体颜色和质地上也就都各有不同。黏土本身具有可塑性，与适量的水混合后形成泥坯，泥坯易于塑造成不同形状，并且成型后不易开裂、变形。

古代劳动人民为提高陶质文物胎体质量，选取好的陶土在使用前还经过了晒干、碾轧、淘洗等一系列工序，从而除去土中的杂质，使制成的陶泥细腻可塑。对黏土进行淘洗，即将黏土全部浸入水中搅拌后静置，去掉浮在水面的杂质后就可以得到纯净的细土。经过筛选或淘洗的黏土制成的陶器，陶胎都较为致密[1, 2]。

陶泥在塑型后还需阴干，阴干过程中颗粒间的水分会挥发流失，造成泥坯体积的收缩；同时，在入窑烧制过程中，黏土中的多种矿物质会发生一系列的物理化学反应，使得坯体进一步收缩。因此在制泥过程中工匠们会有意在黏土中加入一些羼合料，从而保证成品率，减少烧制时出现的开

[1]　冯先铭 . 中国陶瓷 [M]. 上海：上海古籍出版社，2001.
[2]　王蕙贞 . 文物保护学 [M]. 北京：文物出版社，2009.

裂等现象，同时羼合料也起到了降低陶土熔点的作用[1]。

2. 制坯成型

青州香山汉墓陪葬坑出土的这批陶质彩绘文物主要类型包括人俑、马俑、牺牲俑及礼器和生活用具等。在保护修复过程中，通过对文物的观察、分析和归类，虽然同一类型的器物存在个体的差异，但是在陶俑的制作上基本都采取了分段模制，再组合修整的工艺。

2.1 陶质人俑的塑型工艺

人俑主要包括立俑和骑俑。

出土立俑近 800 件，高 30~58 厘米，依大小、外形可归为四种类型；出土骑俑高 43~53 厘米，可归为两种类型（具体分类见本书第二章）。这些类型的陶俑均采用了分段模制的工艺，即将头、躯干等各部位单独使用模具分段制作，然后再组合粘接，各部位合缝处附泥修饰、细部修整后，入窑烧制（Ⅰ式 A 类立俑、Ⅰ式骑俑的头部与躯干分别模制、分开烧制后，通过粘接物质将头与躯干连接在一起，但其塑型工艺仍是分段模制）。

俑头采用合模法制作：将俑头分为大致相等的前后两部分，分别用单片模制。将淘洗过的泥坯放入模内，用手按压使其与模具紧密贴合成型（图 6.2）；前后两部分做好后粘接为完整的头，中间为空腔，陶胎体

图 6.2　陶俑头部内壁按压痕迹

图 6.3　陶俑头部中空

[1]　冯先铭．中国陶瓷 [M]．上海：上海古籍出版社，2001.

图 6.4　陶俑头部模制后拼接粘合痕迹

图 6.5　板冠和帽结

厚 1.1~1.6 厘米（图 6.3）；前额圆润饱满，面部刻画眼、鼻、唇等部位；前额发髻左右平分，在头后束髻。俑头的粘合缝整齐，位于头部侧面，穿过耳部（图 6.4）。个别陶俑或头顶部有板冠，或颌下有帽结，均为单独捏塑或模制后再粘接上去（图 6.5）。

Ⅰ式立俑俑身着交领右衽三或两重衣，衣领皆外露，最外层为束袖曲裾深衣，下半身呈喇叭状，外衣长及地面；双手拱于胸前，拳心有上下相通的孔洞。这类陶俑的躯干从腰部分为上下段，两段均分为前、后两部分进行单片模制；单片模制成型后拼合粘接成为整体，拼合粘接面或进行刻划处理以达到增加粘接强度的目的，粘接缝覆泥抹平修饰（图 6.6~ 图 6.9）。

图 6.6　Ⅰ式立俑俑身上半部分粘合处

图 6.7　Ⅰ式立俑俑身下半部分粘合处

图 6.8　Ⅰ式立俑俑身模制后拼接粘合痕迹

图 6.9　陶俑俑身内壁按压痕迹

立俑的躯干为空腔，下半身喇叭状利于陶俑的站立，底部为开口，为避免烧制过程中裙摆坍塌，裙底内部用泥条做了支撑（图 6.10）。衣领、衣袖及裙褶等纹饰是在模制的基础上进一步加工而成；足履为单独捏塑或模制后再粘接上去（图 6.11）。

图 6.10　Ⅰ式立俑裙底部支撑

图 6.11　部分立俑足部细节

Ⅱ式立俑体型较小，分有男俑及女俑两类。女俑制作方式与Ⅰ式立俑基本相同。Ⅱ式男俑着直袖及膝短襦，双手握拳于身侧曲肘向前呈 90°，拳中空，下身露小腿及双足，其俑头、躯干部分的制作工艺亦与Ⅰ式立俑相同（图 6.12），但其双手、双足均为单独模制后粘接于躯干之上（图 6.13）。

图 6.12　Ⅱ式立俑俑身模制后拼接粘合痕迹

图 6.13　Ⅱ式立俑手部细节

骑俑制作工艺与立俑基本相同。骑俑的俑头、躯干部位均分为前后两部分进行单片模制，成型后拼合粘接成为整体体腔中空，粘合处缝隙覆泥抹平修饰，体腔内有支撑柱防止胎体坍塌（图 6.14~ 图 6.16）；面部、衣领、衣袖及裙褶等纹饰是在模制的基础上进一步加工而成；小腿、足部为单独捏塑或模制后再粘接上去；骑俑跨坐于陶马之上，俑身底部一般覆泥封住（图 6.17）。

图 6.14　骑俑俑身模制后拼接粘合痕迹

图 6.15　骑俑俑身体腔中空

图 6.16　骑俑俑身体内部支撑柱

图 6.17　骑俑俑身底部

部分Ⅰ式立俑与骑俑的俑身左侧或右侧肘部与身体贴合处有一穿孔，从陶俑正面直通背面，且穿孔的直径大小不一，推断其用途或为烧制时的预留气孔（图 6.18、图 6.19）。

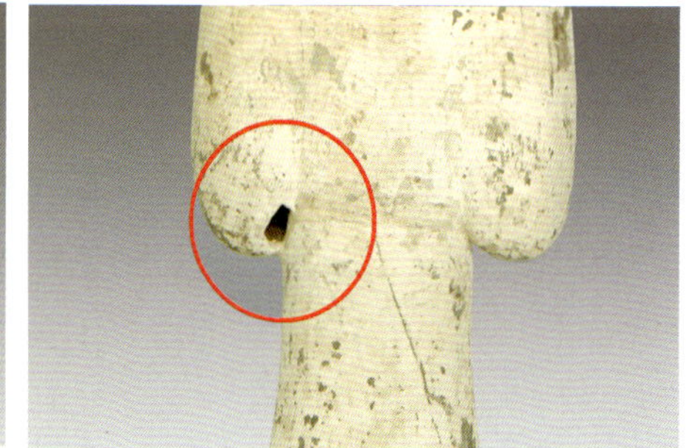

图 6.18　Ⅰ式立俑俑身穿孔

图 6.19　骑俑俑身穿孔

2.2 陶马的塑型工艺

出土陶马约 350 件，高 47~77 厘米，或颔首或仰面站立，造型生动，马身表面绘有配饰。除 4 件体型较大的马与陶车相配外，其余陶马均与骑俑组合匹配。陶马的塑型工艺基本为分段模制、合模粘接。

陶马马头从正面正中处分为左右两部分，借助模具模制后拼接粘合，马头内部中空，内壁有按压痕迹（图 6.20、图 6.21）；下颔部位单独模制或捏塑后粘接于马头的下部（图 6.22）；马耳一般是捏制成型后，在马头相应部位挖孔嵌入，但也有耳朵是直接在其部位整体塑型而成的（图 6.23）。

图 6.20　马头模制后拼接粘合痕迹

图 6.21　马头内部中空

图 6.22　马头细部

图 6.23　分开塑型插入式马耳

陶马的躯干内部中空，从体腔内壁观察来看，马的躯干为上下两部分分别模制后拼合粘接成为整体，拼合处在体腔内壁覆泥捶打使缝隙线牢固结合（图 6.24、图 6.25）；马尾为模制或捏塑后雕刻成型，马尾的上端呈圆形或方形的榫头，以便插入臀部预留的安装孔内（图 6.26）；四条马腿应为双模制作，同等大小的陶马马腿基本完全相同（图 6.27），此外部分马腿上有细小的圆洞贯通上下，应为制作时便于脱模而插入了木棍（图 6.28）；比较特别的是为了便于与躯干连接，个别马腿的上端塑有小楔子（图 6.29）。

图 6.24　陶马躯干模制后拼接粘合痕迹

图 6.25　陶马体腔中空

图 6.26　陶马尾部

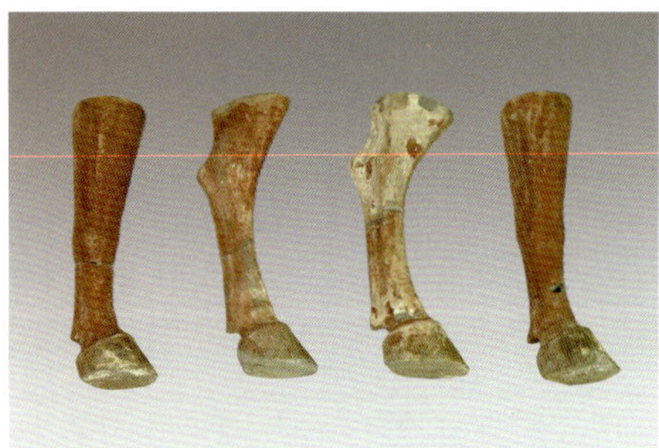

图 6.27　两组陶马马腿

图 6.28　马腿上的贯穿小孔

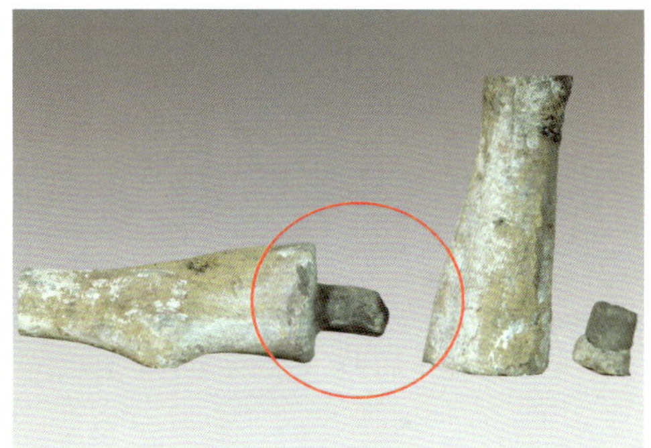

图 6.29　马腿上端楔子

使用模制工艺分别对马头、马身、马腿、马尾进行单件制作，然后开始拼装组合。组合的方法是由下而上逐段粘接：先由腿到体腔，再接上头、尾，从而组装成型。在马的各个部件安装完成后，对陶马外表的细部作进一步的修饰：马的躯干外部经过打磨使表面光滑平整，显得马体肌肉十分丰满；马的眼睛、鼻孔、嘴、牙齿等细部是在脱模之后泥坯上雕琢而成，或仰头直视，或低头嘶鸣，各具神态（图 6.30）。

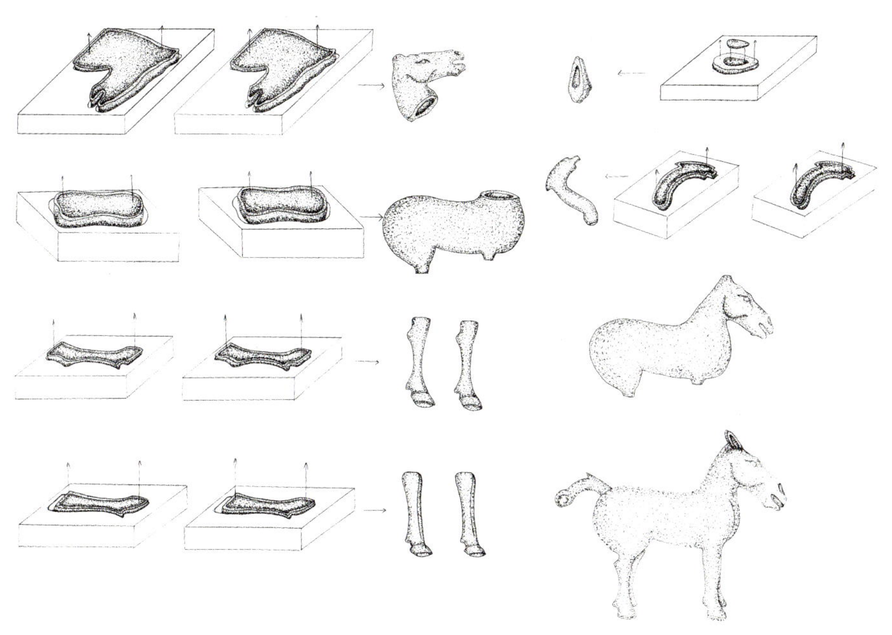

图 6.30　陶马塑型工艺示意图

2.3　牺牲俑的塑型工艺

出土的牺牲俑包括陶牛、陶猪、陶羊、陶狗、陶鸡等，且各种类型尺寸差别较大，其中陶牛体型较大，长 48~49 厘米，而陶鸡小巧可爱，长 9~11 厘米。

除陶鸡、陶狗外，牺牲俑均分单模模制而成，腹腔中空，再合模修整，下腹部留有出气孔（图 6.31）；陶鸡、陶狗，造型小巧生动，多为捏塑成型（图 6.32）；部分牺牲俑尾部或耳部为单独捏塑并烧制后再插入烧制好的俑体孔洞内（图 6.33）；牺牲俑细部进行了刻画整型，如陶鸡的冠、翅及尾部，陶牛的眼鼻口、肌肉等（图 6.34）。

图 6.31 陶羊躯干模制后拼接粘合痕迹

图 6.32 小件牺牲俑捏塑成型

图 6.33 陶牛尾部

图 6.34 牺牲俑细部

2.4 陶质礼器及生活用器的塑型工艺

出土陶质礼器及生活用具类型丰富，包括鼎、壶、卮、耳杯、盒、刀、簸箕、盘等，但残损较为严重。陶质礼器及生活用具的塑型工艺各不相同，下面以典型器物为例予以说明。

陶壶形制规整，外形浑圆，器壁光滑，为轮制修型。首先在轮盘上放置一小块圆形泥坯，沿泥坯向上盘筑泥条直至肩部，使用工具转动轮盘修整器形；继续向上盘筑泥条直至壶口，使用工具转动轮盘修整器形；粘接圈底、双耳等部位（图 6.35）。战国秦汉时期是中国制陶业发展的鼎盛时期，对陶器需求大并且制陶业已经发展成为商品化生产，因此轮制法更是占据统治地位，凡属圆形的陶器或陶器的圆形体部分普遍采用轮制的方法，器物的腹壁或器底留有清晰的轮旋痕迹[1]（图 6.36）。

[1] 王春斌．汉代陶器生产技术研究 [D]. 吉林大学，2013.

图 6.35　陶壶底部圈底粘接痕迹

图 6.36　陶壶内壁轮制痕迹

陶卮呈圆筒形，平底，下附兽形三短足，器身附小铺首衔环（铁质）。陶卮的制作方式：首先将制好的陶泥用工具擀至厚薄适中，切成长方形后卷成筒状；用细泥抹平接缝处；将底部、铺首衔环、兽足等部位依次粘接于器身上（图 6.37）。

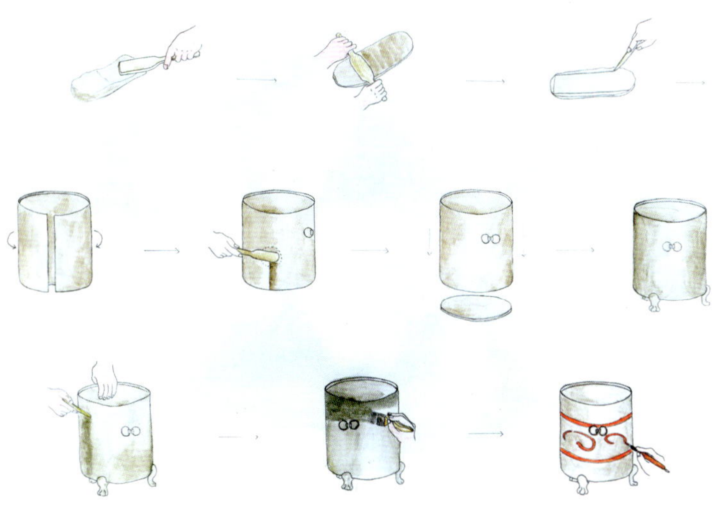

图 6.37　陶卮的制作示意图

陶耳杯，椭圆形口，半月形耳上翘，弧腹，平底（图 6.38）。陶耳杯器身应为双模制作，将泥坯放入外模内用手按压使其与模具紧密贴合成型，再将内模压上，修整口沿；去模成型后粘接双耳（图 6.39）。

图 6.38　陶耳杯底部

图 6.39　陶耳杯双耳粘合痕迹

3. 焙烧成器

陶坯塑造成型后需阴干一段时间再入窑进行烧制。陶质文物的烧结温度与原材料成分组成、陶窑结构、烧造技术等方面都有着密切的关系，早期的陶器烧制温度较低，当陶窑温度加热至 600℃以上时，陶坯内的水分就会排出，多种矿物质会发生一系列的物理化学反应，从而失去可塑性烧结硬化；随着陶窑和制陶工艺等的不断发展，陶器的烧成温度越来越高，并为之后瓷器的出现奠定了基础。

青州香山汉墓陪葬坑出土的陶质文物胎体呈灰色，为泥质灰陶，细腻且杂质较少。烧制灰陶的陶窑是封闭的，在还原气氛下泥坯中的铁元素被还原成 Fe_3O_4，呈灰色或深灰色，这种封闭的陶窑大大提高了陶器的烧成温度。通过分析检测得到的结论，这批陶器的烧制温度在 900~1000℃，不同器物的烧成温度存在明显差异，陶俑略高于器物，应该是为了提高陶俑的烧结强度。

在用泥坯塑型时，不同种类的器物或同一器物的不同部位，会有陶坯厚薄不均的情况，这样在烧制过程可能出现受火不均匀，陶坯过厚烧不透产生夹生现象等。为了避免这些问题，工匠们在制作器物时尽量减少泥坯的厚度，如Ⅰ式立俑的长衣下摆部位的内胎上堆起一道泥棱、骑俑体腔内有支撑柱等，通过这些方法，使器物体腔中空，有利于各部位受火均匀，使烧结的时间、程度大体相近。此外，为了保证烧制过程中通气流畅、陶器不因受热不均产生炸裂，工匠在器物适当部位还留有通火、透气的孔眼，如陶马、陶牛等的下腹部，陶俑肋下隐蔽处等（图 6.40、图 6.41）。

图 6.40　陶马底部气孔

图 6.41　陶牛底部气孔

4. 表面装饰

器表施彩是西汉时期盛行的装饰方法，不论人俑、马俑、牺牲俑或礼器，均在烧制后表面绘制彩色纹饰图案，而这种类型的彩绘陶器或专为随葬所做[1]。

青州香山汉墓陪葬坑出土的彩绘陶质文物色彩鲜艳，以红、黑、白、紫为主要颜色，刻画精细，极具写实意义。一般是在烧成的陶胎上先刷一层白色作为底色，再在其上用矿物颜料描绘出细节，如眉、眼、口、纹饰、配具等，从而生动地表现人或动物的形象。人俑面部为粉色或白色，眉、眼、头发用黑色描绘，嘴部为红色，面部清晰端庄；着不同颜色的长衣或短衣，华丽鲜艳；男俑以黑色描须，表情庄重，女俑长发束于身后，温婉可人。彩绘陶马为不可多得的艺术珍品，多见白色、红色，黑色较少；马具描绘于马身，线条清晰流畅，绘画技法高超。出土的陶质礼器及生活用具多以黑色大漆打底，再用朱红色绘制纹饰，彰显大气庄重（图 6.42、图 6.43）。

图 6.42　陶马彩绘纹饰

图 6.43　陶俑彩绘纹饰

[1]　王仲殊 . 汉代考古学概说 [M]. 北京：中华书局，1984.

在保护修复过程中观察到部分陶马、陶俑上书写或刻划有文字、符号等，多见“甲”“乙”“丙”“卯”，主要可分为以下几种情况：①陶马，文字或符号多见于马头与躯干连接处、马蹄底部、马蹄与躯干连接处等，目的是为了方便器物成型后组装；②Ⅰ式立俑或Ⅰ式骑俑，文字或符号多见于俑头与躯干连接部位，目的与①相同；③骑俑底部多见墨书或刻划，目的是与相应的陶马匹配组合。从字体上来看，刻划的文字符号似为篆书，而墨书的“甲”字更接近于楷书（图 6.44~ 图 6.47）。

图 6.44　陶马马头上的刻划符号

图 6.45　陶马马腿上的刻划符号

图 6.46　陶俑躯干颈部书写符号

图 6.47　骑俑底部书写符号

青州香山汉墓陪葬坑出土彩绘陶质文物为泥质灰陶，陶俑成型技术以模制为主，而礼器以轮制为主，说明了这一时期制陶技术的成熟和规模化生产的需求。这批陶质彩绘文物为典型的汉代陪葬器物，既具有西汉时期文物的共性，同时也体现了其地域、文化、技术的个性，为了解古代科学技术的发展提供了珍贵、翔实的实物资料。

第七章　保护修复实施

1. 保护修复方案编制

1.1　方案编制依据及保护修复原则

1.1.1　方案编制依据

青州香山汉墓陪葬坑出土彩绘陶质文物保护修复方案设计以国际、国内文物保护的相关法律法规、准则以及青州香山汉墓陪葬坑出土彩绘陶质文物现状研究的基础为依据。设计依据的文件如下：

（1）《中华人民共和国文物保护法》（2013 年）

第四十六条　修复馆藏文物，不得改变馆藏文物的原状；复制、拍摄、拓印馆藏文物，不得对馆藏文物造成损害。具体管理办法由国务院制定。

（2）《中华人民共和国文物保护法实施条例》（国务院，2003 年）

第三十二条　修复、复制、拓印馆藏二级文物和馆藏三级文物的，应当报省、自治区、直辖市人民政府文物行政主管部门批准；修复、复制、拓印馆藏一级文物的，应当经省、自治区、直辖市人民政府文物行政主管部门审核后报国务院文物行政主管部门批准。

第三十三条　从事馆藏文物修复、复制、拓印的单位，应当具备下列条件：

（一）有取得中级以上文物博物专业技术职务的人员；

（二）有从事馆藏文物修复、复制、拓印所需的场所和技术设备；

（三）法律、行政法规规定的其他条件。

第三十四条　从事馆藏文物修复、复制、拓印，应当向省、自治区、直辖市人民政府文物行政主管部门提出申请。省、自治区、直辖市人民政府文物行政主管部门应当自收到申请之日起 30 个工作日内做出批准或者不批准的决定。决定批准的，发给相应等级的资质证书；决定不批准的，应当书面通知当事人并说明理由。

（3）《关于加强文化遗产保护的通知》（国务院，2005 年）。

（4）《中国文物古迹保护准则》（ICOMOS CHIINA，2002 年）。

（5）《关于保护景观和遗址的风貌与特征的建议》（UNESCO，1962 年）。

（6）《国际古迹保护与修复宪章（威尼斯宪章）》（ICOMOS，1964 年）。

（7）《可移动文物修复资质管理办法（试行）》（国家文物局，2007 年）。

（8）《可移动文物技术保护设计资质管理办法（试行）》（国家文物局，2007 年）。

（9）《国际博物馆协会职业道德准则》（国际博物馆协会第十五届全体大会于 1986 年 11 月 4 日在布宜诺斯艾利斯通过）。

（10）青州香山汉墓陪葬坑发掘相关资料。

（11）青州香山汉墓陪葬坑出土彩绘陶质文物前期病害调查及评估等。

（12）青州香山汉墓陪葬坑出土彩绘陶质文物分析检测报告等。

1.1.2　保护修复原则

陶质彩绘文物保护修复工作应遵循以下原则：

（1）保存现状原则，保护修复工作不得改变文物原貌，不得改变文物原有形状、功能、结构、材料等，不能破坏文物携带的信息和遗留物及迹象；

（2）最小干预原则，尽可能采取预防性保护措施，尽量减少对文物的干预；

（3）可再处理性原则，对于某些施用的材料，如加固剂和表面封护剂要强调其再处理性，以备将来科技发展有更新更好的材料可以替换；

（4）保护修复工作应具可辨识性；

（5）保护材料尽可能有综合效益，既能改变文物目前的不利状态，又能对将来有积极的影响；保护处理不能留隐患，不能使文物经过一段时间后发生不好的或不可预料的变化；新的方法或材料要确保经过大量的实验及长期的时间验证对文物无害，无隐患，才可使用；

（6）因器物各异，所以设计保护方案不同。任何器物保护修复前都进行尽可能详尽的观察、分析、检测，确保对器物全面了解之后方能实施保护修复工作。

1.2 保护修复方案制定思路及目标

通过前期调查研究、文物病害调查及评估、分析检测等工作的开展，确定青州香山汉墓陪葬坑出土的彩绘陶质文物陶体结构稳定性基本良好，但由于陪葬坑原有结构坍塌等原因，残断、残损情况严重；文物表面大量施彩，表面的彩绘层出现了起翘、龟裂、开裂、颜料粉化脱落等现象；同时文物表面的泥土堆积、盐分析出、生物侵蚀等污染现象极为普遍，影响文物的表面形貌及寿命；加之文物出土后一直存放于地下库房中，无环境控制设备，通风不畅、湿度高等不利因素，致使文物劣化加速。

为了延缓病害的发展，利用科学的保护修复手段，提高彩绘层、有机底层与陶体之间的黏附能力，恢复文物的历史、艺术、科学价值。本次保护修复方案编制的主旨思路是在全面调查、分析的基础上，遵照“保护现状、修复原状、消除隐患、延长寿命”的原则，最大限度地保持彩绘陶质文物原有的艺术风格、历史特征和科学价值；减少人为干预，尊重科学，运用现代科学技术有效保护文物；同时考虑到人力、物力、财力等相关因素，制定出适宜于这批彩绘陶质文物保护修复的方案。

保护修复实施的具体目标如下：

（1）通过保护修复实施，使文物现存的病害得以消除或控制。

（2）通过前期调查、科学分析等研究，了解文物制作工艺、方法和材料，为研究文物历史、艺术、科学价值提供依据。

（3）科学的彩绘陶质文物保护修复工作、健全的文物保护修复档案，为该类文物的保护修复工作提供规范化指导。

1.3 保护修复工艺流程

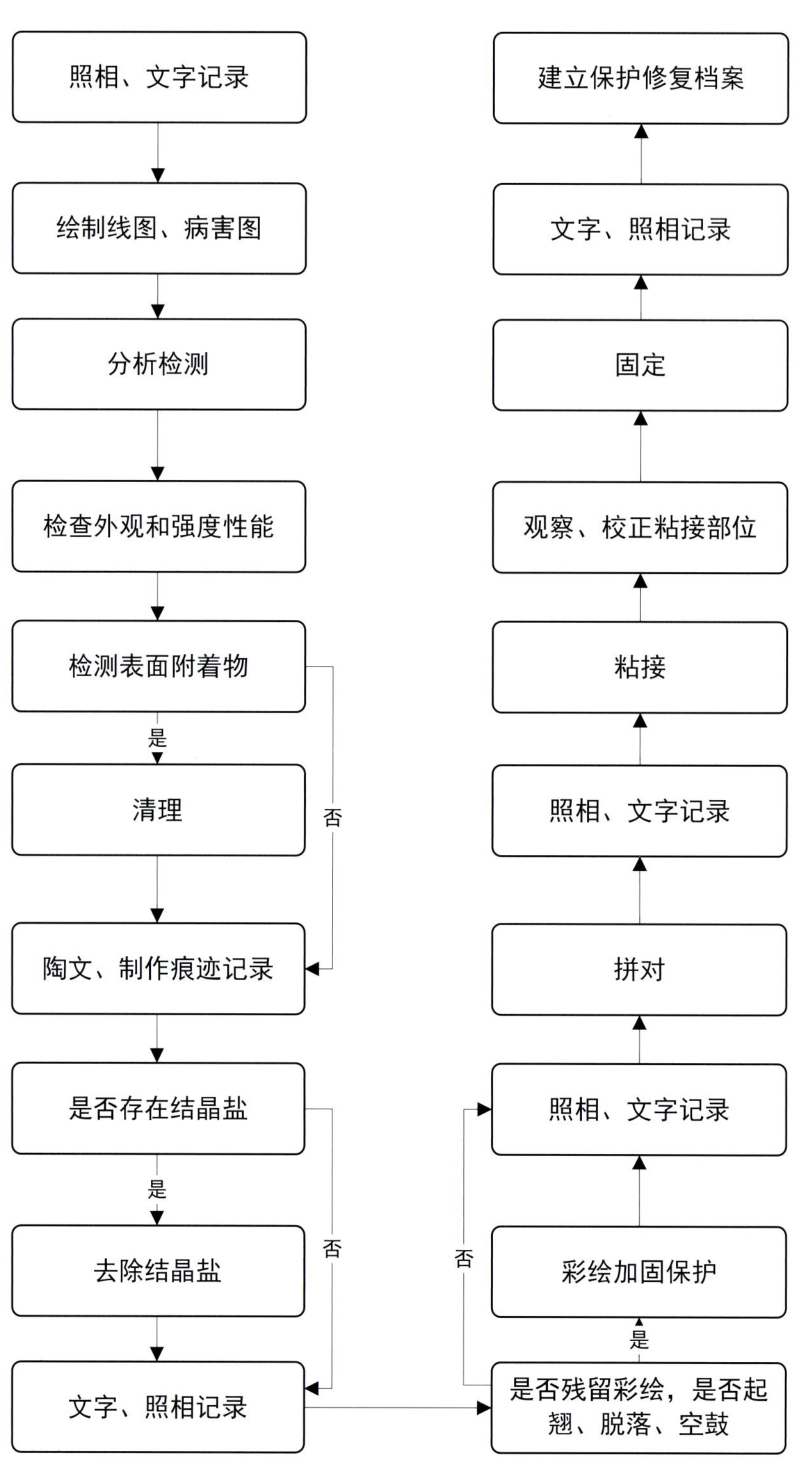

照相、文字记录
绘制线图、病害图
分析检测
检查外观和强度性能
检测表面附着物
是
否
清理
陶文、制作痕迹记录
是否存在结晶盐
是
否
去除结晶盐
文字、照相记录
是否残留彩绘，是否起翘、脱落、空鼓
是
否
彩绘加固保护
照相、文字记录
拼对
照相、文字记录
粘接
观察、校正粘接部位
固定
文字、照相记录
建立保护修复档案

2. 保护修复工作

2.1 文物状况认知及信息采集

修复保护工作开展的第一步是对所要保护修复的对象有一个深刻清晰的认识，包括观察胎体保存状况和彩绘分布情况，收集文物的历史信息、埋藏和保存环境，了解文物本体理化特征及性质，认知目前出现的病害情况，以及确定修复保护方案相关内容等。

文物的不同情况决定了其保护修复的方法、程度及所需使用的材料等各方面的不同。青州香山汉墓陪葬坑出土的陶质彩绘文物，表面装饰有彩绘，其施彩工艺主要分为两种：胎体 + 漆层 + 矿物颜料、胎体 + 矿物颜料；主要病害为土垢、颜料层或漆层脱落、胎体残断、缺失、结晶盐等。因此，这批文物的保护修复工作重点集中在表面清理、彩绘层加固、漆层加固、可溶盐去除、文物粘接等方面（图 7.1）。

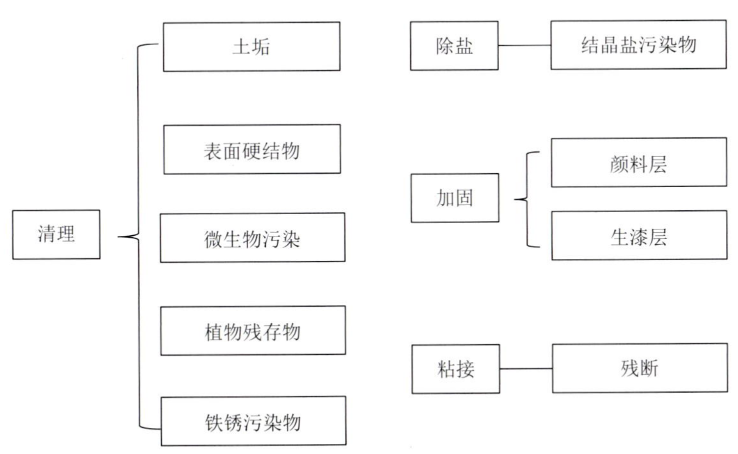

图 7.1　陶质彩绘文物保护修复工作

保护修复操作人员在对文物有了全面的了解后，填写文物修复保护信息卡，采集文物影像信息，对文物进行详细的文字记录，绘制文物病害分布图（此部分将在本章 3.2“保护修复档案的内容”中详细讲述）。

2.2 清理

2.2.1 清理目的

清理是实验室保护修复过程中的第一步，也是最基础、最关键的步骤。清理是指使用物理或化学的方法将文物表面的污染物（如土垢、结晶盐、霉斑等附着杂物）予以去除，从而揭示文物的原貌，使文物的历史、艺术和科学价值得以完整的体现，同时也为后面的加固与粘接提供技术上的支持。

2.2.2 清理原则

（1）尊重文物现状，真实保全历史信息、延续历史原状的原则。文物作为人类活动信息的承载体，从开始制作、使用到埋藏出土这个漫长的过程，包含了大量的珍贵信息。Cesare Brandi 在文物修复理论中指出，“它是人类活动的现在的真正证据，作为这样的证据，无疑是历史证据”[1]。所以我们在清理中要注意保存文物的所有信息，尊重历史原貌。

（2）最少干预原则。在满足保护修复要求的前提下，将人为附加的手段降低到最低程度。

（3）安全性原则。文物是不可再生资源，保护修复过程不可对陶胎、彩绘层等造成损害。清理前应对主要清理工艺、清理材料及效果进行研究及评估，从而确定正确有效的清理方法，避免清理中及清理后操作方法和化学试剂对文物本体造成的危害；同时，操作人员应经过专业技术培训。

2.2.3 清理工具及设备

（1）清理工具：竹签、竹刀、手术刀、钢针、医用牙钻、镊子、洗耳球、牙刷、底纹笔、排刷、脱脂棉、烧杯等；

（2）试剂：去离子水、酒精、2A 溶液（去离子水∶酒精＝1∶1）等；

（3）支撑材料：聚氨酯泡沫、转盘、沙箱、毛毡等；

（4）其他设备：放大照明灯、体式显微镜、工业用除尘器等。

[1] Cesare Brandi 著，陆地译．修复理论 [M]. 上海：同济大学出版社，2016.

2.2.4 局部清理试验

局部清理试验在整体清理工作展开前，选取典型、隐蔽的需清理区域进行清理试验。如具体操作时，选取陶俑背面下端裙角处、手肘下端、陶马下腹部等部位作为清理试验块，大小在 2 厘米 ×2 厘米左右；若器物体积相对较大、病害情况较复杂的，可考虑在不同部位多做几个试验块（图 7.2）。

图 7.2　清理试验块示例

确定好局部清理试验的位置后，使用方案中制定的清理方法或试剂进行试验性清理，确定其有效性和安全性；之后，再以清理试验块的效果为标准，进行整体清理。整体清理也应划分清理范围，将器物整体划分为若干区域，并辅以必要的编号，之后再按照编号逐个区域进行清理。

2.2.5 清理工作

（1）泥土的去除（图 7.3）

①当彩绘层与陶胎结合紧密程度大于彩绘和泥土的结合力时：

泥土层较厚时，先用喷壶或滴管（去离子水或 2A 溶液）润湿泥土，使泥土的含水量达到 18% 左右，土层软化、松散，再用手术刀或竹签轻轻由表及里逐层将泥土剥离，每次剥离的面积不能太大，以免损伤到彩绘，这个过程可以借助于放大镜或显微镜。即将接近彩绘表面时，用蘸有去离子水的半湿的棉签，将残留在彩绘表面已松动的泥土擦除或粘走，直到彩绘表面清理干净。

泥土层较薄的情况，先用蒸馏水将土层喷湿，待其吸收后，用竹签轻轻在土层上试探性点击，使土层缓缓松软，再用洗耳球轻轻吹落清理过的浮土。

图 7.3　表面附着物的清理

②当彩绘层与陶胎结合紧密程度小于彩绘层和泥土的结合力时：

这种情况下彩绘层与陶胎之间出现了空鼓、起翘等病害，对于这一情况，首先应对彩绘层进行加固或回贴，再进行清理操作。

具体操作：用喷壶向需加固的彩绘表面平行喷水雾，水雾自然落在彩绘表面，使彩绘完全湿润变软，空鼓、起翘处缓慢塌陷；用细毛笔蘸取加固剂，从空鼓、起翘的彩绘层边缘慢慢渗入加固剂，或用针管将加固剂注射入彩绘层与陶胎之间的缝隙，使加固剂进入到整个空鼓或起翘的彩绘层下面，浸润彩绘层与陶胎之间的孔隙；待其半湿时，用包有脱脂棉的硅玻璃纸施加一定的外力，直到彩绘已完全回贴到陶体表面（图 7.4、图 7.5）。需要注意的是，有时此类操作要反复几次才能将彩绘完全回贴，这其间需掌握加固剂的使用量和尺度，切勿将加固剂加固到彩绘表面的泥土上；待彩绘层完全回贴后，再对其表面泥土进行清理。

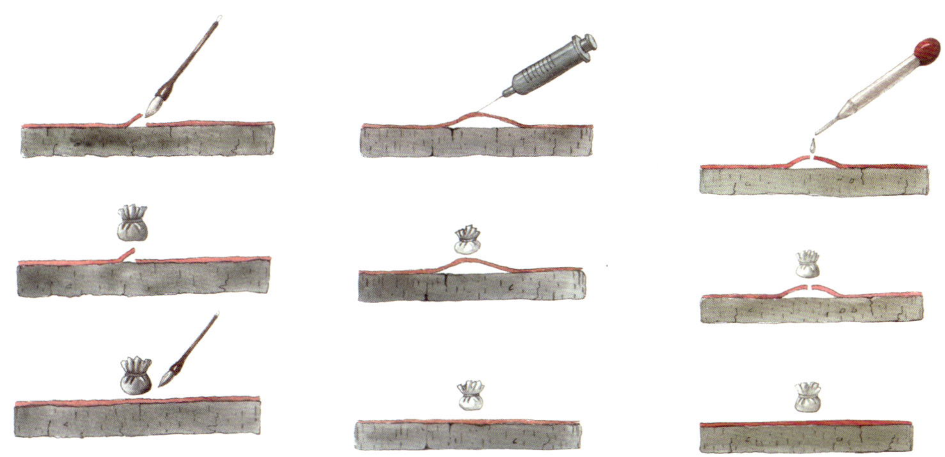

图 7.4　起翘颜料层的回贴　　　　图 7.5　空鼓颜料层的回贴

③当彩绘层表面泥土与彩绘颜料相掺杂互时：

此类情况，彩绘层已呈现粉碎性破损，与泥土相互掺杂，清理时应谨慎、小心。具体操作：使用喷壶向彩绘表面平行喷少量的水雾使泥土软化，再用细毛笔、竹签等工具，尽可能将已松软的泥土予以清理；若彩绘层较为脆弱，可用低浓度加固剂预加固。因为这种情况已经很难分辨彩绘层中的颜料与泥土的界限，在具体清理过程中，应适度把握清理程度，露出彩绘表面即可，不可过分追求表面干净而伤及彩绘本体。

④对于有漆层的彩绘陶器的泥土清理：

青州香山汉墓陪葬坑出土彩绘陶质文物中大部分的陶质礼器及生活用具表面都施有生漆层，这类文物的生漆层常见起翘、空鼓情况。对于其表面的泥土清理，若土垢结合松散，使用细毛笔、竹签机械剔除；若土垢结合较为紧密，用棉签蘸取少量去离子水软化泥土后，机械去除；若生漆层起翘、空鼓严重，需先加固再清理。需要注意的是，生漆为一种天然有机树脂涂料，清理时不可使用酒精等溶剂。

（2）表面硬结物的去除

由于文物长久埋于地下，在地下水和土壤的作用下，器表多会附着钙类、硅类等难溶物，这类污染物性质稳定、与器物结合牢固。

对于钙类、硅类等表面硬结物的清理，一般的机械办法会造成器物表面损伤，若该类病害不会持续危害文物、未掩盖器物表面纹饰，不建议现在就去除。当表面硬结物大量掩盖器物表面花纹或重要信息时，可采用化学方法进行清理。陶器的主要成分为硅酸盐类，彩绘颜料为矿物颜料，与表面硬结物种类基本相同，所选取的化学试剂应保证文物本身不会受到损害。具体操作时，应先利用现代分析技术确定表面硬结物的种类，在实验室选用有效的化学试剂从低浓度到高浓度逐级实验后，再应用于文物表面。为避免化学清理对文物造成二次污染，故选择时一定要谨慎，使用后一定要将器物表面残存的溶液去除干净，保障器物的安全。

（3）微生物、动植物病害的清理

由于文物埋藏环境影响或保存环境控制不当，造成了文物表面存在动植物污染或微生物污染等现象，一般使用2A溶液或酒精配合机械方法去除。具体操作，使用浸过2A溶液或酒精的棉签在器物表面轻轻滚动，将污染物粘到棉签上去除。对于微生物污染病害，清理后应在器物的长期保存过程进行环境控制与观察，不建议将防霉剂直接用于陶质彩绘文物上，尽量避免试剂污染。

（4）铁锈污染物的去除

这批出土的陶质彩绘文物有一部分与铁质文物摆放在一起，在长期埋葬过程中，铁质文物生锈，大量沾染在陶质文物表面。在清理过程中，使用手术刀进行机械去除，避免与水、酒精等物质接触。

（5）前人不当保护修复的去除

在发掘过程中，由于现场复杂情况的需要，部分文物进行了临时性加固和粘接，这些简单的措施并不能达到保护修复的要求，因此，实验室内应根据具体情况进行处理。对于不当的加固处理和文物粘接，应先了解其保护历史、使用的加固剂、粘接剂的详细情况，选取适当的试剂进行去除。

2.3 脱盐

2.3.1 脱盐的目的与意义

陶质文物结构疏松，在地下长期埋葬过程中，土壤中的可溶盐随地下水进入陶器内部，在一定条件下会与陶胎结构组成中的金属矿物发生置换作用，改变其成分引起劣化；同时，随着环境温湿度的变化，陶器孔隙中的可溶盐反复溶解、结晶、再溶解，最终导致胎体强度降低，出现酥粉、剥落等现象。因此，对于可溶盐病害，不但需要去除陶质彩绘文物表面富集的结晶盐，还需要对器物脱盐，即去除或降低文物内部可溶盐的含量。

2.3.2 脱盐的操作

对于陶质彩绘文物表面大量的结晶盐污染物，可先采取机械方法将表面的盐分去除，再进一步对陶胎内部脱盐。陶器常用的脱盐方法有深洗技术、吸附脱盐、结晶改性剂法、环境控制法等[1]。青州香山汉墓陪葬坑出土的陶质彩绘文物，陶胎较为坚固，表面都覆有大量的彩绘纹饰，十分珍贵，因此对这批文物主要采用了吸附法脱盐。吸附脱盐法一般采用纸浆等吸水性较强的物质作为吸附材料，水作为溶剂，通过吸附材料使水渗入多孔的胎体来溶解文物内部的可溶盐；之后，随着外表面水分不断蒸发，溶解的盐溶液通过毛细作用由内部向外迁移，使得内部的盐分最终转移到纸浆上。

脱盐开始前，需先对文物表面进行清理，去除表面土垢、附着的盐害等，其次要判断彩绘层与胎体的结合紧密程度，避免操作不当导致文物损害。具体操作：将纸浆浸泡在去离子水中，取出滤干多余水分后贴敷在有结晶盐的部位（图 7.6），待纸浆自然晾至将干时取下，再更换纸浆重复上述过程；每次取下的纸浆都放入干净的去离子水中，使用点电导率仪确定水溶液中的离子浓度并记录，待数据逐次降低至稳定时，脱盐工作完成。

图 7.6 脱盐的操作

2.4 加固

2.4.1 加固的目的

陶质彩绘文物在长期的埋藏过程中，由于年代久远、自身结构疏松、胶结材料老化等诸多原因，致使其出现陶质胎体劣化、酥粉，彩绘层脱落、起翘、空鼓等现象。陶质彩绘文物的加固就是使用化学加固材料，通过渗透作用，使加固剂进入到文物内部，与文物本体相互结合，提高文物整体强度，延缓文物的进一步损坏。

[1] 秦始皇帝陵博物院等著.出土陶质彩绘文物保护关键技术研究[M].北京：科学出版社，2014.

2.4.2 加固材料的要求

（1）遵循不改变文物原貌的原则，加固材料应无色、透明，不能引起文物外观颜色和材料本身发生变化。

（2）加固材料的性质及保护效果应具有长期稳定性和可再处理性，不能对文物引起“保护性”损害。

（3）加固材料应具有黏度低、渗透性好等特点，可以深层渗透；固化后可以有效提高文物强度，且不堵塞文物孔隙，具透气性等。

（4）所使用的加固材料和方法应经过长期的实践检验与测试，合成工艺简单，易于操作，采用简单的保护方法，达到最佳的保护效果。

（5）加固材料与操作方法应对操作人员及环境无害。

2.4.3 加固材料的选择

陶质彩绘文物的加固是依靠加固材料的流动性、渗透性和黏合性等特点有效提高文物强度。早期彩绘类文物的加固使用天然高分子材料，如桃胶、鱼漂胶等；但随着现代化学材料的不断发展和更新，以及人们对文物保护材料的不断认知，有机高分子材料越来越广泛应用于文物保护之中。常见的陶质彩绘类文物加固材料包括环氧树脂类、丙烯酸类、聚氨酯类、有机硅类等。

丙烯酸酯类均聚物或共聚物材料的成膜性好，膜多呈透明状，具有非润湿性、干化时间短、黄化率低、黏附力大、机械强度可控等特点，并且发展成熟[1]。其中，Paraloid B72（B72）是丙烯酸酯和甲基丙烯酸酯的共聚物，具有良好的化学稳定性、耐热性、耐候性，该材料无色透明，玻璃化转变温度高于室温，可逆性强，是目前应用最广的陶质彩绘类文物保护加固材料。

针对含有生漆底层的陶质彩绘文物的加固，秦始皇帝陵博物院秦俑彩绘保护技术研究课题针对其老化机理，通过长期实验与实践得到了一种聚乙二醇（PEG200）和聚氨酯（PU）乳液联合处理的保护方法[2]。聚乙二醇具有保湿和增塑双重作用，可以使生漆层缓慢干燥并且在干燥期间尽量保持原来的外观与尺寸；同时，利用聚氨酯乳液固化后的黏性对生漆层和颜料层进行加固。

[1] 秦始皇帝陵博物院等著. 出土陶质彩绘文物保护关键技术研究 [M]. 北京：科学出版社，2014.

[2] 秦俑彩绘保护技术研究课题组. 秦始皇兵马俑漆底彩绘保护技术研究 [J]. 中国生漆，2006（1）：21-27.

2.4.4 加固使用的工具与试剂

（1）操作工具：毛笔、毛刷、喷壶、注射器、烧杯、玻棒。

（2）试剂：去离子水、酒精、乙酸乙酯、丙烯酸树脂（Paraloid B72）、聚氨酯乳液（PU）、聚乙二醇（PEG200）。

2.4.5 加固操作

陶质彩绘文物的加固操作贯穿于整个保护修复工作流程中，根据每件文物的制作工艺、保存状况采取相应的加固工艺，主要包括喷涂、点涂、包裹敷浸等处理方法。对于清理过程中的局部加固，先使起翘或空鼓的彩绘层回软后，使用浸有加固剂的毛笔点涂或从彩绘层边缘渗透加入加固剂将彩绘层完全回贴加固；对于酥粉陶胎加固或彩绘层整体封护，使用低浓度的加固剂整体涂刷或喷涂。

（1）单纯颜料层的加固

彩绘层为单纯颜料层的情况，一般使用3%的B72的乙酸乙酯溶液。Paraloid B72树脂，是现今国内外文物保护领域中使用最广泛的一种聚合物材料，性能稳定、耐候性好，且具有优异的成膜性，通过溶剂挥发后成膜而起到加固作用。

（2）生漆层（生漆层＋颜料层）的加固

彩绘层为生漆层或生漆层＋颜料层的情况，使用聚乙二醇（PEG200）与聚氨酯乳液（PU）联合保护加固法。生漆具有自身的特殊性，借鉴秦兵马俑保护修复工作已取得成功经验，用去离子水配置30%、60%、80%不同浓度的PEG200溶液，用于漆层的软化与保湿。由于带有漆层的彩绘层需要在潮湿的情况下进行加固处理，因此使用溶液型的加固剂聚氨酯乳液（PU），用去离子水将加固剂稀释，浓度为3%~5%。

起翘漆层的加固方法，第一步将30%的PEG200滴在脱脂棉上，把脱脂棉敷于起翘的漆层上，并用保鲜膜包裹保湿，待漆层湿润后，使用5%的PU加固彩绘层；第二步、第三步分别用60%、80%的PEG200继续进行保湿；未起翘的漆层或漆层较为牢固的情况，可直接使用3%~5%的PU进行加固处理。

（3）酥粉陶胎的加固

对于陶质胎体出现的酥粉等病害，一般使用3%或5%的B72的乙酸乙酯溶液加固处理。根据实际的情况使用加固次数不同，病害情况轻一次即可，情况严重根据多次渗透加固，直到达到满意的强度。

2.5 粘接

2.5.1 粘接的原则与胶粘剂的选择

粘接是使断裂破损的文物重新接合，恢复其整体结构的稳定性及完整性，为了解文物历史信息、艺术价值等提供依据。粘接工作应遵循文物保护的基本原则，对文物进行最小且有效可行的干预，粘接操作应简单、可靠、具有可再处理性等。

选择胶粘剂时应综合考虑到胶粘剂自身性能和陶胎本体的强度两个方面，胶粘剂本身应具有性质稳定、耐老化、韧性好、常温下使用，便于操作，无毒无污染等特点。文物的粘接中使用的胶粘剂与粘接工艺必须经过实验室试验和长期实践检验。目前文物保护常用的粘胶剂有环氧树脂类、氰基丙烯酸类、甲基丙烯酸类、聚氨酯类、三甲树脂等，其中环氧树脂类粘胶剂最为常用[1]。环氧树脂胶粘剂属热固性高分子胶粘剂，含有极性基团，可根据需要加入多种聚合物或添加剂，具有粘接力强、收缩率低、内聚力大、稳定性高等特点。陶质彩绘文物粘接时，先使用 Paraloid B72 的乙酸乙酯溶液涂刷待粘接面作为隔离层[2]，待溶剂挥发后使用环氧树脂进行粘接。

2.5.2 粘接工具与材料

（1）工具：竹签、手术刀、脱脂棉、毛笔、毛刷、宽棉绳、皮筋、沙箱等。

（2）材料：去离子水、酒精、双组份环氧胶、丙烯酸树脂（Paraloid B72）、乙酸乙酯等。

2.5.3 粘接步骤

（1）拼对

粘接前应对破损器物进行拼对。拼对的目的是检查器物的现有残片是

[1] 高鑫．常用古陶瓷修复粘胶剂的性能评估研究 [A]. 京津冀粘接技术研讨会暨北京粘接学会第 26 届学术年会论文集 [C]. 北京：北京粘接学会，2017：287-295.

[2] 窦一村．使用 Paraloid B-72 作为陶质文物粘接隔离层的可再处理性评估 [A]. 中国文物保护技术协会第八次学术年会论文集 [C]. 北京：中国文物保护技术协会，2014：104-112.

否正确、粘接面是否相互吻合、是否可以恢复文物原有结构、是否可以找到缺失的残片等问题，通过对残损文物的拼对才能确定该文物合适的粘接方法。拼对时，一般从底部或能起到支撑作用的部位开始，自下而上，将相邻的残片根据其位置、形状、颜色、纹饰等进行配对，并用纸胶带进行固定（纸胶带应固定在表面无彩绘的部位或器物内部），编号、绘图、记录。

（2）粘接面的清理

粘接面的清理是粘接过程不可忽略的环节。粘接是借助胶粘剂对粘接面的吸附作用从而产生粘接作用，粘接面若有灰尘、泥土、水、污染物等都会直接影响粘接效果。因此，粘接前要清除粘接面上的污染物，改善粘接面的吸附性能，提高粘接面的吸附能力。具体操作：使用无水乙醇、去离子水、手术刀、牙科工具等清理表面污垢达到洁净、无尘、无油渍，并待其干燥后再进行下一步操作。

（3）粘接面涂刷隔离层

胶结材料的固化为不可逆过程，并且胶粘剂会因为时间推移、环境等的影响，不可避免地出现老化现象。目前所使用的胶结材料具有时代局限性，在科学技术飞速发展下更新更好更合适的材料终会取代现有材料，那么文物就需要进行再次的保护修复。陶质文物的待粘接面在断裂时受到过损害，较为脆弱，并且陶胎为多孔物质，胶粘剂易于通过渗透作用进入到胎体的孔隙中，因此，在待粘接面涂刷隔离层不但可以加固粘接面，还可以使文物的粘接有“可再处理”性。

粘接面的隔离层采用涂刷法，用毛笔蘸取 5%~10% 的 B72 乙酸乙酯溶液涂抹到器物残片的粘合面处。若器物质地过于疏松，可反复涂刷多次；对质地较致密的器物来说，通常一次就可达到要求（图 7.7）。

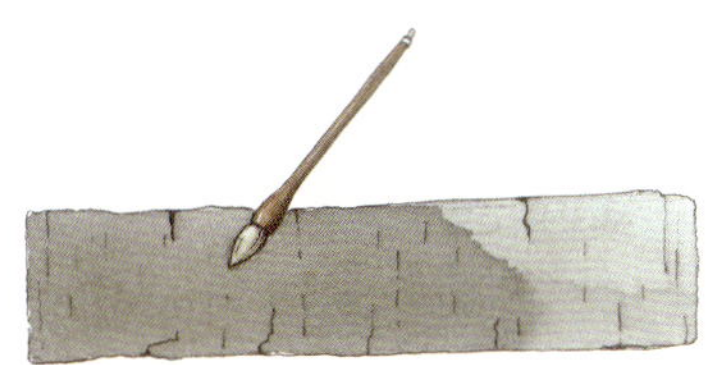

图 7.7 粘接面涂刷隔离层示例

图 7.8 粘接面涂刷胶液示例

（4）涂胶

青州香山汉墓陪葬坑出土的陶质彩绘文物，陶质胎体为灰陶，质地较为坚硬致密，且文物尺寸较小，因此实验室使用鹏宇牌 3A 超能胶作为粘接材料。这种胶为双组份环氧胶，无色透明，固化速度适中，操作简便。

所有工作准备好后，开始调配胶粘剂，根据待粘接器物的大小、粘接面的大小来确定取用量，严格按照说明进行配制，各组分的重量误差不超过 1%，配制好的粘接剂需搅拌均匀后备用；根据文物具体情况，调配胶粘剂时可加入适量的陶粉等填料，增加固化速度或粘接强度。

使用木质压舌板或木棒将调配好的胶粘剂均匀涂刷在粘接面上，使胶粘剂完全进入断面的沟壑中，这样可使缝隙处完全粘合；胶层要少量均匀，以得到坚固均匀的胶膜，达到理想的强度；胶粘剂应涂在粘接面中心且边缘不要涂胶，避免粘合固定后过多的胶粘剂挤压出来污染器物表面（图 7.8）。涂胶过程中若发现胶粘剂已经开始出凝固，则要立刻停止以免影响粘接的强度。在粘接拼合过程中，若胶粘剂流淌到器物表面时，应使用酒精或乙酸乙酯及时予以清理；若多余胶液固化，则使用加热后的手术刀小心剔除，避免损害文物（图 7.9）。

图 7.9　多余胶液的剔除

（5）粘接过程的固定

粘接完后的文物，使用橡皮筋、宽棉绳等予以捆扎固定。固定前，在彩绘的表面使用一些较柔软的材料进行必要的防护，以防止在粘接过程中对彩绘造成新的损坏。捆扎固定好的器物，放入沙盘或安全的地方，待胶粘剂固化（图 7.10）。

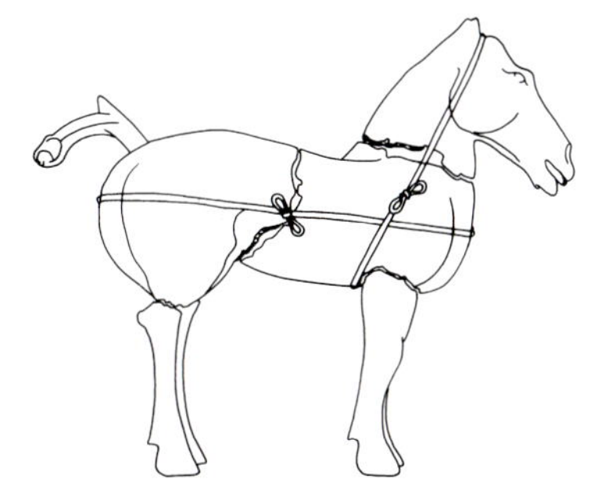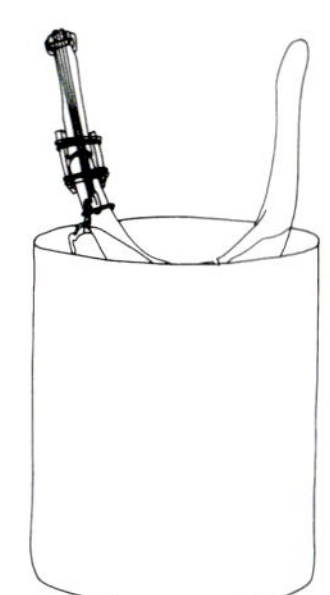

图 7.10　粘接后的固定

2.6　保护修复过程中信息的收集

在对文物保护修复前，通过对历史信息调查、文物状况观察、分析检测、病害认知等手段，对文物有了较为全面的认知，从而制定相应的保护修复工作实施方案，但每一件文物都是一个独立的个体，保护修复中面临的问题也是复杂的。保护修复工作是与每一件文物的“亲密接触”，往往会发现许多细节，器物表面的一些重要信息，如织物痕迹、指纹等制作痕迹、生活残留痕迹等，都是重要的历史、考古、科技研究资料；同时，在实际保护修复操作中，面对器物的个性，需要针对不同情况调整保护方法或保护材料……诸如此类的信息和内容，都应该使用文字记录、绘图和摄影等多种手段进行详细的记录和收集。文物保护修复工作不应是简单操作，更应该是对文物再认知、对保护修复方法辩证思考的过程。

3. 保护修复档案的建立

3.1　保护修复档案建立的目的与原则

建立文物保护修复档案是现代文物修复保护工作中极为重要的环节，是为了保存文物所有的真实信息和原始记录，具有重要的保存价值，是追溯文物历史信息的源泉之一。档案的建立为后来的研究者、保护者查证提供翔实可靠的资料。作为文物的第一手文献资料，既保存了文物的原始与现今的各项信息，也有助于文物保护修复工作的总结归纳与提高，更重要的是为今后对此项文物的研究、保管、利用与再修复提供了重要的依据。

文物保护修复档案建立的原则：归档的资料应与文物一一对应，共同构成统一的有机整体；档案材料为以后查证提供便利，为文物保护工作的业务发展和科研提供珍贵的资料。

3.2 保护修复档案的内容

3.2.1 文物的基本信息

文物的基本信息应包括文物的名称、收藏单位、文物编号、来源、年代、质地、尺寸、重量、级别、工艺、细节描述、文物的完残状况等，出土文物还应包括出土的时间与地点，相应的历史背景等。这是文物的直观信息，是深入了解文物的重要部分，可使保护修复工作者从客观上掌握文物的产生、发展和变化等情况，为制定科学的保护修复技术路线提供了基础信息和思路。

3.2.2 方案设计及保护修复单位信息

方案设计及保护修复单位信息的内容主要包括：方案名称和编号、批准单位及时间、文号、方案设计单位和保护修复单位的名称、单位所在地、通讯地址、邮编、资质证书、代码、保护修复单位名称、单位所在地、通讯地址、邮编、资质证书、代码、文物提取时间、提取经办人、返还日期、返还经办人等。文物方案设计及保护修复单位信息的收集有助于对文物保护修复工作结果进行有效的评估和回溯。

3.2.3 文物保存现状

文物保存状况包括修复前文物保管保存环境、基本状况、病害识别与评估、保护历史调查等内容，重点在于掌握器物在进行本次修复保护工作前所有情况，也就是操作人员在保护修复工作中将要面临的问题，只有全面、翔实的摸清问题才能在工作中做到有的放矢。

（1）文物保管保存环境应描述文物保护修复前文物保存环境及条件，包括温度、相对湿度、光照等参数。

（2）病害识别与评估指通过观察与检测分析获取文物在此次保护修复前的病害情况及程度，为后期保护方案的确定提供依据。

（3）保护历史调查是指本次保护修复工作开展前以往对该文物进行过的保护处理，调查的内容应包括历史保护修复的时间、保护方法与保护材料、操作人员等，并对文物现在状况进行评判，从而制定出更具针对性的、更有效的保护修复方案。若有原修复保护记录应一并存档保存，如无原始记录需调查清楚后详细记录。

3.2.4 文物检测分析数据

文物检测分析的目的是应用现代科学分析手段，详细的掌握陶质彩绘文物的陶胎成分、颜料种类、彩绘结构、制作工艺、病害情况等内容，对文物保存状况做出合理评估，为后期的保护修复工作提供有力的科学数据依据，检测分析应根据不同材质和需求选择合适分析手段。文物检测分析应有详细的分析检测数据表，内容应包括有样品编号、样品名称、样品描述、分析目的、分析方法、分析结果、报告代码、分析时间、备注等。

（1）文物保存环境检测分析

文物环境应包括文物的地下埋藏环境以及文物在保护修复前的室内保存环境，分析检测主要针对出土土壤的 pH 值、可溶性盐成分、霉菌种类分析，以及出土后室内保存环境要素的监测等。

（2）材质分析

材质分析包括陶质胎体的成分、生漆的成分、颜料的种类、胶结物成分、彩绘层结构等，为研究陶质彩绘文物的制作工艺提供可靠的数据依据。文物具有不可再生性，在对文物进行材质分析时，尽量做到不取样或微量取样，尽量在已剥落无法回贴的彩绘颜料或在文物破损处、隐蔽处进行取样，不能对其纹饰和重要部位造成新的损伤。

（3）病害分析

病害分析主要包括了文物表面污染物、文物损害原因方面的分析，为制定文物保护修复方案及开展保护修复工作提供科学依据。

3.2.5 文物修复记录

文物的修复记录是保护修复档案中的重要部分。同一类文物具有整体的共性，但每一件文物同时具有自己的个性，因此，保护修复工作就具有针对性，必须详细记录本次保护修复过程中相关情况，便于以后相关人员查阅及提取信息。

（1）文物修复保护过程综述：对文物保护修复全过程作综述性记录，包括材料、工艺步骤和操作条件。①材料是记录文物保护修复过程中使用的材料，包括材料的商品名称、主要成分和用途；②工艺步骤是记录文物保护修复过程中使用的技术方法和操作步骤，包括清理、脱盐、加固、粘接等；③操作条件是记录文物保护修复过程中使用过的仪器设备和操作环境的温度、湿度等情况。

（2）技术变更：在文物保护修复过程中，如遇到未能预料的情况，应详细记录原因和现象、变更后的方案及实施效果。

（3）保护修复日志：应由保护修复人员根据实际工作情况，对每日工作进行详细记录，内容应包括文物名称和编号、保护修复人、日期、工作区域、使用材料、修复工艺、工作内容等。

3.2.6 文物修复后的评估与验收

文物保护修复后需要进行评估与验收，对本次保护修复工作做以评判。保护修复工作结束后，需保护修复人员进行自评估，再组织专家对该项工作做整体验收。

（1）自评估意见由保护修复人员撰写并签名，包含以下方面：①是否完成方案的预期目的；②变更设计内容及原因；③保护修复效果；④存在的问题及讨论；⑤完成进度；⑥使用与保管条件建议。

（2）专家验收意见内容包括时间、组织单位、专家名单、验收意见等。

3.2.7 绘图资料

文物绘图将制图学应用于文物保护修复工作和研究中，利用制图学的理论和技术来记录和说明文物的客观信息。本书所涉及的文物绘图包括线图和病害图：线图是指在绘图纸上准确、真实地绘制器物的大小、尺寸、形状、纹饰、残缺状况等，直观表达文物的外在信息，准确地反映了文物各个部位的空间位置，真实地再现实物的原貌；病害图则是在线图的基础上依据病害图示准确的绘制和记录文物存在的病害类型、位置和范围。在青州香山汉墓出土陶质彩绘文物保护修复项目中，每一件器物都绘制线图和病害图。一般情况下，每件器物的线图和病害图都应绘制六个面，即正视、左视、右视、背视、俯视和仰视（简单器形只需绘制正视、背视、俯视和仰视）；如有破碎，每一块也需绘制六个面。

（1）绘图工具

①常用到的绘图工具有铅笔、直尺、三角尺、圆规、分规、比例规、绘图板、丁字尺、比例尺、曲线板、量角器、卡尺与卡钳、卷尺、擦图片、橡皮、刀片、裁纸刀、图钉、纸胶带、双面胶带等。

②绘图所选用的纸张须质地结实、韧性好、伸缩性小、不易起毛、有一定厚度、有较好的光滑性，但同时又不能妨碍绘图笔在纸张上的运行、着线。保护修复工作绘图一般常用的纸张主要有米格纸或称坐标纸（可以保证绘图的准确性）、描图纸或称硫酸纸（一般选用纸质较硬、光滑、透明度大的纸张）。

（2）绘图的内容

①线图：多方位、多视角准确客观描绘文物的大小、尺寸、形状、残缺状况等，是对文物基本情况的初步且较全面的认识。在绘制线图时，应采用正投影原理制图，这种绘图原理能够确切的反映器物的真实大小尺寸形状等情况。一般情况下一件文物我们需要绘制其正视图、上视图、左面侧视图、右面侧视图、底视图、背视图，对于残块或没有纹饰的器物可以只绘制能表现文物主要特征的视图，对于较为特别的器物或有特殊纹饰、符号的器物，需要对其进行有针对性的绘制（图 7.11）。

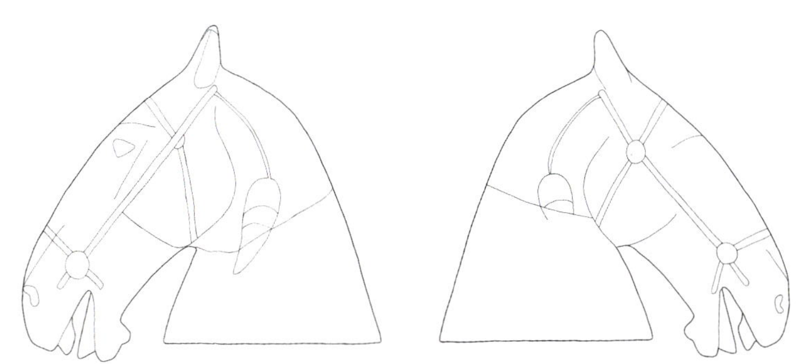

图 7.11　陶马头部线图示例（左侧面、右侧面）

②病害图：在线图的基础上，用规范性的不同符号描绘器物的各种病害、彩绘保存状况、特殊纹饰、残损程度，目的是让保护修复工作者对文物有一个全方位的、深度的认识，做到有的放矢。规范性的符号是针对陶质彩绘文物中常见的病害分类等制定的相对应的标识图示（常见病害与图示见表 7.1），以规范陶质彩绘文物的病害记录，便于保护修复工作者之间相互理解以及后人对资料的识别与读取（图 7.12）。

表7.1　陶质彩绘文物病害图示

编号	类别	图示名称	图标标示	说明
1		局部彩绘	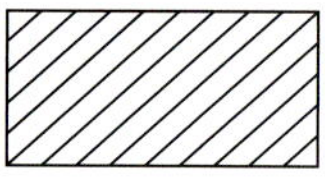	器物表面局部绘有彩绘纹饰
2		缺陷	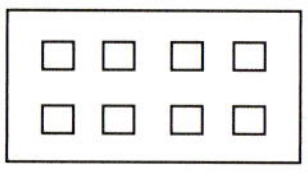	器物在制成后所遗留下来的制作瑕疵
3		遗留指纹	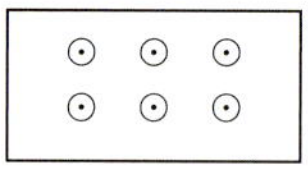	器物内壁遗留的制作时制作人在按压陶泥成型所留下的指纹
4		整体彩绘	在图纸上注明即可	器物整体进行彩绘装饰
5		合缝迹象	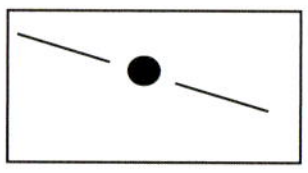	器物分块制作在成型过程时形成拼合迹象
6	制作痕迹	漆层	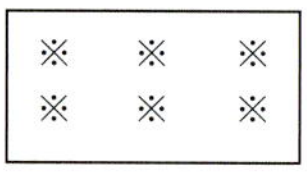	器物表面用生漆进行的装饰
7		绳纹	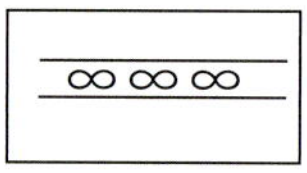	器物表面在制作时有意用绳压制的遗迹
8		刻划痕	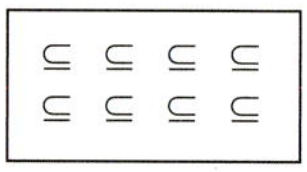	器物表面遗留的制作刻划痕迹
9		彩绘涂刷痕	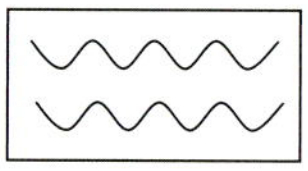	器物表面施绘时遗留的涂刷痕迹
10		颜料流淌痕	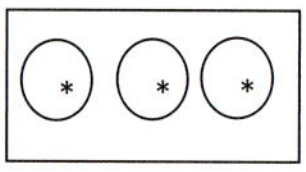	在对器物施绘时颜料在表面形成的流淌痕迹
11		拼合粘接痕迹	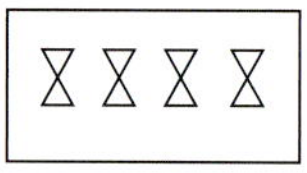	器物分段烧制，通过某种物质将各段连接在一起，由于断裂致使粘接痕迹暴露
12		土垢		器物表面覆盖的土层
13	病变图示	裂隙	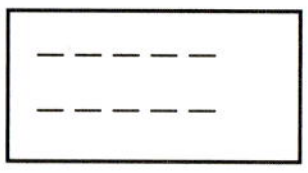	没有贯穿器物胎体
14		盐分析出	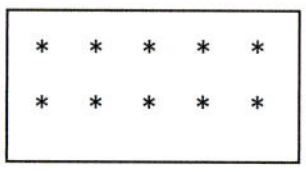	盐在器物表面形成的白色结晶体

续表

编号	类别	图示名称	图标标示	说明
15	病变图示	起翘	≈ ≈ ≈ ≈ ≈ ≈ ≈ ≈	彩绘下方的漆层由于失水而翘起
16		缺（损）失	△ △ △ △ △ △ △ △	器物破损而形成残缺
17		龟裂	# # # # # # # #	彩绘或者漆层在干燥过程形成干裂类似于龟甲的损坏
18		表皮缺失	◇ ◇ ◇ ◇ ◇ ◇ ◇ ◇	器物的表层残缺而胎体依然存在
19		颜料层脱落	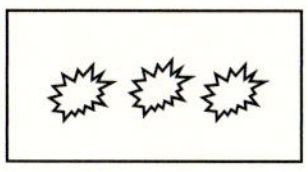	器物表面的彩绘由于各种原因从原处脱落
20		残断面	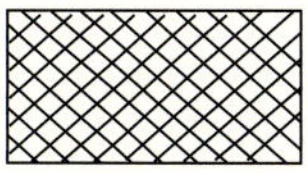	器物破碎形成残块的断裂面
21		植物残留痕	⊕ ⊕ ⊕ ⊕ ⊕ ⊕ ⊕ ⊕	器物在地下埋藏过程中植物的根须在器物表面遗留的痕迹
22		灰色黏附物	☆ ☆ ☆ ☆ ☆ ☆ ☆ ☆	器物表面黏附的酥松陶质
23		裂缝	—·— —·— —·— —·—	贯穿器物胎体，但没有分离
24		空鼓	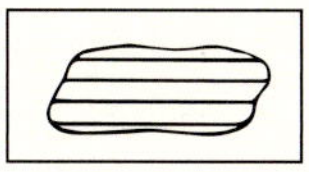	颜料层的局部与陶体脱离，但脱离部分的周边仍与陶体连接
25		漆层脱落	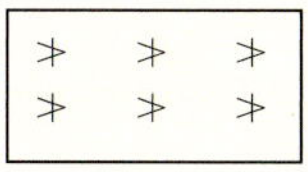	器物表面的部分漆层脱离胎体
26		黑色斑点	∧ ∧ ∧ ∧ ∧ ∧	环境中某些物质渗透到器物或彩绘内部，且与之结合紧密，形成的黑色斑点状污染
27		铁锈蚀物污染	◎ ◎ ◎ ◎ ◎ ◎	铁的锈蚀物黏附于器物之上且引起色变
28		霉变	θ θ θ θ θ θ	器物在潮湿环境条件下表面生成霉菌从而造成表面的污染

续表

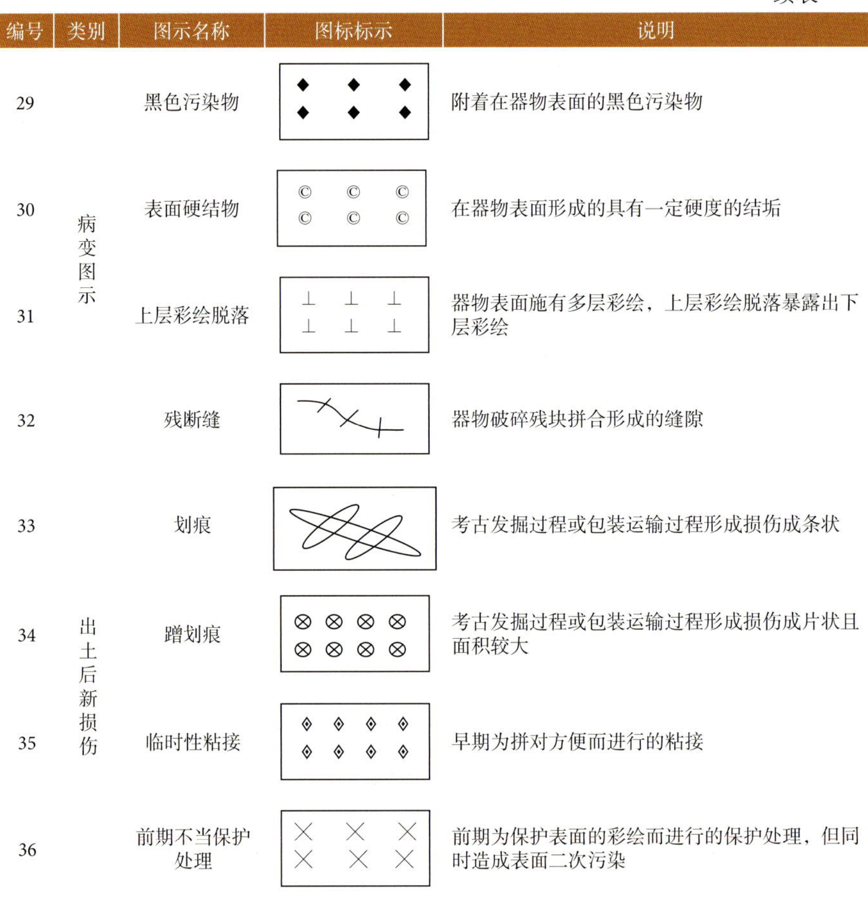

编号	类别	图示名称	图标标示	说明
29	病变图示	黑色污染物	◆ ◆ ◆ ◆ ◆ ◆	附着在器物表面的黑色污染物
30		表面硬结物	© © © © © ©	在器物表面形成的具有一定硬度的结垢
31		上层彩绘脱落	⊥ ⊥ ⊥ ⊥ ⊥ ⊥	器物表面施有多层彩绘，上层彩绘脱落暴露出下层彩绘
32	出土后新损伤	残断缝		器物破碎残块拼合形成的缝隙
33		划痕		考古发掘过程或包装运输过程形成损伤成条状
34		蹭划痕	⊗ ⊗ ⊗ ⊗ ⊗ ⊗ ⊗ ⊗	考古发掘过程或包装运输过程形成损伤成片状且面积较大
35		临时性粘接	◈ ◈ ◈ ◈ ◈ ◈ ◈ ◈	早期为拼对方便而进行的粘接
36		前期不当保护处理	× × × × × ×	前期为保护表面的彩绘而进行的保护处理，但同时造成表面二次污染

（3）绘图要求

①文物绘图中使用铅笔等制图工具在纸张上绘制的线条，根据线条的不同宽度与形式表达不同的绘制内容[1]。实线表示物体看得见的线条，一般外粗内细，分为标准实线（粗实线）、中等粗实线和细实线；虚线表示物体看不见的部分或者是复原的部分，它的粗细程度与其所处的部位之实线相同，虚线线段长度相互之间的间隔以 4∶1 为宜；中心线表示物体的中心或轴的线条，绘制方法为在两长线段的间隔之处绘一短线段，长线段的长度为 5 毫米左右，其间隔距离约为 3 毫米，短线段的长度约为 1 毫米左右，需注意中心线的起、终处均应是长线段；残断线表示物体残断处。图纸上的线条应粗细一致、流畅，不应出现忽粗忽细、断断续续的现象，具体绘制方法见表 7.2 所示。

[1]　马鸿藻 . 考古绘图 [M]. 北京：北京大学出版社，1993.

项目名称	山东青州彩绘陶器保护修复项目		
器物名称	红马	器物编号	K1⑫区2北二排:116
制　图	昌录	图纸编号	K1⑫区2北二排:116-HB-07
制图时间	2009.9.13	比例尺	1:1.25
实施单位	秦始皇兵马俑博物馆 陶质彩绘文物保护国家文物局重点科研基地		

图 7.12 陶马躯干左侧面病害图示例

表7.2 绘图线型示意表

图线名称	图线型式	图线宽度	一般应用
粗实线	————————	b	可见轮廓线、可见过渡线
细实线	————————	b/3	尺寸线、尺寸界线、剖面线等
虚线	------------------------	b/3	不可见轮廓线、不见过渡线
中心线	·—·—·—·—·—·—·	b/4	对称中心线、轴线
残断线	～～～～～～～～	b/3	断裂处的边界线

②文物绘图中除了图形之外还有文字说明，即在每张图纸的右下方填写信息框，内容包括项目名称、器物名称、器物编号、绘图人、图纸编号、绘图时间等。文字书写应采用国家公布和实施的简化字，从左至右书写，要求汉字应写成长仿宋体，字体工整、笔画清楚、间隔均匀、排列整齐。

③每张图纸的右下方应标注比例尺。绘制文物线图与病害图，最好按1∶1的比例绘制，即图样与实物大小相同，但由于器物的形状、大小各不相同，结构复杂程度也有差别，为了在图纸上清晰、客观、翔实表达出文物的具体情况与细节，可根据不同情况选用合适比例对器物进行放大或缩小。

④文物绘图是一项重要而细致的工作，在认识和理解的基础上正确绘制，要忠实于文物，突出重点，不可随心所欲；绘图过程中要注意文物的安全，小心搬拿轻放，不应对文物造成新的损害或污染；绘图过程中要注意摆放文物的稳定性，文物的下方需有毛毡等软质衬垫，避免伤害到器物；绘制的图面要求整洁、精确，做好绘图记录（表7.3），用以核对和存档。

表7.3 彩绘文物保护修复项目绘图登记表

文物名称	
文物编号	
文物基本线图数量	
文物病变图数量品	
图纸编号	图纸描述

3.2.8 影像资料

文物影像资料是文物档案的重要组成部分，是以文物为拍摄对象，通过摄影再现文物的历史价值、科学价值和艺术价值。本书所涉及的文物影像资料采集主要是文物保护修复整个过程中的拍照摄影，属于静物摄影的范畴，目的是真实地记录文物在保护修复过程中的状况。文物的影像资料主要用于文物研究、保护修复、资料存档，因此文物摄影应具有科学性[1]。首先，要能够真实地、准确地反映文物的材质、颜色、造型、纹饰，阐明文物的客观信息，避免追求艺术效果的“再创作”；其次，文物具有不可再生性，拍照摄影应尽可能完整、详细地记录文物信息，为后期的研究与保护提供详细的资料。

（1）拍摄设备

①光源：在保护修复工作中的文物摄影通常是在室内进行，主要依赖于人造光源。青州香山汉墓陪葬坑出土陶质彩绘文物的胎体为灰陶，表面用矿物颜料绘有纹饰，并且部分器物表面有生漆层，因此在选择光源时，应避免光对胶结材料、生漆层及颜料层的损坏。

②摄影台及背景：文物摄影要有固定的拍摄台，便于设置不同的光位从而准确曝光。一般摄影台的背景纸以黑、白、灰三种色调为主，切勿选择与器物颜色相近或反差过大的背景纸；背景纸在摆放时，立面和平面需要一个平滑的过度，不能形成角或棱。此外还应配有翻拍台，可用于小型文物或残件等的拍摄。

③相机及三脚架：目前文物摄影使用的数码相机种类繁多，拍摄者应熟悉器材的使用方法，拍摄过程中必须使用三脚架，有利于构图和调焦，避免因手持拍摄而引起的抖动，保证照片的清晰度。

（2）拍摄内容

①保护修复前资料的采集，用于记录文物保护修复前的器物状况，通过整体到局部、不同角度的照片，反映文物的整体结构、纹饰特点、彩绘分布、残损程度、病害情况等信息。

②文物整体保护修复前的清理块试验保护修复记录，为下一步整体清理工作提供依据。

③文物修复保护过程中的信息采集，包括保护修复工作记录、局部清理实验对比，以及针对保护修复过程中不可预见的问题，辅助以拍照记录。

④保护修复后资料的采集，用于记录文物保护修复后的信息，从整体到局部、不同角度进行拍摄，与保护修复前照片相对应。

⑤在保护修复过程中，一些被掩盖的重要信息，如纹饰、图案、刻划符号、制作迹象、病害情况等，应及时拍照采集；此外，器物内部的制作迹象或刻划符号等，可能在器物粘接完整后无法再查看，因此要及时、详细的照相记录（表 7.4）。

[1] 孟承光．文物摄影的几点心得 [N]. 中国文物报，2019-5-10（6）.

表7.4　彩绘文物保护修复项目照片登记表

文物名称		文物编号			
相机型号		照片数量			
照片编号	照片内容描述	光圈	快门	照相人	时间

（3）注意事项

①文物拍摄的过程要确保文物安全，移动文物时要小心谨慎，摆放时要注意文物的稳定性。不可对文物造成新的损害或污染。在拍摄前，拍摄人员应对文物进行详细的了解，根据保护修复工作的内容做好拍摄计划，明确工作目的，做好拍摄记录。

②保护修复过程的文物摄影强调照片的真实性和客观性，因此在拍摄中主要采用平拍的方法，这样画面不容易引起变形；文物在构图中大小适中，四周空白位置大小合适，不宜过满。

3.3　保护修复档案的记录要求与存档

3.3.1　保护修复档案的记录要求

保护修复的纸质档案记录应书写工整，记录文字应使用规范化简化文字；书写材料及工具应符合耐久性要求。

保护修复档案记录应使用规范的专业术语，凡涉及计量单位的记录项目应使用统一的国际计量标准；保护修复档案记录数字采用阿拉伯数字。

档案中的保护修复用语要规范化，文物本体、保存状况、病害情况等描述要采用相同的规范用语，不可凭借个人的偏好随便进行描述，避免造成不必要的误差与误解。

3.3.2　保护修复档案的存档

保护修复项目完成后，应按《科学技术档案案卷构成的一般要求GB/T 11822-2008》的要求将保护修复档案记录整理归档。照片档案的保存应符合《照片档案管理规范 GB/T 11821-2002》的要求。所有已归档的纸质文件、图纸等也应扫描后存成电子文件备份，按《电子文件归档与管理规范 GB/T 18894-2002》的有关规定执行。

归档后的保护修复档案记录不得删除、修改。

第八章　陶质彩绘类文物预防性保护

1. 文物的预防性保护

文物是人类在历史发展过程中遗留下来的遗物、遗迹，它客观地反映了古代人类的社会活动、经济和文化等珍贵信息，具有一定的历史、科学和艺术价值，但文物产生的时代久远，随着时间的推移会逐渐老化甚至消失。因此，为了使这些珍贵的历史资料得以保存下来，就需要研究并掌握文物的材质及老化机理，采取必要措施延缓文物劣化速度，并将现代化的技术手段运用到文物的保护与管理工作之中。1930 年在意大利罗马召开的关于艺术品保护国际研讨会上，第一次提出了“预防性保护”的概念，指通过对博物馆藏品保存环境实施有效的监控来抑制环境因素对文物的危害作用[1]。二十世纪六十年代，Cesare Brandi 在《修复理论》一书中指出，同极端紧急情况下的保护修复相比，预防性保护是更为紧要的，它的目的就是为了避免急救性的修复保护[2]。

我国在“十一五”期间正式提出文物预防性保护概念，即通过有效的管理、监测、评估、调控，抑制各种环境因素对文物的危害作用，使文

[1]　马金香 . 预防性文物保护环境监测调控技术 [M]. 北京：科学出版社，2015.

[2]　Cesare Brandi 著，陆地译 . 修复理论 [M]. 上海：同济大学出版社，2016.

物处于安全保存环境，达到延缓文物劣化的目的[1]。随着近年来文物保护工作的不断发展，预防性保护得到了更多的重视。《国家文物事业发展"十三五"规划》中强调，切实加大文物保护力度，坚持分类指导，突出重点，加强基础，实现由注重抢救性保护向抢救性与预防性保护并重转变，由注重文物本体保护向文物本体与周边环境、文化生态的整体保护转变，确保文物安全。

2. 影响陶质彩绘类文物的因素

2.1 温湿度

温湿度是最基本的环境因素，任何材质的文物都有适宜其保存保管的温湿度范围，一旦超过这个范围就可能引起文物材质的劣化。一般情况下，温度的升高会加速物质的物理及化学变化速率，并与其他环境因素联合作用，导致文物材质热胀冷缩、冰冻风化，可溶盐溶解与结晶，并促进微生物的繁殖等，从而影响文物的寿命。相对湿度指空气中水汽压与相同温度下饱和水汽压的百分比，用来反映空气的干燥或潮湿程度、吸湿能力的大小等。相对湿度是博物馆环境中非常重要的指标，高湿的环境中无论无机材质还是有机材质都会受到影响。陶质彩绘类文物构成复杂，温湿度的变化对陶质彩绘类文物的危害主要表现在：①陶质文物胎体多孔易吸湿，温湿度的变化会引发陶质胎体内水分运动、变化，从而产生机械作用力对文物产生物理损害；②陶质彩绘类文物多为出土文物，受埋藏环境的影响可能含有可溶盐，可溶盐随温湿度的变化而溶解－结晶－溶解不断循环，导致胎体损害或颜料层开裂、剥落、污染等危害；③温湿度的变化会引起生漆层的湿胀干缩，最终导致颜料层的剥落；④高湿环境下，部分矿物颜料会表现出不稳定性；⑤高温高湿环境容易诱发微生物特别是霉菌的危害。

[1] 徐方圆，吴来明. 馆藏文物预防性保护发展浅析 [N]. 中国文物报，2019-11-8（5）.

2.2 光辐射

光照是人类日常工作和生活中不可缺少的需求，也是文物保管保存中的基本环境因素。光辐射是以电磁波形式或粒子（光子）形式传播的能量，按照辐射波长及人眼的生理视觉效应，光辐射可分成三部分：紫外辐射、可见光和红外辐射。紫外光的波长在 100nm~400nm，其特点是波长短、能量高，紫外辐射可产生光化学反应，使有机材料（如生漆层、胶结材料、文物保护材料等）的碳氢共价基团断裂，通过改变材料的分子结构导致文物损坏[1]；红外光的波长在 760nm~1mm，是介于微波与可见光之间的电磁波，红外辐射会产生热效应，照射在文物上会致使其表面温度上升，使颜料层出现起翘、龟裂等病害。此外，光辐射与温湿度等在其他环境因素的共同作用下，会导致矿物颜料褪色、变色。

2.3 空气污染物

空气污染是由人类的生活和生产活动引起或自然界产生的某些物质进入到大气中引起的环境质量下降，对人类及其他生物的正常生活产生了危害。空气污染物的来源复杂，组成受多种因素的影响，各种成分之间不断相互作用。对馆藏陶质彩绘类文物有害的空气污染物主要是具有酸性或氧化性的有害气体和微粒，这些污染物不但来源于大气环境，还来源于文物保存保管过程中的劣质展陈材料[2]。空气污染物中的颗粒会沉积在文物表面，影响文物外观的同时对文物材料产生机械磨损；粉尘颗粒吸附性强、表面积大，会传播微生物霉菌危害；空气污染物中的酸性或氧化性有害气体，在与温湿度等的共同作用下，会破坏文物材质的稳定性，导致矿物颜料的褪色变色、胶结材料的流失、生漆层的脆化剥落。

2.4 生物及微生物

生物及微生物危害主要指文物保存环境中的微生物、鼠蚁虫害等对文

[1] 杨璐，黄建华 . 文物保存环境基础 [M]. 北京：科学出版社，2015.

[2] 郭宏 . 文物保存环境概论 [M]. 北京：科学出版社，2001.

物造成的损害。微生物包括细菌、病毒、真菌和少数藻类等，具有极其高效的生物化学转化能力，个体小繁殖快且无处不在；通常以有机质为培养基生长繁殖，造成文物材料结构破坏，增加材料酸度，加速老化并产生霉斑等，污染文物外观。鼠蚁虫害等多对文物造成直接的物理性破坏，排泄物不仅影响文物外观，还是微生物侵蚀文物的温床[1,2]。

2.5 突发性自然灾害

突发性自然灾害是指由自然异常变化造成的损害，包括地震、台风、雷击、洪涝、海啸、滑坡、泥石流、火灾等。突发性自然灾害具有不确定性、不可避免性，但同时具有可减轻性，可在一定范围内进行防灾减灾，避害趋利，最大限度减轻灾害损失。

2.6 人为因素

除以上环境因素外，人为因素也会影响陶质彩绘类文物的安全，主要表现在：①与文物接触的工作人员在对文物进行保护修复、文物出入库搬运、外展、运输等环节中不规范操作造成的文物损坏；②观众在参观期间无意识或有意识对文物造成的损坏；③各类社会安全事故，如火灾、盗窃、恐怖暴力事件等，均会危及文物安全。

3. 陶质彩绘文物预防性保护措施

3.1 规范陶质彩绘类文物保存环境

陶质彩绘类文物基本属于馆藏文物，馆藏文物的保存环境包括文物库房、保护修复实验室、展厅展柜、文物包装盒（箱）等。根据《博物馆建筑设计规范》要求，文物保存场所的环境要求应包括对温度、相对湿度、

[1] 马金香 . 预防性文物保护环境监测调控技术 [M]. 北京：科学出版社，2015.

[2] 郭宏 . 文物保存环境概论 [M]. 北京：科学出版社，2001.

空气质量、污染物浓度、光辐射的控制，以及防微生物危害、防水、防潮、防尘、防振动、防地震、防雷等内容。依据陶质彩绘文物的材质类别，保存环境温度标准为 20℃，相对湿度标准为 40%~50%，温度日波动差应控制在 2~5℃，相对湿度日波动值不应高于 5%，温度和相对湿度应保持稳定；照明设计应符合现行国家标准《博物馆照明设计规范 GB/23863》和《建筑照明设计标准 GB/50034》的规定，利于文物的展示和保护，具有安全可靠、经济适用、技术先进、节约能源、维修方便等原则；文物库房、展厅空气中烟雾灰尘、有害气体、环境污染物等浓度限值应符合表 8.1 和表 8.2 的规定，当进入室内的空气超过限值时应采取过滤净化措施[1]。

表8.1　文物库房、展厅空气中烟雾、灰和有害气体浓度限值

污染物	日平均浓度限值（mg/m^3）
二氧化硫	≤0.05
二氧化氮	≤0.08
一氧化碳	≤4.00
臭氧	≤0.12（1h平均浓度限值）
可吸入颗粒物	≤0.12

表8.2　文物库房室内环境污染物浓度限值

污染物	最高浓度限值（mg/m^3）
甲醛	≤0.08
苯	≤0.09
氨	≤0.2
氡	≤200 BQ/m^3
总挥发性有机化合物	≤0.5

（1）文物库房环境控制

文物库房是大多数馆藏陶质彩绘文物长期保存的地方，是文物单位的核心部分。首先，文物库房的位置应考虑周边的气候、地质和交通条件等因素，不可建在低洼和潮湿地段，不可建在工业区或产生有害气体工厂的下风口，以免文物受到污染与损害。其次，文物库房内部环境应具有可控性，安装中央空调、干燥器等设备保证稳定、适宜的温湿度环境，配备具有过滤净化功能的通风设备，安装紫外线含量低、光照强度可调的人工光源等。

（2）展陈环境控制

文物是博物馆实物展示的重要构成部分，用直观的形式传播历史、文

[1]　JGJ66-2015. 博物馆建筑设计规范 [S]. 北京：中华人民共和国住房和城乡建设部，2015.

化、艺术信息。一般情况下陶质彩绘文物都陈列于展柜之中，展柜既具有展示功能又具有存储功能。文物展柜微环境控制因素包括：①展柜应具有良好的密封性，确保展柜内部环境的稳定性；②展柜内部具有可控、恒定的温度湿度和清洁、净化的空气环境；③照明设备既要满足展陈需要，更要保证文物不受损害；④文物展柜材料要安全可靠。

（3）保护修复实验室环境控制

文物保护修复实验室环境在满足陶质彩绘文物保存环境要求的同时，要考虑到工作人员的人身安全、化学试剂的使用条件要求和安全性等。文物修复实验室要有专门的操作间、试验台和设备工具等，室内环境恒温恒湿且具有可控性，温湿度要适宜工作人员开展正常的保护修复工作，要保证对温湿度敏感的化学药品不会失效，不会产生危害；由于工作需要，实验室内人员会频繁出入，环境构成会复杂多变，因此更要保证环境的稳定和洁净，避免空气污染和微生物的滋长。

（4）文物的包装与运输

文物在日常存放与巡展交流中都需要包装保护，密封的囊匣或量身定制的小包装箱就是文物存放的一个“微环境”。包装陶质彩绘类文物时，除需要考虑环境因素外，还应注意到易碎的胎体和脆弱的彩绘层。包装时首先应用柔软洁净的无酸棉纸包裹住器物表面，再放入囊匣或包装箱内，然后在四周填充缓冲材料防震。一般情况下每件器物都应独立包装，囊匣或包装箱都基本能隔绝外界环境温湿度波动与空气污染物。制作囊匣或包装箱的材料应环保可靠，不能产生甲醛、甲酸等有害气体危害文物本体，必要时可先消毒后使用，以避免生物和微生物危害。文物运输过程中的大包装箱应具有良好的缓冲和防震层，运输环境应恒温密封干燥，避免颠簸[1]（图 8.1）。

[1] Nathan Stolow 著，宋燕等译. 博物馆藏品保护与展览：包装、运输、存储及环境考量 [M]. 北京：科学出版社，2010.

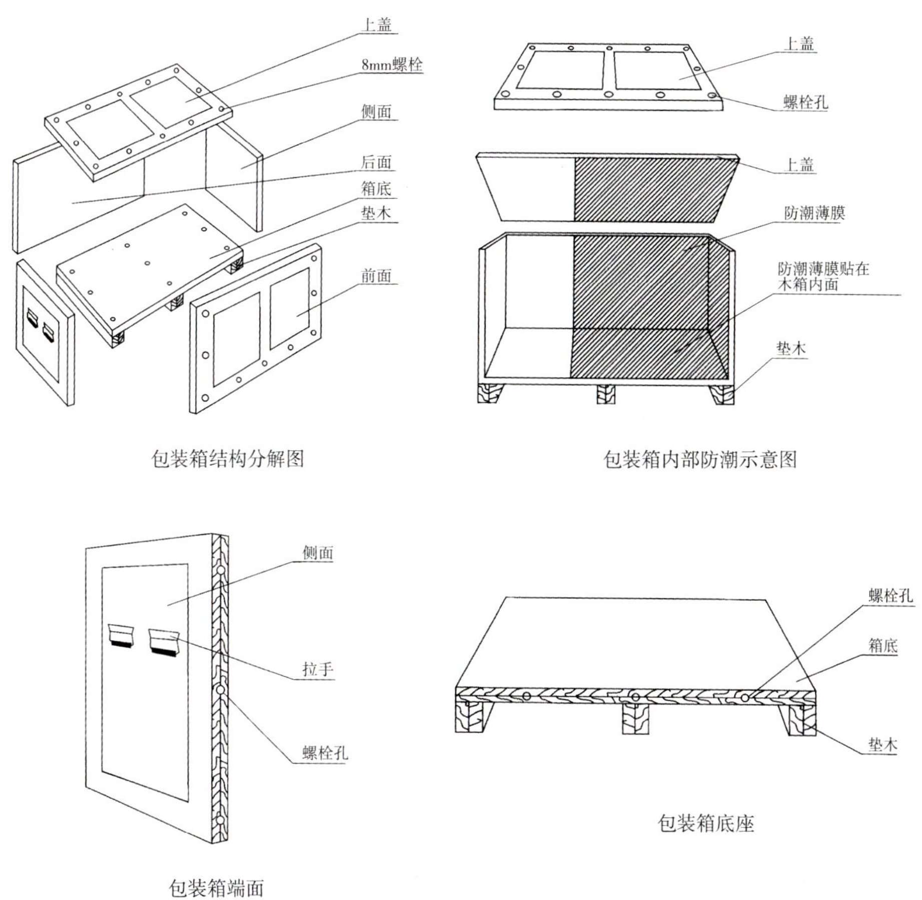

图 8.1　外包装箱结构示意图（《文物运输包装规范 GB/T 23862-2009》）

3.2　实现文物环境监测及调控

文物保存环境监测及调控的目的是依据预防性保护的要求，通过运用先进的技术，实时感知、评估和调控环境温湿度及空气质量等，提高博物馆风险预控能力，防止或减缓环境因素对文物的损害。

评估文物保存环境的方法包括实验室分析检测、实时环境监测等手段。实验室分析检测用被动采样检测、便携式仪器检测和实验室样品分析等技术方法来确定文物保存的环境数据。文物实时环境监测系统是根据文博单位的需求，在文物库房、实验室、展厅以及室外等位置配置无线监测装置，实时监控环境温湿度、污染气体、土壤温湿度等数据，实现数据的采集、传输、记录、存贮等。通过监测数据、样品检测结果等实现文物保存环境质量评估、风险预警、系统调控。

3.3 制定科学管理制度及防范措施

制定科学的预防性保护管理制度，严格遵守库房、实验室、展陈、包装运输等管理制度，加强博物馆基础设施的建设，提高文物的日常保护能力；强化文物工作人员预防性保护意识，开展具有针对性的专业技术培训，明确岗位职责；针对可能的突发事件，如地震、火灾、破坏等制定相应的应急预案，加强馆内工作人员对消防、安防等突发事故的处理能力，降低突发事件的危害影响。

3.4 完善馆藏陶质彩绘文物的数字化建设

馆藏文物的数字化建设是利用计算机技术、影像数字技术、数码显微技术、三维虚拟技术、数字化信息技术等手段，对历史遗物进行数字化展示和保护。这种与现代科学技术相结合的方法，是对博物馆事业科学发展、文物"活起来"的时代要求。

（1）建立文物信息数据库

利用数字技术完整记录文物原始信息、分析检测数据、保护修复信息、数字化影像资料，以及保存环境数据等，持续监测文物状态，准确、科学地认知文物的历史、科学、艺术价值，以实现对文物的保护、管理、研究和利用。文物信息数据库建立的目的是客观、准确、永久地保存并传承文化遗产的数据信息，进一步提高文物的安全保护和信息化管理，同时实现文物资源的共享。

（2）文物保护修复技术数字化应用

文物保护修复工作的数字化应用，主要是指利用数字化设备扫描、测量文物的数据，对器物的尺寸和颜色、残片的位置和次序等数据进行记录、存储，并能够通过建模，对文物的拼对、复原、修复提供帮助。数字化修复工作可以加快文物修复的速度，减少修复过程中可能对文物带来的损害。

（3）博物馆陈列展示数字化建设

博物馆陈列展示的数字化是社会科学技术进步发展和观众需求的必然

发展方向，能有效扩大展示内容，帮助观众理解文物的价值，实现人与物的交互体验。数字化博物馆通过虚拟现实、多维技术展示、远程网络体验等数字技术，为观众呈现更加多元、智慧的展示体验，满足观众多样化的精神需求。

第九章　修复保护案例

1. K1 ②区 5 西部：562 立俑的修复保护

1.1　文物基本情况

K1 ②区 5 西部：562 立俑出土于青州香山汉墓陪葬坑，收藏于青州市博物馆，属西汉时期陶质彩绘类文物。该立俑为泥质灰陶，出土后残为 26 块，头部与躯干分离，头部残高 11 厘米，重 700 克，躯干残损严重，重约 5040 克。通体表面施以彩绘，立俑前额发髻左右平分在头后束髻，施黑彩，以黑带结缨于颔下；面部施以粉色，用黑色勾画眉毛、胡须、眼睛，唇部为朱红色；着交领右衽三重衣，衣领皆外露，内衣、中衣衣领袖边皆为朱红色；外衣为紫色束袖深衣，外衣领边及袖边为深红色并有朱红色点状装饰；束白色腰带结于前襟，下半身呈微喇状；外衣长及地面，绘有朱红色双履，背面裙底为白色。立俑双手拱于胸前，拳心有上下相通的孔洞，左肋下有穿孔。立俑在制作时头部与躯干分开塑型，烧制后再粘合为一体；头部与躯干均分为前后两部分，内部中空，应为前后单片模模制后再合缝整形，阴干后烧制成器，再施以彩绘（图 9.1、图 9.2）。

头部正面

头部底面

图 9.1　K1 ②区 5 西部 : 562 立俑

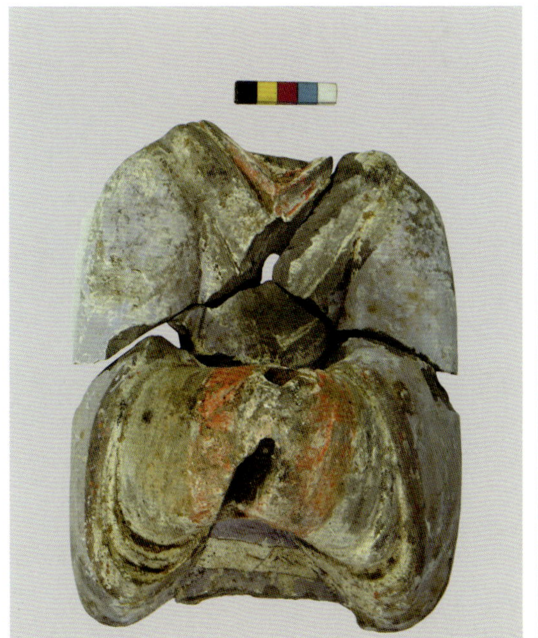

图 9.2　K1 ②区 5 西部 : 562 立俑躯干正面

1.2　文物病害分析

K1 ②区 5 西部 : 562 立俑主要病害有大面积颜料层脱落、残断、缺失、蹭划痕、泥土附着物、结晶盐、植物残留痕、黑色污染物等（表 9.1）。根据文物具体情况绘制病变图（图 9.3、图 9.4）。

表9.1　K1②区5西部：562立俑病害现状评估表

病害类型	彩绘脱落	残断	缺失	蹭划痕	泥土附着物	结晶盐	植物残留痕	黑色污染物
病害程度评估	重度	重度	中度	中度	重度	中度	中度	中度

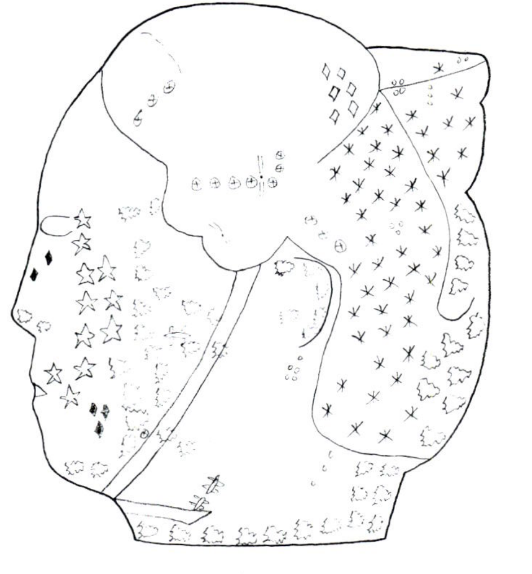

左侧面

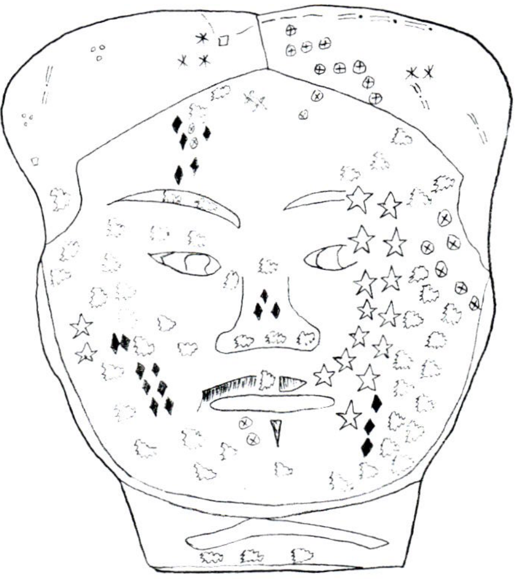

正面

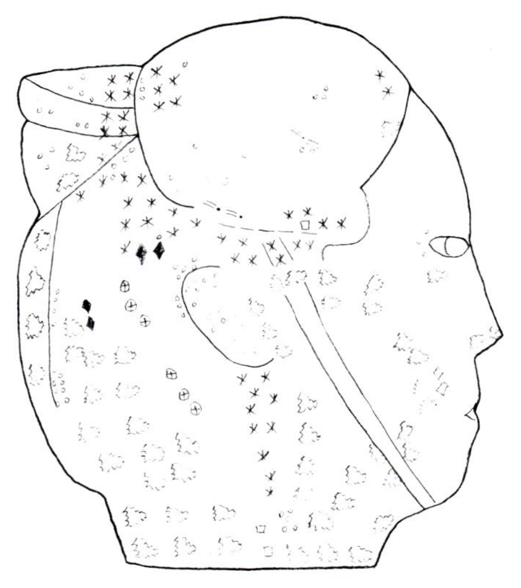

右侧面

图例：

局部彩绘　缺陷　遗留指纹　整体彩绘（是□否□）　合缝迹象　漆层　绳纹　刻划痕　彩绘涂刷痕　颜料流淌痕　拼合粘接痕迹　土垢　裂隙　盐分析出　起翘　缺（损）失　龟裂　表皮缺失

颜料层脱落　残断面　植物残留痕　灰色黏附物　裂缝　空鼓　漆层脱落　黑色斑点　铁锈钙结物污染　霉变　黑色污染物　表面硬结物　上层彩绘脱落　残断缝　划痕　蹭划痕　临时性粘接　前期不当保护

项目名称	山东青州彩绘陶器保护修复项目		
器物名称	立俑	器物编号	K1⊙E5西部：562
制　图	[illegible]	图纸编号	K1⊙E5西部：562-HB-01
制图时间	2010.1.12	比例尺	1:1.25
实施单位	秦始皇兵马俑博物馆 陶质彩绘文物保护国家文物局重点科研基地		

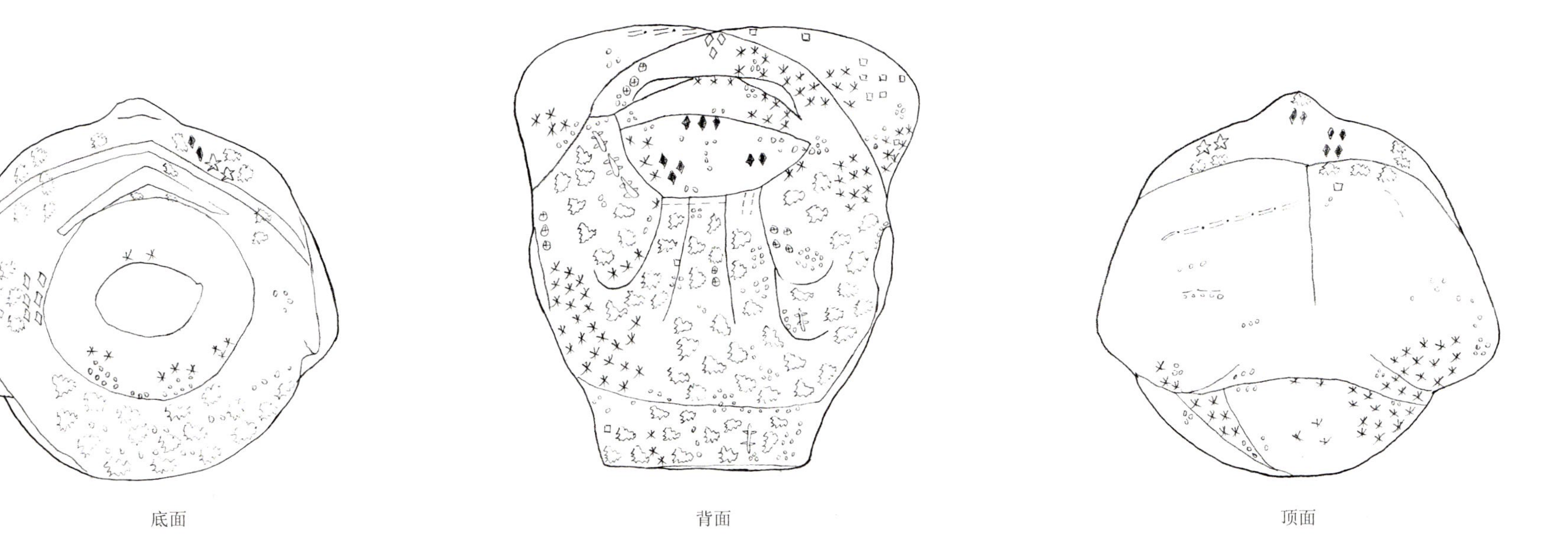

图例：

局部彩绘　缺陷　遗留指纹　整体彩绘　合缝迹象　漆层　绳纹　刻划痕　彩绘涂刷痕　颜料流淌痕　拼合粘接痕迹　土垢　裂隙　盐分析出　起翘　缺(损)失　龟裂　表皮缺失

颜料层脱落　残断面　植物残留痕　灰色黏附物　裂缝　空鼓　漆层脱落　黑色斑点　铁锈黏结物污染　霉变　黑色污染物　表面硬结物　上层彩绘脱落　残断缝　划痕　蹭划痕　临时性粘接　前期不当保护

项目名称	山东青州彩绘陶器保护修复项目		
器物名称	立俑	器物编号	K1②区5西部:562
制　　图	九春红	图纸编号	K1②区5西部:562-HB-02
制图时间	2010.1.12	比例尺	1:1.25
实施单位	秦始皇兵马俑博物馆 陶质彩绘文物保护国家文物局重点科研基地		

图 9.3　K1 ②区 5 西部：562 立俑头部病害图

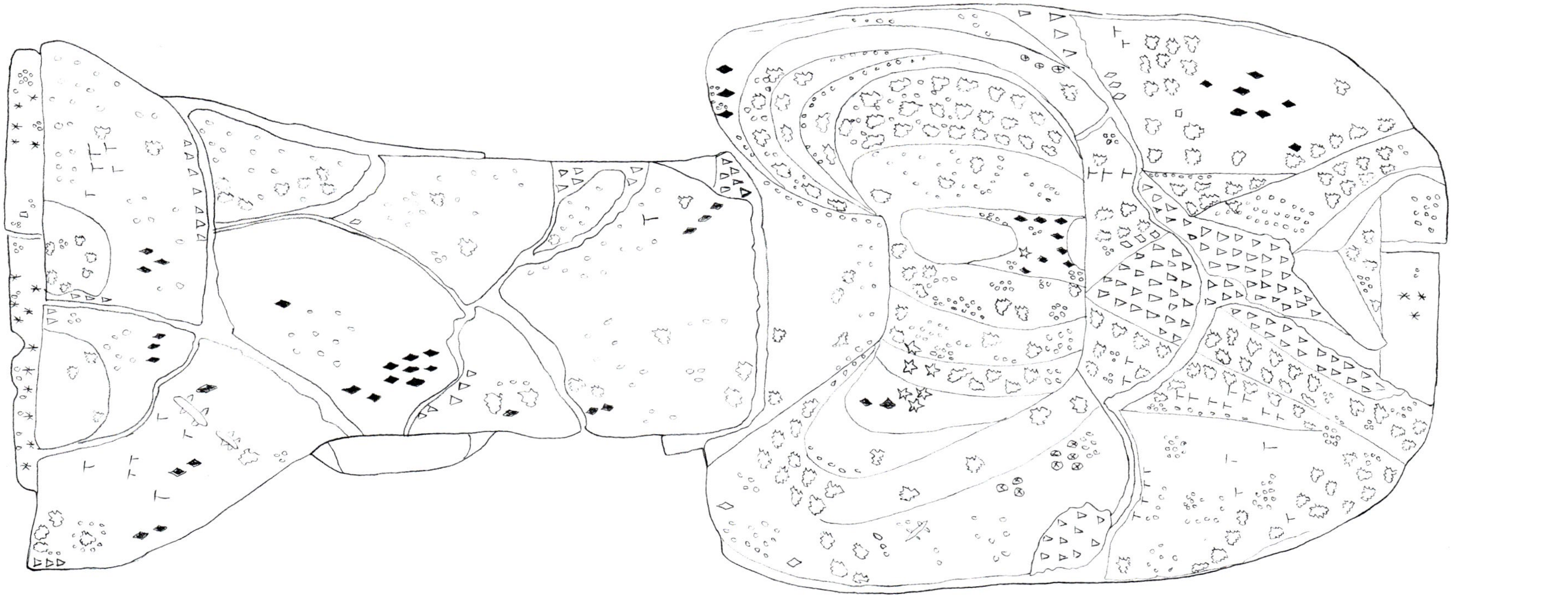

图例：

局部彩绘　缺陷　遗留指纹　整体彩绘（是□否□）　合缝迹象　漆层　绳纹　刻划痕　彩绘涂刷痕　颜料流淌痕　拼合粘接痕迹　土垢　裂隙　盐分析出　起翘　缺(损)失　龟裂　表皮缺失

颜料层脱落　残断面　植物残留痕　灰色黏附物　裂缝　空鼓　漆层脱落　黑色斑点　铁锈蚀物污染　霉变　黑色污染物　表面硬结物　上层彩绘脱落　残断缝　划痕　蹭划痕　临时性粘接　前期不当保护

项目名称	山东青州彩绘陶器保护修复项目		
器物名称	立俑	器物编号	K1①Z5西部:562
制　　图	庞春红	图纸编号	K1①Z5西部:562—HB—03
制图时间	2010.1.12	比例尺	1:1.25
实施单位	秦始皇兵马俑博物馆 陶质彩绘文物保护国家文物局重点科研基地		

正面

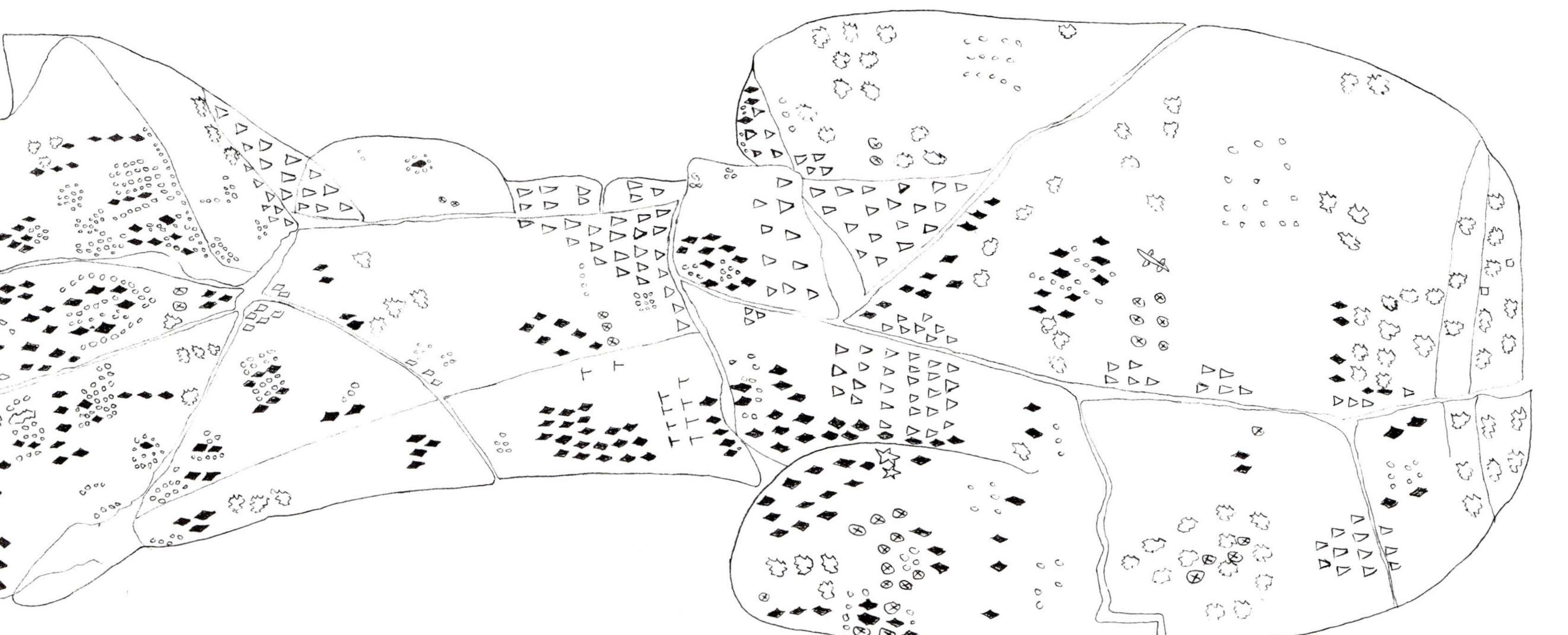

图 例：

符号	名称	符号	名称
////	局部彩绘	✸	颜料层脱落
□	缺陷	▩	残断面
⊙	遗留指纹	⊕	植物残留痕
是□否□	整体彩绘	☆	灰色黏附物
-●-	合缝迹象	-·-	裂 缝
※	漆层	▭	空 鼓
∞	绳纹	⋋	漆层脱落
⊆	刻划痕	∧	黑色斑点
～	彩绘涂刷痕	◎	铁锈钻蚀污染
⊙	颜料流淌痕	θ	霉 变
⧖	拼合粘接痕迹	◆	黑色污染物
○	土 垢	©	表面硬结物
— —	裂 隙	⊥	上层彩绘脱落
*	盐分析出	××	残断缝
≈	起 翘	⤫	划 痕
△	缺(损)失	⊗	蹭划痕
#	龟裂	◈	临时性粘接
◇	表皮缺失	×	前期不当保护

项目名称	山东青州彩绘陶器保护修复项目		
器物名称	立 俑	器物编号	K1②区5西部:562
制 图	亢春32	图纸编号	K1②区5西部:562-HB-07
制图时间	2010.1.13.	比 例 尺	1:1.25
实施单位	秦始皇兵马俑博物馆 陶质彩绘文物保护国家文物局重点科研基地		

背面

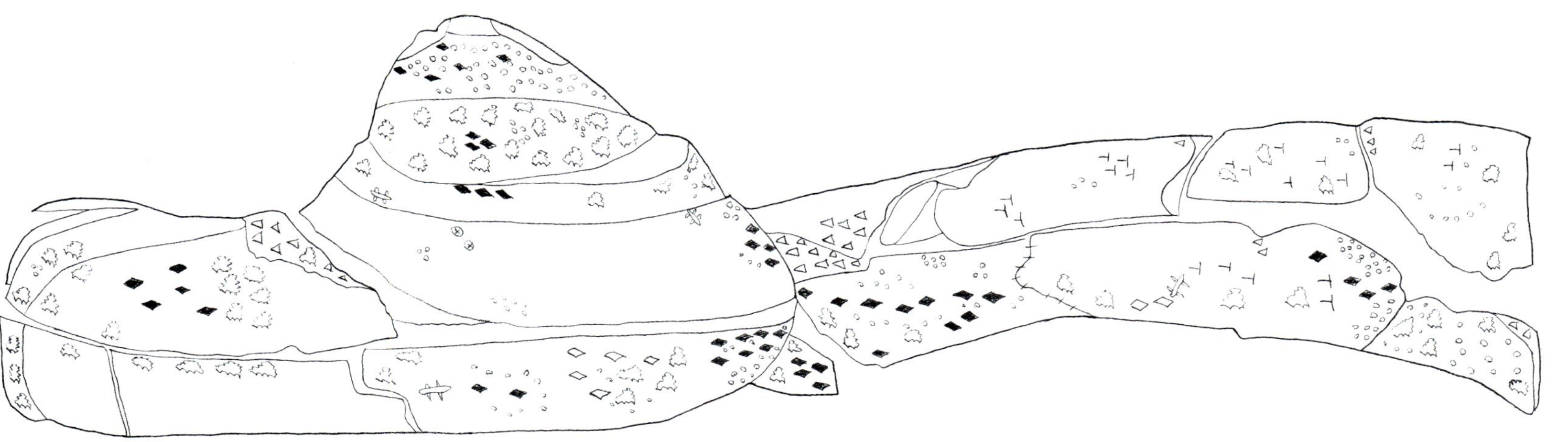

项目名称	山东青州彩绘陶器保护修复项目		
器物名称	立俑	器物编号	K1②Z5西部:562
制图	方春江	图纸编号	K1②Z5西部:562-HB-05
制图时间	2010.1.14	比例尺	1:1.25
实施单位	秦始皇兵马俑博物馆 陶质彩绘文物保护国家文物局重点科研基地		

左侧面

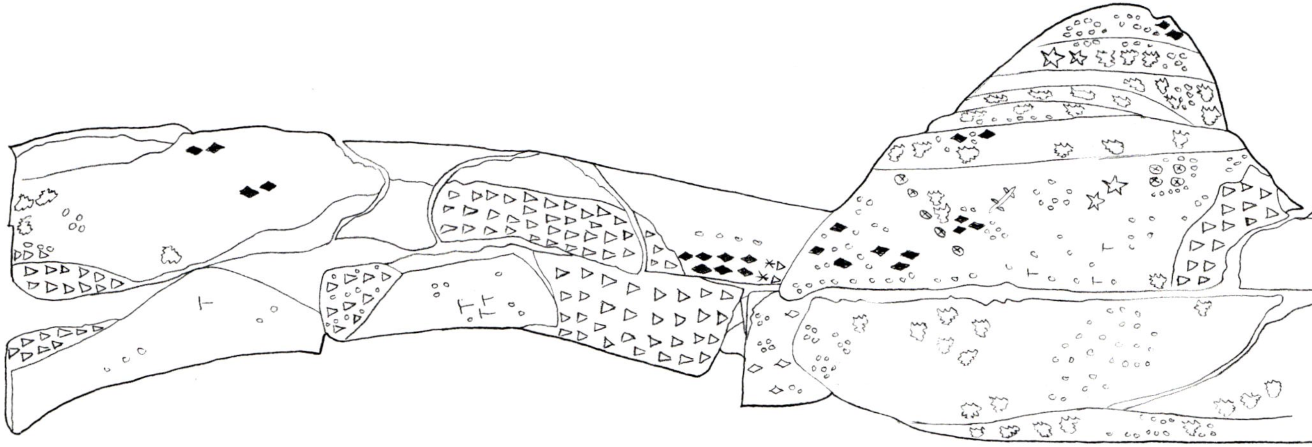

图例：

局部彩绘　缺陷　遗留指纹　整体彩绘（是□否□）　合缝迹象　漆层　绳纹　刻划痕　彩绘涂刷痕　颜料流淌痕　拼合粘接痕迹　土垢　裂隙　盐分析出　起翘　缺（损）失　龟裂　表皮缺失

颜料层脱落　残断面　植物残留痕　灰色黏附物　裂缝　空鼓　漆层脱落　黑色斑点　铁锈黏附物污染　霉变　黑色污染物　表面硬结物　上层彩绘脱落　残断缝　划痕　蹭划痕　临时性粘接　前期不当保护

项目名称	山东青州彩绘陶器保护修复项目		
器物名称	立俑	器物编号	K1②区5西部：562
制　图	元春红	图纸编号	K1②区5西部：562-HB-04
制图时间	2010.1.13	比例尺	1:1.25
实施单位	秦始皇兵马俑博物馆 陶质彩绘文物保护国家文物局重点科研基地		

右侧面

图 9.4　K1 ②区 5 西部：562 立俑躯干病害图

1.3 拟采取的保护修复路线

（1）保护修复工具及材料

保护修复工具：手术刀、竹签、脱脂棉、洗耳球、羊毛刷、纸巾、保鲜膜、纸胶带、滴管、注射器、白布带、沙箱等。

保护修复材料：去离子水、酒精、Paraloid B72（丙烯酸树脂）、乙酸乙酯、丙酮、3A 超能胶（鹏宇牌）。

（2）主要技术步骤流程

采集文物基本信息，对文物价值及保存现状进行调查与评估，以此为基础参照总体保护修复方案制定具有针对性的具体保护修复方法与步骤（图 9.5）。

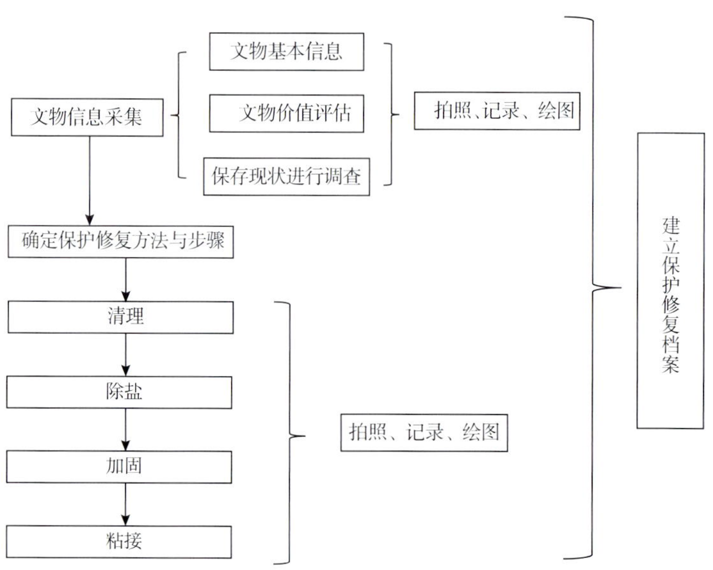

图 9.5　主要技术步骤流程图

1.4 保护修复过程

1.4.1 清理

（1）清理试验块

选取三处典型病害区域进行清理试验（试验块大小约 2 厘米 × 2 厘米），

再据这三处的清理结果确定整体清理方法与清理程度。

（2）表面污染物的清理

立俑表面污染物主要有土垢、黑色污染物、植物残留痕及少量硬结物（图 9.6、图 9.7）。

图 9.6　立俑表面黑色污染物

图 9.7　立俑表面土垢

根据清理试验的结果，对表面附着质地比较疏松的泥土，用棉签蘸取去离子水润湿表面（保证不出现水滴流淌的情况），用竹签以打圈的方法轻轻剔除；俑体背面有大量的黑色污染物，质地较为疏松，直接用竹签以打圈的方法予以清除；对于有一定硬度的土垢或植物残留痕，先蘸取去离子水或 2A（去离子水∶乙醇＝ 1∶1 混合溶液）进行软化，再用竹签、手术刀剔除。

清理时需特别小心，不得损害表面彩绘；若彩绘层较为脆弱，应预加固后再清理。

1.4.2　除盐

立俑头部、颈部均有结晶盐存在，因为文物表面有彩绘存在，不适宜使用浸泡法除盐，故采用纸浆护敷法进行去除。具体操作方法：使用去离子水将文物表面附着的结晶盐污染物去除；将纸巾浸泡在去离子水中捣碎成纸浆状，再把潮湿的纸浆敷在有结晶盐的部位，待纸浆表面略干时，更换新的纸浆，反复多次，使用电导率仪测定盐分含量来确定脱盐过程是否结束（图 9.8）。

去除前

去除后

图 9.8 立俑头部结晶盐的去除

1.4.3 加固

（1）脆弱彩绘层预加固

对于彩绘层与陶胎之间出现了空鼓、起翘等病害，应先对彩绘层进行预加固或回贴。先将空鼓、起翘彩绘层润湿变软，用细毛笔蘸取 3% 的 Paraloid B72 乙酸乙酯溶液，从空鼓、起翘的彩绘层边缘慢慢渗入，或用针管将 3% 的 Paraloid B72 乙酸乙酯溶液注射入彩绘层与陶胎之间的缝隙，用包有脱脂棉的硅玻璃纸施加一定的外力，直到彩绘已完全回贴到陶体表面。预加固时应根据具体情况调整加固剂的浓度与用量。

（2）彩绘层封护

用毛笔蘸取 3% 的 Paraloid B72 乙酸乙酯溶液对彩绘层进行封护。

1.4.4 粘接

（1）拼对

立俑共残为 26 块，头部较为完整，躯干残破的非常严重。粘接前首先进行试拼，清楚了解每一残块的位置及断面的拼合情况，确立粘接工艺。根据试拼的结果确定将立俑躯干分上下两部分分别粘接，再将两部分粘接成型。

（2）粘接面预处理

确定好粘接面后，将粘接面清理干净，避免污染物导致粘接失效；待粘接面干燥后，涂刷 10% 的 Paraloid B72 乙酸乙酯溶液作为隔离层，一方面对粘接面进行加固增加强度，另一方面使粘接具有可再处理性。

（3）粘接

将双组份环氧胶按 1∶1 的比例混合均匀，用竹签均匀涂抹粘接断面的中部约 2/3 的部分，以免捆绑施力挤压造成的胶体溢出；用白布带子捆扎施力，捆扎前用保鲜膜包裹器物表面，防止布带摩擦对器表造成损害；固定好的器物放入沙箱静止 24 小时以上。

1.5 K1 ②区 5 西部：562 立俑保护修复档案

文物保护修复档案是文物保护修复过程中对文物本身信息和实施保护修复所使用的各类方法、材料及检测分析数据、结果、评估的记录，包括文字、绘图和影像记录。

K1 ②区 5 西部：562 立俑保护修复档案内容包括文物基本信息、方案设计及保护修复单位信息、文物保存现状、检测分析结果、文物保护修复过程记录、保护修复效果自评估与验收、文物的线图和病害图、文物修复前后及修复过程中的照片等（图 9.9）。

修复前

修复后

图 9.9　K1 ②区 5 西部：562 立俑修复前后对比

2. K1 ②区 5 东部偏东：407 陶马的修复保护

2.1 文物基本情况

K1 ②区 5 东部偏东：407 陶马出土于青州香山汉墓陪葬坑，收藏于青州市博物馆，属西汉时期陶质彩绘类文物。该马俑为泥质灰陶，马头、躯干、四肢分离，出土后残断为 14 块，头部残断 3 块，两前腿各残断为 3 块，两后腿各残断为 2 块；马头残高 17.6 厘米，躯干高 20.8 厘米，马前腿残高 23.2 厘米、22.7 厘米。陶马通体表面施以枣红色彩绘，黑色描绘双目，颔首，嘴部微张，躯干结实浑圆，前腿直立，后腿微曲，马尾束成髻状；用朱红色、白色、紫色、黑色绘制络头、衔、镳、鞍、胸带、杏叶等配饰。马身还绘有纹饰。陶马马头从正面正中处分为左右两部分，借助模具模制后拼接粘合，马头内部中空；马耳捏制成型后，在马头相应部位挖孔嵌入；马的躯干为上下两部分分别模制后拼合粘接成为整体，躯干内部中空；四条马腿应为双模制作。陶马马头、躯干、四肢分别塑型烧制后再粘合成为整体（图 9.10）。

马首右侧面

马首左侧面

躯干上面

躯干底面

图 9.10　K1 ②区 5 东部偏东：407 陶马

2.2 文物病害分析

K1 ②区 5 东部偏东：407 陶马残断为 14 块，马首脖颈处、马身脖颈处、马身正面下半部有胎体缺失；陶马表面颜料层脱落严重，附着大量土垢、结晶盐、植物残留痕等，马身左侧脖颈处有灰色黏附物（表 9.2）。根据文物具体情况绘制病变图（图 9.11）。

表9.2 K1②区5东部偏东：407陶马病害现状评估表

病害类型	彩绘脱落	残断	缺失	泥土附着物	结晶盐	植物残留痕	灰色污染物
病害程度评估	重度	中度	中度	中度	重度	重度	中度

2.3 拟采取的保护修复路线

（1）保护修复工具及材料

保护修复工具：手术刀、竹签、脱脂棉、洗耳球、羊毛刷、纸巾、保鲜膜、纸胶带、滴管、注射器、白布带、沙箱等。

保护修复材料：去离子水、酒精、Paraloid B72、乙酸乙酯、丙酮、3A 超能胶（鹏宇牌）。

（2）主要技术步骤流程图

采集文物基本信息，对文物价值及保存现状进行调查与评估，以此为基础参照总体保护修复方案制定具有针对性的具体保护修复方法与步骤（图 9.5）。

2.4 保护修复过程

2.4.1 清理

（1）清理试验块

选取三处典型病害区域进行清理试验（试验块大小约 2 厘米 ×2 厘米），再据这三处的清理结果确定整体清理方法与清理程度。

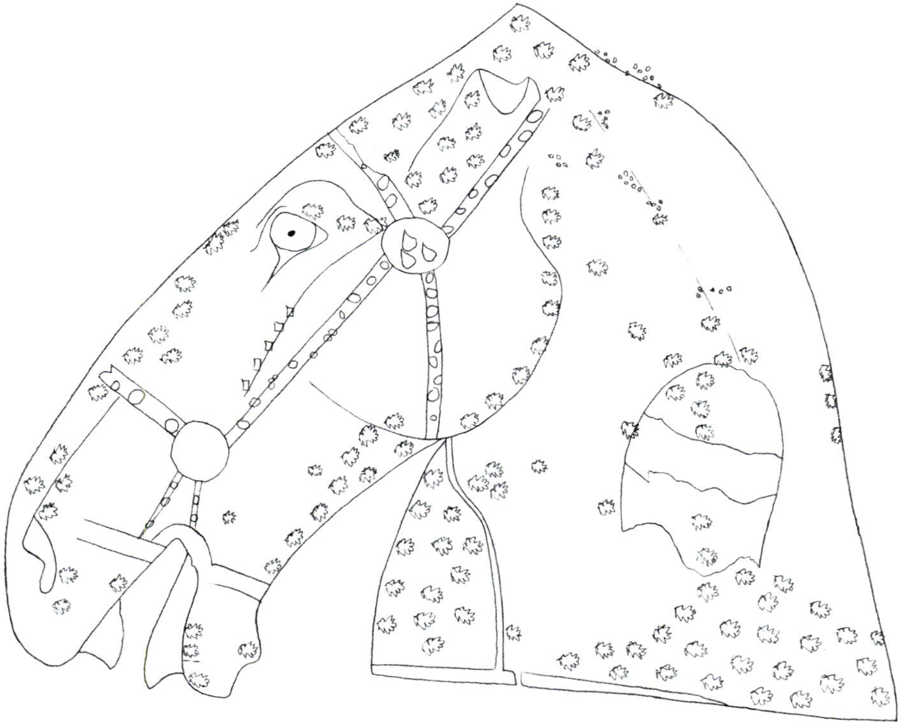

图例：

局部彩绘　缺陷　遗留指纹　整体彩绘（是□否□）　合缝迹象　漆层　绳纹　刻划痕　彩绘涂刷痕　颜料流淌痕　拼合粘接痕迹　土垢　裂隙　盐分析出　起翘　缺（损）失　龟裂　表皮缺失

颜料层脱落　残断面　植物残留痕　灰色黏附物　裂缝　空鼓　漆层脱落　黑色斑点　铁锈黏结物污染　霉变　黑色污染物　表面硬结物　上层彩绘脱落　残断缝　划痕　蹭划痕　临时性粘接　前期不当保护

项目名称	山东青州彩绘陶器保护修复项目		
器物名称	马	器物编号	K1②区上东部偏东：407
制图	严华	图纸编号	K1②区上东部偏东：407-HB-0
制图时间	2010.1.19.	比例尺	1:1
实施单位	秦始皇兵马俑博物馆 陶质彩绘文物保护国家文物局重点科研基地		

马首左侧面

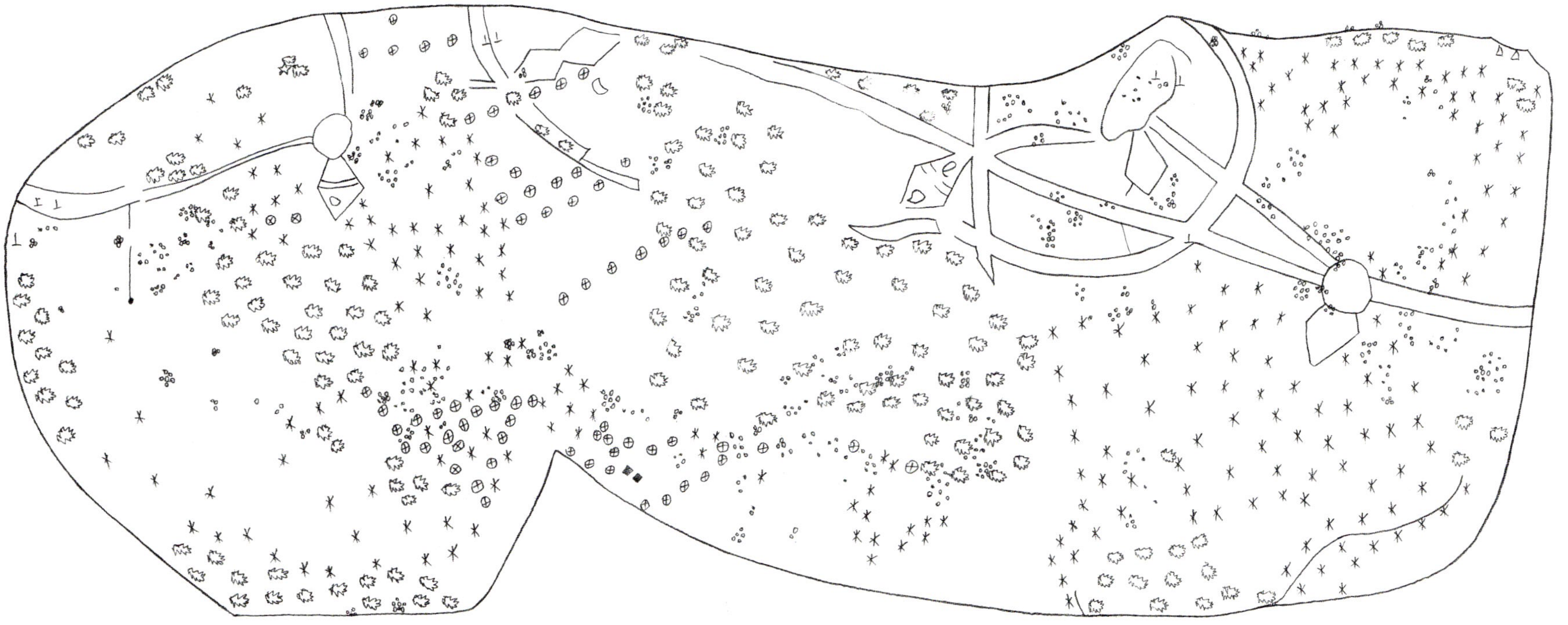

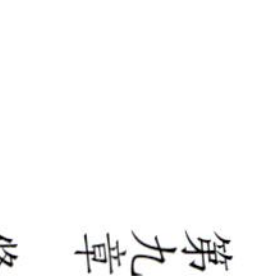

图例：

局部彩绘　缺陷　遗留指纹　整体彩绘（是□否□）　合缝迹象　漆层　绳纹　刻划痕　彩绘涂刷痕　颜料流淌痕　拼合粘接痕迹　土垢　裂隙　盐分析出　起翘　缺(损)失　龟裂　表皮缺失

颜料层脱落　残断面　植物残留痕　灰色黏附物　裂缝　空鼓　漆层脱落　黑色斑点　铁锈附着物污染　霉变　黑色污染物　表面硬结物　上层彩绘脱落　残断缝　划痕　蹭划痕　临时性粘接　前期不当保护

项目名称	山东青州彩绘陶器保护修复项目		
器物名称	马	器物编号	K@Z5东部偏东40
制　　图	平平	图纸编号	K@Z5东部偏东:407-HB-0
制图时间	2010.1.18.	比例尺	1:1.25
实施单位	秦始皇兵马俑博物馆 陶质彩绘文物保护国家文物局重点科研基地		

躯干右侧面

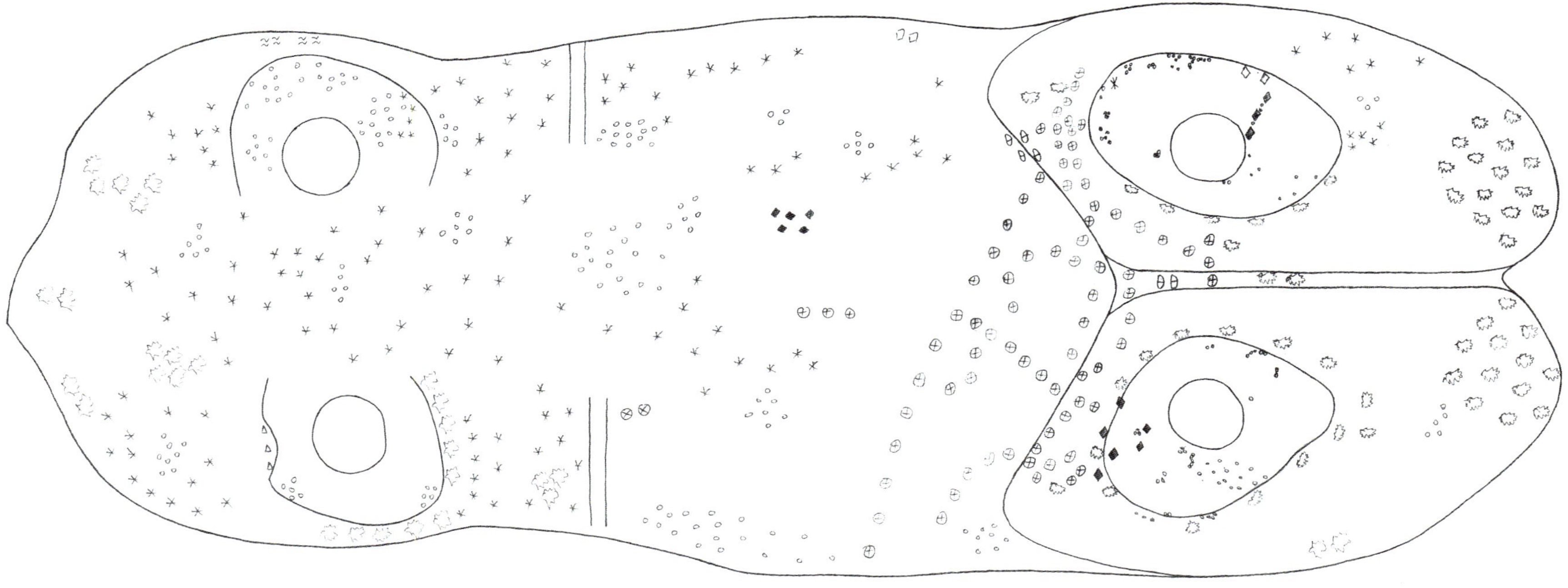

图 例:

局部彩绘　缺陷　遗留指纹　是□否□ 整体彩绘　合缝迹象　漆层　绳纹　刻划痕　彩绘涂刷痕　颜料流淌痕　拼合粘接痕迹　土垢　裂隙　盐分析出　起翘　缺(损)失　龟裂　表皮缺失

颜料层脱落　残断面　植物残留痕　灰色黏附物　裂缝　空鼓　漆层脱落　黑色斑点　铁锈蚀物污染　霉变　黑色污染物　表面硬结物　上层彩绘脱落　残断缝　划痕　蹭划痕　临时性粘接　前期不当保护

项目名称	山东青州彩绘陶器保护修复项目		
器物名称	马	器物编号	K1@区5东部偏东:407
制　　图	严华	图纸编号	K1@区5东部偏东:407-HB-11
制图时间	2010.1.19.	比 例 尺	1:1.25
实施单位	秦始皇兵马俑博物馆 陶质彩绘文物保护国家文物局重点科研基地		

躯干底面

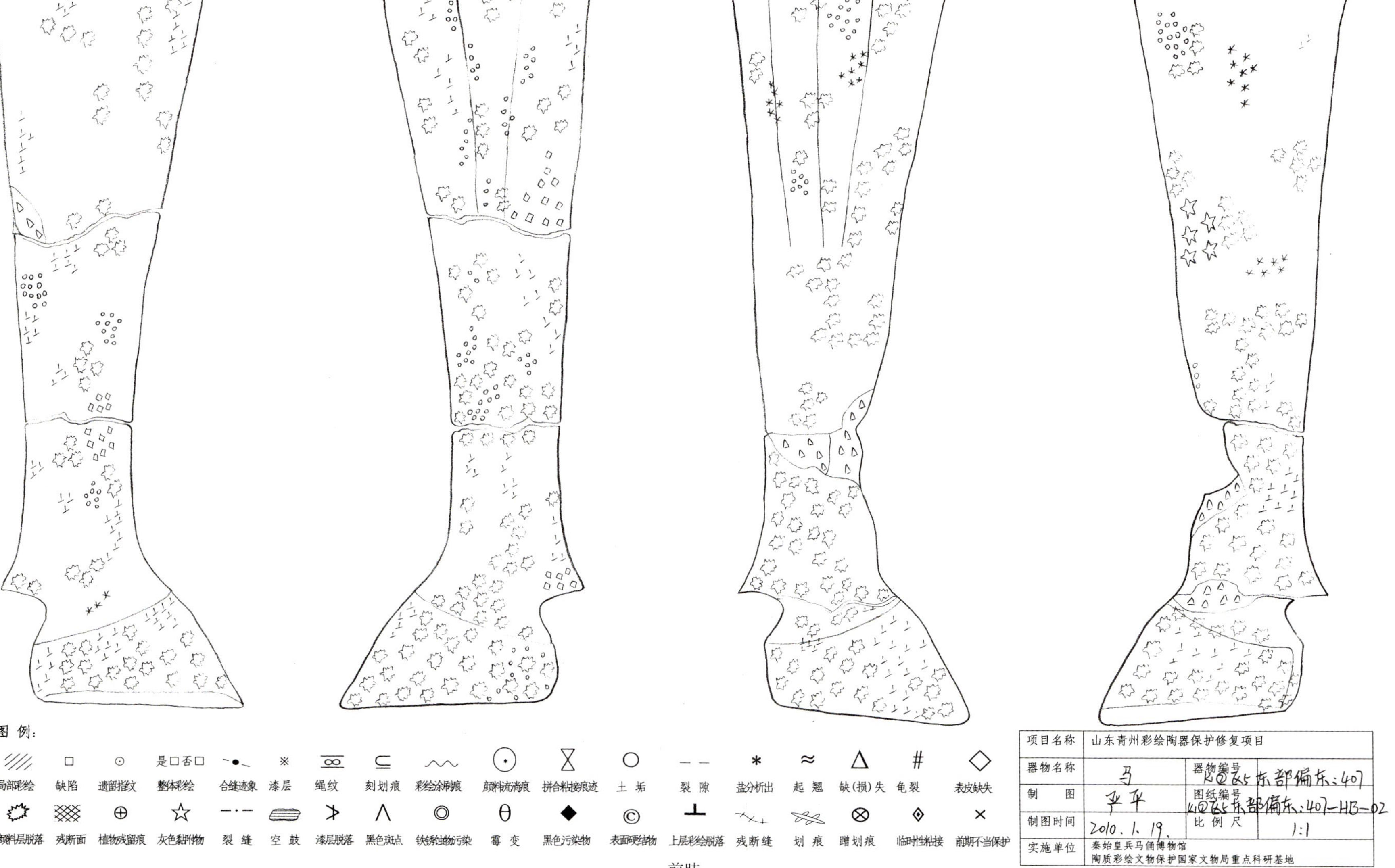

图 9.11　K1 ②区 5 东部偏东：407 陶马病害图

（2）表面污染物的清理

陶马表面污染物主要有土垢、灰色污染物、植物残留痕等（图 9.12、图 9.13）。

根据清理试验的结果，对表面附着质地比较疏松的泥土，用棉签蘸取去离子水润湿表面，用竹签以打圈的方法轻轻剔除；陶马脖颈处灰色附着物质地疏松，直接用竹签或手术刀清除；对于有一定硬度的土垢或植物残留痕，先蘸取去离子水或 2A（去离子水∶乙醇＝ 1∶1 混合溶液）进行软化，再用竹签、手术刀剔除。

清理时需特别小心，不得损害表面彩绘；若彩绘层较为脆弱，应预加固后再清理。

图 9.12　陶马躯干缺失

图 9.13　陶马躯干表面土垢、植物残留痕、结晶盐

2.4.2　除盐

采用纸浆护敷法去除马身底部大量白色结晶盐。具体操作方法：使用去离子水将文物表面附着的结晶盐污染物去除；将纸巾浸泡在去离子水中捣碎成纸浆状，再把潮湿的纸浆敷在有结晶盐的部位，待纸浆表面略干时，更换新的纸浆，反复多次，使用电导率仪测定盐分含量来确定脱盐过程是否结束（图 9.14）。

去除前

去除后

图 9.14　结晶盐的去除

2.4.3 加固

（1）脆弱彩绘层预加固

对于彩绘层与陶胎之间出现的空鼓、起翘等病害，应先对彩绘层进行预加固或回贴。先将空鼓、起翘彩绘层润湿变软，用细毛笔蘸取加固剂，从空鼓、起翘的彩绘层边缘慢慢渗入，或用针管将加固剂注射入彩绘层与陶胎之间的缝隙，用包有脱脂棉的硅玻璃纸施加一定的外力，直到彩绘已完全回贴到陶体表面。预加固时应根据具体情况调整加固剂的浓度与用量。

（2）彩绘层封护

用毛笔蘸取 3% 的 Paraloid B72 乙酸乙酯溶液对彩绘层进行封护。

2.4.4 粘接

（1）拼对

陶马共残为 14 块，头部残断 3 块，两前腿各残断 3 块，两后腿各残断 2 块；躯干与头部缺失较为严重。粘接前首先进行试拼，清楚了解每一残块的位置及断面的拼合情况，确立粘接工艺。

（2）粘接面预处理

确定好粘接面后，将粘接面清理干净，避免污染物导致粘接失效；待粘接面干燥后，涂刷 10% 的 Paraloid B72 乙酸乙酯溶液作为隔离层，一方面对粘接面进行加固增加强度，另一方面使粘接具有可再处理性。

（3）粘接

将双组份环氧胶按 1∶1 的比例混合均匀，用竹签均匀涂抹粘接断面的中部约 2/3 的部分，以免捆绑施力挤压造成的胶体溢出；用白布带子捆扎施力，捆扎前用保鲜膜包裹器物表面，防止布带摩擦对器表造成损害；固定好的器物放入沙箱静止 24 小时以上。

（4）填充

由于陶马其中的一条马腿粘接面较小，断面缝隙大，为保证文物安全性，粘接后需对缝隙进行填充。具体方法：用胶粘剂加陶粉混合均匀，陶粉根据实际需求添加至合适的硬度，并用保鲜膜包裹断面周围，避免填充物溢出污染文物，用竹签子填充至缝隙内，待凝固后，用手术刀修整平整。

2.5 保护修复档案

文物保护修复档案是文物保护修复过程中对文物本身信息和实施保护修复所使用的各类方法、材料及检测分析数据、结果、评估的记录，包括文字、绘图和影像记录。

K1 ②区 5 东部偏东：407 陶马保护修复档案内容包括文物基本信息、方案设计及保护修复单位信息、文物保存现状、检测分析结果、文物保护修复过程记录、保护修复效果自评估与验收、文物的线图和病害图、文物修复前后及修复过程中的照片等（图 9.15）。

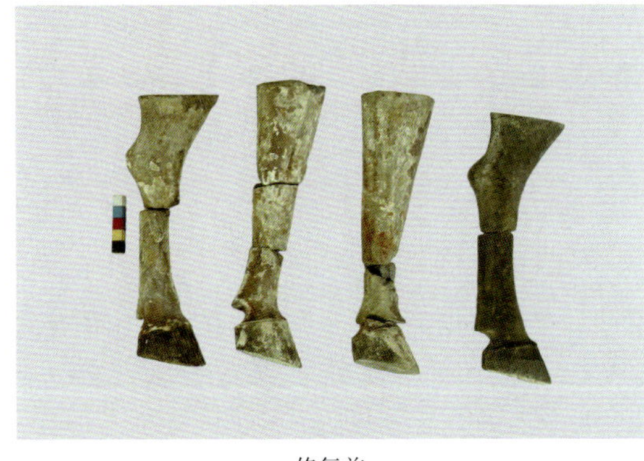

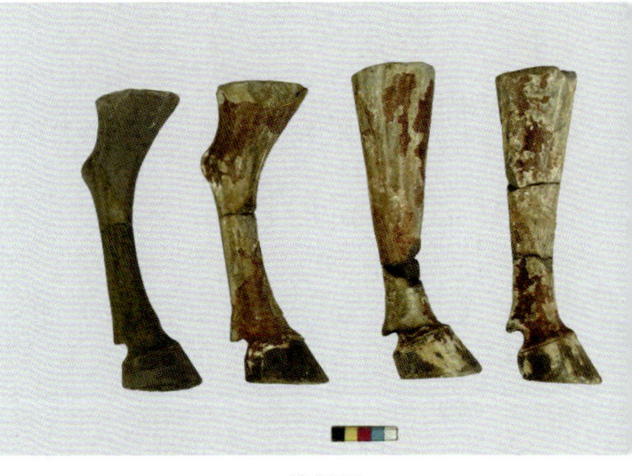

修复前　　修复后

图 9.15　K1 ②区 5 东部偏东：407 陶马修复前后对比

3. K1X2 区 2 北 185 内：187 耳杯的修复保护

3.1 文物基本情况

K1X2 区 2 北 185 内：187 耳杯出土于青州香山汉墓陪葬坑，收藏于青州市博物馆，属西汉时期陶质彩绘类文物。该耳杯出土后残断为 5 块，边沿处有小块陶胎缺失。整体呈椭圆形，浅弧腹平底，半月形双耳上翘；通体髹漆，耳杯腹底及双耳上施红色彩绘。耳杯应为双模制作，去模成型后粘接双耳（图 9.16）。

图 9.16 K1X2 区 2 北 185 内：187 耳杯

3.2 文物病害分析

K1X2 区 2 北 185 内：187 耳杯残断为 5 块，口沿处有部分陶胎缺失，耳杯边沿有一处约 4 厘米的裂缝和一条 0.5 厘米的裂隙；表面有少量土垢和白色盐；器身生漆层、颜料层大面积脱落（表 9.3）。根据文物具体情况绘制病变图（图 9.17）。

表9.3 K1X2区2北185内：187耳杯病害现状评估表

病害类型	彩绘脱落	残断	缺失	漆层脱落	泥土附着物	结晶盐	裂缝、裂隙
病害程度评估	重度	重度	中度	重度	中度	轻度	中度

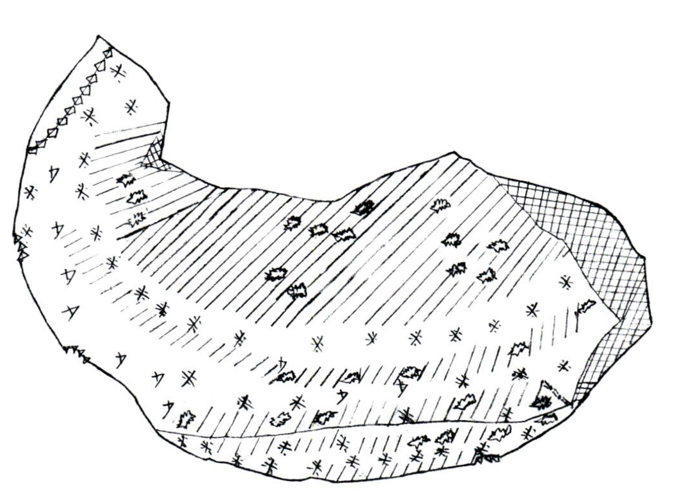

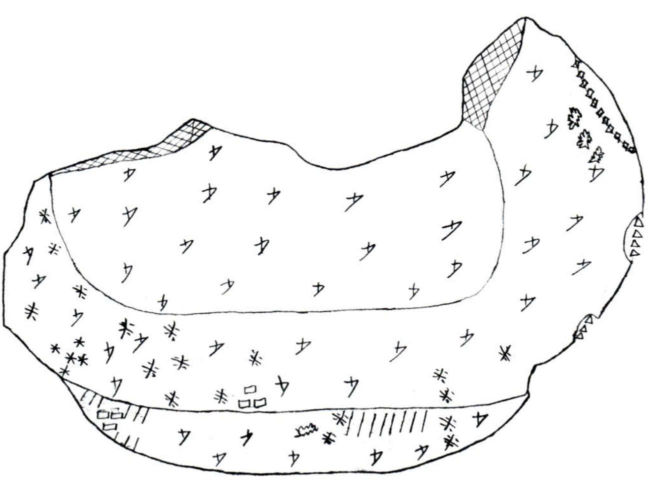

图例：

局部彩绘　缺陷　遗留指纹　整体彩绘（是□否□）　合缝迹象　漆层　绳纹　刻划痕　彩绘涂刷痕　颜料流淌痕　拼合粘接痕迹　土垢　裂隙　盐分析出　起翘　缺（损）失　龟裂　表皮缺失

颜料层脱落　残断面　植物残留痕　灰色黏附物　裂缝　空鼓　漆层脱落　黑色斑点　铁锈锈蚀物污染　霉变　黑色污染物　表面硬结物　上层彩绘脱落　残断缝　划痕　蹭划痕　临时性粘接　前期不当

项目名称	山东青州彩绘陶器保护修复项目		
器物名称	陶耳杯	器物编号	K1X2区2:187
制　　图	周萍	图纸编号	K1X2区2:187-HB-02
制图时间	2008.12.15	比 例 尺	1:1
实施单位	秦始皇兵马俑博物馆 陶质彩绘文物保护国家文物局重点科研基地		

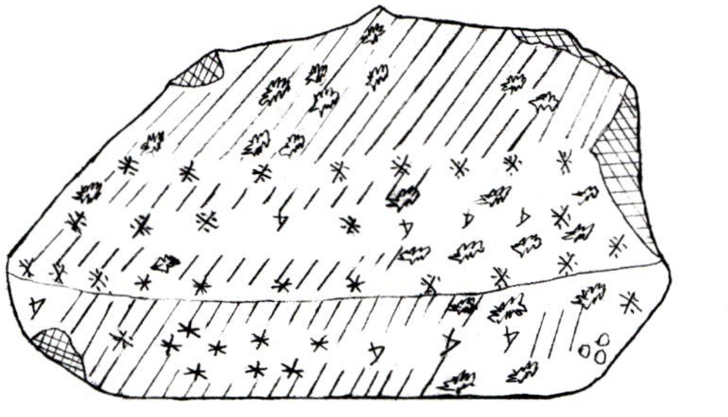

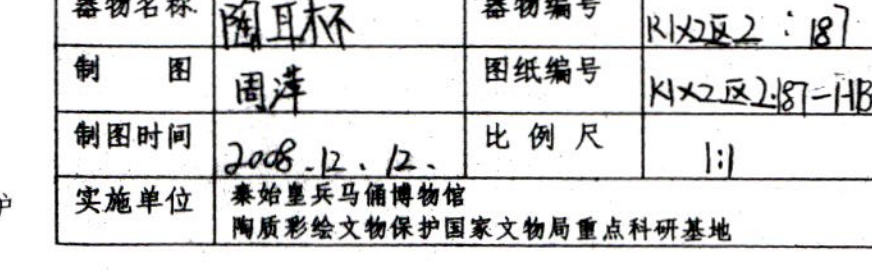

项目名称	山东青州彩绘陶器保护修复项目		
器物名称	陶耳杯	器物编号	K1X2区2：187
制　　图	周洋	图纸编号	K1X2区2:187-HB-01
制图时间	2008.12.12.	比例尺	1:1
实施单位	秦始皇兵马俑博物馆 陶质彩绘文物保护国家文物局重点科研基地		

图 9.17　K1X2 区 2 北 185 内：187 耳杯病害图

3.3 拟采取的保护修复路线

（1）保护修复工具及材料

保护修复工具：手术刀、竹签、脱脂棉、洗耳球、毛笔、纸巾、保鲜膜、纸胶带、皮筋、沙箱等。

保护修复材料：去离子水、酒精、Paraloid B72、MC76（丙烯酸乳液）、PEG200（聚乙二醇）、乙酸乙酯、丙酮、3A 超能胶（鹏宇牌）。

（2）主要技术步骤流程

采集文物基本信息，对文物价值及保存现状进行调查与评估，以此为基础参照总体保护修复方案制定具有针对性的具体保护修复方法与步骤（图 9.5）。

3.4 保护修复过程

3.4.1 清理

（1）清理试验块

选取三处典型病害区域进行清理试验（试验块大小约 2 厘米 ×2 厘米），再据这三处的清理结果确定整体清理方法与清理程度。

（2）表面污染物的清理

耳杯表面有少量土垢，且较为疏松，用棉签蘸去离子水润湿土垢表面，再用竹签打圈的方法轻轻去除，及时用洗耳球吹掉清掉的浮土。

3.4.2 除盐

耳杯表面涂刷生漆层并施彩，不适合用浸泡的方法去除结晶盐，所以用毛刷清除表面污染物和结晶盐颗粒后，采用纸浆护敷的方法清除残留盐分，用电导率仪测定纸浆在水中盐分的含量至数值稳定，盐分不再被析出确定脱盐过程结束。

3.4.3 加固

耳杯表面彩绘及漆层多处已脱落，特别是脱落部分的边缘；彩绘和漆层起翘的情况则更为普遍多见。这时，要在清理过程中及时对起翘的漆层和彩绘进行加固回贴处理。先分别用30%、60%、80%的PEG200（聚乙二醇）水溶液按梯度对漆层进行保湿处理，每个梯度间隔时间5天左右。待漆层软化平整后，用勾线毛笔蘸取5%MC76（丙烯酸乳液）稀释溶液，沿起翘边沿渗入漆层与陶胎的交接面，再用工具轻轻按压，使漆层和彩绘回贴至文物表面。

彩绘层整体封护：用毛笔将3%MC76稀释溶液涂刷封护，涂刷时尽量沿同一个方向，涂刷面相交但不重叠，均匀且力度适宜，控制好加固剂用量，保证不出现液体滴流。

3.4.4 粘接

（1）拼对

耳杯共残为5块。粘接前首先进行试拼，清楚了解每一残块的位置及断面的拼合情况，确立粘接工艺。根据耳杯的拼对情况确定采用一次粘接成型的方法。

（2）粘接面预处理

确定好粘接面后，将粘接面清理干净，避免污染物导致粘接失效；待粘接面干燥后，涂刷10%的Paraloid B72乙酸乙酯溶液作为隔离层，一方面对粘接面进行加固增加强度，另一方面使粘接具有可再处理性。

（3）粘接

将双组份环氧胶按1∶1的比例混合均匀，用竹签均匀涂抹粘接断面的中部约2/3的部分，以免捆绑施力挤压造成的胶体溢出；因器形较小，用皮筋捆扎施力，捆扎前用保鲜膜包裹器物表面，防止皮筋摩擦造成彩绘受损；固定好的器物放入沙箱静止24小时以上。

3.5 保护修复档案

文物保护修复档案是文物保护修复过程中对文物本身信息和实施保护修复所使用的各类方法、材料及检测分析数据、结果、评估的记录，包括文字、绘图和影像记录。

K1X2 区 2 北 185 内：187 耳杯保护修复档案内容包括文物基本信息、方案设计及保护修复单位信息、文物保存现状、检测分析结果、文物保护修复过程记录、保护修复效果自评估与验收、文物的线图和病害图、文物修复前、后及修复过程中的照片等（图 9.18）。

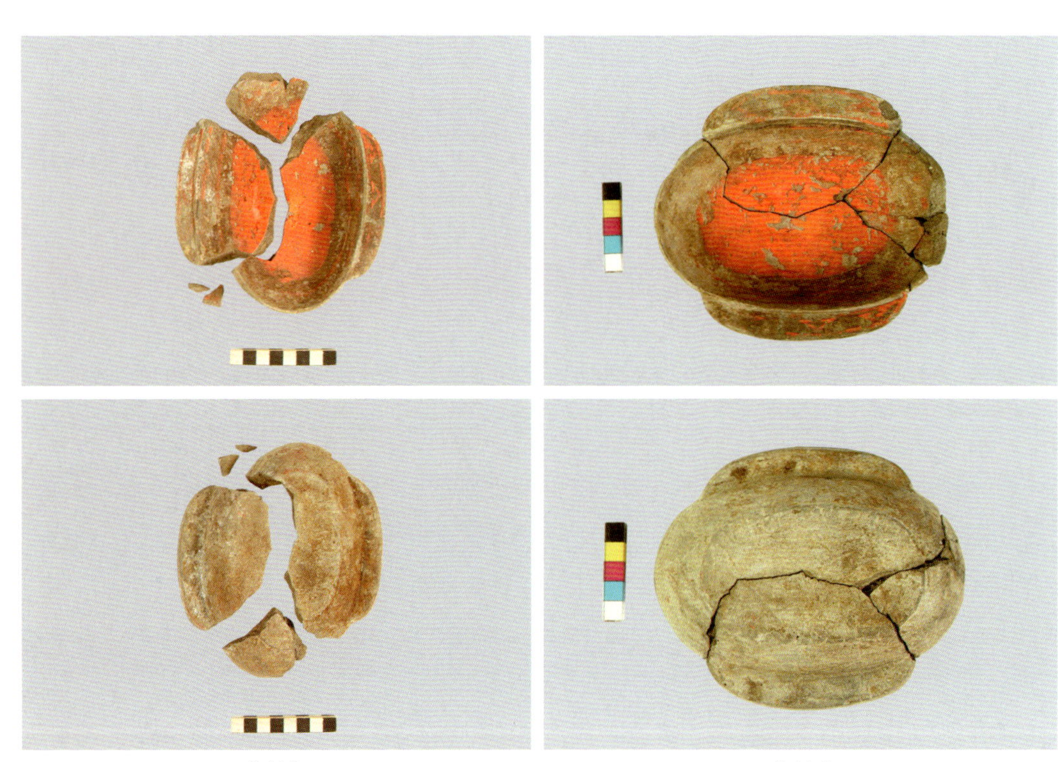

修复前　　修复后

图 9.18　K1X2 区 2 北 185 内 :187 耳杯修复前后对比

附录1　保护修复档案示例

藏品保护修复档案

文物名称：彩绘陶马

出土编号：K1②层区1西北部：10

总登记号：

档案编号：2008-QZ-0006

保护单位：陶质彩绘文物国家文物局重点科研基地（秦始皇兵马俑博物馆）

制档日期：2009年9月17日

制 档 人：徐雪利

<table>
<tr><td>名称</td><td>彩绘陶马</td><td>质地</td><td>陶</td><td>出土号</td><td>K1②层区1西北部：10</td></tr>
<tr><td>年代</td><td>西汉</td><td>重量（克）</td><td>17490</td><td>修复编号</td><td></td></tr>
<tr><td>尺寸</td><td colspan="5">头高22.9厘米，宽7.7厘米，最大长度21.3厘米；躯干长52.8厘米，高22.6厘米，最宽处19.2厘米；前肢长22.5厘米，最宽处6.7厘米；后肢长21.6厘米，最宽处6.4厘米；马后腿宽分别为6.6厘米、6.4厘米</td></tr>
<tr><td rowspan="2">器物来源</td><td>发掘地点</td><td colspan="2">山东省青州市香山汉墓</td><td>日期</td><td>2006年3月8日</td></tr>
<tr><td>保存单位</td><td colspan="2">山东省青州市博物馆</td><td>日期</td><td></td></tr>
<tr><td>出土坐标及环境</td><td colspan="5">K1②层区1西北部：10，与9号俑相配套</td></tr>
<tr><td rowspan="2">图号</td><td>发掘地点图</td><td colspan="4"></td></tr>
<tr><td>文物病变图</td><td colspan="4">K1②层区1西北部：10-HB-01至K1②层区1西北部：10-HB-12</td></tr>
<tr><td>照相</td><td colspan="5">保护修复前后共22张
照片：K1②层区1西北部：10-P-001至K1②层区1西北部：10-P-022</td></tr>
<tr><td>修复人员</td><td colspan="5">刘江卫、徐雪利</td></tr>
<tr><td rowspan="2">修复时间</td><td colspan="2">开始修复时间</td><td colspan="2">2009年8月31日</td><td></td></tr>
<tr><td colspan="2">完成修复时间</td><td colspan="2">2009年9月17日</td><td></td></tr>
<tr><td>文物现状</td><td colspan="5">残断为10块，头与躯干分离。
通体彩绘，躯干彩绘保存比较完整，马背纹饰较多且完整、清晰；腿彩绘60%脱落；躯干土垢较多，两耳及尾部缺失。头部与躯干有植物残留痕、盐分析出、蹭划痕、臀部有裂隙、腹部有黑色污染物。腿部有较多土垢，彩绘大面积脱落。在马身和左腿处有从考古工地包装运回时遗留的纸屑。</td></tr>
</table>

科学分析与检测

选取了K1②层区1西北部:10陶马身上的深红色、朱红色、白色、紫色颜料进行扫描电子显微镜及能谱仪分析。EDS分析结果如下：

颜料样品	元素原子百分比（平均值）																
	C	O	Mg	Al	Si	P	S	K	Ca	Ti	Mn	Fe	Cu	Sn	Ba	Hg	Pb
朱红色	13.97	58.18	0.4	2.06	3.24	0.33		0.21	0.67		1.62	20.52					0.41
深红色	39.38	23		0.66	0.66		17.56		2.11				1.39			16.80	
白色	18.36	51.38	0.83	4.55	12.60		3.27	0.97	3.32	0.14		1.24	0.62		7.94		2.27
紫色	24.28	46.76		1.25	15.69				1.5				2.73	1.08	5.19		3.34

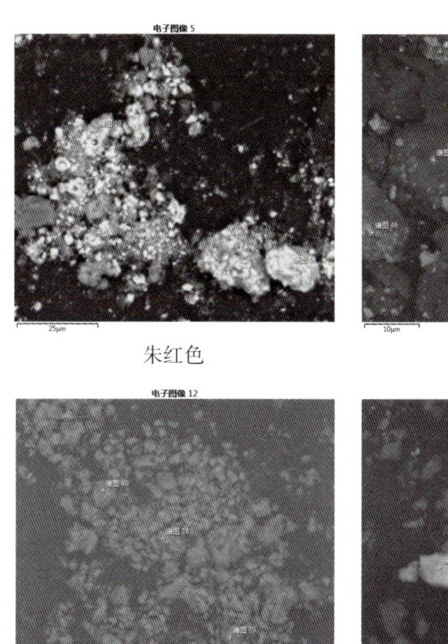

朱红色　　深红色

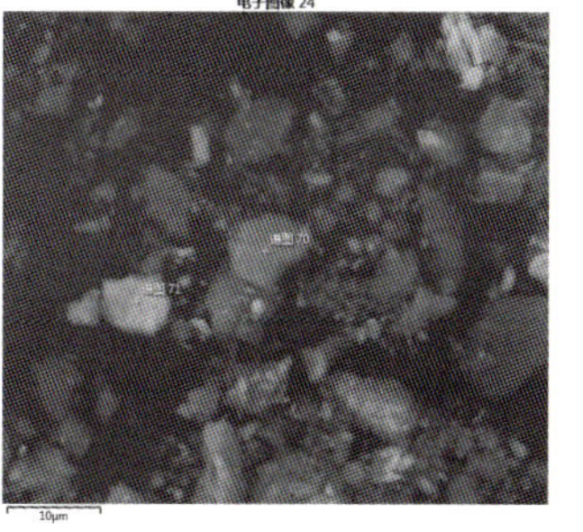

白色　　紫色

修复方案

陶体及表面彩绘保存状况良好，对于表面的土垢和其他污染物采用机械方法清理，同时辅以化学试剂。对于局部彩绘与陶体结合力弱之处，在清理时进行预加固。整体清理工作结束之后对表面的彩绘进行封护加固保护处理。残断部位需粘接处理。

修复技术

（1）保护修复前拍照、观测、文字记录、绘制病变图、填写保护修复卡片；

（2）选取三处进行清理试验，依据这三处的清理结果确定整体的清理方法、清理程度；

（3）根据清理试验的结果，进行整体的清理，采用竹签、手术刀，同时配合去离子水、2A混合液（1:1去离子水与乙醇混合）棉签清理表面的土垢与其他污染物。对于有一定硬度的土垢先用去离子水、2A混合液软化，再用竹签、手术刀剔除，然后用棉签加离子水、2A混合液进行清理；

（4）用毛笔将3%的B72（丙烯酸树脂）乙酸乙酯溶液涂刷于彩绘层之上进行封护加固处理；

（5）残断处粘接之前在粘接处涂刷10%的B72（丙烯酸树脂）乙酸乙酯溶液作为隔离层，之后用3A超能胶进行粘接，同时附加以必要的外力；

（6）保护修复之后拍照，并填写保护修复档案。

修复材料	（1）去离子水、2A混合液（1 ∶ 1去离子水与乙醇混合）； （2）棉签、脱脂棉； （3）3%、10%的 B72（丙烯酸树脂）乙酸乙酯溶液； （4）宜春翔宇胶粘剂有限公司出品的鹏宇牌3A超能胶。
使用和保管建议	（1）搬运时须轻拿轻放，防止碰撞及蹭划对文物本身及表面彩绘层造成损害； （2）此件文物的表面彩绘虽然经过保护处理，但仍相对比较脆弱，因此在搬运、展出时仍需注意； （3）库房存放、展览时对存放处、展地的温湿度、光线须进行控制；同时要保持清洁。
修复后文物状况	彩绘陶马保护修复之后，形体基本完整，表面土垢及其他污染物已基本上清理干净，彩绘保护后，颜色较鲜艳且处于稳定状态。
附件	（1）文物修复保护信息卡1份； （2）绘图登记表1份； （3）照相登记表1份； （4）保护修复前、后照片22 张； （5）线图12 张，病变图 12张。

修复保护信息卡

名　　称	彩绘陶马
出土编号	K1②层区1西北部：10
年　　代	汉
质　　地	陶质
发掘地点	山东青州香山汉墓
发掘时间	2006年8月3日
表面彩绘	■是　□否
记 录 人	崔圣宽
保存单位	青州市博物馆
尺寸（厘米）	头高：22.9　宽：7.7　最大长度：21.3；躯干长：52.8　高：22.6　最宽处：19.2；前肢长：22.5　最宽处6.7；后肢长：21.6　最宽处：6.4
重量（克）	头：1560　躯干：13285 腿：1650
保存现状	残断为10块，头与躯干分离。通体彩绘，躯干彩绘比较完整，马背纹饰较多且完整、清晰；腿彩绘60%脱落；躯干土垢较多，两耳及尾部缺失。头部与躯干有植物残留痕、盐分析出、蹭划痕、臀部有裂隙、腹部有黑色污染物。腿部有较多土垢，彩绘大面地脱落。在马身和左腿处遗留有从考古工地包装运回时的纸屑。

表面彩绘、花纹、陶文分布位置	数码照片或拓片
通体彩绘，红色打底，马头有红色、白色、紫色纹饰，黑色马鬃，躯干背部有较多纹饰颜色为红色、白色、橘红、紫色、黑色相间，纹饰清晰完整，马腿彩绘基本脱落。	

表面产生的病变	整体土垢较多，头后部与腹部有黑色污染物，脖子处有缺失，两耳及尾部缺失，背部有涂刷痕；头与躯干有盐分析出、蹭划痕、植物残留痕、臀部有裂隙、左前肢处有前期不当保护；马腿彩绘脱落较多、有缺失。马左腿合缝处有刻划痕。
前人修复保护记录	

填卡人：　　徐雪利　　　　**填卡时间：** 2009 年 09 月 17 日

山东省青州市彩绘文物保护修复项目绘图登记表

文物名称	彩绘陶马
文物编号	K1②层区1西北部：10
文物基本线图数量	12张
文物病变图数量品	12张
图纸编号	图纸描述
K1②层区1西北部：10-HX-01	头正面和背部线图
K1②层区1西北部：10-HX-02	头左侧线图
K1②层区1西北部：10-HX-03	头右侧线图
K1②层区1西北部：10-HX-04	头俯视和仰视线图
K1②层区1西北部：10-HX-05	前肢和后肢线图
K1②层区1西北部：10-HX-06	前肢和后肢线图
K1②层区1西北部：10-HX-07	躯干俯视线图
K1②层区1西北部：10-HX-08	躯干右侧线图
K1②层区1西北部：10-HX-09	躯干左侧线图
K1②层区1西北部：10-HX-10	躯干前部线图
K1②层区1西北部：10-HX-11	躯干后部线图
K1②层区1西北部：10-HX-12	躯干仰视线图
K1②层区1西北部：10-HB-01	头正面和背部病变图
K1②层区1西北部：10-HB-02	头左侧病变图
K1②层区1西北部：10-HB-03	头右侧病变图
K1②层区1西北部：10-HB-04	头俯视和仰视病变图
K1②层区1西北部：10-HB-05	前肢和后肢病变图
K1②层区1西北部：10-HB-06	前肢和后肢病变图
K1②层区1西北部：10-HB-07	躯干俯视病变图
K1②层区1西北部：10-HB-08	躯干右侧病变图
K1②层区1西北部：10-HB-09	躯干左侧病变图
K1②层区1西北部：10-HB-10	躯干正面病变图
K1②层区1西北部：10-HB-11	躯干后部病变图
K1②层区1西北部：10-HB-12	躯干仰视病变图

山东省青州市彩绘文物保护修复项目照片登记表

文物名称	彩绘陶马	文物编号	K1②层区1西北部：10		
相机型号	Nikon D2X	照片数量	22		
照片编号	照片内容描述	光圈	快门	照相人	时间
K1②层区1西北部：10-P-01	修复前左侧	13	1/8	刘江卫	2009-9-4
K1②层区1西北部：10-P-02	修复前正面	16	1/5	刘江卫	2009-9-4
K1②层区1西北部：10-P-03	修复前右侧	16	1/6	刘江卫	2009-9-4
K1②层区1西北部：10-P-04	修复前后部	16	1/5	刘江卫	2009-9-4
K1②层区1西北部：10-P-05	修复前背部（不带头）	16	1/5	刘江卫	2009-9-4
K1②层区1西北部：10-P-06	修复前背部（带头）	16	1/5	刘江卫	2009-9-4
K1②层区1西北部：10-P-07	修复前腹部	16	1/6	刘江卫	2009-9-4
K1②层区1西北部：10-P-08	修复前右后腿（制作迹象）	13	1/5	刘江卫	2009-9-4
K1②层区1西北部：10-P-09	修复前右前腿（刻划符号“甲”）	13	1/3	刘江卫	2009-9-4
K1②层区1西北部：10-P-010	修复前马头左侧（鬃部）（制作迹象）	13	1/4	刘江卫	2009-9-4
K1②层区1西北部：10-P-011	修复前马腿右侧	16	1/10	刘江卫	2009-9-4
K1②层区1西北部：10-P-012	修复前马腿左侧	16	1/10	刘江卫	2009-9-4
K1②层区1西北部：10-P-013	修复前马腿顶端（刻划痕迹）	16	1/8	刘江卫	2009-9-4
K1②层区1西北部：10-P-01	修复后正面	20	1/2.5	刘江卫	2009-9-17
K1②层区1西北部：10-P-02	修复后左侧	18	1/3	刘江卫	2009-9-17
K1②层区1西北部：10-P-03	修复后部	20	1/2.5	刘江卫	2009-9-17
K1②层区1西北部：10-P-04	修复后右侧	18	1/3	刘江卫	2009-9-17
K1②层区1西北部：10-P-05	修复后背部（俯视）	18	1/5	刘江卫	2009-9-17
K1②层区1西北部：10-P-06	修复后腹部（仰视）	20	1/4	刘江卫	2009-9-17
K1②层区1西北部：10-P-07	修复后马头仰视	13	1/13	刘江卫	2009-9-17
K1②层区1西北部：10-P-08	修复后马腿左部	13	1/13	刘江卫	2009-9-17
K1②层区1西北部：10-P-09	修复后马腿右部	13	1/3	刘江卫	2009-9-17

K1 ②层区 1 西北部 :10 彩绘陶马修复前后对比照

K1②层区1西北部:10彩绘陶马病害图

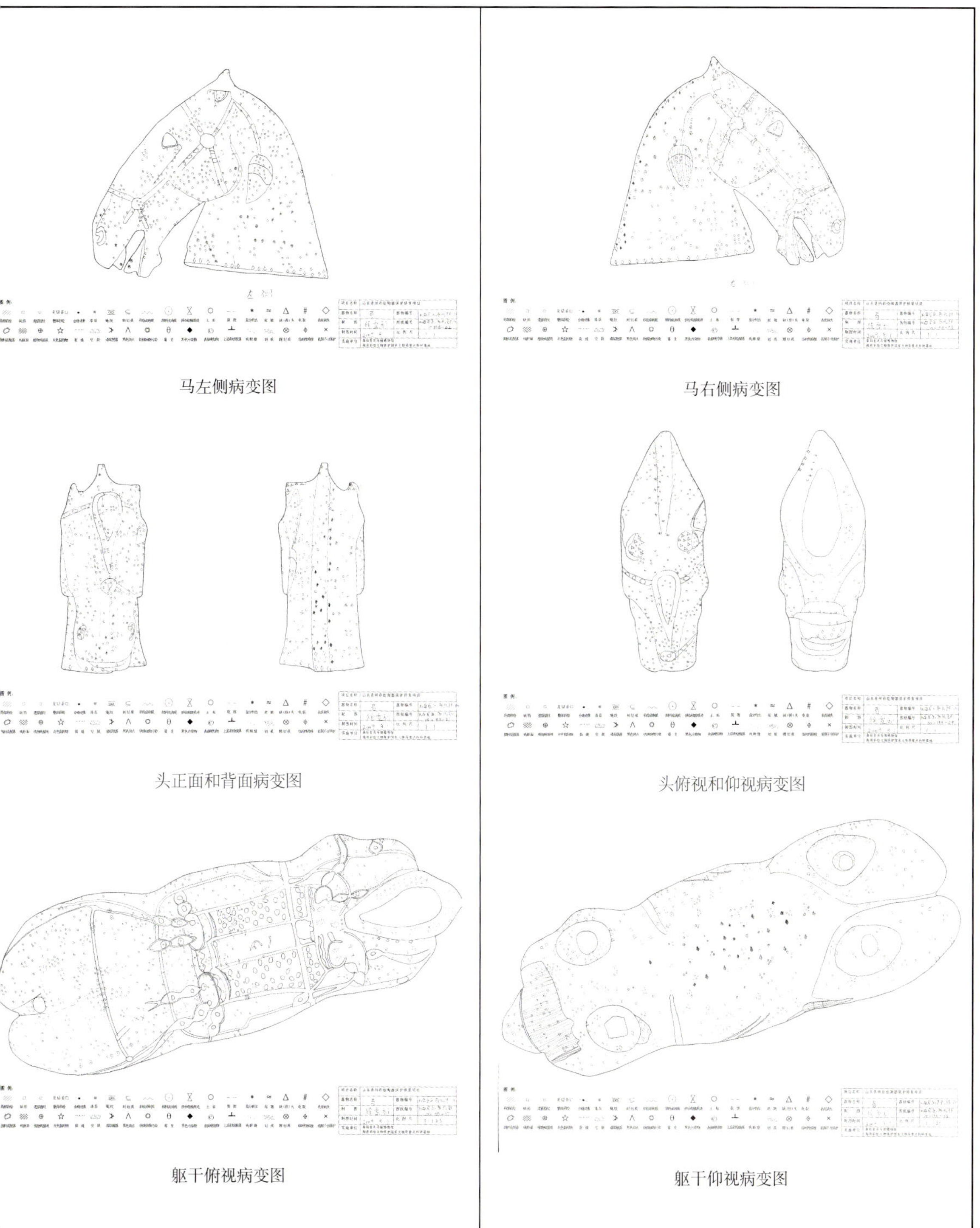
马左侧病变图

马右侧病变图

头正面和背面病变图

头俯视和仰视病变图

躯干俯视病变图

躯干仰视病变图

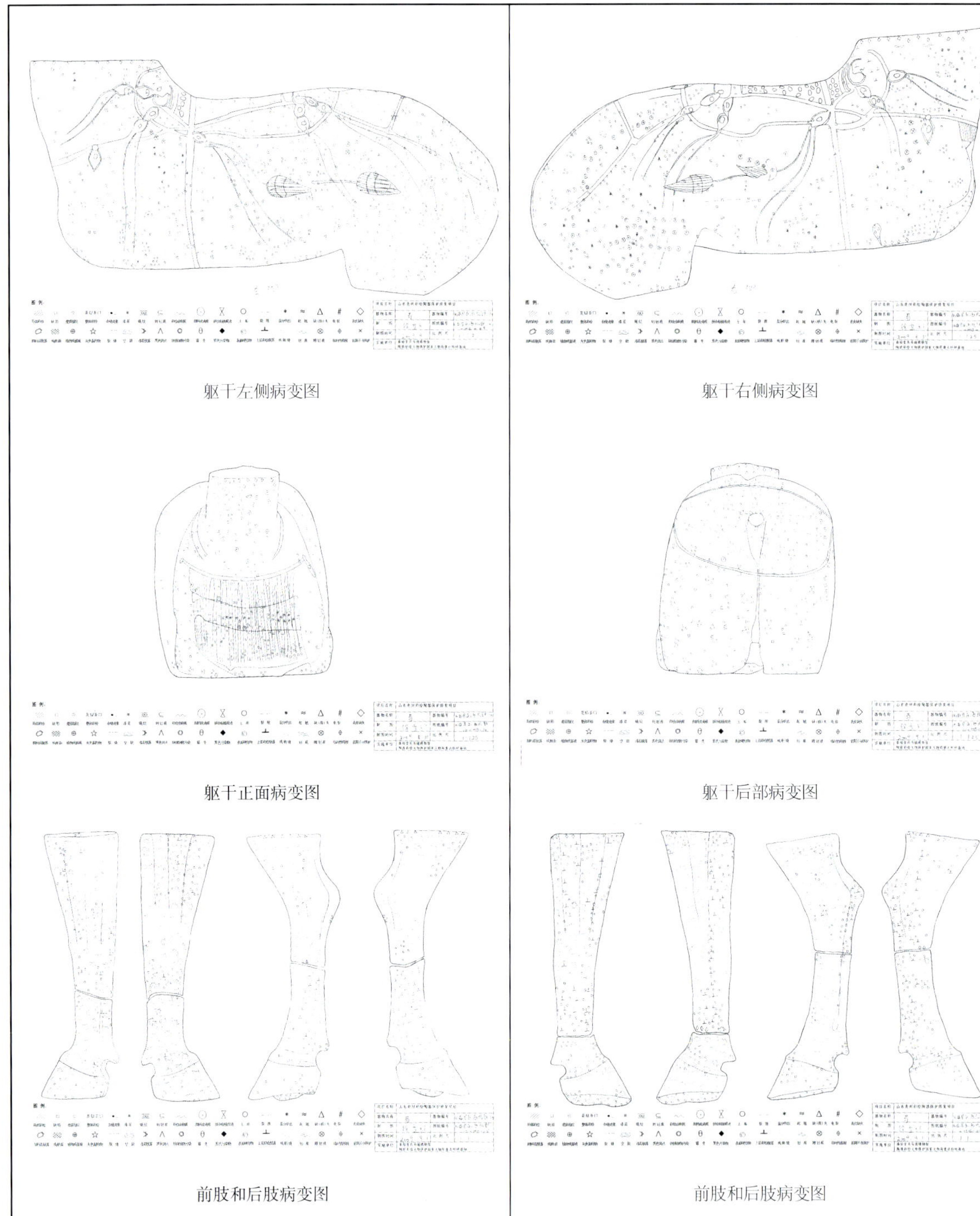

躯干左侧病变图

躯干右侧病变图

躯干正面病变图

躯干后部病变图

前肢和后肢病变图

前肢和后肢病变图

K1 ②层区 1 西北部:10 彩绘陶马线图

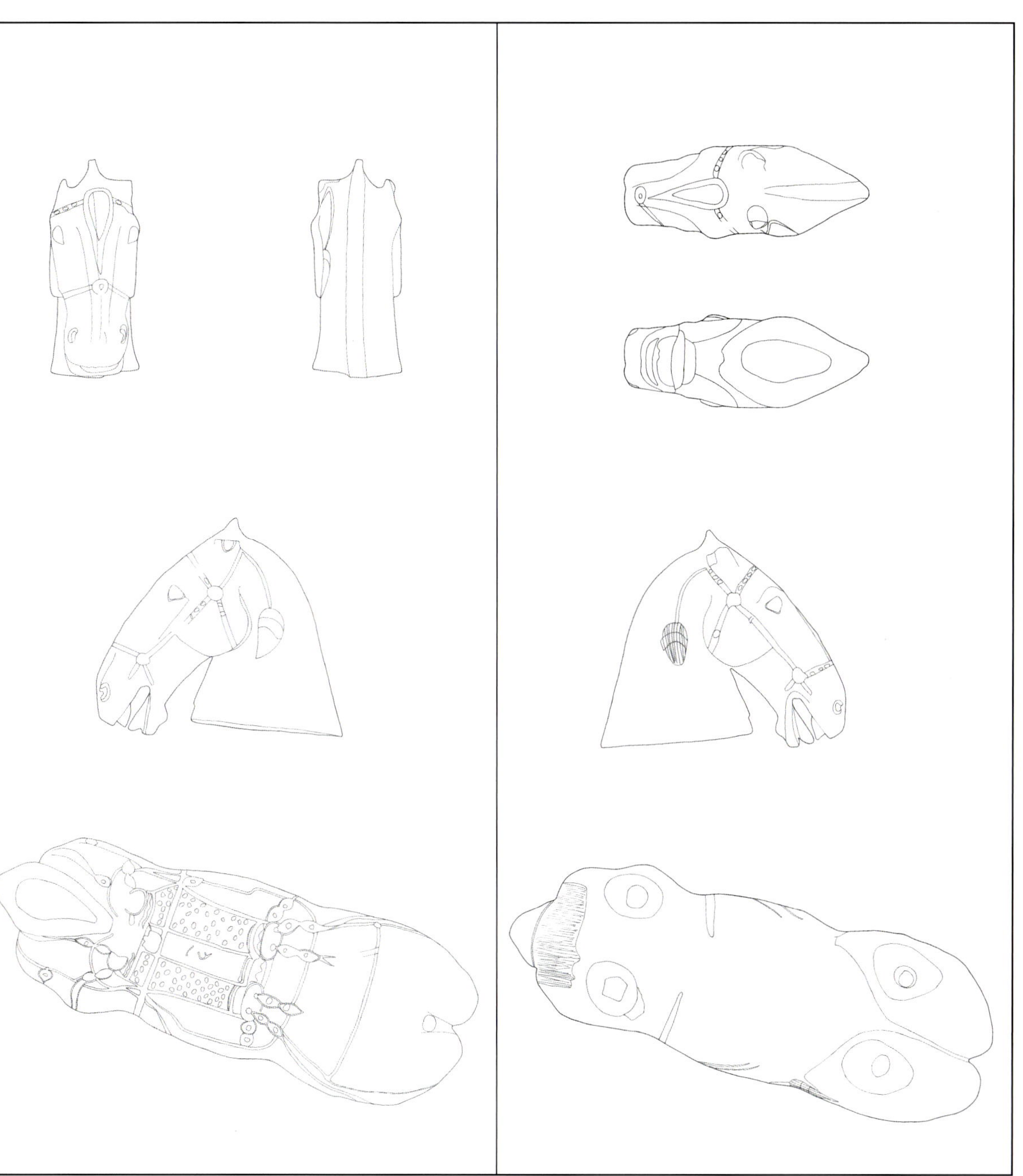

附录2　关于青州市香山汉墓陪葬坑出土彩绘陶器、铜器和铁器保护方案的批复

国 家 文 物 局

文物博函[2007]259号

关于青州市香山汉墓陪葬坑出土彩绘陶器、铜器和铁器保护方案的批复

山东省文化厅：

你厅《关于呈报青州市香山汉墓陪葬坑出土彩绘陶器和铜、铁器保护方案的请示》（鲁文物[2007]07号）收悉。经研究，批复如下：

一、原则同意所报方案。

二、对该方案提出以下意见：

（一）所修复的文物属重要出土文物，在技术实施中，应加强专家指导，并由具有修复保护实践经验的专业技术人员操作。

（二）应建立详细的保护修复技术档案，并于项目结束后3个月内报我局备案。

（三）请妥善解决保护修复后文物的保存环境问题。

三、请加强文物修复管理，确保修复质量和文物安全。

四、该项目预算控制数为200万元，请该馆与修复单位签订技术保护协议，明确修复周期、工作进度、承担人员等报我局备案。

五、根据《国家重点文物保护专项补助经费使用管理办法》（财教[2001]351号）规定，你局可在提出地方配套经费落实意见后，在本批复预算控制数以内，按照国家专项补助经费的申请程序和修复进度申请补助经费。

二〇〇七年三月十五日

抄送：本局办公室预算处、财务处

国家文物局办公室秘书处　　2007年3月16日印发

初校：刘　佳　　终校：赵永芬

附录3 “青州香山汉墓出土文物保护修复工程”项目结项意见

“青州香山汉墓出土文物保护修复工程”项目结项意见

2014年4月24日，潍坊市文物局在青州组织召开了“青州香山汉墓出土文物保护修复工程”项目结项验收会。专家组审阅了项目验收材料，听取了项目组的汇报，经质询讨论，形成如下意见：

一、青州香山汉墓被国家文物局评为“2006年全国重要考古发现”，出土文物对研究西汉时期的历史、社会、艺术、丧葬制度具有重要价值，其保护修复意义重大。

二、该保护修复工程严格遵照国家文物局文物博函【2007】259号文批复意见实施，组织管理规范，保护修复档案完备，保护修复效果良好。

三、通过该项目的实施，建立了青州市博物馆文物保护技术中心，设立了陶质彩绘文物保护国家文物局重点科研基地青州工作站，举办了“陶质彩绘文物保护修复青州培训班”，有效提升了青州市博物馆科技保护修复能力，推动了保护修复技术成果的推广应用。

四、该项目完成了1008件香山汉墓出土彩绘陶器和2000余件金属器物保护修复，建立了所修复文物的保护修复档案，出版发表研究论文20余篇，编制完成行业标准3项，形成研究报告1部，圆满完成了预定任务。

五、验收材料齐全，符合结项验收要求。

验收专家组一致同意项目通过验收。

专家签名：

2014年4月24日

附录 4　青州香山汉墓陪葬坑出土陶质彩绘文物保护修复项目文物信息总表

序号	总登记号	名称	年代	级别	质地	保存状况	完整情况	数量	尺寸（厘米）	出土地点
001	K1②区6西部中间偏南：688	陶立俑（特大型）	汉		陶	保存不完整，残断为十块，头顶、底部残缺。通体彩绘，绘有彩绘纹饰。表面有脱落、泥土附着物、残断、剥落、其他附着物、结晶盐等病害	残	1	高：56.6 宽：19.8 厚：11.4	山东青州香山汉墓
002	K1②区6：579	陶立俑（特大型）	汉		陶	保存不完整，残断为八块，双手缺失，腰部残缺。通体彩绘，绘有彩绘纹饰。表面有脱落、泥土附着物、残断、剥落、植物损害等病害	残	1	高：61.4 宽：20.2 厚：12.1	山东青州香山汉墓
003	K1X3区6南三排西一：1245	陶立俑（特大型）	汉		陶	保存不完整，冠带缺失。通体彩绘，绘有彩绘纹饰。表面有脱落、泥土附着物、残断、剥落、植物损害、裂缝、裂缝等病害	残	1	高：59.9 宽：21.0 厚：14.4	山东青州香山汉墓
004	K1X2区7：1174	陶立俑（特大型）	汉		陶	保存不完整，残断为四块，头顶残缺，头部前期粘接。通体彩绘，绘有彩绘纹饰。表面有脱落、泥土附着物、残断、剥落等病害	残	1	高：55.5 宽：19.0 厚：13.5	山东青州香山汉墓
005	K1X2区7南侧北部：1135	陶立俑（特大型）	汉		陶	保存不完整，残断为三块，冠带缺失。通体彩绘，绘有彩绘纹饰。表面有脱落、泥土附着物、残断、剥落、裂缝等病害	残	1	高：58.4 宽：19.5 厚：14.0	山东青州香山汉墓
006	K1X2区7南侧边缘北部：1136	陶立俑（特大型）	汉		陶	保存不完整，残断为五块，头顶、颈部残缺。通体彩绘，绘有彩绘纹饰。表面有脱落、泥土附着物、残断、剥落、植物损害、其他附着物等病害	残	1	高：56.4 宽：18.7 厚：13.1	山东青州香山汉墓
007	K1②区7车754前：756	陶立俑（特大型）	汉		陶	保存不完整，残断为二十块，头后部和裙部有残缺。通体彩绘，绘有彩绘纹饰。表面有脱落、泥土附着物、残断、剥落、结晶盐、植物损害等病害	残	1	高：58.2 宽：20.5 厚：13.5	山东青州香山汉墓
008	K1②区6西部中间偏南：685	陶立俑（特大型）	汉		陶	保存不完整，残断为十二块，背部、右臂残缺。通体彩绘，绘有彩绘纹饰。表面有脱落、泥土附着物、剥落、残断、植物损害、其他附着物等病害	残	1	高：58.9 宽：18.4 厚：13.6	山东青州香山汉墓
009	K1X2区7东部：1177	陶立俑（特大型）	汉		陶	保存不完整，残断为二块，头部残缺。通体彩绘，绘有彩绘纹饰。表面有脱落、泥土附着物、残断剥落等病害	残	1	高：62.4 宽：19.6 厚：13.6	山东青州香山汉墓
010	K1X2区7西部：1126	陶立俑（特大型）	汉		陶	保存不完整，残断为二块，头部前期粘接。通体彩绘，绘有彩绘纹饰。表面有脱落、残断、泥土附着物、剥落等病害	残	1	高：61.5 宽：20.5 厚：13.0	山东青州香山汉墓

续表

序号	总登记号	名称	年代	级别	质地	保存状况	完整情况	数量	尺寸（厘米）	出土地点
011	K1②区5西部：536	陶立俑（特大型）	汉		陶	通体彩绘，绘有彩绘纹饰。表面有脱落、泥土附着物、剥落等病害	残	1	高：58.2 宽：23.8 厚：15.6	山东青州香山汉墓
012	K1X2区7西部：1125	陶立俑（特大型）	汉		陶	保存不完整，残断为五块。通体彩绘，绘有彩绘纹饰。表面有脱落、泥土附着物、残断、剥落、植物损害等病害	残	1	高：58.4 宽：18.5 厚：14.0	山东青州香山汉墓
013	K1X3区6南四排东部边缘：1283	陶立俑（特大型）	汉		陶	保存不完整，残断为三块，右手、双足缺失，脖子残缺。通体彩绘，绘有彩绘纹饰。表面有脱落、泥土附着物、剥落、残断、刻画、裂隙、植物损害等病害	残	1	高：58.9 宽：20.8 厚：14.4	山东青州香山汉墓
014	K1X2区7：1138	陶立俑（特大型）	汉		陶	外形基本完整，残断为四块。通体彩绘，绘有彩绘纹饰。表面有脱落、泥土附着物、残断、剥落、结晶盐、植物损害等病害	残	1	高：59.9 宽：18.8 厚：12.2	山东青州香山汉墓
015	K1X2区7：1149	陶立俑（特大型）	汉		陶	保存不完整，残断为三块，发髻缺失，头部残缺有前期粘接。通体彩绘，绘有彩绘纹饰。表面有脱落、泥土附着物、残断、剥落等病害	残	1	高：62.0 宽：18.1 厚：14.2	山东青州香山汉墓
016	K1X2区7：1124	陶立俑（特大型）	汉		陶	保存不完整，残断为二块，头部残缺。通体彩绘，绘有彩绘纹饰。表面有脱落、泥土附着物、残断、剥落、其他附着物、植物损害等病害	残	1	高：25.5 宽：19.6 厚：14.4	山东青州香山汉墓
017	K1②区5西部：545	陶立俑（大型）	汉		陶	保存不完整，残断为二十块，手部、底部残缺。通体彩绘，绘有彩绘纹饰。表面有脱落、泥土附着物、残断、剥落、植物损害、刻画、结晶盐等病害	残	1	身：高：47.5　宽：22.8 厚：13.3 头：高：10.8　宽：9.0 厚：8.9	山东青州香山汉墓
018	K1X2区7西部：1181	陶立俑（大型）	汉		陶	保存不完整，残断为十八块，衣领、手部、腰部、底部残缺。通体彩绘，绘有彩绘纹饰。表面有脱落、泥土附着物、残断、剥落、其他附着物、结晶盐等病害	残	1	身：高：46.7　宽：22.1 厚：13.5 头：高：11.3　宽：9.6 厚：9.2	山东青州香山汉墓
019	K1X2区1北部：149	陶立俑（大型）	汉		陶	保存不完整，残断为十四块，衣领、肩部、底部残缺。通体彩绘，绘有彩绘纹饰。表面有脱落、泥土附着物、剥落、刻画等病害	残	1	身：高：42.6　宽：22.5 厚：13.1 头：高：11.1　宽：9.2 厚：8.9	山东青州香山汉墓
020	K1②区5中部中间偏西：480	陶立俑（大型）	汉		陶	保存不完整，残断为二十二块，身体残缺。通体彩绘，绘有彩绘纹饰。表面有脱落、泥土附着物、残断、剥落、结晶盐、其他附着物、裂隙等病害	残	1	身：高：46.3　宽：23.6 厚：13.7 头：高：11.5　宽：9.5 厚：9.2	山东青州香山汉墓

续表

序号	总登记号	名称	年代	级别	质地	保存状况	完整情况	数量	尺寸（厘米）	出土地点
021	K1②区7：726	陶立俑（大型）	汉		陶	保存不完整，残断为四块，下半身残缺。通体彩绘，绘有彩绘纹饰。表面有脱落、泥土附着物、残断、剥落、刻画、结晶盐等病害	残	1	身：高：45.8　宽：23.5 厚：13.6 头：高：11.4　宽：9.6 厚：9.3	山东青州香山汉墓
022	K1②区5西北部：507	陶立俑（大型）	汉		陶	保存不完整，残断为五块，底部残缺。通体彩绘，绘有彩绘纹饰。表面有脱落、泥土附着物、残断、剥落、结晶盐等病害	残	1	身：高：46.4　宽：22.6 厚：13.2 头：高：10.8　宽：9.0 厚：8.9	山东青州香山汉墓
023	K1X2区7南二排北部：1155	陶立俑（大型）	汉		陶	外形基本完整，残断为二块。通体彩绘，绘有彩绘纹饰。表面有脱落、泥土附着物、残断、剥落、刻画等病害	残	1	身：高：46.1　宽：22.3 厚：13.6 头：高：11.2　宽：9.7 厚：9.3	山东青州香山汉墓
024	K1②区7中部车前：746	陶立俑（大型）	汉		陶	外形基本完整，残断为三块。通体彩绘，绘有彩绘纹饰。表面有脱落、泥土附着物、残断、剥落、其他附着物等病害	残	1	身：高：47.2　宽：22.5 厚：13.0 头：高：10.8　宽：9.6 厚：9.3	山东青州香山汉墓
025	K1②区5西部：531	陶立俑（大型）	汉		陶	保存不完整，残断为三块，肩部、底部残缺。通体彩绘，绘有彩绘纹饰。表面有脱落、泥土附着物、残断、剥落、植物损害、其他附着物等病害	残	1	身：高：46.2　宽：19.3 厚：9.0 头：高：9.4　宽：9.4 厚：13.6	山东青州香山汉墓
026	K1②区5：516	陶立俑（大型）	汉		陶	外形基本完整，残断为二块。通体彩绘，绘有彩绘纹饰。表面有脱落、泥土附着物、残断、剥落、结晶盐、植物损害、刻画、其他附着物等病害	残	1	身：高：47.6　宽：22.0 厚：13.0 头：高：10.6　宽：9.2 厚：9.2	山东青州香山汉墓
027	K1②区5西部：522	陶立俑（大型）	汉		陶	外形基本完整，残断为二块。通体彩绘，绘有彩绘纹饰。表面有脱落、泥土附着物、残断、剥落、植物损害、其他附着物、结晶盐等病害	残	1	身：高：47.1　宽：23.1 厚：13.6 头：高：11.1　宽：9.5 厚：9.5	山东青州香山汉墓
028	K1②区5西部：528	陶立俑（大型）	汉		陶	保存不完整，残断为二块，腰下部缺。通体彩绘，绘有彩绘纹饰。表面有脱落、泥土附着物、残断、剥落等病害	残	1	身：高：46.9　宽：23.2 厚：13.0 头：高：10.0　宽：8.9 厚：9.0	山东青州香山汉墓
029	K1②区7：1137	陶立俑（大型）	汉		陶	保存不完整，残断为四块，冠带残缺。通体彩绘，绘有彩绘纹饰。表面有脱落、泥土附着物、残断、剥落、结晶盐等病害	残	1	身：高：48.0　宽：19.0 厚：13.0 头：高：9.5　宽：9.0 厚：10.0	山东青州香山汉墓

续表

序号	总登记号	名称	年代	级别	质地	保存状况	完整情况	数量	尺寸（厘米）	出土地点
030	K1②区5：543	陶立俑（大型）	汉		陶	保存完整。通体彩绘，绘有彩绘纹饰。表面有脱落、泥土附着物、其他附着物、植物损害等病害	残	1	身：高：45.6 宽：19.2 厚：13.3 头：高：10.6 宽：9.4 厚：9.2	山东青州香山汉墓
031	K1②区5西部：565	陶立俑（大型）	汉		陶	保存不完整，残断为六块，头部缺失，肩部、底部残缺。通体彩绘，绘有彩绘纹饰。表面有脱落、泥土附着物、残断、剥落、植物损害、其他附着物等病害	残	1	身：长：40.0 宽：15.9 高：24.6 头：长：10.9 宽：7.6 高：9.9	山东青州香山汉墓
032	K1②区5中部中间偏西南：488	陶立俑（大型）	汉		陶	保存不完整，残断为五块，右肘、底部残缺。通体彩绘，绘有彩绘纹饰。表面有脱落、泥土附着物、残断、剥落、其他附着物等病害	残	1	身：高：47.8 宽：19.3 厚：13.4 头：高：11.0 宽：8.8 厚：9.2	山东青州香山汉墓
033	K1②区5西部：521	陶立俑（大型）	汉		陶	保存不完整，残断为十一块，下半身残缺。通体彩绘，绘有彩绘纹饰。表面有脱落、泥土附着物、残断、剥落、植物损害、裂缝等病害	残	1	身：高：43.5 宽：24.3 厚：14.0 头：高：10.6 宽：9.5 厚：8.9	山东青州香山汉墓
034	K1②区5西部：564	陶立俑（大型）	汉		陶	保存不完整，残断为七块，手部、下半身残缺。通体彩绘，绘有彩绘纹饰。表面有脱落、泥土附着物、残断、剥落、刻画等病害	残	1	身：高：45.4 宽：19.2 厚：13.2 头：高：11.5 宽：9.5 厚：9.4	山东青州香山汉墓
035	K1②区5西部：569	陶立俑（大型）	汉		陶	保存不完整，残断为八块，双手缺失，腰部残缺。通体彩绘，绘有彩绘纹饰。表面有脱落、泥土附着物、残断、剥落、植物损害等病害	残	1	身：高：47.5 宽：22.4 厚：13.5 头：高：10.6 宽：9.5 厚：9.6	山东青州香山汉墓
036	K1②区5：529	陶立俑（大型）	汉		陶	保存不完整，残断为四块，底部残缺。通体彩绘，绘有彩绘纹饰。表面有脱落、泥土附着物、残断、剥落、植物损害、裂缝、其他附着物等病害	残	1	身：高：47.7 宽：15.5 厚：13.8 头：高：10.8 宽：9.4 厚：8.9	山东青州香山汉墓
037	K1X2区7北侧中部：1183	陶立俑（大型）	汉		陶	保存不完整，残断为十一块，腹部、底部残缺。通体彩绘，绘有彩绘纹饰。表面有脱落、泥土附着物、残断、剥落、结晶盐、植物损害、硬结物、其他附着物等病害	残	1	身：高：47.1 宽：22.4 厚：12.9 头：高：11.1 宽：9.4 厚：9.1	山东青州香山汉墓
038	K1X2区7北侧东部：1187	陶立俑（大型）	汉		陶	保存不完整，残断为十一块，底部残缺。通体彩绘，绘有彩绘纹饰。表面有脱落、泥土附着物、残断、剥落、结晶盐、刻画等病害	残	1	身：高：45.5 宽：19.9 厚：13.3 头：高：10.7 宽：9.3 厚：9.1	山东青州香山汉墓

续表

序号	总登记号	名称	年代	级别	质地	保存状况	完整情况	数量	尺寸（厘米）	出土地点
039	K1X2区7北边中部：1182	陶立俑（大型）	汉		陶	保存不完整，残断为十三块，衣领、手部残缺。通体彩绘，绘有彩绘纹饰。表面有脱落、泥土附着物、残断、剥落等病害	残	1	身：高：46.9 宽：19.3 厚：13.1 头：高：10.9 宽：9.6 厚：9.2	山东青州香山汉墓
040	K1X2区7东部：1188	陶立俑（大型）	汉		陶	保存基本完整。通体彩绘，绘有彩绘纹饰。表面有脱落、泥土附着物、剥落、刻画等病害等	残	1	身：高：47.0 宽：20.0 厚：14.3 头：高：11.2 宽：9.7 厚：9.4	山东青州香山汉墓
041	K1X2区7：1173	陶立俑（大型）	汉		陶	保存基本完整。整体彩绘，绘有彩绘纹饰。表面有脱落、泥土附着物、剥落、结晶盐、裂隙等病害	残	1	身：高：45.5 宽：19.2 厚：13.2 头：高：10.6 宽：9.5 厚：9.2	山东青州香山汉墓
042	K1X2区7中部偏北：1179	陶立俑（大型）	汉		陶	保存基本完整。通体彩绘，绘有彩绘纹饰。表面有脱落、泥土附着物、剥落、裂缝等病害	残	1	身：高：46.2 宽：22.7 厚：12.5 头：高：10.9 宽：9.4 厚：9.0	山东青州香山汉墓
043	K1X2区7：1170	陶立俑（大型）	汉		陶	外形完整，残断为十五块。整体彩绘，绘有彩绘纹饰。表面有脱落、泥土附着物、残断、剥落、植物损害、结晶盐、裂缝等病害	残	1	身：高：47.7 宽：22.1 厚：13.6 头：高：11.1 宽：9.6 厚：9.4	山东青州香山汉墓
044	K1X2区7：1153	陶立俑（大型）	汉		陶	保存基本完整。整体彩绘，绘有彩绘纹饰。表面有脱落、泥土附着物、剥落等病害	残	1	身：高：45.1 宽：22.5 厚：13.1 头：高：10.7 宽：9.5 厚：9.2	山东青州香山汉墓
045	K1X2区7南侧边缘中部：1133	陶立俑（大型）	汉		陶	外形基本完整，残断为二块。整体彩绘，绘有彩绘纹饰。表面有脱落、泥土附着物、残断、剥落、结晶盐等病害	残	1	身：高：46.2 宽：21.6 厚：13.3 头：高：10.4 宽：8.7 厚：8.8	山东青州香山汉墓
046	K1X2区7：1128	陶立俑（大型）	汉		陶	外形基本完整，残断为七块。整体彩绘，绘有彩绘纹饰。表面有脱落、泥土附着物、残断、剥落等病害	残	1	身：高：46.6 宽：23.2 厚：13.8 头：高：10.6 宽：9.5 厚：9.6	山东青州香山汉墓
047	K1②区5西北部：515	陶立俑（大型）	汉		陶	外形基本完整，残断为五块，双手、左足缺失，右腿残缺。通体彩绘，绘有彩绘纹饰。表面有脱落、泥土附着物、残断、剥落、裂隙、植物损害、结晶盐等病害	残	1	身：高：37.0 宽：15.5 厚：9.7 头：高：10.8 宽：9.2 厚：9.1	山东青州香山汉墓

续表

序号	总登记号	名称	年代	级别	质地	保存状况	完整情况	数量	尺寸（厘米）	出土地点
048	K1X2区2东北：171	陶立俑（大型）	汉		陶	保存不完整，残断为五块，左手缺失。通体彩绘，绘有彩绘纹饰。表面有脱落、泥土附着物、残断、剥落、其他附着物、植物损害等病害	残	1	身：高：46.1 宽：19.3 厚：13.6 头：高：11.1 宽：9.5 厚：9.4	山东青州香山汉墓
049	K1X2区7：1148	陶立俑（大型）	汉		陶	外形基本完整，残断为十三块。通体彩绘，绘有彩绘纹饰。表面有脱落、泥土附着物、残断、剥落、裂缝、其他附着物等病害	残	1	身：高：46.3 宽：21.8 厚：12.5 头：高：10.5 宽：9.2 厚：8.7	山东青州香山汉墓
050	K1X3区2：626	陶立俑（大型）	汉		陶	保存不完整，残断为二十八躯体残缺。通体彩绘，绘有彩绘纹饰。表面有脱落、泥土附着物、剥落、刻画等病害	残	1	身：高：47.6 宽：18.2 厚：13.0 头：高：10.9 宽：9.7 厚：9.4	山东青州香山汉墓
051	K1②区4中部：312	陶立俑（大型）	汉		陶	保存不完整，残断为十二块，左前胸、左臂缺失，下半身残缺。通体彩绘，绘有彩绘纹饰。表面有脱落、泥土附着物、剥落、残断、结晶盐、植物损害、刻画、其他附着物等病害	残	1	身：高：47.1 宽：22.4 厚：12.9 头：高：11.1 宽：9.4 厚：9.1	山东青州香山汉墓
052	K1X2区3：286	陶立俑（大型）	汉		陶	保存不完整，残断为三十九块，身体残缺。通体彩绘，绘有彩绘纹饰。表面有脱落、泥土附着物、残断、剥落、结晶盐、其他附着物等病害	残	1	身：高：47.1 宽：22.5 厚：13.9 头：高：10.1 宽：9.1 厚：9.5	山东青州香山汉墓
053	K1X2区7：1169	陶立俑（大型）	汉		陶	保存不完整，残断为五块，胳膊、裙底残缺。通体彩绘，绘有彩绘纹饰。表面有脱落、泥土附着物、残断、剥落、植物损害、刻画、其他附着物等病害	残	1	身：高：47.6 宽：23.4 厚：13.9 头：高：10.5 宽：9.4 厚：9.5	山东青州香山汉墓
054	K1X2区7：1168	陶立俑（大型）	汉		陶	保存基本完整，手部微残。通体彩绘，绘有彩绘纹饰。表面有脱落、泥土附着物、残断、剥落、刻画、结晶盐等病害	残	1	身：高：45.5 宽：21.5 厚：14.0 头：高：11.2 宽：9.7 厚：9.1	山东青州香山汉墓
055	K1②区5中部中间：458	陶立俑（大型）	汉		陶	保存不完整，残断为十二块，裙摆、右胳膊残缺。通体彩绘，绘有彩绘纹饰。表面有脱落、泥土附着物、残断、剥落、结晶盐、其他附着物等病害	残	1	身：高：46.2 宽：19.5 厚：14.0 头：高：11.0 宽：8.4 厚：9.1	山东青州香山汉墓
056	K1②区3北三排马西部东侧马上部：161	陶立俑（大型）	汉		陶	保存不完整，残断为十三块，上半身、裙底左侧残缺。通体彩绘，绘有彩绘纹饰。表面有脱落、泥土附着物、剥落、残断、植物损害、其他附着物等病害	残	1	身：高：48.0 宽：19.2 厚：12.8 头：高：11.5 宽：9.5 厚：9.1	山东青州香山汉墓

续表

序号	总登记号	名称	年代	级别	质地	保存状况	完整情况	数量	尺寸（厘米）	出土地点
057	K1②区6中部中间：624	陶立俑（大型）	汉		陶	保存不完整，残断为十七块，右臂、腰部、下半身残缺。通体彩绘，绘有彩绘纹饰。表面有脱落、泥土附着物、剥落、残断、刻画等病害	残	1	身：高：47.0 宽：22.2 厚：13.6 头：高：10.7 宽：9.0 厚：8.8	山东青州香山汉墓
058	K1②区5西北部：512	陶立俑（大型）	汉		陶	保存不完整，残断为三十三块，身体残缺。通体彩绘，绘有彩绘纹饰。表面有脱落、泥土附着物、剥落、残断、植物损害、刻画等病害	残	1	身：高：47.1 宽：21.0 厚：13.8 头：高：10.6 宽：9.4 厚：8.8	山东青州香山汉墓
059	K1②区5西部：571	陶立俑（大型）	汉		陶	外形基本完整，残断为五块。通体彩绘，绘有彩绘纹饰。表面有脱落、泥土附着物、残断、剥落、植物损害等病害	残	1	身：高：47.7 宽：22.1 厚：13.6 头：高：11.1 宽：9.6 厚：9.4	山东青州香山汉墓
060	K1②区5中部中间：470	陶立俑（大型）	汉		陶	保存不完整，残断为二十四块，右足缺失，上半身残缺。通体彩绘，绘有彩绘纹饰。表面有脱落、泥土附着物、剥落、残断、结晶盐、刻画、其他附着物等病害	残	1	身：高：45.1 宽：22.5 厚：13.1 头：高：10.7 宽：9.5 厚：9.2	山东青州香山汉墓
061	K1②区6西部偏东南角：668	陶立俑（大型）	汉		陶	保存不完整，残断为二十四块，右足缺失，右手、下半身残缺。通体彩绘，绘有彩绘纹饰。表面有脱落、泥土附着物、剥落、结晶盐等病害	残	1	身：高：46.5 宽：22.9 厚：13.6 头：高：11.1 宽：9.6 厚：9.4	山东青州香山汉墓
062	K1②区5西部：523	陶立俑（大型）	汉		陶	保存不完整，残断为十九块，脖子、背部、裙部残缺。通体彩绘，绘有彩绘纹饰。表面有脱落、泥土附着物、残断、剥落、刻画等病害	残	1	身：高：46.5 宽：22.9 厚：13.6 头：高：11.1 宽：9.6 厚：9.4	山东青州香山汉墓
063	K1②区5西部：517	陶立俑（大型）	汉		陶	外形基本完整，残断为十七块，手部、背部残缺。通体彩绘，绘有彩绘纹饰。表面有脱落、泥土附着物、剥落、结晶盐、裂隙、植物损害等病害	残	1	身：高：45.6 宽：18.9 厚：13.7 头：高：11.6 宽：9.5 厚：8.2	山东青州香山汉墓
064	K1②区5西部：533	陶立俑（大型）	汉		陶	保存不完整，残断为七块，裙底有残缺，腰部微残。通体彩绘，绘有彩绘纹饰。表面有脱落、泥土附着物、残断、剥落、植物损害等病害	残	1	身：高：46.7 宽：22.3 厚：13.1 头：高：11.2 宽：9.7 厚：9.3	山东青州香山汉墓
065	K1②区5西部：534	陶立俑（大型）	汉		陶	保存不完整，残断为三块，腰部、底部残缺。通体彩绘，绘有彩绘纹饰。表面有脱落、泥土附着物、剥落、结晶盐等病害	残	1	身：高：47.4 宽：21.2 厚：13.7 头：高：10.6 宽：9.3 厚：8.9	山东青州香山汉墓

续表

序号	总登记号	名称	年代	级别	质地	保存状况	完整情况	数量	尺寸（厘米）	出土地点
066	K1②区5中部中间偏东：444	陶立俑（大型）	汉		陶	保存不完整，残断为二十五块，衣领残缺。通体彩绘，绘有彩绘纹饰。表面有脱落、泥土附着物、剥落、残断、其他附着物等病害	残	1	身：高：46.5 宽：22.6 厚：13.0 头：高：10.9 宽：9.2 厚：8.8	山东青州香山汉墓
067	K1②区6西部中间偏南：687	陶立俑（大型）	汉		陶	保存不完整，残断为十八块，手部、下半身残缺。通体彩绘，绘有彩绘纹饰。表面有脱落、泥土附着物、剥落、残断、刻画、裂缝等病害	残	1	身：高：45.5 宽：21.5 厚：14.0 头：高：11.2 宽：9.7 厚：9.1	山东青州香山汉墓
068	K1②区6：583	陶立俑（大型）	汉		陶	外形基本完整，残断为四块，通体彩绘，绘有彩绘纹饰。表面有脱落、泥土附着物、残断、剥落、裂缝、其他附着物、结晶盐等病害	残	1	身：高：46.9 宽：23.4 厚：13.2 头：高：11.0 宽：9.5 厚：9.0	山东青州香山汉墓
069	K1②区5西部：525	陶立俑（大型）	汉		陶	保存不完整，残断为十四块，前胸、领部、左胳膊、腹部、背部残缺。通体彩绘，绘有彩绘纹饰。表面有脱落、泥土附着物、剥落、残断、其他附着物等病害	残	1	身：高：47.7 宽：22.3 厚：13.8 头：高：11.1 宽：9.5 厚：9.2	山东青州香山汉墓
070	K1②区5西部：568	陶立俑（大型）	汉		陶	通体彩绘，绘有彩绘纹饰。表面有脱落、泥土附着物、剥落等病害	残	1	身：高：47.1 宽：23.1 厚：13.6 头：高：11.1 宽：9.5 厚：9.5	山东青州香山汉墓
071	K1②区5西部：572	陶立俑（大型）	汉		陶	通体彩绘，绘有彩绘纹饰。表面有脱落、泥土附着物、剥落等病害	残	1	身：高：47.7 宽：22.9 厚：13.4 头：高：10.9 宽：9.6 厚：9.4	山东青州香山汉墓
072	K1②区5西部中间偏北：518	陶立俑（大型）	汉		陶	保存不完整，残断为三块，下半身残缺。通体彩绘，绘有彩绘纹饰。表面有脱落、泥土附着物、残断、剥落等病害	残	1	身：高：45.5 宽：19.3 厚：13.7 头：高：11.2 宽：8.6 厚：9.2	山东青州香山汉墓
073	K1②区5西北部：504	陶立俑（大型）	汉		陶	保存不完整，残断为三十六块，右足缺失，裙部残缺。通体彩绘，绘有彩绘纹饰。表面有脱落、泥土附着物、残断、剥落等病害	残	1	身：高：46.8 宽：22.0 厚：14.3 头：高：11.1 宽：9.3 厚：8.9	山东青州香山汉墓
074	K1X3区5南六排西部：1307	陶立俑（大型）	汉		陶	通体彩绘，绘有彩绘纹饰。表面有脱落、泥土附着物、剥落等病害	残	1	身：高：47.3 宽：20.2 厚：13.7 头：高：10.6 宽：9.5 厚：9.1	山东青州香山汉墓

续表

序号	总登记号	名称	年代	级别	质地	保存状况	完整情况	数量	尺寸（厘米）	出土地点
075	K1X2区4北部：546	陶立俑（大型）	汉		陶	保存不完整，残断为十一块，手部、腰部、下半身残缺。通体彩绘，绘有彩绘纹饰。表面有脱落、泥土附着物、剥落等病害	残	1	身：高：47.0 宽：19.0 厚：12.6 头：高：11.3 宽：9.1 厚：9.1	山东青州香山汉墓
076	K1②区5中部中间偏西：484	陶立俑（大型）	汉		陶	保存不完整，残断为三十四块，前胸、领口、裙摆残缺。通体彩绘，绘有彩绘纹饰。表面有脱落、泥土附着物、残断、剥落、其他附着物等病害	残	1	身：高：47.5 宽：19.8 厚：14.1 头：高：11.2 宽：9.7 厚：8.9	山东青州香山汉墓
077	K1②区5西部：567	陶立俑（大型）	汉		陶	保存不完整，残断为三十块，上半身、底部残缺。通体彩绘，绘有彩绘纹饰。表面有脱落、泥土附着物、剥落、植物损害、其他附着物等病害	残	1	身：高：42.6 宽：21.3 厚：13.7 头：高：10.6 宽：9.3 厚：8.9	山东青州香山汉墓
078	K1②区5：535	陶立俑（大型）	汉		陶	外形基本完整，残断为二块。通体彩绘，绘有彩绘纹饰。表面有脱落、泥土附着物、残断、剥落、裂缝等病害	残	1	身：高：45.6 宽：20.6 厚：13.8 头：高：11.2 宽：9.7 厚：9.1	山东青州香山汉墓
079	K1②区5西部：541	陶立俑（大型）	汉		陶	外形基本完整，残断为四块。通体彩绘，绘有彩绘纹饰。表面有脱落、泥土附着物、残断、剥落、植物损害、刻画等病害	残	1	身：高：46.0 宽：21.3 厚：13.6 头：高：11.3 宽：9.5 厚：9.4	山东青州香山汉墓
080	K1②区5西北部：514	陶立俑（大型）	汉		陶	保存基本完整，残断为十四。通体彩绘，绘有彩绘纹饰。表面有脱落、泥土附着物、残断、剥落、刻画等病害	残	1	身：高：46.5 宽：22.3 厚：11.5 头：高：11.4 宽：9.7	山东青州香山汉墓
081	K1②区6西部西侧：682	陶立俑（大型）	汉		陶	保存不完整，残断为十一块，下半身残缺，头部前期粘接。通体彩绘，绘有彩绘纹饰。表面有脱落、泥土附着物、残断、剥落、植物损害、其他附着物等病害	残	1	身：高：47.6 宽：23.3 厚：14 .0 头：高：10.5 宽：9.4 厚：9.5	山东青州香山汉墓
082	K1②区6西部西侧：681	陶立俑（大型）	汉		陶	保存不完整，残断为二十块，下半身残缺。通体彩绘，绘有彩绘纹饰。表面有脱落、泥土附着物、残断、剥落、结晶盐、其他附着物等病害	残	1	身：高：47.8 宽：20.7 厚：13.5 头：高：10.6 宽：9.2 厚：9.2	山东青州香山汉墓
083	K1②区5西北部：519	陶立俑（大型）	汉		陶	外形基本完整，残断为四块。通体彩绘，绘有彩绘纹饰。表面有脱落、泥土附着物、残断、剥落、结晶盐等病害	残	1	身：高：46.6 宽：22.4 厚：13.3 头：高：10.8 宽：9.5 厚：9.3	山东青州香山汉墓

续表

序号	总登记号	名称	年代	级别	质地	保存状况	完整情况	数量	尺寸（厘米）	出土地点
084	K1②区5西部：546	陶立俑（大型）	汉		陶	外形基本完整，残断为二块。通体彩绘，绘有彩绘纹饰。表面有脱落、泥土附着物、剥落、其他附着物、刻画、其他附着物、植物损害等病害	残	1	身：高：47.0 宽：19.0 厚：12.6 头：高：11.3 宽：9.1 厚：9.1	山东青州香山汉墓
085	K1②区5西北部：511	陶立俑（大型）	汉		陶	通体彩绘，绘有彩绘纹饰。表面有脱落、泥土附着物、剥落等病害	残	1	身：高：45.8 宽：20.5 厚：13.7 头：高：11.2 宽：9.8 厚：9.5	山东青州香山汉墓
086	K1X3区2：615	陶立俑（大型）	汉		陶	通体彩绘，绘有彩绘纹饰。表面有脱落、泥土附着物、剥落等病害	残	1	身：高：45.8 宽：21.3 厚：12.9 头：高：10.9 宽：9.7 厚：9.4	山东青州香山汉墓
087	K1②区5西北部：503	陶立俑（大型）	汉		陶	保存不完整，头部残缺。通体彩绘，绘有彩绘纹饰。表面有脱落、泥土附着物、剥落等病害	残	1	身：高：46.6 宽：22.4 厚：13.6 头：高：11.3 宽：10.1 厚：9.8	山东青州香山汉墓
088	K1②区5西北部：506	陶立俑（大型）	汉		陶	通体彩绘，绘有彩绘纹饰。表面有脱落、泥土附着物、剥落等病害	残	1	身：高：47.7 宽：23.3 厚：13.6 头：高：11.1 宽：9.7 厚：9.5	山东青州香山汉墓
089	K1②区5西北部：513	陶立俑（大型）	汉		陶	通体彩绘，绘有彩绘纹饰。表面有脱落、泥土附着物、剥落等病害	残	1	身：高：47.3 宽：23.7 厚：13.8 头：高：11.1 宽：9.8 厚：9.7	山东青州香山汉墓
090	K1②区6：684	陶立俑（大型）	汉		陶	通体彩绘，绘有彩绘纹饰。表面有脱落、泥土附着物、剥落等病害	残	1	身：高：46.3 宽：22.5 厚：14.5 头：高：11.1 宽：9.6 厚：9.3	山东青州香山汉墓
091	K1②区6东：588	陶立俑（大型）	汉		陶	保存不完整，残断为九块。通体彩绘，绘有彩绘纹饰。表面有脱落、泥土附着物、残断、剥落等病害	残	1	身：高：45.8 宽：20.8 厚：14.2 头：高：11.1 宽：10.2 厚：9.4	山东青州香山汉墓
092	K1②区6东部边缘：577	陶立俑（大型）	汉		陶	保存不完整，残断为八块。通体彩绘，绘有彩绘纹饰。表面有脱落、泥土附着物、残断、剥落、结晶盐等病害	残	1	身：高：46.1 宽：19.8 厚：13.5 头：高：11.2 宽：10.3 厚：10.1	山东青州香山汉墓

续表

序号	总登记号	名称	年代	级别	质地	保存状况	完整情况	数量	尺寸（厘米）	出土地点
093	K1X2区7北侧东部：1186	陶立俑（大型）	汉		陶	保存不完整，残断为二块，底部残缺。通体彩绘，绘有彩绘纹饰。表面有脱落、泥土附着物、残断、剥落、其他附着物等病害	残	1	身：高：45.6 宽：19.4 厚：13.1 头：高：11.4 宽：9.7 厚：9.4	山东青州香山汉墓
094	K1X2区7南侧边缘：1130	陶立俑（大型）	汉		陶	通体彩绘，绘有彩绘纹饰。表面有脱落、泥土附着物、剥落等病害	残	1	身：高：47.7 宽：27.1 厚：13.6 头：高：11.1 宽：9.6 厚：9.4	山东青州香山汉墓
095	K1X2区7南侧边缘北：1131	陶立俑（大型）	汉		陶	通体彩绘，绘有彩绘纹饰。表面有脱落、泥土附着物、剥落等病害	残	1	身：高：47.7 宽：27.1 厚：13.6 头：高：11.1 宽：9.6 厚：9.4	山东青州香山汉墓
096	K1X2区7南侧边缘最北一个：1132	陶立俑（大型）	汉		陶	通体彩绘，绘有彩绘纹饰。表面有脱落、泥土附着物、剥落等病害	残	1	身：高：45.8 宽：21.3 厚：12.9 头：高：11.0 宽：9.8 厚：9.5	山东青州香山汉墓
097	K1X2区7南三排东部：1166	陶立俑（大型）	汉		陶	保存不完整，底部残缺。通体彩绘，绘有彩绘纹饰。表面有脱落、泥土附着物、剥落等病害	残	1	身：高：46.4 宽：22.6 厚：14.4 头：高：11.0 宽：9.6 厚：9.2	山东青州香山汉墓
098	K1X2区7南三排中间：1162	陶立俑（大型）	汉		陶	保存不完整，底部残缺。通体彩绘，绘有彩绘纹饰。表面有脱落、泥土附着物、残断、剥落、其他附着物、划痕等病害	残	1	身：高：37.4 宽：18.9 厚：11.0 头：高：11.2 宽：9.6 厚：8.7	山东青州香山汉墓
099	K1X2区7南四排中部：1171	陶立俑（大型）	汉		陶	通体彩绘，绘有彩绘纹饰。表面有脱落、泥土附着物、剥落等病害	残	1	身：高：46.3 宽：21.8 厚：12.5 头：高：10.5 宽：9.2 厚：8.7	山东青州香山汉墓
100	K1②区5西部：526	陶立俑（大型）	汉		陶	通体彩绘，绘有彩绘纹饰。表面有脱落、泥土附着物、剥落等病害	残	1	身：高：46.3 宽：23.1 厚：13.6 头：高：11.1 宽：9.6 厚：9.4	山东青州香山汉墓
101	K1②区7中部车743前：744	陶立俑（大型）	汉		陶	通体彩绘，绘有彩绘纹饰。表面有脱落、泥土附着物、剥落等病害	残	1	身：高：46.1 宽：21.5 厚：9.0 头：高：13.2 宽：11.2 厚：9.6	山东青州香山汉墓

续表

序号	总登记号	名称	年代	级别	质地	保存状况	完整情况	数量	尺寸（厘米）	出土地点
102	K1②区5西部：573	陶立俑（大型）	汉		陶	通体彩绘，绘有彩绘纹饰。表面有脱落、泥土附着物、剥落等病害	残	1	身：高：47.0 宽：21.4 厚：13.2 头：高：10.7 宽：9.8 厚：9.6	山东青州香山汉墓
103	K1②区7：732	陶立俑（大型）	汉		陶	通体彩绘，绘有彩绘纹饰。表面有脱落、泥土附着物、剥落等病害	残	1	身：高：47.0 宽：22.0 厚：13.2 头：高：11.9 宽：11.6 厚：9.9	山东青州香山汉墓
104	K1②区6中部中间偏南：649	陶立俑（大型）	汉		陶	保存不完整，残断为二块，底部残缺。通体彩绘，绘有彩绘纹饰。表面有脱落、泥土附着物、残断、剥落等病害	残	1	身：高：45.4 宽：19.3 厚：13.7 头：高：11.0 宽：9.7 厚：9.3	山东青州香山汉墓
105	K1②区6东部边缘：586	陶立俑（大型）	汉		陶	通体彩绘，绘有彩绘纹饰。表面有脱落、泥土附着物、剥落等病害	残	1	身：高：47.2 宽：22.3 厚：13.5 头：高：11.1 宽：9.6 厚：9.5	山东青州香山汉墓
106	K1X2区7南二排西部：1159	陶立俑（大型）	汉		陶	通体彩绘，绘有彩绘纹饰。表面有脱落、泥土附着物、剥落等病害	残	1	身：高：47.1 宽：23.0 厚：13.6 头：高：11.0 宽：9.7 厚：9.6	山东青州香山汉墓
107	K1②区6西部中间偏南：686	陶立俑（大型）	汉		陶	保存不完整，残断为数块，下半身残缺。通体彩绘，绘有彩绘纹饰。表面有脱落、泥土附着物、残断、剥落、裂缝、其他附着物等病害	残	1	身：高：45.5 宽：21.5 厚：14.0 头：高：11.2 宽：9.7 厚：9.1	山东青州香山汉墓
108	K1X2区4东部：531	陶立俑（大型）	汉		陶	保存不完整，残断为三十二块。通体彩绘，绘有彩绘纹饰。表面有脱落、泥土附着物、残断、剥落、裂隙、植物损害等病害	残	1	身：高：46.2 宽：19.3 厚：9.0 头：高：9.4 宽：9.4 厚：13.6	山东青州香山汉墓
109	K1②区6中部中间：621	陶立俑（大型）	汉		陶	外形基本完整，残断为十七块。通体彩绘，绘有彩绘纹饰。表面有脱落、泥土附着物、残断、剥落、裂隙 、结晶盐其他附着物等病害	残	1	身：高：46.8 宽：23.0 厚：13.7 头：高：10.6 宽：10.5 厚：9.2	山东青州香山汉墓
110	K1X2区7北部偏东：1184	陶立俑（大型）	汉		陶	外形基本完整，残断为十五块，头后部下方残缺。通体彩绘，绘有彩绘纹饰。表面有脱落、泥土附着物、残断、剥落、结晶盐、植物损害、硬结物等病害	残	1	身：高：46.6 宽：22.7 厚：13.8 头：高：10.7 宽：9.4 厚：8.9	山东青州香山汉墓

续表

序号	总登记号	名称	年代	级别	质地	保存状况	完整情况	数量	尺寸（厘米）	出土地点
111	K1②区5西部：561	陶立俑（大型）	汉		陶	保存不完整，残断为十三块，头部缺失、裙摆底部有缺失。通体彩绘，绘有彩绘纹饰。表面有脱落、泥土附着物、残断、剥落、其他附着物、结晶盐等病害	残	1	身：高：46.0 宽：21.5 厚：13.6 头：高：11.2 宽：11.0 厚：9.8	山东青州香山汉墓
112	K1②区6东部中间：611	陶立俑（大型）	汉		陶	外形基本完整，残断为十五块，衣领残缺。通体彩绘，绘有彩绘纹饰。表面有脱落、泥土附着物、剥落、残断、其他附着物等病害	残	1	身：高：46.0 宽：22.4 厚：13.2 头：高：10.7 宽：9.3 厚：9.2	山东青州香山汉墓
113	K1X2区7：1189	陶立俑（大型）	汉		陶	保存不完整，残断为四块，底部残缺。通体彩绘，绘有彩绘纹饰。表面有脱落、泥土附着物、残断、剥落、植物损害等病害	残	1	身：高：47.0 宽：22.0 厚：13.2 头：高：12.0 宽：11.7 厚：9.5	山东青州香山汉墓
114	K1X2区7：1175	陶立俑（大型）	汉		陶	保存不完整，颈部、底部残缺，头部前期粘接。通体彩绘，绘有彩绘纹饰。表面有脱落、泥土附着物、残断、剥落等病害	残	1	身：高：47.3 宽：21.9 厚：13.5 头：高：10.7 宽：9.4 厚：8.9	山东青州香山汉墓
115	K1X2区7：1190	陶立俑（大型）	汉		陶	外形基本完整，残断为三块。通体彩绘，绘有彩绘纹饰。表面有脱落、泥土附着物、残断、剥落、刻画、植物损害等病害	残	1	身：高：46.1 宽：22.6 厚：12.5 头：高：10.9 宽：9.4 厚：9.1	山东青州香山汉墓
116	K1X2区7：1163	陶立俑（大型）	汉		陶	保存基本完整。通体彩绘，绘有彩绘纹饰。表面有脱落、泥土附着物、剥落、植物损害等病害	残	1	身：高：47.9 宽：23.2 厚：11.6 头：高：10.8 宽：9.7 厚：9.3	山东青州香山汉墓
117	K1X2区7：1160	陶立俑（大型）	汉		陶	外形基本完整，残断为五块。通体彩绘，绘有彩绘纹饰。表面有脱落、泥土附着物、剥落、结晶盐等病害	残	1	身：高：46.0 宽：21.5 厚：9.0 头：高：13.2 宽：11.2 厚：9.6	山东青州香山汉墓
118	K1X2区7：1153	陶立俑（大型）	汉		陶	保存基本完整。整体彩绘，绘有彩绘纹饰。表面有脱落、泥土附着物、剥落等病害	残	1	身：高：46.0 宽：22.1 厚：13.2 头：高：10.7 宽：9.8 厚：9.6	山东青州香山汉墓
119	K1X2区7：1151	陶立俑（大型）	汉		陶	保存基本完整。通体彩绘，绘有彩绘纹饰。表面有脱落、泥土附着物、剥落、植物损害、裂隙、其他附着物等病害	残	1	身：高：47.9 宽：23.2 厚：14.4 头：高：11.1 宽：9.6 厚：8.9	山东青州香山汉墓

续表

序号	总登记号	名称	年代	级别	质地	保存状况	完整情况	数量	尺寸（厘米）	出土地点
120	K1X2区7：1167	陶立俑（大型）	汉		陶	外形基本完整，残断为二块。通体彩绘，绘有彩绘纹饰。表面有脱落、泥土附着物、残断、剥落、裂隙、刻画、其他附着物等病害	残	1	身：高：45.9 宽：21.6 厚：13.9 头：高：11.3 宽：9.5 厚：9.7	山东青州香山汉墓
121	K1X3区5：1306	陶立俑（大型）	汉		陶	保存不完整，底部残缺。通体彩绘，绘有彩绘纹饰。表面有脱落、泥土附着物、残断、剥落等病害	残	1	身：高：46.4 宽：22.6 厚：14.4 头：高：11.6 宽：10.1 厚：9.8	山东青州香山汉墓
122	K1X2区7：1129	陶立俑（大型）	汉		陶	保存基本完整，残断为四块。通体彩绘，绘有彩绘纹饰。表面有脱落、泥土附着物、残断、剥落、裂隙、植物损害、刻画等病害	残	1	身：高：37.6 宽：15.6 厚：10.9 头：高：10.5 宽：9.6 厚：9.4	山东青州香山汉墓
123	K1X2区7：1152	陶立俑（大型）	汉		陶	外形基本完整，残断为三块。通体彩绘，绘有彩绘纹饰。表面有脱落、泥土附着物、残断、硬结物、剥落、植物损害等病害	残	1	身：高：47.1 宽：23.3 厚：13.4 头：高：10.2 宽：9.2 厚：8.8	山东青州香山汉墓
124	K1X2区7南边缘：1127	陶立俑（大型）	汉		陶	外形基本完整，残断为三块。通体彩绘，绘有彩绘纹饰。表面有脱落、泥土附着物、残断、剥落、刻画、硬结物、结晶盐等病害	残	1	身：高：46.0 宽：21.5 厚：9.0 头：高：13.2 宽：11.2 厚：9.6	山东青州香山汉墓
125	K1X2区7南三排：1165	陶立俑（大型）	汉		陶	外形基本完整，残断为三块，通体彩绘，绘有彩绘纹饰。表面有脱落、泥土附着物、残断、剥落、结晶盐等病害	残	1	身：高：46.0 宽：22.4 厚：13.2 头：高：10.7 宽：9.3 厚：9.2	山东青州香山汉墓
126	K1X2区7西部：1180	陶立俑（大型）	汉		陶	外形基本完整，残断为七块。通体彩绘，绘有彩绘纹饰。表面有脱落、泥土附着物、残断、剥落、结晶盐、其他附着物、裂缝等病害	残	1	身：高：47.0 宽：22.0 厚：13.2 头：高：12.0 宽：11.7 厚：9.5	山东青州香山汉墓
127	K1X2区7南四排中部：1172	陶立俑（大型）	汉		陶	保存不完整，残断为九块，腰部残缺。通体彩绘，绘有彩绘纹饰。表面有脱落、泥土附着物、残断、剥落、刻画等病害	残	1	身：高：47.3 宽：21.9 厚：13.5 头：高：10.7 宽：9.4 厚：8.9	山东青州香山汉墓
128	K1X2区7北侧中部：1183	陶立俑（大型）	汉		陶	保存不完整，残断为十一块，腹部、底部残缺。通体彩绘，绘有彩绘纹饰。表面有脱落、泥土附着物、残断、剥落、结晶盐、植物损害、硬结物、其他附着物等病害	残	1	身：高：46.1 宽：22.6 厚：12.5 头：高：10.9 宽：9.4 厚：9.1	山东青州香山汉墓

续表

序号	总登记号	名称	年代	级别	质地	保存状况	完整情况	数量	尺寸（厘米）	出土地点
129	K1X2区7南一第三排西部：1156	陶立俑（大型）	汉		陶	保存不完整，残断为九块，腰部残缺。整体彩绘，绘有彩绘纹饰。表面有脱落、泥土附着物、残断、剥落等病害	残	1	身：高：47.0 宽：22.6 厚：13.5 头：高：11.0 宽：9.5 厚：9.2	山东青州香山汉墓
130	K1X2区4：515	陶立俑（大型）	汉		陶	外形基本完整，残断为五块。通体彩绘，绘有彩绘纹饰。表面有脱落、泥土附着物、残断、剥落、结晶盐、植物损害等病害	残	1	身：高：47.6 宽：19.3 厚：12.8 头：高：10.6 宽：9.3 厚：8.7	山东青州香山汉墓
131	K1X2区3：241	陶立俑（大型）	汉		陶	保存不完整，残断为四块，头部缺失，底部残缺。通体彩绘，绘有彩绘纹饰。表面有脱落、泥土附着物、残断、剥落、其他附着物等病害	残	1	身：高：46.6 宽：19.1 厚：13.8 头：高：11.1 宽：9.7 厚：9.8	山东青州香山汉墓
132	K1X2区3：662	陶立俑（大型）	汉		陶	保存不完整，残断为三十二块。身体残缺。通体彩绘，绘有彩绘纹饰。表面有脱落、泥土附着物、残断、剥落、结晶盐等病害	残	1	身：高：47.0 宽：19.9 厚：13.1 头：高：10.7 宽：9.4 厚：9.4	山东青州香山汉墓
133	K1X2区7：1134	陶立俑（大型）	汉		陶	保存基本完整。通体彩绘，绘有彩绘纹饰。表面有脱落、泥土附着物、剥落、植物损害等病害	残	1	身：高：37.6 宽：19.0 厚：14.4 头：高：11.6 宽：10.1 厚：9.8	山东青州香山汉墓
134	K1X2区7：1150	陶立俑（大型）	汉		陶	保存不完整，残断为三块。通体彩绘，绘有彩绘纹饰。表面有脱落、泥土附着物、残断、剥落、其他附着物、植物损害等病害	残	1	身：高：37.7 宽：17.2 厚：10.3 头：高：11.7 宽：9.9 厚：9.4	山东青州香山汉墓
135	K1X2区7（南三排北部）：1164	陶立俑（大型）	汉		陶	保存完整。通体彩绘，绘有彩绘纹饰。表面有脱落、泥土附着物、剥落、裂隙、植物损害等病害	残	1	身：高：38.2 宽：18.8 厚：11.4 头：高：11.0 宽：9.7 厚：9.6	山东青州香山汉墓
136	K1②区5西部：562	陶立俑（大型）	汉		陶	保存不完整，残断为二十六块，身体残缺。通体彩绘，绘有彩绘纹饰。表面有脱落、泥土附着物、残断、剥落、植物损害、其他附着物等病害	残	1	身：高：46.8 宽：18.0 厚：13.9 头：高：11.0 宽：9.8 厚：9.7	山东青州香山汉墓
137	K1②区5西部：527	陶立俑（大型）	汉		陶	保存不完整，残断为四块，底部残缺。通体彩绘，绘有彩绘纹饰。表面有脱落、泥土附着物、残断、剥落、其他附着物、刻画等病害	残	1	身：高：48.0 宽：22.4 厚：13.1 头：高：11.7 宽：9.2 厚：8.9	山东青州香山汉墓

续表

序号	总登记号	名称	年代	级别	质地	保存状况	完整情况	数量	尺寸（厘米）	出土地点
138	K1层2区6东中：601	陶立俑（大型）	汉		陶	保存不完整，残断为三十四块，双手、右腿缺失。通体彩绘，绘有彩绘纹饰。表面有脱落、泥土附着物、剥落、残断、刻画、结晶盐、硬结物、其他附着物等病害	残	1	身：高：46.5 宽：22.5 厚：12.8 头：高：10.8 宽：9.6 厚：9.2	山东青州香山汉墓
139	K1②区5西北部：505	陶立俑（大型）	汉		陶	保存不完整，残断为二十二块，下半身残缺。通体彩绘，绘有彩绘纹饰。表面有脱落、泥土附着物、残断、剥落、植物损害等病害	残	1	身：高：46.0 宽：22.5 厚：12.9 头：高：11.0 宽：9.2 厚：8.8	山东青州香山汉墓
140	K1②区5西北部：520	陶立俑（大型）	汉		陶	保存不完整，残断为十块，衣领、背部、底部残缺。通体彩绘，绘有彩绘纹饰。表面有脱落、泥土附着物、残断、剥落、硬结物、裂缝等病害	残	1	身：高：45.5 宽：19.1 厚：13.1 头：高：10.1 宽：9.6 厚：9.4	山东青州香山汉墓
141	K1②区5西部：542	陶立俑（大型）	汉		陶	保存不完整，残断为数块，尾巴、双耳缺失。通体彩绘，绘有彩绘纹饰。表面有脱落、泥土附着物、残断、剥落等病害	残	1	身：高：37.8 宽：20.1 厚：13.2 头：高：11.1 宽：9.7 厚：9.5	山东青州香山汉墓
142	K1X2区7中部偏北：1179	陶立俑（大型）	汉		陶	保存基本完整。通体彩绘，绘有彩绘纹饰。表面有脱落、泥土附着物、剥落、裂缝等病害	残	1	身：高：46.2 宽：22.7 厚：12.5 头：高：10.9 宽：9.4 厚：9.0	山东青州香山汉墓
143	K1X2区7：1128	陶立俑（大型）	汉		陶	外形基本完整，残断为七块。整体彩绘，绘有彩绘纹饰。表面有脱落、泥土附着物、残断、剥落等病害	残	1	身：高：38.1 宽：19.8 厚：14.3 头：高：11.5 宽：10.2 厚：9.9	山东青州香山汉墓
144	K1②区7：728	陶立俑（小型）	汉		陶	保存不完整，残断为四块，左腿缺失。通体彩绘，绘有彩绘纹饰。表面有脱落、泥土附着物、剥落、其他附着物等病害	残	1	高：41.2 宽：12.8 厚：9.2	山东青州香山汉墓
145	K1②区3北三排马西第九匹马两侧：173	陶立俑（小型）	汉		陶	保存不完整，残断为四块，左足缺失，头顶残缺。通体彩绘，绘有彩绘纹饰。表面有脱落、泥土附着物、残断、剥落、裂缝等病害	残	1	高：40.6 宽：13.2 厚：9.7	山东青州香山汉墓
146	K1②区5中部中间偏东：450	陶立俑（小型）	汉		陶	保存不完整，残断为十一块，左足缺失，上半身残缺。通体彩绘，绘有彩绘纹饰。表面有脱落、泥土附着物、剥落、残断等病害	残	1	高：41.5 宽：13.3 厚：10.4	山东青州香山汉墓
147	K1②区3东部：244	陶立俑（小型）	汉		陶	保存不完整，残断为八块，腰部、下半身残缺。通体彩绘，绘有彩绘纹饰。表面有脱落、泥土附着物、残断、剥落、结晶盐、其他附着物、植物损害等病害	残	1	高：41.1 宽：12.7 厚：9.6	山东青州香山汉墓

续表

序号	总登记号	名称	年代	级别	质地	保存状况	完整情况	数量	尺寸（厘米）	出土地点
148	K1②区6中部中间偏南：644	陶立俑（小型）	汉		陶	保存不完整，残断为十四块，头部、衣领、下半身残缺。通体彩绘，绘有彩绘纹饰。表面有脱落、泥土附着物、剥落、植物损害等病害	残	1	高：40.5 宽：12.7 厚：10.0	山东青州香山汉墓
149	K1X3区7南二排东部边缘：1243	陶立俑（小型）	汉		陶	保存不完整，残断为三块，双手、右腿、双足缺失。通体彩绘，绘有彩绘纹饰。表面有脱落、泥土附着物、剥落、结晶盐等病害	残	1	高：36.1 宽：13.5 厚：7.5	山东青州香山汉墓
150	K1②区6西部中间偏东南：670	陶立俑（小型）	汉		陶	保存不完整，残断为十七块，右足缺失、衣领、腰部残缺。通体彩绘，绘有彩绘纹饰。表面有脱落、泥土附着物、剥落、其他附着物、裂隙等病害	残	1	高：40.4 宽：18.0 厚：9.5	山东青州香山汉墓
151	K1②区7：737	陶立俑（小型）	汉		陶	保存不完整，残断为三块，右手、左足缺失。通体彩绘，绘有彩绘纹饰。表面有脱落、泥土附着物、剥落、植物损害等病害	残	1	高：40.5 宽：12.5 厚：9.9	山东青州香山汉墓
152	K1②区3北三排马第西三十四马前的俑：150	陶立俑（小型）	汉		陶	保存不完整，残断为五块，双手缺失，左臂残缺。通体彩绘，绘有彩绘纹饰。表面有脱落、泥土附着物、剥落、植物损害等病害	残	1	高：40.1 宽：12.7 厚：8.8	山东青州香山汉墓
153	K1X3区7南一排俑：1201	陶立俑（小型）	汉		陶	保存不完整，残断为三块，右手、双足缺失、衣领残缺，头部前期粘接。通体彩绘，绘有彩绘纹饰。表面有脱落、泥土附着物、残断、剥落、结晶盐、植物损害等病害	残	1	高：38.4 宽：17.9 厚：9.0	山东青州香山汉墓
154	K1②区6中部西南角：657	陶立俑（小型）	汉		陶	保存不完整，残断为四块，双手缺失，腿部残缺。通体彩绘，绘有彩绘纹饰。表面有脱落、泥土附着物、残断、剥落、其他附着物、结晶盐、裂隙、植物损害等病害	残	1	高：40.2 宽：12.9 厚：8.7	山东青州香山汉墓
155	K1②区3北三排马西十二马前面：184	陶立俑（小型）	汉		陶	保存不完整，残断为四块，左手缺失，双足、腰部残缺，下半身前期粘接。通体彩绘，绘有彩绘纹饰。表面有脱落、泥土附着物、剥落、残断、刻画、结晶盐、裂隙、植物损害等病害	残	1	高：39.7 宽：13.2 厚：10.1	山东青州香山汉墓
156	K1②区1北一排立俑西第二十八个：66	陶立俑（小型）	汉		陶	保存不完整，残断为六块，右手缺失。通体彩绘，绘有彩绘纹饰。表面有脱落、泥土附着物、残断、剥落、植物损害、其他附着物等病害	残	1	高：41.8 宽：13.1 厚：9.6	山东青州香山汉墓
157	K1X3区5南五排东部：1295	陶立俑（小型）	汉		陶	保存不完整，残断为三块，右手、双腿缺失，左手残缺。通体彩绘，绘有彩绘纹饰。表面有脱落、泥土附着物、残断、剥落、结晶盐、植物损害、其他附着物等病害	残	1	高：36.9 宽：12.5 厚：9.1	山东青州香山汉墓
158	K1②区6中部中间偏西：638	陶立俑（小型）	汉		陶	保存不完整，残断为十五块，头部、身体、左手、双足残缺，头部、上半身前期粘接。通体彩绘，绘有彩绘纹饰。表面有脱落、泥土附着物、剥落、其他附着物等病害	残	1	高：41.0 宽：12.7 厚：9.1	山东青州香山汉墓
159	K1②区4东部：265	陶立俑（小型）	汉		陶	保存不完整，断为十四块，后脑勺缺，头部前期粘接。通体彩绘，绘有彩绘纹饰。表面有脱落、泥土附着物、残断、剥落等病害	残	1	高：40.8 宽：13.1 厚：9.5	山东青州香山汉墓

续表

序号	总登记号	名称	年代	级别	质地	保存状况	完整情况	数量	尺寸（厘米）	出土地点
160	K1②区4中部偏西北：283	陶立俑（小型）	汉		陶	保存不完整，残断为七块，右手、左足缺失，腰部、右腿残缺。通体彩绘，绘有彩绘纹饰。表面有脱落、泥土附着物、剥落、残断、裂缝、植物损害等病害	残	1	高：40.5 宽：12.9 厚：9.6	山东青州香山汉墓
161	K1②区4中部偏东：355	陶立俑（小型）	汉		陶	保存不完整，残断为十五块，右手缺失。通体彩绘，绘有彩绘纹饰。表面有脱落、泥土附着物、残断、剥落、裂缝等病害	残	1	高：40.3 宽：12.7 厚：7.9	山东青州香山汉墓
162	K1②区4中部偏东：354	陶立俑（小型）	汉		陶	保存不完整，残断为二十块，肩、背、左手、腰部、裙底残缺。通体彩绘，绘有彩绘纹饰。表面有脱落、泥土附着物、剥落等病害	残	1	高：40.9 宽：13.0 厚：10.4	山东青州香山汉墓
163	K1②区4西部偏东北部：287	陶立俑（小型）	汉		陶	保存不完整，残断为五块，双手缺失，头部、身体残缺。通体彩绘，绘有彩绘纹饰。表面有脱落、泥土附着物、剥落、残断、裂缝、植物损害等病害	残	1	高：40.1 宽：13.3 厚：8.8	山东青州香山汉墓
164	K1②区1东北部：86	陶立俑（小型）	汉		陶	外形基本完整，残断为四块，右手、双足缺失。通体彩绘，绘有彩绘纹饰。表面有脱落、泥土附着物、残断、剥落、植物损害等病害	残	1	高：46.0 宽：13.6 厚：9.6	山东青州香山汉墓
165	K1②区1东北部：87	陶立俑（小型）	汉		陶	保存不完整，残断为五块，左手残缺。通体彩绘，绘有彩绘纹饰。表面有脱落、泥土附着物、剥落、残断、其他附着物等病害	残	1	高：41.0 宽：13.0 厚：10.0	山东青州香山汉墓
166	K1②区6东部中间：610	陶立俑（小型）	汉		陶	外形基本完整，残断为七块。通体彩绘，绘有彩绘纹饰。表面有脱落、泥土附着物、残断、剥落、其他附着物等病害	残	1	高：41.4 宽：13.3 厚：10.0	山东青州香山汉墓
167	K1②区6东部中间：607	陶立俑（小型）	汉		陶	外形基本完整，残断为四块。通体彩绘，绘有彩绘纹饰。表面有脱落、泥土附着物、剥落、裂隙、刻画、其他附着物等病害	残	1	高：41.1 宽：13.2 厚：9.8	山东青州香山汉墓
168	K1②区6东部中间：606	陶立俑（小型）	汉		陶	保存不完整，残断为六块，右手缺失，腰部、右足残缺。通体彩绘，绘有彩绘纹饰。表面有脱落、泥土附着物、残断、剥落、结晶盐、刻画、其他附着物等病害	残	1	高：40.4 宽：13.0 厚：8.9	山东青州香山汉墓
169	K1②区6西部偏东侧：664	陶立俑（小型）	汉		陶	保存不完整，残断为七块，右足、右手缺失，背部残缺。通体彩绘，绘有彩绘纹饰。表面有脱落、泥土附着物、剥落、残断、结晶盐等病害	残	1	高：40.5 宽：13.5 厚：9.4	山东青州香山汉墓
170	K1②区6西部东侧：665	陶立俑（小型）	汉		陶	保存不完整，残断为四块，右手、左腿缺失。通体彩绘，绘有彩绘纹饰。表面有脱落、泥土附着物、残断、剥落、植物损害、裂缝、其他附着物等病害	残	1	高：39.5 宽：18.0 厚：9.2	山东青州香山汉墓
171	K1②区5中部中间：467	陶立俑（小型）	汉		陶	保存不完整，残断为十二块，双足缺失，身体、右手残缺。通体彩绘，绘有彩绘纹饰。表面有脱落、泥土附着物、剥落、残断、植物损害等病害	残	1	高：40.2 宽：13.0 厚：9.6	山东青州香山汉墓

续表

序号	总登记号	名称	年代	级别	质地	保存状况	完整情况	数量	尺寸（厘米）	出土地点
172	K1②区3东部偏西：235	陶立俑（小型）	汉		陶	保存不完整，双手、左腿缺失。通体彩绘，绘有彩绘纹饰。表面有脱落、泥土附着物、剥落、残断、其他附着物等病害	残	1	高：40.2 宽：13.3 厚：8.5	山东青州香山汉墓
173	K1②区4东部：266	陶立俑（小型）	汉		陶	保存不完整，残断为四块，左手、双腿缺失。通体彩绘，绘有彩绘纹饰。表面有脱落、泥土附着物、残断、剥落、结晶盐、其他附着物、植物损害等病害	残	1	高：37.5 宽：13.1 厚：9.6	山东青州香山汉墓
174	K1②区6中部中间偏南：643	陶立俑（小型）	汉		陶	外形基本完整，残断为九块，腰部残缺。通体彩绘，绘有彩绘纹饰。表面有脱落、泥土附着物、剥落、结晶盐、植物损害等病害	残	1	高：40.0 宽：12.9 厚：9.0	山东青州香山汉墓
175	K1②区6中部中间偏西：636	陶立俑（小型）	汉		陶	保存不完整，残断为五块，右手、右足缺失，下半身残缺。通体彩绘，绘有彩绘纹饰。表面有脱落、泥土附着物、剥落、残断、其他附着物等病害	残	1	高：40.6 宽：13.0 厚：9.6	山东青州香山汉墓
176	K1层2区4中偏东：327	陶立俑（小型）	汉		陶	保存不完整，残断为六块，双手、右足缺失，胳膊、下半身残缺。通体彩绘，绘有彩绘纹饰。表面有脱落、泥土附着物、剥落、残断、其他附着物、植物损害等病害	残	1	高：40.3 宽：12.5 厚：8.2	山东青州香山汉墓
177	K1②区7西部：770	陶立俑（小型）	汉		陶	保存不完整，残断为六块，双手缺失，腰部、腿部残缺。通体彩绘，绘有彩绘纹饰。表面有脱落、泥土附着物、剥落、残断、其他附着物、裂缝、结晶盐、植物损害等病害	残	1	高：41.2 宽：8.0 厚：12.7	山东青州香山汉墓
178	K1X3区6东部南四排：1284	陶立俑（小型）	汉		陶	保存不完整，残断为九块，左手、左腿缺失，下半身残缺。通体彩绘，绘有彩绘纹饰。表面有脱落、泥土附着物、剥落、残断、其他附着物等病害	残	1	高：41.0 宽：13.0 厚：9.5	山东青州香山汉墓
179	K1②区4中部：301	陶立俑（小型）	汉		陶	保存不完整，残断为九块，双手、左足缺失，身体残缺。通体彩绘，绘有彩绘纹饰。表面有脱落、泥土附着物、剥落、残断等病害	残	1	高：40.8 宽：13.3 厚：8.6	山东青州香山汉墓
180	K1②区7中部车743前马前：752	陶立俑（小型）	汉		陶	保存不完整，残断为十三块，右手缺失，左手残缺。通体彩绘，绘有彩绘纹饰。表面有脱落、泥土附着物、残断、剥落、裂缝等病害	残	1	高：40.4 宽：13.2 厚：9.9	山东青州香山汉墓
181	K1②区5中部中间：474	陶立俑（小型）	汉		陶	保存不完整，残断为十五块，右手、双腿缺失，头部残缺。通体彩绘，绘有彩绘纹饰。表面有脱落、泥土附着物、剥落、残断、裂缝、植物损害等病害	残	1	高：35.7 宽：12.6 厚：9.6	山东青州香山汉墓
182	K1②区4中部：309	陶立俑（小型）	汉		陶	保存不完整，残断为十二块，双手、双腿缺失，肩部、腹部残缺。通体彩绘，绘有彩绘纹饰。表面有脱落、泥土附着物、残断、剥落、植物损害、刻画、其他附着物等病害	残	1	高：37.5 宽：13.0 厚：8.0	山东青州香山汉墓
183	K1层2区4中偏东：330	陶立俑（小型）	汉		陶	保存不完整，残断为二十二块，头部、身体、右足残缺。通体彩绘，绘有彩绘纹饰。表面有脱落、泥土附着物、剥落等病害	残	1	高：41.9 宽：13.0 厚：10.1	山东青州香山汉墓

续表

序号	总登记号	名称	年代	级别	质地	保存状况	完整情况	数量	尺寸（厘米）	出土地点
184	K1②区4中部偏北：275	陶立俑（小型）	汉		陶	保存不完整，残断为二十块，右手缺失，左肩、腹部、左腿残缺。通体彩绘，绘有彩绘纹饰。表面有脱落、泥土附着物、残断、剥落、其他附着物等病害	残	1	高：41.5 宽：12.8 厚：9.4	山东青州香山汉墓
185	K1②区5中部中间偏西：495	陶立俑（小型）	汉		陶	保存不完整，残断为十块，右手缺失，左手部分缺失。通体彩绘，绘有彩绘纹饰。表面有脱落、泥土附着物、残断、剥落、植物损害等病害	残	1	高：44.1 宽：13.2 厚：8.8	山东青州香山汉墓
186	K1②区3北三排马中部：185	陶立俑（小型）	汉		陶	保存不完整，残断为十七块，缺失，胳膊、腰部残缺。通体彩绘，绘有彩绘纹饰。表面有脱落、泥土附着物、残断、剥落、结晶盐、植物损害等病害	残	1	高：40.2 宽：12.6 厚：9.8	山东青州香山汉墓
187	K1②区4中部偏东：316	陶立俑（小型）	汉		陶	保存不完整，残断为十七块，颈部、腰部残缺。通体彩绘，绘有彩绘纹饰。表面有脱落、泥土附着物、剥落害等病害	残	1	高：39.5 宽：18.0 厚：9.2	山东青州香山汉墓
188	K1②区6中部中间：627	陶立俑（小型）	汉		陶	保存不完整，残断为十块，双手、左足缺失，头部残缺。通体彩绘，绘有彩绘纹饰。表面有脱落、泥土附着物、剥落、裂缝、结晶盐、其他附着物等病害	残	1	高：41.5 宽：12.9 厚：9.0	山东青州香山汉墓
189	K1②区5中部中间：465	陶立俑（小型）	汉		陶	保存不完整，残断为三块，右手、右腿缺失，左手、腰部残缺。通体彩绘，绘有彩绘纹饰。表面有脱落、泥土附着物、剥落病害	残	1	高：39.8 宽：13.0 厚：9.3	山东青州香山汉墓
190	K1X3区6南三排东部上缘：1265	陶立俑（小型）	汉		陶	保存不完整，残断为六块，右足缺失。通体彩绘，绘有彩绘纹饰。表面有脱落、泥土附着物、残断、剥落、结晶盐、植物损害等病害	残	1	高：40.4 宽：10.0 厚：13.3	山东青州香山汉墓
191	K1②区4中部偏西北：281	陶立俑（小型）	汉		陶	保存不完整，残断为块，右手、双足缺失。通体彩绘，绘有彩绘纹饰。表面有脱落、泥土附着物、残断、剥落、其他附着物、结晶盐、植物损害等病害	残	1	高：37.5 宽：13.0 厚：10.0	山东青州香山汉墓
192	K1②区3北三排马东部偏西：191	陶立俑（小型）	汉		陶	保存不完整，残断为四块，双足缺失。通体彩绘，绘有彩绘纹饰。表面有脱落、泥土附着物、残断、剥落、裂缝、结晶盐、植物残留痕等病害	残	1	高：36.1 宽：12.6 厚：9.7	山东青州香山汉墓
193	K1②区3北三排马东部偏东：190	陶立俑（小型）	汉		陶	保存不完整，残断为十三块，头部、双腿缺失。通体彩绘，绘有彩绘纹饰。表面有脱落、泥土附着物、残断、剥落等病害	残	1	高：40.6 宽：12.4 厚：12.6	山东青州香山汉墓
194	K1②区4东部偏西：357	陶立俑（小型）	汉		陶	保存不完整，残断为十七块，右手残缺。通体彩绘，绘有彩绘纹饰。表面有脱落、泥土附着物、残断、剥落、其他附着物等病害	残	1	高：41.0 宽：13.5 厚：10.0	山东青州香山汉墓
195	K1②区3东部偏西：238	陶立俑（小型）	汉		陶	保存不完整，残断为十五块，左手缺失，右臂、左臂、右足残缺。通体彩绘，绘有彩绘纹饰。表面有脱落、泥土附着物、残断、剥落、刻画等病害	残	1	高：40.2 宽：12.7 厚：10.0	山东青州香山汉墓

续表

序号	总登记号	名称	年代	级别	质地	保存状况	完整情况	数量	尺寸（厘米）	出土地点
196	K1②区3北三排马第西三马西侧：152	陶立俑（小型）	汉		陶	保存不完整，残断为三块，右手、右腿缺失，头顶部残缺。通体彩绘，绘有彩绘纹饰。表面有脱落、泥土附着物、残断、剥落、其他附着物、植物损害等病害	残	1	高：40.9 宽：12.9 厚：8.8	山东青州香山汉墓
197	K1②区3东部中间偏南：240	陶立俑（小型）	汉		陶	保存不完整，残断为五块，面部、右手、左腿残缺。通体彩绘，绘有彩绘纹饰。表面有脱落、泥土附着物、残断、剥落等病害	残	1	高：41.1 宽：13.1 厚：9.9	山东青州香山汉墓
198	K1②区4东部偏西：322	陶立俑（小型）	汉		陶	保存不完整，残断为十八块，右手残缺。通体彩绘，绘有彩绘纹饰。表面有脱落、泥土附着物、残断、剥落等病害	残	1	高：40.8 宽：13.6 厚：9.6	山东青州香山汉墓
199	K1②区5中部中间偏西：491	陶立俑（小型）	汉		陶	保存不完整，残断为七块，双足缺失。通体彩绘，绘有彩绘纹饰。表面有脱落、泥土附着物、剥落、残断、刻画、结晶盐、植物损害等病害	残	1	高：36.9 宽：12.5 厚：9.4	山东青州香山汉墓
200	K1②区4中部偏东：353	陶立俑（小型）	汉		陶	保存不完整，残断为十三块，右足缺失，双手、腰部、背部残缺。通体彩绘，绘有彩绘纹饰。表面有脱落、泥土附着物、剥落、残断、裂缝、其他附着物、植物损害等病害	残	1	高：38.5 宽：12.9 厚：10.2	山东青州香山汉墓
201	K1②区4中部偏东：351	陶立俑（小型）	汉		陶	保存不完整，残断为二十块，右手、左腿缺失。通体彩绘，绘有彩绘纹饰。表面有脱落、泥土附着物、残断、剥落等病害	残	1	高：41.0 宽：13.7 厚：8.3	山东青州香山汉墓
202	K1②区4中部偏西北：278	陶立俑（小型）	汉		陶	保存不完整，残断为六块，左手缺失，胳膊、下半身残缺。通体彩绘，绘有彩绘纹饰。表面有脱落、泥土附着物、剥落、残断、裂缝、植物损害等病害	残	1	高：34.4 宽：13.0 厚：7.9	山东青州香山汉墓
203	K1②区5东部中间：398	陶立俑（小型）	汉		陶	保存不完整，残断为七块，右足、右手缺失，背部残缺。通体彩绘，绘有彩绘纹饰。表面有脱落、泥土附着物、剥落、残断、结晶盐等病害	残	1	高：40.4 宽：13.2 厚：10.8	山东青州香山汉墓
204	K1②区5西北部：510	陶立俑（小型）	汉		陶	保存不完整，残断为九块，双手、双足缺失，脖子处有残缺。通体彩绘，绘有彩绘纹饰。表面有脱落、泥土附着物、残断、剥落、裂缝、植物损害等病害	残	1	高：37.2 宽：12.7 厚：8.3	山东青州香山汉墓
205	K1②区5西部：550	陶立俑（小型）	汉		陶	保存不完整，残断为十块，右手、右足缺失。通体彩绘，绘有彩绘纹饰。表面有脱落、泥土附着物、残断、结晶盐、植物损害等病害	残	1	高：40.5 宽：12.8 厚：9.7	山东青州香山汉墓
206	K1②区5东部中间：404	陶立俑（小型）	汉		陶	外形基本完整，残断为六块，脖子、裙部、腿部残缺，头部前期粘接。通体彩绘，绘有彩绘纹饰。表面有脱落、泥土附着物、剥落、残断、结晶盐等病害	残	1	高：40.8 宽：12.7 厚：9.5	山东青州香山汉墓
207	K1②区5东部：403	陶立俑（小型）	汉		陶	保存不完整，残断为九块，右臂、右腿、左足残缺。通体彩绘，绘有彩绘纹饰。表面有脱落、泥土附着物、残断、剥落、结晶盐、植物损害等病害	残	1	高：40.7 宽：12.7 厚：9.5	山东青州香山汉墓

续表

序号	总登记号	名称	年代	级别	质地	保存状况	完整情况	数量	尺寸（厘米）	出土地点
208	K1②区5东部中间：421	陶立俑（小型）	汉		陶	保存不完整，残断为四块，右手缺失，背部残缺。通体彩绘，绘有彩绘纹饰。表面有脱落、泥土附着物、剥落、残断、刻画、其他附着物等病害	残	1	高：40.1 宽：13.3 厚：9.9	山东青州香山汉墓
209	K1②区5西部：538	陶立俑（小型）	汉		陶	保存不完整，残断为十二块，右手缺失、左胳膊残缺。通体彩绘，绘有彩绘纹饰。表面有脱落、泥土附着物、残断、剥落、植物损害等病害	残	1	高：40.5 宽：12.9 厚：9.2	山东青州香山汉墓
210	K1②区5东部中间：420	陶立俑（小型）	汉		陶	保存不完整，残断为十五块，右手、双足缺失。通体彩绘，绘有彩绘纹饰。表面有脱落、泥土附着物、残断、剥落、结晶盐、植物损害等病害	残	1	高：39.1 宽：13.4 厚：8.9	山东青州香山汉墓
211	K1②区5西部：553	陶立俑（小型）	汉		陶	保存不完整，残断为十五块，右手缺失，右臂、腰部残缺。通体彩绘，绘有彩绘纹饰。表面有脱落、泥土附着物、剥落、植物损害等病害	残	1	高：40.7 宽：13.0 厚：9.5	山东青州香山汉墓
212	K1②区5中部中间偏西：490	陶立俑（小型）	汉		陶	保存不完整，残断为六块，双手缺失、脖子、腰部残缺。通体彩绘，绘有彩绘纹饰。表面有脱落、泥土附着物、剥落、残断、刻画、结晶盐、植物损害等病害	残	1	高：40.5 宽：13.1 厚：8.3	山东青州香山汉墓
213	K1②区4中部偏东：338	陶立俑（小型）	汉		陶	保存不完整，残断为八块，右手、左足尖缺失，背部残缺。通体彩绘，绘有彩绘纹饰。表面有脱落、泥土附着物、剥落、裂缝、其他附着物等病害	残	1	高：39.7 宽：13.5 厚：6.0	山东青州香山汉墓
214	K1②区6中部中间偏西：632	陶立俑（小型）	汉		陶	保存不完整，残断为十六块，双腿缺失，手部、身体残缺。通体彩绘，绘有彩绘纹饰。表面有脱落、泥土附着物、剥落、残断、结晶盐等病害	残	1	高：35.2 宽：12.9 厚：9.1	山东青州香山汉墓
215	K1②区4中部偏东：339	陶立俑（小型）	汉		陶	保存不完整，残断为六块，右手缺失。通体彩绘，绘有彩绘纹饰。表面有脱落、泥土附着物、剥落、残断、其他附着物等病害	残	1	高：40.0 宽：12.8 厚：8.7	山东青州香山汉墓
216	K1②区3中部：226	陶立俑（小型）	汉		陶	保存不完整，残断为九块，右手、双足缺失，右臂、右手、裙部两侧残缺。通体彩绘，绘有彩绘纹饰。表面有脱落、泥土附着物、残断、剥落、植物损害等病害	残	1	高：37.5 宽：12.6 厚：12.7	山东青州香山汉墓
217	K1X3区7南二排：1226	陶立俑（小型）	汉		陶	保存不完整，残断为九块，双手、右肘缺失。通体彩绘，绘有彩绘纹饰。表面有脱落、泥土附着物、残断、剥落等病害	残	1	高：41.2 宽：12.7 厚：8.7	山东青州香山汉墓
218	K1②区6中部西南角：652	陶立俑（小型）	汉		陶	保存不完整，残断为十三块，双手、左足缺失，头部残缺。通体彩绘，绘有彩绘纹饰。表面有脱落、泥土附着物、剥落等病害	残	1	高：45.4 宽：12.9 厚：9.0	山东青州香山汉墓
219	K1X3区5南六排中部：1313	陶立俑（小型）	汉		陶	保存不完整，残断为六块，双手、双足缺失，颈部、腰部残缺。通体彩绘，绘有彩绘纹饰。表面有脱落、泥土附着物、残断、剥落、刻画、裂隙、结晶盐、植物损害等病害	残	1	高：39.7 宽：13.1 厚：9.6	山东青州香山汉墓

续表

序号	总登记号	名称	年代	级别	质地	保存状况	完整情况	数量	尺寸（厘米）	出土地点
220	K1②区4中部：303	陶立俑（小型）	汉		陶	保存不完整，残断为七块，双手、左足缺失，下半身残缺。通体彩绘，绘有彩绘纹饰。表面有脱落、泥土附着物、残断、剥落、其他附着物等病害	残	1	高：41.1 宽：13.2 厚：8.5	山东青州香山汉墓
221	K1②区6中部中间偏西：637	陶立俑（小型）	汉		陶	保存不完整，残断为十二块，双手缺失，身体残缺。通体彩绘，绘有彩绘纹饰。表面有脱落、泥土附着物、剥落、残断、植物损害等病害	残	1	高：37.6 宽：13.0 厚：8.2	山东青州香山汉墓
222	K1X3区5南五排东部：1299	陶立俑（小型）	汉		陶	保存不完整，残断为四块，右手、双腿缺失。通体彩绘，绘有彩绘纹饰。表面有脱落、泥土附着物、残断、剥落等病害	残	1	高：36.0 宽：12.9 厚：9.4	山东青州香山汉墓
223	K1②区4中部：310	陶立俑（小型）	汉		陶	保存不完整，残断为十块，右手缺失，腰部残缺。通体彩绘，绘有彩绘纹饰。表面有脱落、泥土附着物、剥落、其他附着物等病害	残	1	高：40.0 宽：12.4 厚：9.0	山东青州香山汉墓
224	K1层2区4中偏东：331	陶立俑（小型）	汉		陶	保存不完整，残断为八块，右手、右足缺失，后裙摆残缺。通体彩绘，绘有彩绘纹饰。表面有脱落、泥土附着物、残断、剥落、其他附着物、植物残留痕等病害	残	1	高：40.6 宽：12.5 厚：9.2	山东青州香山汉墓
225	K1②区6中部西侧：651	陶立俑（小型）	汉		陶	保存不完整，残断为十块，右手、脖子、背部残缺。通体彩绘，绘有彩绘纹饰。表面有脱落、泥土附着物、残断、剥落、裂隙、其他附着物等病害	残	1	高：40.6 宽：19.2 厚：9.5	山东青州香山汉墓
226	K1②区3北三排马中部偏西：168	陶立俑（小型）	汉		陶	保存不完整，残断为九块，双足缺失，右臂、右手残缺。通体彩绘，绘有彩绘纹饰。表面有脱落、泥土附着物、残断、剥落等病害	残	1	高：37.8 宽：13.5 厚：9.0	山东青州香山汉墓
227	K1②区3中部偏东：231	陶立俑（小型）	汉		陶	保存不完整，残断为八块，一足缺失、双手、衣领、腰部残缺。通体彩绘，绘有彩绘纹饰。表面有脱落、泥土附着物、残断、剥落等病害	残	1	高：38.4 宽：12.9 厚：9.0	山东青州香山汉墓
228	K1②区6中部中间偏西：635	陶立俑（小型）	汉		陶	保存不完整，残断为二块，双足缺失。通体彩绘，绘有彩绘纹饰。表面有脱落、泥土附着物、剥落、残断、植物损害等病害	残	1	高：38.7 宽：12.5 厚：9.5	山东青州香山汉墓
229	K1②区5中部中间偏西：482	陶立俑（小型）	汉		陶	保存不完整，残断为十一块块，双手、左足缺失，破损严重。通体彩绘，绘有彩绘纹饰。表面有脱落、泥土附着物、残断、剥落、植物残留痕等病害	残	1	高：41.2 宽：12.9 厚：8.4	山东青州香山汉墓
230	K1②区5中部中间偏西：481	陶立俑（小型）	汉		陶	保存不完整，双手、左腿缺失。通体彩绘，绘有彩绘纹饰。表面有脱落、泥土附着物、残断、剥落、植物损害等病害	残	1	高：41.2 宽：13.1 厚：8.4	山东青州香山汉墓
231	K1②区5西部：570	陶立俑（小型）	汉		陶	保存不完整，残断为四块，双手缺失。通体彩绘，绘有彩绘纹饰。表面有脱落、泥土附着物、剥落、残断、裂缝等病害	残	1	高：40.8 宽：13.1 厚：8.3	山东青州香山汉墓

续表

序号	总登记号	名称	年代	级别	质地	保存状况	完整情况	数量	尺寸（厘米）	出土地点
232	K1②区3北三排马东部偏西：192	陶立俑（小型）	汉		陶	保存不完整，残断为四块，双手、左肩、双足缺失，冠残缺。通体彩绘，绘有彩绘纹饰。表面有脱落、泥土附着物、残断、剥落、其他附着物、植物损害等病害	残	1	高：40.1 宽：11.8 厚：9.3	山东青州香山汉墓
233	K1②区3中部：225	陶立俑（小型）	汉		陶	保存不完整，残断为九块，右手、左腿缺失。通体彩绘，绘有彩绘纹饰。表面有脱落、泥土附着物、残断、剥落、其他附着物、植物损害等病害	残	1	高：41.3 宽：12.9 厚：8.7	山东青州香山汉墓
234	K1②区3中部：223	陶立俑（小型）	汉		陶	保存不完整，残断为三十一块，双足、右手缺失，左手、头部、上半身残缺。通体彩绘，绘有彩绘纹饰。表面有脱落、泥土附着物、剥落等病害	残	1	高：36.2 宽：13.2 厚：9.4	山东青州香山汉墓
235	K1层2区6东中：600	陶立俑（小型）	汉		陶	保存不完整，残断为五块，左足缺失。通体彩绘，绘有彩绘纹饰。表面有脱落、泥土附着物、残断、剥落、裂缝、植物损害等病害	残	1	高：40.8 宽：12.4 厚：10.4	山东青州香山汉墓
236	K1②区6中部西南角：655	陶立俑（小型）	汉		陶	保存不完整，残断为二块，双手、双足缺失，右臂、右手、裙部两侧残缺。通体彩绘，绘有彩绘纹饰。表面有脱落、泥土附着物、残断、剥落、植物损害等病害	残	1	高：37.3 宽：13.0 厚：8.7	山东青州香山汉墓
237	K1②区4中部偏东：337	陶立俑（小型）	汉		陶	保存不完整，残断为九块，双腿、双足残损。通体彩绘，绘有彩绘纹饰。表面有脱落、泥土附着物、残断、剥落、其他附着物、脖下有遗留指纹等病害	残	1	高：39.9 宽：13.4 厚：9.9	山东青州香山汉墓
238	K1层2区4中：336	陶立俑（小型）	汉		陶	保存不完整，残断为六块，左手、左足缺失。通体彩绘，绘有彩绘纹饰。表面有脱落、泥土附着物、残断、剥落等病害	残	1	高：40.2 宽：13.0 厚：9.5	山东青州香山汉墓
239	K1②区5东部中间：422	陶立俑（小型）	汉		陶	保存不完整，残断为十一块，双手、左腿、双足缺失，背部残缺。通体彩绘，绘有彩绘纹饰。表面有脱落、泥土附着物、剥落、残断、其他附着物、植物损害等病害	残	1	高：38.2 宽：12.6 厚：8.6	山东青州香山汉墓
240	K1②区7中部车743前：745	陶立俑（小型）	汉		陶	保存不完整，残断为四块，左手缺失，头部、下半身残缺。通体彩绘，绘有彩绘纹饰。表面有脱落、泥土附着物、残断、剥落等病害	残	1	高：46.0 宽：13.3 厚：9.6	山东青州香山汉墓
241	K1X3区7南一排东部：1207	陶立俑（小型）	汉		陶	保存不完整，残断为四块，双手、左足缺失，右腿残缺。通体彩绘，绘有彩绘纹饰。表面有脱落、泥土附着物、残断、剥落等病害	残	1	高：39.8 宽：13.2 厚：8.2	山东青州香山汉墓
242	K1②区5西部：549	陶立俑（小型）	汉		陶	保存不完整，残断为七块，右手缺失,下半身残缺。通体彩绘，绘有彩绘纹饰。表面有脱落、泥土附着物、残断、剥落、植物损害、其他附着物等病害	残	1	高：30.7 宽：12.9 厚：8.6	山东青州香山汉墓
243	K1②区3：195	陶立俑（小型）	汉		陶	保存不完整，残断为四块，右手缺失。通体彩绘，绘有彩绘纹饰。表面有脱落、泥土附着物、残断、剥落、裂缝、植物损害等病害	残	1	高：40.0 宽：12.9	山东青州香山汉墓

续表

序号	总登记号	名称	年代	级别	质地	保存状况	完整情况	数量	尺寸（厘米）	出土地点
244	K1②区2：121	陶立俑（小型）	汉		陶	保存不完整，残断为三块，双手缺失。通体彩绘，绘有彩绘纹饰。表面有脱落、泥土附着物、残断、剥落、裂缝、龟裂等病害	残	1	高：40.1 宽：12.9 厚：7.8	山东青州香山汉墓
245	K1②区4东部偏西：346	陶立俑（小型）	汉		陶	保存不完整，残断为十四块，左足缺失，右手残缺。通体彩绘，绘有彩绘纹饰。表面有脱落、泥土附着物、残断、剥落、刻画、裂缝、其他附着物、植物损害等病害	残	1	高：46.6 宽：13.0 厚：9.6	山东青州香山汉墓
246	K1②区4东部：267	陶立俑（小型）	汉		陶	保存不完整，残断为三块，双手、左足缺失。通体彩绘，绘有彩绘纹饰。表面有脱落、泥土附着物、残断、剥落、植物损害、裂缝等病害	残	1	高：45.6 宽：12.8 厚：8.4	山东青州香山汉墓
247	K1层2区6东中：598	陶立俑（小型）	汉		陶	保存不完整，残断为三十一块，双足、右手缺失，左手、头部、上半身残缺。通体彩绘，绘有彩绘纹饰。表面有脱落、泥土附着物、剥落等病害	残	1	高：37.7 宽：12.4 厚：8.4	山东青州香山汉墓
248	K1②区6中部中间偏南：645	陶立俑（小型）	汉		陶	保存不完整，残断为十九块，下半身残缺。通体彩绘，绘有彩绘纹饰。表面有脱落、泥土附着物、剥落、残断、刻画、其他附着物、植物损害等病害	残	1	高：40.6 宽：13.0 厚：9.6	山东青州香山汉墓
249	K1②区4中部：304	陶立俑（小型）	汉		陶	保存不完整，残断为十五块，右手、右足缺失，头部、身体残缺。通体彩绘，绘有彩绘纹饰。表面有脱落、泥土附着物、剥落、植物损害等病害	残	1	高：36.8 宽：13.1 厚：9.4	山东青州香山汉墓
250	K1X3区6：1246	陶立俑（小型）	汉		陶	保存不完整，残断为三块，腰部残缺。通体彩绘，绘有彩绘纹饰。表面有脱落、泥土附着物、残断、剥落、裂缝、刻画等病害	残	1	高：40.8 宽：19.1 厚：13.8	山东青州香山汉墓
251	K1②区6西部偏东南：667	陶立俑（小型）	汉		陶	保存不完整，残断为九块，左手缺失，左臂残缺。通体彩绘，绘有彩绘纹饰。表面有脱落、泥土附着物、剥落、裂缝、裂隙、植物损害等病害	残	1	高：40.0 宽：12.5 厚：10.5	山东青州香山汉墓
252	K1②区6西部偏东：669	陶立俑（小型）	汉		陶	保存不完整，残断为四块，右足缺失，右手、下半身残缺。通体彩绘，绘有彩绘纹饰。表面有脱落、泥土附着物、剥落、结晶盐等病害	残	1	高：40.9 宽：13.2 厚：9.0	山东青州香山汉墓
253	K1②区6东部边缘：581	陶立俑（小型）	汉		陶	保存不完整，残断为三块，四条腿缺失，脖子残缺。通体彩绘，绘有彩绘纹饰。表面有脱落、泥土附着物、残断、剥落、刻画、结晶盐等病害	残	1	高：41.3 宽：13.5 厚：9.9	山东青州香山汉墓
254	K1②区6中部中间偏南：646	陶立俑（小型）	汉		陶	保存不完整，残断为十四块，右手缺失，躯体、双足残缺。通体彩绘，绘有彩绘纹饰。表面有脱落、泥土附着物、剥落、其他附着物、结晶盐等病害	残	1	高：40.3 宽：12.8 厚：9.8	山东青州香山汉墓

续表

序号	总登记号	名称	年代	级别	质地	保存状况	完整情况	数量	尺寸（厘米）	出土地点
255	K1②区5西部：547	陶立俑（小型）	汉		陶	保存不完整，残断为十六块，右足、右手缺失，头部、衣领、下半身残缺。通体彩绘，绘有彩绘纹饰。表面有脱落、泥土附着物、剥落、残断等病害	残	1	高：40 .0 宽：13.2 厚：9.3	山东青州香山汉墓
256	K1②区3东部中间偏南：241	陶立俑（小型）	汉		陶	保存不完整，残断为十块，左手缺失，下半身残缺。通体彩绘，绘有彩绘纹饰。表面有脱落、泥土附着物、剥落、残断、植物损害等病害	残	1	高：40.2 宽：13.2 厚：10.0	山东青州香山汉墓
257	K1X2区5：544	陶立俑（小型）	汉		陶	保存不完整，残断为三块，头部残缺，头部前期粘接。通体彩绘，绘有彩绘纹饰。表面有脱落、泥土附着物、残断、剥落、裂缝、其他附着物等病害	残	1	高：37.4 宽：12.8 厚：10.0	山东青州香山汉墓
258	K1②区3北三排马西十二马西侧：183	陶立俑（小型）	汉		陶	保存不完整，残断为三块，右手、双腿缺失，头部、左手、腰部残缺。通体彩绘，绘有彩绘纹饰。表面有脱落、泥土附着物、剥落、裂缝、其他附着物等病害	残	1	高：34.6 宽：13.1 厚：8.7	山东青州香山汉墓
259	K1②区3：162	陶立俑（小型）	汉		陶	保存不完整，残断为四块，双手缺失。通体彩绘，绘有彩绘纹饰。表面有脱落、泥土附着物、残断、剥落、裂缝、其他附着物等病害	残	1	高：40.7 宽：12.8 厚：9.5	山东青州香山汉墓
260	K1②区7东部东侧边缘：706	陶立俑（小型）	汉		陶	外形基本完整，残断为五块。通体彩绘，绘有彩绘纹饰。表面有脱落、泥土附着物、剥落、裂缝、植物损害等病害	残	1	高：40.9 宽：12.6 厚：9.9	山东青州香山汉墓
261	K1②区7东部东侧边缘：707	陶立俑（小型）	汉		陶	外形基本完整，残断为三块。通体彩绘，绘有彩绘纹饰。表面有脱落、泥土附着物、残断、剥落等病害	残	1	高：41.3 宽：13.4 厚：9.3	山东青州香山汉墓
262	K1②区2：114	陶立俑（小型）	汉		陶	保存不完整，残断为五块。通体彩绘，绘有彩绘纹饰。表面有脱落、泥土附着物、残断、剥落等病害	残	1	高：40.6 宽：13.4 厚：8.6	山东青州香山汉墓
263	K1②区7：769	陶立俑（小型）	汉		陶	保存不完整，残断为三块，右手残缺。通体彩绘，绘有彩绘纹饰。表面有脱落、泥土附着物、剥落、残断、其他附着物、裂缝、植物损害等病害	残	1	高：39.5 宽：12.0 厚：6.0	山东青州香山汉墓
264	K1②区7：768	陶立俑（小型）	汉		陶	保存不完整，残断为四块，双手缺失，腰部残缺。通体彩绘，绘有彩绘纹饰。表面有脱落、泥土附着物、残断、剥落、裂缝等病害	残	1	高：40.0 宽：23.0 厚：6.5	山东青州香山汉墓
265	K1层2区6东中：599	陶立俑（小型）	汉		陶	通体彩绘，绘有彩绘纹饰。表面有脱落、泥土附着物、剥落等病害	残	1	高：40.9 宽：12.7 厚：9.6	山东青州香山汉墓

续表

序号	总登记号	名称	年代	级别	质地	保存状况	完整情况	数量	尺寸（厘米）	出土地点
266	K1②区1：55	陶立俑（小型）	汉		陶	保存不完整，残断为三块，右手残缺。通体彩绘，绘有彩绘纹饰。表面有脱落、泥土附着物、残断、剥落、植物损害、其他附着物、裂隙等病害	残	1	高：40.3 宽：12.7 厚：9.7	山东青州香山汉墓
267	K1层2区6东：594	陶立俑（小型）	汉		陶	外形基本完整，残断为四块。通体彩绘，绘有彩绘纹饰。表面有脱落、泥土附着物、残断、剥落、裂缝等病害	残	1	高：39.8 宽：12.5 厚：9.7	山东青州香山汉墓
268	K1层2区6：596	陶立俑（小型）	汉		陶	外形基本完整，残断为三块。通体彩绘，绘有彩绘纹饰。表面有脱落、泥土附着物、残断、剥落、植物损害等病害	残	1	高：40.8 宽：13.4 厚：9.5	山东青州香山汉墓
269	K1②区5：409	陶立俑（小型）	汉		陶	外形基本完整，残断为六块，腿部残缺。通体彩绘，绘有彩绘纹饰。表面有脱落、泥土附着物、残断、剥落、植物损害等病害	残	1	高：41.1 宽：12.1 厚：9.5	山东青州香山汉墓
270	K1②区7东部：709	陶立俑（小型）	汉		陶	保存不完整，残断为三块。通体彩绘，绘有彩绘纹饰。表面有脱落、泥土附着物、残断、剥落、植物损害等病害	残	1	高：41.0 宽：12.6 厚：8.5	山东青州香山汉墓
271	K1②区5东部边缘部分：405	陶立俑（小型）	汉		陶	外形基本完整，残断为四块。通体彩绘，绘有彩绘纹饰。表面有脱落、泥土附着物、残断、剥落等病害	残	1	高：41.2 宽：13.0 厚：5.0	山东青州香山汉墓
272	K1②区7：741	陶立俑（小型）	汉		陶	保存不完整，残断为六块，右手缺失，左手残缺。通体彩绘，绘有彩绘纹饰。表面有脱落、泥土附着物、残断、剥落、裂缝等病害	残	1	高：40.6 宽：13.1 厚：8.8	山东青州香山汉墓
273	K1②区7：729	陶立俑（小型）	汉		陶	外形基本完整，残断为五块。通体彩绘，绘有彩绘纹饰。表面有脱落、泥土附着物、残断、剥落、裂缝等病害	残	1	高：41.6 宽：14.5 厚：10.1	山东青州香山汉墓
274	K1②区1东北部：84	陶立俑（小型）	汉		陶	保存不完整，残断为四块，双手缺失。通体彩绘，绘有彩绘纹饰。表面有脱落、泥土附着物、残断、剥落、裂缝等病害	残	1	高：41.0 宽：13.1 厚：9.2	山东青州香山汉墓
275	K1②区1东北部：85	陶立俑（小型）	汉		陶	保存不完整，右手缺失，右足尖残缺。通体彩绘，绘有彩绘纹饰。表面有脱落、泥土附着物、残断、剥落、裂隙、其他附着物等病害	残	1	高：40.4 宽：12.6 厚：8.8	山东青州香山汉墓
276	K1②区5西部：574	陶立俑（小型）	汉		陶	外形基本完整，残断为二块，足尖微残。通体彩绘，绘有彩绘纹饰。表面有脱落、泥土附着物、残断、剥落等病害	残	1	高：41.4 宽：13.2 厚：9.3	山东青州香山汉墓
277	K1②区5西部：556	陶立俑（小型）	汉		陶	外形基本完整，残断为六块。通体彩绘，绘有彩绘纹饰。表面有脱落、泥土附着物、残断、剥落等病害	残	1	高：39.2 宽：12.4 厚：9.9	山东青州香山汉墓

续表

序号	总登记号	名称	年代	级别	质地	保存状况	完整情况	数量	尺寸（厘米）	出土地点
278	K1②区1东北部：83	陶立俑（小型）	汉		陶	保存完整。通体彩绘，绘有彩绘纹饰。表面有脱落、泥土附着物、剥落等病害	残	1	高：41.0 宽：13.1 厚：9.2	山东青州香山汉墓
279	K1层2区6东：587	陶立俑（小型）	汉		陶	外形基本完整，残断为三块。通体彩绘，绘有彩绘纹饰。表面有脱落、泥土附着物、剥落、刻画等病害	残	1	高：40.7 宽：12.6 厚：9.5	山东青州香山汉墓
280	K1②区7西部：774	陶立俑（小型）	汉		陶	保存不完整，残断为三块，右手缺失。通体彩绘，绘有彩绘纹饰。表面有脱落、泥土附着物、残断、剥落、植物损害等病害	残	1	高：40.8 宽：12.5 厚：9.9	山东青州香山汉墓
281	K1②区7：712	陶立俑（小型）	汉		陶	外形基本完整，残断为三块。通体彩绘，绘有彩绘纹饰。表面有脱落、泥土附着物、残断、剥落、植物损害等病害	残	1	高：40.8 宽：12.7 厚：9.8	山东青州香山汉墓
282	K1②区6西部西侧：678	陶立俑（小型）	汉		陶	保存不完整，残断为三块，双手缺失。通体彩绘，绘有彩绘纹饰。表面有脱落、泥土附着物、残断、剥落、结晶盐、植物损害等病害	残	1	高：37.5 宽：12.3 厚：6.6	山东青州香山汉墓
283	K1②区5东部：397	陶立俑（小型）	汉		陶	保存不完整，残断为三块，双手残缺。通体彩绘，绘有彩绘纹饰。表面有脱落、泥土附着物、残断、剥落、裂隙、结晶盐等病害	残	1	高：40.5 宽：12.8 厚：10.0	山东青州香山汉墓
284	K1②区5西北部：508	陶立俑（小型）	汉		陶	保存不完整，残断为四块，右手残缺。通体彩绘，绘有彩绘纹饰。表面有脱落、泥土附着物、残断、剥落、植物损害等病害	残	1	高：37.4 宽：12.5 厚：8.6	山东青州香山汉墓
285	K1②区7西部车754前：761	陶立俑（小型）	汉		陶	保存不完整，残断为三块，左足缺失、右手残缺。通体彩绘，绘有彩绘纹饰。表面有脱落、泥土附着物、残断、剥落、裂隙、其他附着物等病害	残	1	高：35.0 宽：13.0 厚：9.5	山东青州香山汉墓
286	K1②区7西部：773	陶立俑（小型）	汉		陶	保存不完整，残断为三块，右手缺失。通体彩绘，绘有彩绘纹饰。表面有脱落、泥土附着物、残断、剥落、植物损害、裂隙等病害	残	1	高：41.0 宽：13.0 厚：9.8	山东青州香山汉墓
287	K1②区6：699	陶立俑（小型）	汉		陶	外形基本完整，残断为三块。通体彩绘，绘有彩绘纹饰。表面有脱落、泥土附着物、残断、剥落、植物损害、裂缝等病害	残	1	高：40.1 宽：13.0 厚：10.3	山东青州香山汉墓
288	K1②区6：593	陶立俑（小型）	汉		陶	保存不完整，残断为四块，右手残缺。通体彩绘，绘有彩绘纹饰。表面有脱落、泥土附着物、残断、剥落等病害	残	1	高：41.0 宽：12.8 厚：8.5	山东青州香山汉墓
289	K1②区6西部偏东南角：666	陶立俑（小型）	汉		陶	外形基本完整，残断为七块。通体彩绘，绘有彩绘纹饰。表面有脱落、泥土附着物、残断、剥落、刻画等病害	残	1	高：36.4 宽：12.2 厚：9.2	山东青州香山汉墓

续表

序号	总登记号	名称	年代	级别	质地	保存状况	完整情况	数量	尺寸（厘米）	出土地点
290	K1②区6东部边缘：585	陶立俑（小型）	汉		陶	保存不完整，右手缺失、左足前期粘接。通体彩绘，绘有彩绘纹饰。表面有脱落、泥土附着物、剥落、植物损害等病害	残	1	高：40.6 宽：12.4 厚：8.6	山东青州香山汉墓
291	K1②区1北一排：52	陶立俑（小型）	汉		陶	保存不完整，右手残缺。通体彩绘，绘有彩绘纹饰。表面有脱落、泥土附着物、剥落、裂缝、龟裂等病害	残	1	高：40.0 宽：12.0 厚：10.5	山东青州香山汉墓
292	K1②区6西部西侧：677	陶立俑（小型）	汉		陶	保存不完整，残断为三块，右手、右足残缺。通体彩绘，绘有彩绘纹饰。表面有脱落、泥土附着物、残断、剥落、植物损害等病害	残	1	高：42.0 宽：12.5 厚：8.0	山东青州香山汉墓
293	K1②区7：730	陶立俑（小型）	汉		陶	保存不完整，残断为三块，右手缺失。通体彩绘，绘有彩绘纹饰。表面有脱落、泥土附着物、残断、剥落、刻画、植物损害等病害	残	1	高：36.9 宽：12.5 厚：9.5	山东青州香山汉墓
294	K1②区6中部中间偏南：647	陶立俑（小型）	汉		陶	保存不完整，残断为二块，双手、右足缺失。通体彩绘，绘有彩绘纹饰。表面有脱落、泥土附着物、残断、剥落、其他附着物等病害	残	1	高：36.0 宽：12.5 厚：7.1	山东青州香山汉墓
295	K1②区6西部中间：675	陶立俑（小型）	汉		陶	保存不完整，残断为三块，右手、双足缺失。通体彩绘，绘有彩绘纹饰。表面有脱落、泥土附着物、残断、剥落、植物损害、结晶盐、其他附着物等病害	残	1	高：37.3 宽：13.0 厚：9.1	山东青州香山汉墓
296	K1②区6西部西侧边缘：692	陶立俑（小型）	汉		陶	保存不完整，残断为三块，左腿、左手缺失。通体彩绘，绘有彩绘纹饰。表面有脱落、泥土附着物、残断、剥落、结晶盐、植物损害、裂隙、裂缝等病害	残	1	高：37.2 宽：13.1 厚：7.5	山东青州香山汉墓
297	K1②区6东部边缘：582	陶立俑（小型）	汉		陶	外形基本完整，残断为三块。通体彩绘，绘有彩绘纹饰。表面有脱落、泥土附着物、残断、剥落等病害	残	1	高：40.7 宽：11.9 厚：9.5	山东青州香山汉墓
298	K1X2区7西南部：1199	陶立俑（小型）	汉		陶	保存不完整，残断为两块，右手、双足缺失，头部残缺。通体彩绘，绘有彩绘纹饰。表面有脱落、泥土附着物、剥落、残断、结晶盐、裂缝、植物损害等病害	残	1	高：38.0 宽：12.9 厚：9.6	山东青州香山汉墓
299	K1②区3北三排马东部边缘：204	陶立俑（小型）	汉		陶	保存不完整，残断为三块，右手缺失。通体彩绘，绘有彩绘纹饰。表面有脱落、泥土附着物、残断、剥落、裂隙、植物损害等病害	残	1	高：40.7 宽：12.5 厚：9.4	山东青州香山汉墓
300	K1②区5中部中间偏南：461	陶立俑（小型）	汉		陶	保存不完整，残断为三块，双足缺失，头部前期粘接。通体彩绘，绘有彩绘纹饰。表面有脱落、泥土附着物、残断、剥落、裂隙等病害	残	1	高：35.2 宽：12.8 厚：9.1	山东青州香山汉墓
301	K1②区7：731	陶立俑（小型）	汉		陶	保存不完整，残断为四块。通体彩绘，绘有彩绘纹饰。表面有脱落、泥土附着物、残断、剥落、植物损害等病害	残	1	高：35.0 宽：13.0 厚：9.5	山东青州香山汉墓

续表

序号	总登记号	名称	年代	级别	质地	保存状况	完整情况	数量	尺寸（厘米）	出土地点
302	K1②区1北一排立俑第西十一个：49	陶立俑（小型）	汉		陶	保存不完整，残断为三块。通体彩绘，绘有彩绘纹饰。表面有脱落、泥土附着物、残断、剥落、植物损害等病害	残	1	高：40.1 宽：13.3 厚：7.7	山东青州香山汉墓
303	K1②区1北一排立俑西第三十三个：78	陶立俑（小型）	汉		陶	保存不完整，右手缺失。通体彩绘，绘有彩绘纹饰。表面有脱落、泥土附着物、剥落、其他附着物等病害	残	1	高：40.8 宽：13.3 厚：9.6	山东青州香山汉墓
304	K1②区1北一排立俑西第三十七个：82	陶立俑（小型）	汉		陶	保存不完整，右手残缺。通体彩绘，绘有彩绘纹饰。表面有脱落、泥土附着物、剥落等病害	残	1	高：41.3 宽：13.2 厚：10.1	山东青州香山汉墓
305	K1区3北三排马西部第四马的东侧：158	陶立俑（小型）	汉		陶	通体彩绘，绘有彩绘纹饰。表面有脱落、泥土附着物、剥落等病害	残	1	高：40.6 宽：12.7 厚：10.1	山东青州香山汉墓
306	K1②区3北三排马中部：187	陶立俑（小型）	汉		陶	通体彩绘，绘有彩绘纹饰。表面有脱落、泥土附着物、剥落等病害	残	1	高：41.1 宽：12.4 厚：9.9	山东青州香山汉墓
307	K1②区4西部偏北：292	陶立俑（小型）	汉		陶	通体彩绘，绘有彩绘纹饰。表面有脱落、泥土附着物、剥落等病害	残	1	高：40.2 宽：12.7 厚：9.8	山东青州香山汉墓
308	K2层2区4中：326	陶立俑（小型）	汉		陶	通体彩绘，绘有彩绘纹饰。表面有脱落、泥土附着物、剥落等病害	残	1	高：42.0 宽：13.1 厚：9.9	山东青州香山汉墓
309	K1层2区4中：334	陶立俑（小型）	汉		陶	通体彩绘，绘有彩绘纹饰。表面有脱落、泥土附着物、剥落等病害	残	1	高：41.2 宽：13.0 厚：9.5	山东青州香山汉墓
310	K1②区4东部偏西：372	陶立俑（小型）	汉		陶	通体彩绘，绘有彩绘纹饰。表面有脱落、泥土附着物、剥落等病害	残	1	高：41.5 宽：12.4 厚：9.7	山东青州香山汉墓
311	K1②区5东部中间：419	陶立俑（小型）	汉		陶	通体彩绘，绘有彩绘纹饰。表面有脱落、泥土附着物、剥落等病害	残	1	高：42.1 宽：13.4 厚：10.5	山东青州香山汉墓
312	K1②区5西北部：502	陶立俑（小型）	汉		陶	通体彩绘，绘有彩绘纹饰。表面有脱落、泥土附着物、剥落等病害	残	1	高：41.2 宽：12.9 厚：10.1	山东青州香山汉墓
313	K1②区5西部：537	陶立俑（小型）	汉		陶	通体彩绘，绘有彩绘纹饰。表面有脱落、泥土附着物、剥落等病害	残	1	高：41.2 宽：12.4 厚：9.9	山东青州香山汉墓

续表

序号	总登记号	名称	年代	级别	质地	保存状况	完整情况	数量	尺寸（厘米）	出土地点
314	K1②区5西部：551	陶立俑（小型）	汉		陶	通体彩绘，绘有彩绘纹饰。表面有脱落、泥土附着物、剥落等病害	残	1	高：42.1 宽：12.1 厚：9.7	山东青州香山汉墓
315	K1②区5西部：552	陶立俑（小型）	汉		陶	通体彩绘，绘有彩绘纹饰。表面有脱落、泥土附着物、剥落等病害	残	1	高：41.8 宽：13.0 厚：9.8	山东青州香山汉墓
316	K1②区5西南角：576	陶立俑（小型）	汉		陶	保存不完整，残断为三块。通体彩绘，绘有彩绘纹饰。表面有脱落、泥土附着物、残断、剥落、植物损害等病害	残	1	高：40.4 宽：12.4 厚：7.9	山东青州香山汉墓
317	K1②区6东部边缘：580	陶立俑（小型）	汉		陶	保存不完整，残断为二块，右手残缺。通体彩绘，绘有彩绘纹饰。表面有脱落、泥土附着物、残断、剥落、植物损害等病害	残	1	高：40.1 宽：12.2 厚：8.4	山东青州香山汉墓
318	K1②区6中部中间偏南：650	陶立俑（小型）	汉		陶	保存不完整，残断为三块，右手残缺。通体彩绘，绘有彩绘纹饰。表面有脱落、泥土附着物、残断、剥落等病害	残	1	高：43.9 宽：9.7 厚：10.1	山东青州香山汉墓
319	K1②区6中部西南角：656	陶立俑（小型）	汉		陶	通体彩绘，绘有彩绘纹饰。表面有脱落、泥土附着物、剥落等病害	残	1	高：41.7 宽：12.7 厚：9.7	山东青州香山汉墓
320	K1②区6西部中间：676	陶立俑（小型）	汉		陶	通体彩绘，绘有彩绘纹饰。表面有脱落、泥土附着物、剥落等病害	残	1	高：42.2 宽：13.1 厚：10.3	山东青州香山汉墓
321	K1②区6西部西侧：679	陶立俑（小型）	汉		陶	通体彩绘，绘有彩绘纹饰。表面有脱落、泥土附着物、剥落等病害	残	1	高：41.2 宽：12.8 厚：10.2	山东青州香山汉墓
322	K1②区7东部：710	陶立俑（小型）	汉		陶	保存不完整，残断为三块，右手缺失。通体彩绘，绘有彩绘纹饰。表面有脱落、泥土附着物、残断、剥落等病害	残	1	高：41.2 宽：13.2 厚：9.8	山东青州香山汉墓
323	K1X2区7东部：1215	陶立俑（小型）	汉		陶	通体彩绘，绘有彩绘纹饰。表面有脱落、泥土附着物、剥落等病害	残	1	高：41.7 宽：13.4 厚：9.7	山东青州香山汉墓
324	K1X3区6南三排中部：1255	陶立俑（小型）	汉		陶	通体彩绘，绘有彩绘纹饰。表面有脱落、泥土附着物、剥落等病害	残	1	高：42.7 宽：13.5 厚：10.2	山东青州香山汉墓
325	K1②区3：203	陶立俑（小型）	汉		陶	通体彩绘，绘有彩绘纹饰。表面有脱落、泥土附着物、剥落等病害	残	1	高：42.7 宽：13.5 厚：10.2	山东青州香山汉墓

续表

序号	总登记号	名称	年代	级别	质地	保存状况	完整情况	数量	尺寸（厘米）	出土地点
326	K1X3区6南三排中部偏西：1253	陶立俑（小型）	汉		陶	通体彩绘，绘有彩绘纹饰。表面有脱落、泥土附着物、剥落等病害	残	1	高：41.2 宽：12.8 厚：9.8	山东青州香山汉墓
327	K1②区1北第一层立俑西：39	陶立俑（小型）	汉		陶	保存基本完整。通体彩绘，绘有彩绘纹饰。表面有脱落、泥土附着物、剥落等病害	残	1	高：39.8 宽：12.3 厚：8.9	山东青州香山汉墓
328	K1②区1北一排立俑第西十二个：50	陶立俑（小型）	汉		陶	保存不完整，左手残缺。通体彩绘，绘有彩绘纹饰。表面有脱落、泥土附着物、剥落、其他附着物等病害	残	1	高：41.4 宽：12.9 厚：9.0	山东青州香山汉墓
329	K1②区1北一排立俑西第二十个：58	陶立俑（小型）	汉		陶	通体彩绘，绘有彩绘纹饰。表面有脱落、泥土附着物、剥落等病害	残	1	高：40.9 宽：13.1 厚：9.4	山东青州香山汉墓
330	K1②区1北一排立俑西第二十六个：64	陶立俑（小型）	汉		陶	通体彩绘，绘有彩绘纹饰。表面有脱落、泥土附着物、剥落等病害	残	1	高：41.3 宽：13.1 厚：9.9	山东青州香山汉墓
331	K1②区1东北部：89	陶立俑（小型）	汉		陶	保存不完整，残断为二块，右手缺失，左手残缺。通体彩绘，绘有彩绘纹饰。表面有脱落、泥土附着物、残断、剥落、刻画等病害	残	1	高：40.4 宽：12.8 厚：10.4	山东青州香山汉墓
332	K1②区1东北部：90	陶立俑（小型）	汉		陶	通体彩绘，绘有彩绘纹饰。表面有脱落、泥土附着物、剥落等病害	残	1	高：41.1 宽：13.1 厚：9.4	山东青州香山汉墓
333	K1②区1东北部：88	陶立俑（小型）	汉		陶	保存不完整，右手缺失。通体彩绘，绘有彩绘纹饰。表面有脱落、泥土附着物、剥落等病害	残	1	高：40.9 宽：12.9 厚：8.9	山东青州香山汉墓
334	K1②区1北一排立俑西第二十五个：63	陶立俑（小型）	汉		陶	通体彩绘，绘有彩绘纹饰。表面有脱落、泥土附着物、剥落等病害	残	1	高：40.7 宽：12.4 厚：9.7	山东青州香山汉墓
335	K1②区1北一排西第二十九个：74	陶立俑（小型）	汉		陶	外形基本完整，残断为二块。通体彩绘，绘有彩绘纹饰。表面有脱落、泥土附着物、残断、剥落等病害	残	1	高：41.5 宽：13.3 厚：9.8	山东青州香山汉墓
336	K1②区2北二排西部：110	陶立俑（小型）	汉		陶	通体彩绘，绘有彩绘纹饰。表面有脱落、泥土附着物、剥落等病害	残	1	高：40.6 宽：12.4 厚：9.6	山东青州香山汉墓
337	K1②区5：460	陶立俑（小型）	汉		陶	保存不完整，残断为五块，一手缺失。通体彩绘，绘有彩绘纹饰。表面有脱落、泥土附着物、残断、剥落、其他附着物等病害	残	1	高：41.5 宽：13.0 厚：8.5	山东青州香山汉墓

续表

序号	总登记号	名称	年代	级别	质地	保存状况	完整情况	数量	尺寸（厘米）	出土地点
338	K1②区3北三排马东部：196	陶立俑（小型）	汉		陶	通体彩绘，绘有彩绘纹饰。表面有脱落、泥土附着物、剥落等病害	残	1	高：41.3 宽：13.1 厚：9.8	山东青州香山汉墓
339	K1②区3东部：245	陶立俑（小型）	汉		陶	通体彩绘，绘有彩绘纹饰。表面有脱落、泥土附着物、剥落等病害	残	1	高：41.2 宽：13.0 厚：10.2	山东青州香山汉墓
340	K1②区3东部：250	陶立俑（小型）	汉		陶	通体彩绘，绘有彩绘纹饰。表面有脱落、泥土附着物、剥落等病害	残	1	高：41.2 宽：12.5 厚：9.9	山东青州香山汉墓
341	K1②区3北三排马西端：148	陶立俑（小型）	汉		陶	通体彩绘，绘有彩绘纹饰。表面有脱落、泥土附着物、剥落等病害	残	1	高：40.9 宽：12.4 厚：10.2	山东青州香山汉墓
342	K1②区3北三排马西第十二马附近：179	陶立俑（小型）	汉		陶	通体彩绘，绘有彩绘纹饰。表面有脱落、泥土附着物、剥落等病害	残	1	高：41.8 宽：12.9 厚：10.7	山东青州香山汉墓
343	K1②区3北三排马最西端：147	陶立俑（小型）	汉		陶	通体彩绘，绘有彩绘纹饰。表面有脱落、泥土附着物、剥落等病害	残	1	高：42.0 宽：13.1 厚：10.5	山东青州香山汉墓
344	K1②区3东部偏西：239	陶立俑（小型）	汉		陶	通体彩绘，绘有彩绘纹饰。表面有脱落、泥土附着物、剥落等病害	残	1	高：40.9 宽：12.9 厚：9.7	山东青州香山汉墓
345	K1②区3中部：215	陶立俑（小型）	汉		陶	通体彩绘，绘有彩绘纹饰。表面有脱落、泥土附着物、剥落等病害	残	1	高：41.7 宽：13.5 厚：10.2	山东青州香山汉墓
346	K1②区3中部：217	陶立俑（小型）	汉		陶	通体彩绘，绘有彩绘纹饰。表面有脱落、泥土附着物、剥落等病害	残	1	高：41.6 宽：12.6 厚：9.9	山东青州香山汉墓
347	K1②区3中部偏东：230	陶立俑（小型）	汉		陶	通体彩绘，绘有彩绘纹饰。表面有脱落、泥土附着物、剥落等病害	残	1	高：41.3 宽：13.1 厚：9.8	山东青州香山汉墓
348	K1②区4东部边缘：263.257	陶立俑（小型）	汉		陶	通体彩绘，绘有彩绘纹饰。表面有脱落、泥土附着物、剥落等病害	残	1	高：40.9 宽：12.4 厚：9.8	山东青州香山汉墓
349	K1②区4东部偏西：323	陶立俑（小型）	汉		陶	通体彩绘，绘有彩绘纹饰。表面有脱落、泥土附着物、剥落等病害	残	1	高：40.8 宽：12.4 厚：9.7	山东青州香山汉墓

续表

序号	总登记号	名称	年代	级别	质地	保存状况	完整情况	数量	尺寸（厘米）	出土地点
350	K1②区4东部偏西：324	陶立俑（小型）	汉		陶	通体彩绘，绘有彩绘纹饰。表面有脱落、泥土附着物、剥落等病害	残	1	高：41.9 宽：13.1 厚：9.8	山东青州香山汉墓
351	K1②区4东部偏西：358	陶立俑（小型）	汉		陶	通体彩绘，绘有彩绘纹饰。表面有脱落、泥土附着物、剥落等病害	残	1	高：41.2 宽：12.4 厚：9.9	山东青州香山汉墓
352	K1②区4西部偏东：297	陶立俑（小型）	汉		陶	通体彩绘，绘有彩绘纹饰。表面有脱落、泥土附着物、剥落等病害	残	1	高：42.1 宽：13.0 厚：9.7	山东青州香山汉墓
353	K1②区4中部：299	陶立俑（小型）	汉		陶	通体彩绘，绘有彩绘纹饰。表面有脱落、泥土附着物、剥落等病害	残	1	高：41.8 宽：13.0 厚：9.8	山东青州香山汉墓
354	K1②区4中部偏北：273	陶立俑（小型）	汉		陶	通体彩绘，绘有彩绘纹饰。表面有脱落、泥土附着物、剥落等病害	残	1	高：40.9 宽：12.4 厚：9.8	山东青州香山汉墓
355	K1②区4中部偏西北：279	陶立俑（小型）	汉		陶	通体彩绘，绘有彩绘纹饰。表面有脱落、泥土附着物、剥落等病害	残	1	高：41.6 宽：12.7 厚：9.8	山东青州香山汉墓
356	K1②区4中部偏西北：282	陶立俑（小型）	汉		陶	通体彩绘，绘有彩绘纹饰。表面有脱落、泥土附着物、剥落等病害	残	1	高：41.2 宽：13.1 厚：10.3	山东青州香山汉墓
357	K1②区4中间偏西北：280	陶立俑（小型）	汉		陶	通体彩绘，绘有彩绘纹饰。表面有脱落、泥土附着物、剥落等病害	残	1	高：41.7 宽：12.6 厚：10.0	山东青州香山汉墓
358	K1②区5西北部：500	陶立俑（小型）	汉		陶	通体彩绘，绘有彩绘纹饰。表面有脱落、泥土附着物、剥落等病害	残	1	高：41.5 宽：13.5 厚：10.2	山东青州香山汉墓
359	K1②区5西部：540	陶立俑（小型）	汉		陶	通体彩绘，绘有彩绘纹饰。表面有脱落、泥土附着物、剥落等病害	残	1	高：41.6 宽：12.5 厚：9.9	山东青州香山汉墓
360	K1②区5西北部边缘：499	陶立俑（小型）	汉		陶	通体彩绘，绘有彩绘纹饰。表面有脱落、泥土附着物、剥落等病害	残	1	高：41.3 宽：13.1 厚：9.8	山东青州香山汉墓
361	K1②区5西部：554	陶立俑（小型）	汉		陶	通体彩绘，绘有彩绘纹饰。表面有脱落、泥土附着物、剥落等病害	残	1	高：40.9 宽：12.4 厚：9.8	山东青州香山汉墓

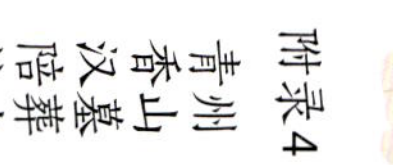

续表

序号	总登记号	名称	年代	级别	质地	保存状况	完整情况	数量	尺寸（厘米）	出土地点
362	K1②区5西部：555	陶立俑（小型）	汉		陶	通体彩绘，绘有彩绘纹饰。表面有脱落、泥土附着物、剥落等病害	残	1	高：40.8 宽：12.4 厚：9.7	山东青州香山汉墓
363	K1②区5西部：557	陶立俑（小型）	汉		陶	通体彩绘，绘有彩绘纹饰。表面有脱落、泥土附着物、剥落等病害	残	1	高：41.9 宽：13.1 厚：9.8	山东青州香山汉墓
364	K1②区5西南部：575	陶立俑（小型）	汉		陶	保存不完整，残断为二块，右手缺失。通体彩绘，绘有彩绘纹饰。表面有脱落、泥土附着物、残断、剥落、裂缝、其他附着物等病害	残	1	高：40.6 宽：33.6 厚：9.6	山东青州香山汉墓
365	K1②区6东部边缘：584	陶立俑（小型）	汉		陶	保存不完整，残断为三块，一腿、左手缺失。通体彩绘，绘有彩绘纹饰。表面有脱落、泥土附着物、残断、剥落等病害	残	1	高：45.2 宽：12.8 厚：7.5	山东青州香山汉墓
366	K1②区6西部西侧：680	陶立俑（小型）	汉		陶	通体彩绘，绘有彩绘纹饰。表面有脱落、泥土附着物、剥落等病害	残	1	高：41.7 宽：13.1 厚：10.1	山东青州香山汉墓
367	K1②区6西部西侧边沿：698	陶立俑（小型）	汉		陶	通体彩绘，绘有彩绘纹饰。表面有脱落、泥土附着物、剥落等病害	残	1	高：41.2 宽：12.4 厚：9.9	山东青州香山汉墓
368	K1②区6西部西侧边缘：697	陶立俑（小型）	汉		陶	通体彩绘，绘有彩绘纹饰。表面有脱落、泥土附着物、剥落等病害	残	1	高：42.1 宽：13.0 厚：9.7	山东青州香山汉墓
369	K1②区6西部中间：673	陶立俑（小型）	汉		陶	通体彩绘，绘有彩绘纹饰。表面有脱落、泥土附着物、剥落等病害	残	1	高：41.8 宽：13.0 厚：9.8	山东青州香山汉墓
370	K1②区6西部中间：674	陶立俑（小型）	汉		陶	通体彩绘，绘有彩绘纹饰。表面有脱落、泥土附着物、剥落等病害	残	1	高：40.9 宽：12.4 厚：9.5	山东青州香山汉墓
371	K1②区6中部：640	陶立俑（小型）	汉		陶	通体彩绘，绘有彩绘纹饰。表面有脱落、泥土附着物、剥落等病害	残	1	高：41.7 宽：12.7 厚：9.7	山东青州香山汉墓
372	K1②区6中部西南角：653	陶立俑（小型）	汉		陶	通体彩绘，绘有彩绘纹饰。表面有脱落、泥土附着物、剥落等病害	残	1	高：41.2 宽：13.1 厚：10.3	山东青州香山汉墓
373	K1②区6中部西南角：654	陶立俑（小型）	汉		陶	通体彩绘，绘有彩绘纹饰。表面有脱落、泥土附着物、剥落等病害	残	1	高：41.2 宽：12.4 厚：9.5	山东青州香山汉墓

续表

序号	总登记号	名称	年代	级别	质地	保存状况	完整情况	数量	尺寸（厘米）	出土地点
374	K1②区6中部西南角：658	陶立俑（小型）	汉		陶	保存不完整，残断为五块。通体彩绘，绘有彩绘纹饰。表面有脱落、泥土附着物、剥落等病害	残	1	高：41.2 宽：12.6 厚：8.5	山东青州香山汉墓
375	K1②区7：727	陶立俑（小型）	汉		陶	通体彩绘，绘有彩绘纹饰。表面有脱落、泥土附着物、剥落等病害	残	1	高：42.0 宽：13.1 厚：10.5	山东青州香山汉墓
376	K1②区7东部：711	陶立俑（小型）	汉		陶	通体彩绘，绘有彩绘纹饰。表面有脱落、泥土附着物、剥落等病害	残	1	高：41.7 宽：13.5 厚：10.2	山东青州香山汉墓
377	K1②区7东部边缘：704	陶立俑（小型）	汉		陶	通体彩绘，绘有彩绘纹饰。表面有脱落、泥土附着物、剥落等病害	残	1	高：41.1 宽：13.1 厚：9.8	山东青州香山汉墓
378	K1②区7东部东侧：708	陶立俑（小型）	汉		陶	外形基本完整，残断为二块。通体彩绘，绘有彩绘纹饰。表面有脱落、泥土附着物、残断、剥落等病害	残	1	高：41.2 宽：13.6 厚：8.2	山东青州香山汉墓
379	K1②区7东部东侧边缘：705	陶立俑（小型）	汉		陶	保存不完整，残断为四块。通体彩绘，绘有彩绘纹饰。表面有脱落、泥土附着物、残断、剥落等病害	残	1	高：41.2 宽：12.4 厚：9.7	山东青州香山汉墓
380	K1②区7西部：772	陶立俑（小型）	汉		陶	通体彩绘，绘有彩绘纹饰。表面有脱落、泥土附着物、剥落等病害	残	1	高：41.2 宽：12.4 厚：9.5	山东青州香山汉墓
381	K1②区7西部车754前：758	陶立俑（小型）	汉		陶	保存不完整，残断为四块，头部残缺。通体彩绘，绘有彩绘纹饰。表面有脱落、泥土附着物、残断、剥落等病害	残	1	高：41.2 宽：12.6 厚：8.4	山东青州香山汉墓
382	K1②区7西部车754前：760	陶立俑（小型）	汉		陶	通体彩绘，绘有彩绘纹饰。表面有脱落、泥土附着物、剥落等病害	残	1	高：40.8 宽：12.1 厚：10.2	山东青州香山汉墓
383	K1②区7西部东754前：763	陶立俑（小型）	汉		陶	通体彩绘，绘有彩绘纹饰。表面有脱落、泥土附着物、剥落等病害	残	1	高：41.5 宽：12.5 厚：9.9	山东青州香山汉墓
384	K1②区7中部车743马前：751	陶立俑（小型）	汉		陶	保存不完整，残断为二块，右手缺失。通体彩绘，绘有彩绘纹饰。表面有脱落、泥土附着物、残断、剥落、刻画等病害	残	1	高：42.2 宽：13.1 厚：9.8	山东青州香山汉墓
385	K1②区7中部车后：739	陶立俑（小型）	汉		陶	保存不完整，残断为四块，双手缺失。通体彩绘，绘有彩绘纹饰。表面有脱落、泥土附着物、残断、剥落、其他附着物等病害	残	1	高：41.0 宽：13.4 厚：8.3	山东青州香山汉墓

续表

序号	总登记号	名称	年代	级别	质地	保存状况	完整情况	数量	尺寸（厘米）	出土地点
386	K1②区7中部车后：740	陶立俑（小型）	汉		陶	保存不完整，残断为三块。通体彩绘，绘有彩绘纹饰。表面有脱落、泥土附着物、残断、剥落、其他附着物等病害	残	1	高：40.9 宽：13.8 厚：10.1	山东青州香山汉墓
387	K1②区7中部偏西车743马前：753	陶立俑（小型）	汉		陶	保存不完整，残断为二块，双手缺失。通体彩绘，绘有彩绘纹饰。表面有脱落、泥土附着物、残断、剥落、其他附着物等病害	残	1	高：40.8 宽：12.4 厚：8.6	山东青州香山汉墓
388	K1X2区7南一排中部偏东：1205	陶立俑（小型）	汉		陶	通体彩绘，绘有彩绘纹饰。表面有脱落、泥土附着物、剥落等病害	残	1	高：41.2 宽：12.7 厚：9.4	山东青州香山汉墓
389	K1X3区7南二排东部：1237	陶立俑（小型）	汉		陶	保存不完整，残断为三块，双脚缺失。通体彩绘，绘有彩绘纹饰。表面有脱落、泥土附着物、残断、剥落等病害	残	1	高：39.5 宽：13.1 厚：10.2	山东青州香山汉墓
390	K1X3区7南一排东部：1209	陶立俑（小型）	汉		陶	通体彩绘，绘有彩绘纹饰。表面有脱落、泥土附着物、剥落等病害	残	1	高：41.9 宽：12.7 厚：9.5	山东青州香山汉墓
391	K1X3区6南四排中部：1274	陶立俑（小型）	汉		陶	通体彩绘，绘有彩绘纹饰。表面有脱落、泥土附着物、剥落等病害	残	1	高：41.7 宽：12.7 厚：9.7	山东青州香山汉墓
392	K1X3区5西边：1318	陶立俑（小型）	汉		陶	通体彩绘，绘有彩绘纹饰。表面有脱落、泥土附着物、剥落等病害	残	1	高：42.2 宽：13.1 厚：10.3	山东青州香山汉墓
393	K1X3区6南三排西边：1247	陶立俑（小型）	汉		陶	通体彩绘，绘有彩绘纹饰。表面有脱落、泥土附着物、剥落等病害	残	1	高：41.2 宽：12.8 厚：10.2	山东青州香山汉墓
394	K1X3区7南二排东部边缘：1242	陶立俑（小型）	汉		陶	通体彩绘，绘有彩绘纹饰。表面有脱落、泥土附着物、剥落等病害	残	1	高：41.2 宽：13.2 厚：9.8	山东青州香山汉墓
395	K1X3区6南三排西部：1250	陶立俑（小型）	汉		陶	通体彩绘，绘有彩绘纹饰。表面有脱落、泥土附着物、剥落等病害	残	1	高：41.7 宽：13.4 厚：9.7	山东青州香山汉墓
396	K1X3区6南三排中间：1257	陶立俑（小型）	汉		陶	通体彩绘，绘有彩绘纹饰。表面有脱落、泥土附着物、剥落等病害	残	1	高：42.7 宽：13.5 厚：10.2	山东青州香山汉墓
397	K1X3区6南三排中部：1259	陶立俑（小型）	汉		陶	通体彩绘，绘有彩绘纹饰。表面有脱落、泥土附着物、剥落等病害	残	1	高：42.7 宽：13.5 厚：10.2	山东青州香山汉墓

续表

序号	总登记号	名称	年代	级别	质地	保存状况	完整情况	数量	尺寸（厘米）	出土地点
398	K1X3区7东部边缘（南二排）：1241	陶立俑（小型）	汉		陶	通体彩绘，绘有彩绘纹饰。表面有脱落、泥土附着物、剥落等病害	残	1	高：41.7 宽：12.7 厚：9.7	山东青州香山汉墓
399	K1X3区7南二排西三：1224	陶立俑（小型）	汉		陶	通体彩绘，绘有彩绘纹饰。表面有脱落、泥土附着物、剥落等病害	残	1	高：40.7 宽：12.0 厚：9.1	山东青州香山汉墓
400	K1X3区7西南部：1195	陶立俑（小型）	汉		陶	通体彩绘，绘有彩绘纹饰。表面有脱落、泥土附着物、剥落等病害	残	1	高：43.0 宽：13.0 厚：8.8	山东青州香山汉墓
401	K1层2区4中：335	陶立俑（小型）	汉		陶	通体彩绘，绘有彩绘纹饰。表面有脱落、泥土附着物、剥落等病害	残	1	高：41.2 宽：12.1 厚：8.5	山东青州香山汉墓
402	K1层2区6东：597	陶立俑（小型）	汉		陶	通体彩绘，绘有彩绘纹饰。表面有脱落、泥土附着物、剥落等病害	残	1	高：37.0 宽：12.6 厚：9.1	山东青州香山汉墓
403	K1X3区7南二排东部：1238	陶立俑（小型）	汉		陶	保存不完整，残断为四块。通体彩绘，绘有彩绘纹饰。表面有脱落、泥土附着物、残断、剥落、其他附着物等病害	残	1	高：40.8 宽：13.6 厚：9.8	山东青州香山汉墓
404	K1②区7西部：759	陶立俑（小型）	汉		陶	保存不完整，残断为三块，左手缺失。通体彩绘，绘有彩绘纹饰。表面有脱落、泥土附着物、残断、剥落、其他附着物等病害	残	1	高：37 .0 宽：12.8 厚：9.2	山东青州香山汉墓
405	K1X3区7东部：1219	陶立俑（小型）	汉		陶	通体彩绘，绘有彩绘纹饰。表面有脱落、泥土附着物、剥落等病害	残	1	高：41.06 宽：13.1 厚：9.0	山东青州香山汉墓
406	K1②区7西部：771	陶立俑（小型）	汉		陶	保存不完整，残断为二块，双手缺失，腹部下方残缺。通体彩绘，绘有彩绘纹饰。表面有脱落、泥土附着物、残断、剥落、其他附着物等病害	残	1	高：40.3 宽：12.7 厚：8.7	山东青州香山汉墓
407	K1②区6西部中间偏东：671	陶立俑（小型）	汉		陶	保存不完整，残断为十二块，左手缺失，腰部、左臂残缺。通体彩绘，绘有彩绘纹饰。表面有脱落、泥土附着物、残断、剥落、其他附着物等病害	残	1	高：41.0 宽：13.0 厚：9.3	山东青州香山汉墓
408	K1②区1东北部：92	陶立俑（小型）	汉		陶	外形基本完整，右手稍残。通体彩绘，绘有彩绘纹饰。表面有脱落、泥土附着物、残断、剥落等病害	残	1	高：41.2 宽：13.2 厚：10.4	山东青州香山汉墓
409	K1②区6东部边缘：578	陶立俑（小型）	汉		陶	保存不完整，残断为五块，左手缺失，袍底残缺。通体彩绘，绘有彩绘纹饰。表面有脱落、泥土附着物、残断、剥落、植物损害、结晶盐、裂隙等病害	残	1	高：43.0 宽：13.1 厚：9.8	山东青州香山汉墓

续表

序号	总登记号	名称	年代	级别	质地	保存状况	完整情况	数量	尺寸（厘米）	出土地点
410	K1②区2北二排中部：126	陶立俑（小型）	汉		陶	外形基本完整，残断为五块。通体彩绘，绘有彩绘纹饰。表面有脱落、泥土附着物、残断、剥落、其他附着物等病害	残	1	高：40.8 宽：12.4 厚：10.4	山东青州香山汉墓
411	K1②区3北三排与西第九匹马西侧：174	陶立俑（小型）	汉		陶	保存不完整，残断为八块，双手缺失，腹部、袍底残缺。通体彩绘，绘有彩绘纹饰。表面有脱落、泥土附着物、残断、剥落等病害	残	1	高：40.6 宽：13.6 厚：8.9	山东青州香山汉墓
412	K1②区6西部中间偏东：672	陶立俑（小型）	汉		陶	保存不完整，残断为四块，双手缺失。通体彩绘，绘有彩绘纹饰。表面有脱落、泥土附着物、残断、剥落等病害	残	1	高：42.0 宽：19.1 厚：7.5	山东青州香山汉墓
413	K1②区7中部车后：738	陶立俑（小型）	汉		陶	保存不完整，残断为六块，左手缺失，右足尖残缺。通体彩绘，绘有彩绘纹饰。表面有脱落、泥土附着物、残断、剥落、其他附着物、裂隙等病害	残	1	高：41.2 宽：13.0 厚：8.7	山东青州香山汉墓
414	K1②区3北三排马第西三个马前俑：151	陶立俑（小型）	汉		陶	保存不完整，残断为十一块，左手缺失，腹部下方残缺。通体彩绘，绘有彩绘纹饰。表面有脱落、泥土附着物、残断、剥落、结晶盐、植物损害等病害	残	1	高：41.0 宽：13.5 厚：11.1	山东青州香山汉墓
415	K1X3区7东部：1217	陶立俑（小型）	汉		陶	保存不完整，残断为三块，右手、右足缺失，头部前期粘接。通体彩绘，绘有彩绘纹饰。表面有脱落、泥土附着物、残断、剥落等病害	残	1	高：40.7 宽：12.0 厚：9.1	山东青州香山汉墓
416	K1X3区7东部：1216	陶立俑（小型）	汉		陶	保存不完整，残断为三块，右手、双足缺失。通体彩绘，绘有彩绘纹饰。表面有脱落、泥土附着物、残断、剥落、裂隙、结晶盐等病害	残	1	高：43.0 宽：13.0 厚：8.8	山东青州香山汉墓
417	K1②区3北三排马西部东侧：167	陶立俑（小型）	汉		陶	保存不完整，残断为三块，双手缺失。通体彩绘，绘有彩绘纹饰。表面有脱落、泥土附着物、残断、剥落、裂隙、裂缝、其他附着物等病害	残	1	高：41.2 宽：12.1 厚：8.5	山东青州香山汉墓
418	K1②区3北三排最西边缘北一个：146	陶立俑（小型）	汉		陶	外形基本完整，残断为三块。通体彩绘，绘有彩绘纹饰。表面有脱落、泥土附着物、残断、剥落、结晶盐、植物损害等病害	残	1	高：37.0 宽：12.6 厚：9.1	山东青州香山汉墓
419	K1②区3北三排马最西端：149	陶立俑（小型）	汉		陶	保存不完整，残断为二块，双足缺失。通体彩绘，绘有彩绘纹饰。表面有脱落、泥土附着物、残断、剥落、其他附着物等病害	残	1	高：40.8 宽：12.8 厚：9.3	山东青州香山汉墓
420	K1层2区6东：590	陶立俑（小型）	汉		陶	保存不完整，残断为三块，双手缺失。通体彩绘，绘有彩绘纹饰。表面有脱落、泥土附着物、残断、剥落、裂隙、裂缝、其他附着物等病害	残	1	高：41.1 宽：13.1 厚：8.4	山东青州香山汉墓
421	K1层2区6东：589	陶立俑（小型）	汉		陶	保存不完整，残断为三块，右手缺失。通体彩绘，绘有彩绘纹饰。表面有脱落、泥土附着物、残断、剥落、植物损害、其他附着物等病害	残	1	高：41.4 宽：13.2 厚：9.6	山东青州香山汉墓

续表

序号	总登记号	名称	年代	级别	质地	保存状况	完整情况	数量	尺寸（厘米）	出土地点
422	K1X3区7西南部：1197	陶立俑（小型）	汉		陶	外形基本完整，残断为四块。通体彩绘，绘有彩绘纹饰。表面有脱落、泥土附着物、残断、剥落等病害	残	1	长：39.7 宽：12.8 高：9.3	山东青州香山汉墓
423	K1X3区7南二排东部边缘：1244	陶立俑（小型）	汉		陶	保存不完整，残断为三块，右手、双足缺失。通体彩绘，绘有彩绘纹饰。表面有脱落、泥土附着物、残断、剥落、裂隙等病害	残	1	高：37.2 宽：12.4 厚：9.2	山东青州香山汉墓
424	K1X3区7东部：1213	陶立俑（小型）	汉		陶	保存不完整，残断为三块，右足缺失。通体彩绘，绘有彩绘纹饰。表面有脱落、泥土附着物、残断、剥落、裂隙、裂缝等病害	残	1	高：32.6 宽：12.3 厚：9.2	山东青州香山汉墓
425	K1X3区7西南部：1193	陶立俑（小型）	汉		陶	保存不完整，残断为三块，左足缺失。通体彩绘，绘有彩绘纹饰。表面有脱落、泥土附着物、残断、剥落、植物损害、结晶盐等病害	残	1	高：40.9 宽：12.5 厚：9.2	山东青州香山汉墓
426	K1②区5西北部：501	陶立俑（小型）	汉		陶	保存不完整，残断为四块，双手缺失。通体彩绘，绘有彩绘纹饰。表面有脱落、泥土附着物、残断、剥落、裂隙、植物损害、结晶盐等病害	残	1	高：39.0 宽：11.5 厚：8.5	山东青州香山汉墓
427	K1X3区7东部：1214	陶立俑（小型）	汉		陶	保存不完整，残断为三块，双足缺失。通体彩绘，绘有彩绘纹饰。表面有脱落、泥土附着物、残断、剥落、裂隙、其他附着物等病害	残	1	高：36.6 宽：12.5 厚：8.8	山东青州香山汉墓
428	K1X3区7东部：1218	陶立俑（小型）	汉		陶	保存不完整，残断为二块，双足缺失。通体彩绘，绘有彩绘纹饰。表面有脱落、泥土附着物、残断、剥落、裂隙、结晶盐等病害	残	1	高：37.4 宽：13.0 厚：9.2	山东青州香山汉墓
429	K1X3区7：1203	陶立俑（小型）	汉		陶	保存不完整，残断为二块，双足缺失，右手前期粘接。通体彩绘，绘有彩绘纹饰。表面有脱落、泥土附着物、残断、剥落、植物损害、其他附着物等病害	残	1	高：36.6 宽：13.1 厚：8.9	山东青州香山汉墓
430	K1层2区6东：595	陶立俑（小型）	汉		陶	保存不完整，残断为四块，双手缺失。通体彩绘，绘有彩绘纹饰。表面有脱落、泥土附着物、残断、剥落、植物损害等病害	残	1	高：41.6 宽：12.1 厚：7.7	山东青州香山汉墓
431	K1②区1北一排立俑西第二十四个：62	陶立俑（小型）	汉		陶	保存不完整，残断为三块，右手残缺。通体彩绘，绘有彩绘纹饰。表面有脱落、泥土附着物、残断、剥落等病害	残	1	高：40.6 宽：12.0 厚：8.2	山东青州香山汉墓
432	K1②区5西部：566	陶立俑（小型）	汉		陶	保存不完整，残断为八块，双手缺失，腰部残缺。通体彩绘，绘有彩绘纹饰。表面有脱落、泥土附着物、残断、剥落、植物损害等病害	残	1	高：40.6 宽：14.3 厚：8.2	山东青州香山汉墓
433	K1②区1北一排立俑第西十三个：51	陶立俑（小型）	汉		陶	保存不完整，残断为二块，右手缺失。通体彩绘，绘有彩绘纹饰。表面有脱落、泥土附着物、剥落、残断、植物损害等病害	残	1	高：40.4 宽：13.1 厚：9.0	山东青州香山汉墓

续表

序号	总登记号	名称	年代	级别	质地	保存状况	完整情况	数量	尺寸（厘米）	出土地点
434	K1②区1北一排立俑西三：41	陶立俑（小型）	汉		陶	保存不完整，残断为十一块，右手缺失。通体彩绘，绘有彩绘纹饰。表面有脱落、泥土附着物、残断、剥落、裂缝、植物损害、刻画等病害	残	1	高：40.8 宽：12.7 厚：8.9	山东青州香山汉墓
435	K1②区1北一排立俑西四：42	陶立俑（小型）	汉		陶	保存完整。通体彩绘，绘有彩绘纹饰。表面有脱落、泥土附着物、剥落、植物损害等病害	残	1	高：44.0 宽：13.1 厚：8.9	山东青州香山汉墓
436	K1X3区6南四排东部：1282	陶立俑（小型）	汉		陶	保存不完整，残断为二块，右手、左足缺失。通体彩绘，绘有彩绘纹饰。表面有脱落、泥土附着物、剥落、残断、其他附着物、裂缝、植物损害等病害	残	1	高：39.6 宽：13.0 厚：9.4	山东青州香山汉墓
437	K1X3区6南四排东部：1281	陶立俑（小型）	汉		陶	保存不完整，残断为三块，左足缺失，左手、腰部残缺。通体彩绘，绘有彩绘纹饰。表面有脱落、泥土附着物、剥落、残断、植物损害等病害	残	1	高：40.3 宽：13.5 厚：10.7	山东青州香山汉墓
438	K1X3区7南二排东部边缘：1240	陶立俑（小型）	汉		陶	保存不完整，残断为三块，左腿缺失，左手、颈部残缺。通体彩绘，绘有彩绘纹饰。表面有脱落、泥土附着物、剥落、残断、刻画等病害	残	1	高：42.0 宽：13.0 厚：9.2	山东青州香山汉墓
439	K1X3区7南二排东部：1239	陶立俑（小型）	汉		陶	保存不完整，残断为三块，右手、右足缺失，左足残缺。通体彩绘，绘有彩绘纹饰。表面有脱落、泥土附着物、剥落、残断等病害	残	1	高：40.8 宽：12.9 厚：8.9	山东青州香山汉墓
440	K1②区1北一排立俑西第三十五个：80	陶立俑（小型）	汉		陶	保存不完整，残断为三块，左手缺失。通体彩绘，绘有彩绘纹饰。表面有脱落、泥土附着物、剥落、残断等病害	残	1	高：40.6 宽：12.8 厚：9.4	山东青州香山汉墓
441	K1②区1北一排立俑西第三十六个：81	陶立俑（小型）	汉		陶	保存不完整，残断为六块，右手缺失，左足残缺。通体彩绘，绘有彩绘纹饰。表面有脱落、泥土附着物、残断、剥落等病害	残	1	高：40.9 宽：12.7 厚：9.5	山东青州香山汉墓
442	K1X3区6南三排西部：1251	陶立俑（小型）	汉		陶	保存不完整，残断为三块，双手、左足缺失。通体彩绘，绘有彩绘纹饰。表面有脱落、泥土附着物、残断、剥落、裂隙等病害	残	1	高：41.1 宽：12.9 厚：8.4	山东青州香山汉墓
443	K1层2区6东：592	陶立俑（小型）	汉		陶	外形基本完整，残断为四块。通体彩绘，绘有彩绘纹饰。表面有脱落、泥土附着物、残断、剥落等病害	残	1	高：40.6 宽：12.8 厚：9.5	山东青州香山汉墓
444	K1层2区6东：591	陶立俑（小型）	汉		陶	保存不完整，残断为二块，双手缺失。通体彩绘，绘有彩绘纹饰。表面有脱落、泥土附着物、残断、植物损害、结晶盐等病害	残	1	长：42.0 宽：26.0 高：30.7	山东青州香山汉墓
445	K1X3区7东部：1221	陶立俑（小型）	汉		陶	保存不完整，残断为四块，右足缺失，右手、左足残缺。通体彩绘，绘有彩绘纹饰。表面有脱落、泥土附着物、残断、剥落等病害	残	1	高：40.9 宽：13.2 厚：10.0	山东青州香山汉墓

续表

序号	总登记号	名称	年代	级别	质地	保存状况	完整情况	数量	尺寸（厘米）	出土地点
446	K1X3区7东部：1220	陶立俑（小型）	汉		陶	保存不完整，残断为十二块，双足缺失，衣领、右手、腰部残缺。通体彩绘，绘有彩绘纹饰。表面有脱落、泥土附着物、剥落、残断、植物损害等病害	残	1	高：37.0 宽：13.0 厚：9.1	山东青州香山汉墓
447	K1②区5中部中间偏东：453	陶立俑（小型）	汉		陶	保存不完整，残断为六块，右手缺失，头部、下半身残缺。通体彩绘，绘有彩绘纹饰。表面有脱落、泥土附着物、残断、植物损害等病害	残	1	高：38.0 宽：12.5 厚：8.8	山东青州香山汉墓
448	K1②区7车754前：755	陶立俑（小型）	汉		陶	保存不完整，残断为四块，右手缺失，左手、腿部残缺。通体彩绘，绘有彩绘纹饰。表面有脱落、泥土附着物、残断、剥落、裂缝等病害	残	1	高：41.5 宽：13.1 厚：9.0	山东青州香山汉墓
449	K1②区7东754前：757	陶立俑（小型）	汉		陶	保存不完整，残断为三块，右手、右足缺失。通体彩绘，绘有彩绘纹饰。表面有脱落、泥土附着物、剥落、残断、结晶盐、植物损害、裂隙、其他附着物等病害	残	1	高：40.6 宽：12.6 厚：9.5	山东青州香山汉墓
450	K1②层区1北一排立俑西二：40	陶立俑（小型）	汉		陶	保存不完整，残断为三块，右手缺失。通体彩绘，绘有彩绘纹饰。表面有脱落、泥土附着物、残断、剥落、裂缝、植物损害等病害	残	1	高：39.5 宽：12.5 厚：9.0	山东青州香山汉墓
451	K1②区1北部立俑西第三十四个：79	陶立俑（小型）	汉		陶	保存不完整，残断为三块，右手、一条腿、双足缺失。通体彩绘，绘有彩绘纹饰。表面有脱落、泥土附着物、残断、剥落、植物损害等病害	残	1	高：42.6 宽：12.6 厚：8.5	山东青州香山汉墓
452	K1②区1北一排立俑西八个：46	陶立俑（小型）	汉		陶	保存不完整，双手缺失。通体彩绘，绘有彩绘纹饰。表面有脱落、泥土附着物、残断、剥落、植物损害、结晶盐等病害	残	1	高：42.5 宽：13.6 厚：7.2	山东青州香山汉墓
453	K1②区1北一排立俑西第二十三个：61	陶立俑（小型）	汉		陶	保存不完整，残断为三块，右手缺失。通体彩绘，绘有彩绘纹饰。表面有脱落、泥土附着物、残断、剥落等病害	残	1	高：40.0 宽：12.5 厚：9.2	山东青州香山汉墓
454	K1②区1北一排立俑西第二十二个：60	陶立俑（小型）	汉		陶	保存不完整，残断为二块，右手、左臂残缺。通体彩绘，绘有彩绘纹饰。表面有脱落、泥土附着物、残断、剥落、裂隙、裂缝、其他附着物等病害	残	1	高：40.5 宽：12.6 厚：9.5	山东青州香山汉墓
455	K1②区1北一排立俑西第二十一个：59	陶立俑（小型）	汉		陶	保存不完整，残断为三块，左足缺失。通体彩绘，绘有彩绘纹饰。表面有脱落、泥土附着物、残断、剥落、裂隙等病害	残	1	高：37.0 宽：12.1 厚：9.0	山东青州香山汉墓
456	K1②区1北一排立俑西第三十二：77	陶立俑（小型）	汉		陶	保存不完整，残断为三块，右手缺失、左手残缺。通体彩绘，绘有彩绘纹饰。表面有脱落、泥土附着物、残断、剥落、裂缝、植物损害、其他附着物等病害	残	1	高：41.5 宽：13.0 厚：7.7	山东青州香山汉墓
457	K1②区北一排立俑西第三十个：75	陶立俑（小型）	汉		陶	保存不完整，残断为三块，右手缺失。通体彩绘，绘有彩绘纹饰。表面有脱落、泥土附着物、残断、剥落、植物损害、结晶盐等病害	残	1	高：42.0 宽：13.0 厚：9.2	山东青州香山汉墓

续表

序号	总登记号	名称	年代	级别	质地	保存状况	完整情况	数量	尺寸（厘米）	出土地点
458	K1②区1北一排立俑西第三十一：76	陶立俑（小型）	汉		陶	保存不完整，残断为三块，双手缺失。通体彩绘，绘有彩绘纹饰。表面有脱落、泥土附着物、残断、剥落、植物损害等病害	残	1	高：41.0 宽：13.5 厚：8.2	山东青州香山汉墓
459	K1②区1北一排立俑西第十八个：56	陶立俑（小型）	汉		陶	保存不完整，右手、左足缺失。通体彩绘，绘有彩绘纹饰。表面有脱落、泥土附着物、残断、剥落、植物损害、裂隙等病害	残	1	高：41.2 宽：12.3 厚：9.3	山东青州香山汉墓
460	K1②区1北一排立俑西第十九个：57	陶立俑（小型）	汉		陶	保存不完整，残断为三块。通体彩绘，绘有彩绘纹饰。表面有脱落、泥土附着物、残断、剥落、植物损害等病害	残	1	高：41.2 宽：12.3 厚：9.3	山东青州香山汉墓
461	K1②区1北一排立俑西第十六个：54	陶立俑（小型）	汉		陶	保存不完整，残断为三块，双手缺失、发髻右侧残缺。通体彩绘，绘有彩绘纹饰。表面有脱落、泥土附着物、残断、剥落、植物损害等病害	残	1	高：45.1 宽：14.9 厚：7.7	山东青州香山汉墓
462	K1②区1北一排立俑西第三十五：53	陶立俑（小型）	汉		陶	外形基本完整，残断为三块。通体彩绘，绘有彩绘纹饰。表面有脱落、泥土附着物、残断、剥落等病害	残	1	高：40.7 宽：12.5 厚：8.2	山东青州香山汉墓
463	K1②区三排马第西三马西侧：153	陶立俑（小型）	汉		陶	保存不完整，残断为三块，双足缺失。通体彩绘，绘有彩绘纹饰。表面有脱落、泥土附着物、残断、剥落、其他附着物等病害	残	1	高：38.2 宽：13.0 厚：9.5	山东青州香山汉墓
464	K1②区2北三排马西部：109	陶立俑（小型）	汉		陶	保存不完整，右手缺失，双足前期粘接。通体彩绘，绘有彩绘纹饰。表面有脱落、泥土附着物、剥落、裂隙等病害	残	1	高：42.3 宽：13.3 厚：9.3	山东青州香山汉墓
465	K1②区1东北部：91	陶立俑（小型）	汉		陶	保存不完整，双手缺失。通体彩绘，绘有彩绘纹饰。表面有脱落、泥土附着物、残断、剥落、结晶盐、植物损害、裂隙等病害	残	1	高：40.7 宽：11.9 厚：9.5	山东青州香山汉墓
466	K1②区1北一排立俑第西十个：48	陶立俑（小型）	汉		陶	保存不完整，残断为二块，双手缺失。通体彩绘，绘有彩绘纹饰。表面有脱落、泥土附着物、残断、剥落、植物损害、刻画等病害	残	1	高：39.8 宽：13.3 厚：8.5	山东青州香山汉墓
467	K1②区1北一排立俑西第六个：44	陶立俑（小型）	汉		陶	保存不完整，残断为四块，双手缺失。通体彩绘，绘有彩绘纹饰。表面有脱落、泥土附着物、残断、剥落、植物损害、其他附着物等病害	残	1	高：43.0 宽：13.2 厚：7.5	山东青州香山汉墓
468	K1②区1北一排立俑西九个：47	陶立俑（小型）	汉		陶	保存不完整，残断为三块，双手缺失。通体彩绘，绘有彩绘纹饰。表面有脱落、泥土附着物、残断、剥落、植物损害、裂隙、裂缝、结晶盐等病害	残	1	高：42.0 宽：13.0 厚：7.2	山东青州香山汉墓
469	K1②区1北一排立俑西七个：45	陶立俑（小型）	汉		陶	保存不完整，残断为三块，左手、左足残缺。通体彩绘，绘有彩绘纹饰。表面有脱落、泥土附着物、残断、剥落、裂隙、裂缝、其他附着物等病害	残	1	高：41.2 宽：12.7 厚：8.5	山东青州香山汉墓

续表

序号	总登记号	名称	年代	级别	质地	保存状况	完整情况	数量	尺寸（厘米）	出土地点
470	K1②区1北一排立俑西五个：43	陶立俑（小型）	汉		陶	外形基本完整，残断为三块。通体彩绘，绘有彩绘纹饰。表面有脱落、泥土附着物、残断、剥落等病害	残	1	高：39.0 宽：12.8 厚：9.9	山东青州香山汉墓
471	K1②区1北一排立俑西第二十七个：65	陶立俑（小型）	汉		陶	保存不完整，右手残缺。通体彩绘，绘有彩绘纹饰。表面有脱落、泥土附着物、剥落、植物损害等病害	残	1	高：39.8 宽：13.3 厚：10.0	山东青州香山汉墓
472	K1②区4中部：302	陶立俑（小型）	汉		陶	保存不完整，残断为十二块，右手缺失，上半身残缺。通体彩绘，绘有彩绘纹饰。表面有脱落、泥土附着物、剥落、残断、其他附着物、植物损害等病害	残	1	高：40.9 宽：12.7 厚：9.1	山东青州香山汉墓
473	K1②区6东部边缘中间：605	陶立俑（小型）	汉		陶	保存不完整，残断为三块，右手、左足缺失。通体彩绘，绘有彩绘纹饰。表面有脱落、泥土附着物、剥落、植物损害等病害	残	1	高：40.9 宽：12.7 厚：8.5	山东青州香山汉墓
474	K1X2区7：1161	陶立俑（小型）	汉		陶	通体彩绘，绘有彩绘纹饰。表面有脱落、泥土附着物、剥落等病害	残	1	高：41.0 宽：13.0 厚：9.3	山东青州香山汉墓
475	K1X2区7：1154	陶立俑（小型）	汉		陶	通体彩绘，绘有彩绘纹饰。表面有脱落、泥土附着物、剥落等病害	残	1	高：42.0 宽：13.0 厚：8.2	山东青州香山汉墓
476	K1②区3北三排马中部偏东：190	陶立俑（小型）	汉		陶	保存不完整，残断为八块，左肩、双足缺失。通体彩绘，绘有彩绘纹饰。表面有脱落、泥土附着物、残断、剥落、其他附着物等病害	残	1	高：44.6 宽：18.9 厚：14.1	山东青州香山汉墓
477	K1②区7：723	陶女俑	汉		陶	保存不完整，残断为三块，腰部、右臂残缺。通体彩绘，绘有彩绘纹饰。表面有脱落、泥土附着物、残断、剥落等病害	残	1	高：49.0 宽：11.1 厚：9.9	山东青州香山汉墓
478	K1②区7：724	陶女俑	汉		陶	外形基本完整，残断为三块。通体彩绘，绘有彩绘纹饰。表面有脱落、泥土附着物、残断、剥落等病害	残	1	高：40.2 宽：13.6 厚：9.2	山东青州香山汉墓
479	K1②区7：713	陶女俑	汉		陶	保存基本完整。通体彩绘，绘有彩绘纹饰。表面有脱落、泥土附着物、剥落、结晶盐、硬结物、植物损害、其他附着物等病害	残	1	高：31.1 宽：8.4 厚：5.9	山东青州香山汉墓
480	K1②区7：714	陶女俑	汉		陶	保存基本完整。通体彩绘，绘有彩绘纹饰。表面有脱落、泥土附着物、剥落、植物损害等病害	残	1	高：29.5 宽：9.0 厚：5.2	山东青州香山汉墓
481	K1②区7：720	陶女俑	汉		陶	保存基本完整。通体彩绘，绘有彩绘纹饰。表面有脱落、泥土附着物、剥落、其他附着物等病害	残	1	高：31.1 宽：8.4 厚：5.9	山东青州香山汉墓

续表

序号	总登记号	名称	年代	级别	质地	保存状况	完整情况	数量	尺寸（厘米）	出土地点
482	K1②区7：718	陶女俑	汉		陶	保存不完整，残断为四块。通体彩绘，绘有彩绘纹饰。表面有脱落、泥土附着物、残断、剥落、其他附着物、结晶盐等病害	残	1	高：41.1 宽：10.8 厚：8.8	山东青州香山汉墓
483	K1②区7东部：777	陶女俑	汉		陶	保存不完整，残断为四块。通体彩绘，绘有彩绘纹饰。表面有脱落、泥土附着物、残断、剥落、其他附着物等病害	残	1	高：43.1 宽：13.4 厚：9.2	山东青州香山汉墓
484	K1②区7东部：776	陶女俑	汉		陶	保存不完整，残断为三块。通体彩绘，绘有彩绘纹饰。表面有脱落、泥土附着物、残断、剥落、其他附着物等病害	残	1	高：42.0 宽：10.3 厚：8.1	山东青州香山汉墓
485	K1②区7东部：779	陶女俑	汉		陶	外形基本完整，残断为四块。通体彩绘，绘有彩绘纹饰。表面有脱落、泥土附着物、残断、剥落、其他附着物等病害	残	1	高：41.0 宽：11.0 厚：9.2	山东青州香山汉墓
486	K1②区7东部：780	陶女俑	汉		陶	外形基本完整，残断为二块。通体彩绘，绘有彩绘纹饰。表面有脱落、泥土附着物、残断、剥落、结晶盐、其他附着物等病害	残	1	高：40.2 宽：11.0 厚：8.6	山东青州香山汉墓
487	K1②区7东部：716	陶女俑	汉		陶	保存不完整，残断为三块，右手缺失。通体彩绘，绘有彩绘纹饰。表面有脱落、泥土附着物、残断、剥落等病害	残	1	高：33.3 宽：15.1 厚：8.5	山东青州香山汉墓
488	K1②区7东部：717	陶女俑	汉		陶	保存不完整，底部残缺。通体彩绘，绘有彩绘纹饰。表面有脱落、泥土附着物、残断、剥落等病害	残	1	高：40.2 宽：17.8 厚：10.1	山东青州香山汉墓
489	K1②区7东部：778	陶女俑	汉		陶	保存不完整，残断为二块。通体彩绘，绘有彩绘纹饰。表面有脱落、泥土附着物、残断、剥落、其他附着物等病害	残	1	高：44.4 宽：11.5 厚：8.9	山东青州香山汉墓
490	K1②区7东部：715	陶女俑	汉		陶	通体彩绘，绘有彩绘纹饰。表面有脱落、泥土附着物、剥落等病害	残	1	高：41.6 宽：13.0 厚：9.9	山东青州香山汉墓
491	K1②区7：722	陶女俑	汉		陶	通体彩绘，绘有彩绘纹饰。表面有脱落、泥土附着物、剥落等病害	残	1	高：40.7 宽：12.4 厚：10.2	山东青州香山汉墓
492	K1X2区7南四排东部：1176	陶女俑	汉		陶	通体彩绘，绘有彩绘纹饰。表面有脱落、泥土附着物、剥落等病害	残	1	高：37.0 宽：13.1 厚：10.5	山东青州香山汉墓
493	K1②区7：721	陶女俑	汉		陶	通体彩绘，绘有彩绘纹饰。表面有脱落、泥土附着物、剥落等病害	残	1	高：41.3 宽：12.4 厚：9.9	山东青州香山汉墓

续表

序号	总登记号	名称	年代	级别	质地	保存状况	完整情况	数量	尺寸（厘米）	出土地点
494	K1②区7东部：775	陶女俑	汉		陶	保存不完整，残断为二块，底部残缺。通体彩绘，绘有彩绘纹饰。表面有脱落、泥土附着物、残断、剥落、其他附着物等病害	残	1	高：36.1 宽：8.6 厚：5.8	山东青州香山汉墓
495	K1②区7：725	陶女俑	汉		陶	通体彩绘，绘有彩绘纹饰。表面有脱落、泥土附着物、剥落等病害	残	1	高：41.8 宽：12.7 厚：9.7	山东青州香山汉墓
496	K1②区7东部：781	陶女俑	汉		陶	外形基本完整，残断为二块。通体彩绘，绘有彩绘纹饰。表面有脱落、泥土附着物、残断、剥落等病害	残	1	高：40.1 宽：11.3 厚：9.9	山东青州香山汉墓
497	K1②区2北三排马东部：138	陶骑俑（大型）	汉		陶	保存不完整，残断为六块，头部缺失，右臂残缺。通体彩绘，绘有彩绘纹饰。表面有脱落、泥土附着物、残断、剥落、刻画等病害	残	1	高：41.6 宽：10.8 厚：9.3	山东青州香山汉墓
498	K1②区5东部中间：412	陶骑俑（大型）	汉		陶	保存不完整，残断为二十块，左手、右足缺失，上半身残缺。通体彩绘，绘有彩绘纹饰。表面有脱落、泥土附着物、残断、剥落、裂隙等病害	残	1	身：高：41.8　宽：26.5 厚：12.3 头：高：11.0　宽：9.5 厚：12.3	山东青州香山汉墓
499	K1②层区1西北部：13	陶骑俑（大型）	汉		陶	保存不完整，残断为十五块，右手缺失，右臂残缺。通体彩绘，绘有彩绘纹饰。表面有脱落、泥土附着物、剥落、刻画等病害	残	1	身：高：41.6　宽：22.8 厚：12.9 头：高：11.1　宽：9.6 厚：9.6	山东青州香山汉墓
500	K1②区3北三排东部：205	陶骑俑（大型）	汉		陶	保存不完整，残断为十三块，右手缺失，背部、左臂、右臂残缺。通体彩绘，绘有彩绘纹饰。表面有脱落、泥土附着物、残断、剥落、裂隙等病害	残	1	身：高：41.5　宽：23.5 厚：12.1 头：高：10.2　宽：9.2 厚：9.3	山东青州香山汉墓
501	K1②区2：100	陶骑俑（大型）	汉		陶	外形基本完整，残断为六块。通体彩绘，绘有彩绘纹饰。表面有脱落、泥土附着物、残断、剥落、裂缝等病害	残	1	身：高：41.6　宽：22.9 厚：10.7 头：高：10.3　宽：9.6 厚：8.9	山东青州香山汉墓
502	K1②区4西部偏东与286马相配：285	陶骑俑（大型）	汉		陶	保存不完整，残断为二十块，右手、双腿缺失，腰、背、底部残缺。通体彩绘，绘有彩绘纹饰。表面有脱落、泥土附着物、剥落、残断、其他附着物、刻画、结晶盐等病害	残	1	身：高：26.2　宽：22.5 厚：12.5 头：高：10.9　宽：9.6 厚：9.3	山东青州香山汉墓
503	K1②区2：112	陶骑俑（大型）	汉		陶	外形基本完整，残断为五块，通体彩绘，绘有彩绘纹饰。表面有脱落、泥土附着物、残断、剥落、刻画等病害	残	1	身：高：41.3　宽：22.1 厚：13.1 头：高：10.7　宽：9.5 厚：9.4	山东青州香山汉墓

续表

序号	总登记号	名称	年代	级别	质地	保存状况	完整情况	数量	尺寸（厘米）	出土地点
504	青州香山K1X3区2：637	陶骑俑（大型）	汉		陶	保存不完整，残断为三块。通体彩绘，绘有彩绘纹饰。表面有脱落、泥土附着物、剥落等病害	残	1	身：高：36.1 宽：23.4 厚：11.6 头：长：10.7 宽：9.2 厚：9.1	山东青州香山汉墓
505	K1X2区3：253	陶骑俑（大型）	汉		陶	外形基本完整，残断为三块。通体彩绘，绘有彩绘纹饰。表面有脱落、泥土附着物、残断、剥落、裂缝、结晶盐等病害	残	1	身：高：40.0 宽：23.5 厚：11.5 头：高：10.5 宽：9.3 厚：9.2	山东青州香山汉墓
506	K1②区2北二排马东部：140	陶骑俑（大型）	汉		陶	外形基本完整，残断为四块。通体彩绘，绘有彩绘纹饰。表面有脱落、泥土附着物、残断、剥落、刻画等病害	残	1	身：高：41.4 宽：22.0 厚：13.2 头：高：10.7 宽：9.5 厚：9.4	山东青州香山汉墓
507	K1②区1西北部：5	陶骑俑（大型）	汉		陶	保存不完整，残断为十块，右手缺失，右肩残缺。通体彩绘，绘有彩绘纹饰。表面有脱落、泥土附着物、残断、剥落、裂缝、刻画等病害	残	1	身：高：41.1 宽：21.8 厚：13.3 头：高：10.8 宽：9.6 厚：9.5	山东青州香山汉墓
508	K1②区2北二排骑马俑西部：111	陶骑俑（大型）	汉		陶	通体彩绘，绘有彩绘纹饰。表面有脱落、泥土附着物、剥落等病害	残	1	身：高：34.8 宽：22.6 厚：13.0 头：高：9.6 宽：9.9 厚：10.0	山东青州香山汉墓
509	K1②区3北三排马西第二马：144	陶骑俑（大型）	汉		陶	保存不完整，残断为五块，右手缺失，领口残缺，头部前期粘接。通体彩绘，绘有彩绘纹饰。表面有脱落、泥土附着物、残断、剥落、结晶盐、植物损害、其他附着物等病害	残	1	身：高：42.6 宽：23.0 厚：12.4 头：高：10.2 宽：9.4 厚：8.8	山东青州香山汉墓
510	K1②区3北三排马西第五马上与160相配：159	陶骑俑（大型）	汉		陶	保存不完整，残断为二十五块，左手缺失，左肩、右胳膊、后背部分残缺。通体彩绘，绘有彩绘纹饰。表面有脱落、泥土附着物、残断、剥落、刻画等病害	残	1	身：高：41.5 宽：23.5 厚：12.0 头：高：11.0 宽：9.3 厚：8.9	山东青州香山汉墓
511	K1②区2北二排骑马俑西端：98	陶骑俑（大型）	汉		陶	外形基本完整，残断为六块。通体彩绘，绘有彩绘纹饰。表面有脱落、泥土附着物、残断、剥落、裂隙、结晶盐、其他附着物、刻画、植物损害等病害	残	1	身：高：42.4 宽：22.1 厚：12.9 头：高：10.8 宽：9.5 厚：9.4	山东青州香山汉墓
512	K1②区3东部：251	陶骑俑（大型）	汉		陶	保存不完整，残断为三块，左手、左腿缺失，领口残缺。通体彩绘，绘有彩绘纹饰。表面有脱落、泥土附着物、残断、剥落、裂隙、植物损害等病害	残	1	身：高：43.2 宽：23.6 厚：12.5 头：高：11.0 宽：9.3 厚：9.1	山东青州香山汉墓

续表

序号	总登记号	名称	年代	级别	质地	保存状况	完整情况	数量	尺寸（厘米）	出土地点
513	K1②区1西北部与8号马配套：7	陶骑俑（大型）	汉		陶	保存不完整，残断为二块，头部、右腿缺失。通体彩绘，绘有彩绘纹饰。表面有脱落、泥土附着物、剥落、残断、裂隙、植物损害、其他附着物等病害	残	1	身：高：41.3　宽：21.7 厚：12.3 头：高：10.9　宽：9.7 厚：9.6	山东青州香山汉墓
514	K1②层区1西北角：1	陶骑俑（大型）	汉		陶	保存不完整，残断为四块，双手缺失。通体彩绘，绘有彩绘纹饰。表面有脱落、泥土附着物、残断、剥落、裂隙、植物损害、结晶盐等病害	残	1	身：高：41.8　宽：24.8 厚：12.8 头：高：11.0　宽：9.7 厚：9.6	山东青州香山汉墓
515	K1②区3北三排马西十二马上：181	陶骑俑（大型）	汉		陶	保存不完整，残断为五块，右手、左腿缺失，领口残缺。通体彩绘，绘有彩绘纹饰。表面有脱落、泥土附着物、残断、剥落、其他附着物等病害	残	1	身：高：40.6　宽：22.9 厚：12.2 头：高：10.8　宽：9.6 厚：10.6	山东青州香山汉墓
516	K1②区3北三排马西第八马上与170马相配：169	陶骑俑（大型）	汉		陶	保存不完整，残断为二块，双手、一条腿缺失。通体彩绘，绘有彩绘纹饰。表面有脱落、泥土附着物、残断、剥落、植物损害等病害	残	1	身：高：40.5　宽：22.6 厚：9.5 头：高：12.6　宽：11.6 厚：9.4	山东青州香山汉墓
517	K1②区5东部偏东：416	陶骑俑（大型）	汉		陶	保存不完整，左手、双足缺失，右胳膊处前期粘接。通体彩绘，绘有彩绘纹饰。表面有脱落、泥土附着物、残断、剥落、刻画、裂缝、植物损害等病害	残	1	身：高：40.0　宽：24.0 厚：15.5 头：高：11.2　宽：9.7 厚：9.3	山东青州香山汉墓
518	K1X3区3：716	陶骑俑（大型）	汉		陶	保存不完整，残断为十九块，左手、胳膊、胯部残缺。通体彩绘，绘有彩绘纹饰。表面有脱落、泥土附着物、残断、剥落、结晶盐、刻画、其他附着物等病害	残	1	身：高：42.9　宽：21.9 厚：12.7 头：高：11.3　宽：9.2 厚：9.3	山东青州香山汉墓
519	K1②区3北三排马第西四马上：156	陶骑俑（大型）	汉		陶	保存不完整，残断为二块，双腿、右手缺失，头顶部残缺。通体彩绘，绘有彩绘纹饰。表面有脱落、泥土附着物、残断、剥落、其他附着物等病害	残	1	身：高：25.1　宽：22.6 厚：12.4 头：高：10.4　宽：9.4 厚：9.5	山东青州香山汉墓
520	K1②区2北二排马中部与马118相配：117	陶骑俑（大型）	汉		陶	保存不完整，残断为十三块，身体右肩部分残缺。通体彩绘，绘有彩绘纹饰。表面有脱落、泥土附着物、残断、剥落等病害	残	1	身：高：41.5　宽：23.5 厚：12.6 头：高：10.6　宽：9.6 厚：9.2	山东青州香山汉墓
521	K1②区5东部偏东与411马相配：410	陶骑俑（大型）	汉		陶	保存不完整，残断为十九块，左手、左足缺失。通体彩绘，绘有彩绘纹饰。表面有脱落、泥土附着物、残断、剥落、裂缝、刻画等病害	残	1	身：高：41.0　宽：23.2 厚：12.3 头：高：10.4　宽：9.4 厚：8.8	山东青州香山汉墓

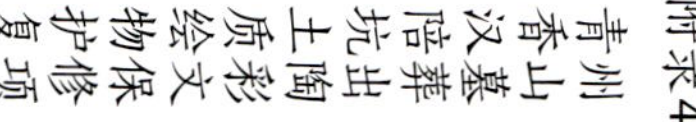

续表

序号	总登记号	名称	年代	级别	质地	保存状况	完整情况	数量	尺寸（厘米）	出土地点
522	K1②区5东部边缘部分与407马相配：406	陶骑俑（大型）	汉		陶	保存不完整，残断为十四块，左手、双腿缺失，身体残缺。通体彩绘，绘有彩绘纹饰。表面有脱落、泥土附着物、残断、剥落、其他附着物等病害	残	1	身：高：40.6 宽：22.9 厚：12.2 头：高：10.9 宽：9.7 厚：9.6	山东青州香山汉墓
523	K1②层区1北一排骑俑东部：35	陶骑俑（大型）	汉		陶	保存不完整，残断为四块，右手、右足缺失。通体彩绘，绘有彩绘纹饰。表面有脱落、泥土附着物、残断、剥落、植物损害、刻画、其他附着物、植物损害等病害	残	1	身：高：43.0 宽：23.4 厚：12.2 头：高：10.7 宽：9.8 厚：9.7	山东青州香山汉墓
524	K1②区4中部：311	陶骑俑（大型）	汉		陶	保存不完整，双腿、右手缺失。通体彩绘，绘有彩绘纹饰。表面有脱落、泥土附着物、剥落、残断、植物损害等病害	残	1	身：高：26.1 宽：21.4 厚：10.2 头：高：11.0 宽：9.6 厚：9.4	山东青州香山汉墓
525	K1②区2北二排马中部西十马上：119	陶骑俑（大型）	汉		陶	保存不完整，残断为三块，右手残缺。通体彩绘，绘有彩绘纹饰。表面有脱落、泥土附着物、剥落、残断、其他附着物、植物损害等病害	残	1	身：高：30.6 宽：24.3 厚：13.0 头：高：9.6 宽：9.7 厚：10.4	山东青州香山汉墓
526	K1②区4中部偏北：271	陶骑俑（小型）	汉		陶	保存不完整，残断为七块，右腿缺失。通体彩绘，绘有彩绘纹饰。表面有脱落、泥土附着物、剥落、残断、裂隙等病害	残	1	高：45.2 宽：18.6 厚：13.3	山东青州香山汉墓
527	K1②区1北东部北二排西三个骑俑：69	陶骑俑（小型）	汉		陶	保存不完整，残断为二块，双手、右足缺失。通体彩绘，绘有彩绘纹饰。表面有脱落、泥土附着物、剥落、其他附着物、裂缝等病害	残	1	高：46.0 宽：19.1 厚：13.2	山东青州香山汉墓
528	K1层2区5中：446	陶骑俑（小型）	汉		陶	保存不完整，残断为四块，双手、左腿缺失，右肩、左腿部残缺。通体彩绘，绘有彩绘纹饰。表面有脱落、泥土附着物、残断、剥落等病害	残	1	高：45.6 宽：18.8 厚：13.9	山东青州香山汉墓
529	K1②区5西部：532	陶骑俑（小型）	汉		陶	保存不完整，残断为四块，双手、左腿缺失。通体彩绘，绘有彩绘纹饰。表面有脱落、泥土附着物、残断、剥落、其他附着物等病害	残	1	高：44.2 宽：18.5 厚：14.1	山东青州香山汉墓
530	K1②区1东北部北二排西七个骑俑：73	陶骑俑（小型）	汉		陶	保存不完整，残断为三块，双手缺失。通体彩绘，绘有彩绘纹饰。表面有脱落、泥土附着物、残断、剥落等病害	残	1	高：45.1 宽：15.6 厚：14.2	山东青州香山汉墓
531	K1②区1东北部：96	陶骑俑（小型）	汉		陶	保存不完整，残断为三块，双手、右腿缺失。通体彩绘，绘有彩绘纹饰。表面有脱落、泥土附着物、残断、剥落、裂隙、植物损害等病害	残	1	高：45.4 宽：18.9 厚：13.9	山东青州香山汉墓

续表

序号	总登记号	名称	年代	级别	质地	保存状况	完整情况	数量	尺寸（厘米）	出土地点
532	K1②区5东部偏西与426马相配：425	陶骑俑（小型）	汉		陶	保存不完整，残断为六块，左手、右足缺失。通体彩绘，绘有彩绘纹饰。表面有脱落、泥土附着物、残断、剥落、其他附着物等病害	残	1	高：44.1 宽：19.3 厚：14.4	山东青州香山汉墓
533	K1②区1北东部北二排西五个骑俑：71	陶骑俑（小型）	汉		陶	保存不完整，残断为四块，双手缺失。通体彩绘，绘有彩绘纹饰。表面有脱落、泥土附着物、剥落、残断等病害	残	1	高：45.9 宽：18.5 厚：13.0	山东青州香山汉墓
534	K1②区3北三排马西第十马上：175	陶骑俑（小型）	汉		陶	保存不完整，残断为八块，双手缺失，腹部、腿部部分残缺。通体彩绘，绘有彩绘纹饰。表面有脱落、泥土附着物、残断、剥落、刻画等病害	残	1	高：46.6 宽：18.6 厚：13.3	山东青州香山汉墓
535	K1②区3中部边缘与220马相配：219	陶骑俑（小型）	汉		陶	保存不完整，残断为二十二块，右手、右腿缺失，躯体残缺。通体彩绘，绘有彩绘纹饰。表面有脱落、泥土附着物、剥落、刻画等病害	残	1	高：44.0 宽：18.2 厚：14.7	山东青州香山汉墓
536	K1②区2北二排马中部偏东：129	陶骑俑（小型）	汉		陶	保存不完整，残断为四块，一手、一腿缺失。通体彩绘，绘有彩绘纹饰。表面有脱落、泥土附着物、残断、剥落、裂隙、其他附着物等病害	残	1	高：28.8 宽：17.9 厚：13.4	山东青州香山汉墓
537	K1②区2北三排马东部中间：135	陶骑俑（小型）	汉		陶	保存不完整，残断为九块，双手、左腿缺失。通体彩绘，绘有彩绘纹饰。表面有脱落、泥土附着物、残断、剥落、裂缝、植物损害等病害	残	1	高：46.0 宽：19.4 厚：12.0	山东青州香山汉墓
538	K1②区1北部：23	陶骑俑（小型）	汉		陶	保存不完整，残断为四块，右手、左腿缺失，头部残缺。通体彩绘，绘有彩绘纹饰。主要表面有脱落、泥土附着物、残断、剥落、裂缝等病害	残	1	高：45.5 宽：18.5 厚：12.8	山东青州香山汉墓
539	K1②层区1北一排骑俑东部：33	陶骑俑（小型）	汉		陶	保存不完整，残断为四块，双手缺失，右腿残缺。通体彩绘，绘有彩绘纹饰。表面有脱落、泥土附着物、残断、剥落、裂缝等病害	残	1	高：43.0 宽：18.0 厚：12.2	山东青州香山汉墓
540	K1②区3北三排马第西三马上的：154	陶骑俑（小型）	汉		陶	保存不完整，残断为二块，双手缺失。通体彩绘，绘有彩绘纹饰。表面有脱落、泥土附着物、残断、剥落、裂缝等病害	残	1	高：32.0 宽：19.3 厚：14.1	山东青州香山汉墓
541	K1X3区7南二排中部偏西：1227	陶骑俑（小型）	汉		陶	保存不完整，残断为十三块，双手缺失。通体彩绘，绘有彩绘纹饰。表面有脱落、泥土附着物、残断、剥落、其他附着物等病害	残	1	高：45.4 宽：19.6 厚：13.3	山东青州香山汉墓
542	K1②区5中部中间偏东：440	陶骑俑（小型）	汉		陶	保存不完整，残断为十一块，右手、双腿缺失。通体彩绘，绘有彩绘纹饰。表面有脱落、泥土附着物、剥落、残断、残断等病害	残	1	高：31.4 宽：17.9 厚：13.3	山东青州香山汉墓
543	K1②区3北三排马东部：202	陶骑俑（小型）	汉		陶	保存不完整，残断为三块，双手、双足缺失。通体彩绘，绘有彩绘纹饰。表面有脱落、泥土附着物、残断、剥落、植物损害等病害	残	1	高：40.8 宽：12.9 厚：18.0	山东青州香山汉墓

续表

序号	总登记号	名称	年代	级别	质地	保存状况	完整情况	数量	尺寸（厘米）	出土地点
544	K1②区3北三排马西第七匹马上：165	陶骑俑（小型）	汉		陶	保存不完整，残断为九块，双手、左腿缺失。通体彩绘，绘有彩绘纹饰。表面有脱落、泥土附着物、残断、剥落等病害	残	1	高：45.8 宽：18.4 厚：13.9	山东青州香山汉墓
545	K1X3区3：762	陶骑俑（小型）	汉		陶	保存不完整，残断为四块，双腿缺失。通体彩绘，绘有彩绘纹饰。表面有脱落、泥土附着物、残断、剥落、裂缝、其他附着物、植物损害等病害	残	1	高：30.6 宽：18.6 厚：13.0	山东青州香山汉墓
546	K1②层区1北一排骑马俑东部与马32相配：31	陶骑俑（小型）	汉		陶	保存不完整，残断为十三块，双手、右腿缺失，腰部残缺。通体彩绘，绘有彩绘纹饰。表面有脱落、泥土附着物、剥落、植物损害等病	残	1	高：44.3 宽：18.5 厚：13.0	山东青州香山汉墓
547	K1②区2北二排马中间：127	陶骑俑（小型）	汉		陶	保存不完整，残断为二十五块，双手、双足缺失，背部、左胳膊、左腿残缺。通体彩绘，绘有彩绘纹饰。表面有脱落、泥土附着物、残断、剥落、其他附着物等病害	残	1	高：38.9 宽：17.5 厚：15.0	山东青州香山汉墓
548	K1②区1：17	陶骑俑（小型）	汉		陶	保存不完整，残断为三块，双手、双足缺失，右臂，双腿残缺。通体彩绘，绘有彩绘纹饰。表面有脱落、泥土附着物、剥落、残断、裂缝等病害	残	1	高：30.8 宽：19.4 厚：13.1	山东青州香山汉墓
549	K1②层区1北部边与16号马相套：15	陶骑俑（小型）	汉		陶	保存不完整，残断为十三块，双手缺失，右肩、左腿部残缺。通体彩绘，绘有彩绘纹饰。表面有脱落、泥土附着物、残断、剥落等病害	残	1	高：46.9 宽：18.5 厚：13.0	山东青州香山汉墓
550	K1②区2北二排马西部：102	陶骑俑（小型）	汉		陶	保存不完整，残断为四块，双手、右足缺失。通体彩绘，绘有彩绘纹饰。表面有脱落、泥土附着物、残断、剥落等病害	残	1	高：45.4 宽：18.7 厚：12.9	山东青州香山汉墓
551	K1②区2北二排马东部偏西：134	陶骑俑（小型）	汉		陶	保存不完整，残断为五块，双手、双足缺失。通体彩绘，绘有彩绘纹饰。表面有脱落、泥土附着物、剥落、残断、裂缝等病害	残	1	高：39.0 宽：18.3 厚：13.8	山东青州香山汉墓
552	K1②区3北三排马东部偏西与194马相配：193	陶骑俑（小型）	汉		陶	保存不完整，残断为数块。通体彩绘，绘有彩绘纹饰。表面有脱落、泥土附着物、残断、剥落等病害	残	1	高：37.2 宽：22.5 厚：12.5	山东青州香山汉墓
553	K1②层区1西北部：9	陶骑俑（小型）	汉		陶	保存不完整，双手、左腿缺失。通体彩绘，绘有彩绘纹饰。表面有脱落、泥土附着物、残断、剥落、裂缝等病害	残	1	高：44.8 宽：18.2 厚：12.7	山东青州香山汉墓
554	K1②层区1北一排骑俑东部与26马相配：25	陶骑俑（小型）	汉		陶	保存不完整，残断为四块，双手缺失。通体彩绘，绘有彩绘纹饰。表面有脱落、泥土附着物、残断、剥落、裂缝等病害	残	1	高：44.8 宽：18.6 厚：13.4	山东青州香山汉墓
555	K1②区2北二排东部中间与133马相配：137	陶骑俑（小型）	汉		陶	保存不完整，残断为五块，左手、左腿缺失，右腿残断。通体彩绘，绘有彩绘纹饰。表面有脱落、泥土附着物、残断、剥落、裂缝、植物残留痕等病害	残	1	高：38.9 宽：18.5 厚：15.0	山东青州香山汉墓

续表

序号	总登记号	名称	年代	级别	质地	保存状况	完整情况	数量	尺寸（厘米）	出土地点
556	K1②区3北三排马东部：201	陶骑俑（小型）	汉		陶	保存不完整，残断为五块，左足缺失，右腿残缺。通体彩绘，绘有彩绘纹饰。表面有脱落、泥土附着物、残断、剥落等病害	残	1	高：43.6 宽：18.6 厚：12.4	山东青州香山汉墓
557	K1②区3北三排马东部边缘与201马相配：209	陶骑俑（小型）	汉		陶	保存不完整，残断为四块，双手缺失。通体彩绘，绘有彩绘纹饰。表面有脱落、泥土附着物、残断、剥落等病害	残	1	高：44.6 宽：18.1 厚：13.5	山东青州香山汉墓
558	K1②区2北二排马中间与123马相配：122	陶骑俑（小型）	汉		陶	保存不完整，残断为三块，双手、双足缺失，头部残缺。通体彩绘，绘有彩绘纹饰。表面有脱落、泥土附着物、残断、剥落、裂缝等病害	残	1	高：33.5 宽：18.2 厚：14.5	山东青州香山汉墓
559	K1②区4中部：307	陶骑俑（小型）	汉		陶	保存不完整，残断为五块，双手、右手缺失，脖子残缺。通体彩绘，绘有彩绘纹饰。表面有脱落、泥土附着物、剥落、残断、其他附着物、结晶盐、植物损害等病害	残	1	高：42.9 宽：18.3 厚：13.7	山东青州香山汉墓
560	K1②区3东部中间：242	陶骑俑（小型）	汉		陶	外形基本完整保存，残断为十五块，右手缺失。通体彩绘，绘有彩绘纹饰。表面有脱落、泥土附着物、残断、剥落、刻画等病害	残	1	高：38.9 宽：18.4 厚：14.8	山东青州香山汉墓
561	K1X2区5东部中间与424马相配：423	陶骑俑（小型）	汉		陶	保存不完整，残断为十八块，双手、左腿缺失。通体彩绘，绘有彩绘纹饰。表面有脱落、泥土附着物、残断、剥落等病害	残	1	高：44.8 宽：18.6 厚：13.5	山东青州香山汉墓
562	K1②区2北二排马西部：108	陶骑俑（小型）	汉		陶	保存不完整，残断为十三块，右手缺失，身体残缺。通体彩绘，绘有彩绘纹饰。表面有脱落、泥土附着物、残断、剥落刻画等病害	残	1	高：46.4 宽：20.9 厚：12.9	山东青州香山汉墓
563	K1②区1：29	陶骑俑（小型）	汉		陶	通体彩绘，绘有彩绘纹饰。表面有脱落、泥土附着物、剥落等病害	残	1	高：30.9 宽：19.5 厚：13.1	山东青州香山汉墓
564	K1②区1：94	陶骑俑（小型）	汉		陶	保存不完整，残断为二块，左手缺失。通体彩绘，绘有彩绘纹饰。表面有脱落、泥土附着物、残断、剥落等病害	残	1	高：46.8 宽：19.7 厚：12.4	山东青州香山汉墓
565	K1②区3北三排马东部边缘与208马配：207	陶骑俑（小型）	汉		陶	保存不完整，残断为四块。通体彩绘，绘有彩绘纹饰。表面有脱落、泥土附着物、残断、剥落、植物损害等病害	残	1	高：39.9 宽：18.7 厚：13.0	山东青州香山汉墓
566	K1②区1北东部北二排西四个骑俑：70	陶骑俑（小型）	汉		陶	保存不完整，残断为三块，双手缺失。通体彩绘，绘有彩绘纹饰。表面有脱落、泥土附着物、剥落、残断等病害	残	1	高：45.3 宽：19.4 厚：12.0	山东青州香山汉墓
567	K1X3区2：572	陶骑俑（小型）	汉		陶	保存不完整，残断为九块，右手、右腿缺失。通体彩绘，绘有彩绘纹饰。表面有脱落、泥土附着物、剥落、裂隙、植物损害等病害	残	1	高：38.9 宽：17.5 厚：13.7	山东青州香山汉墓

续表

序号	总登记号	名称	年代	级别	质地	保存状况	完整情况	数量	尺寸（厘米）	出土地点
568	K1②区5：408	陶骑俑（小型）	汉		陶	外形基本完整，残断为三块。通体彩绘，绘有彩绘纹饰。表面有脱落、泥土附着物、残断、剥落、裂缝、植物损害等病害	残	1	高：46.2 宽：19.7 厚：12.4	山东青州香山汉墓
569	K1②区5东部中间偏西：429	陶骑俑（小型）	汉		陶	保存不完整，残断为三块，双手、右腿缺失。通体彩绘，绘有彩绘纹饰。表面有脱落、泥土附着物、剥落、残断、刻画、结晶盐、其他附着物等病害	残	1	高：46.5 宽：19.0 厚：12.6	山东青州香山汉墓
570	K1②区5东部中间偏西：427	陶骑俑（小型）	汉		陶	保存不完整，残断为八块，双手、双腿缺失，身体残缺。通体彩绘，绘有彩绘纹饰。表面有脱落、泥土附着物、残断、剥落、结晶盐、植物损害、其他附着物等病害	残	1	高：31.8 宽：18.2 厚：13.2	山东青州香山汉墓
571	K1②层区1北一排东部：27	陶骑俑（小型）	汉		陶	保存不完整，残断为二块，左手缺失，右手残缺、腿部残缺。通体彩绘，绘有彩绘纹饰。表面有脱落、泥土附着物、剥落、裂缝等病害	残	1	高：45.7 宽：18.7 厚：13.2	山东青州香山汉墓
572	K1②区1北东部北二排西六俑：72	陶骑俑（小型）	汉		陶	保存不完整，残断为四块，双手缺失。通体彩绘，绘有彩绘纹饰。表面有脱落、泥土附着物、残断、剥落、裂缝、植物损害等病害	残	1	高：45.0 宽：18.5 厚：12.5	山东青州香山汉墓
573	K1②层区1第一排骑俑中部：21	陶骑俑（小型）	汉		陶	保存不完整，残断为三块，双手、左足缺失。通体彩绘，绘有彩绘纹饰。表面有脱落、泥土附着物、残断、剥落、裂缝、刻画等病害	残	1	高：45.0 宽：19.5 厚：14.0	山东青州香山汉墓
574	K1②区3中部偏东：232	陶骑俑（小型）	汉		陶	保存不完整，残断为二块，头部、双腿缺失，肩部残缺。通体彩绘，绘有彩绘纹饰。表面有脱落、泥土附着物、残断、剥落、刻画、结晶盐其他附着物等病害	残	1	高：38.3 宽：19.0 厚：12.1	山东青州香山汉墓
575	K1X2区2：223	陶骑俑（小型）	汉		陶	保存不完整，残断为三块，头部、双腿缺失。通体彩绘，绘有彩绘纹饰。表面有脱落、泥土附着物、剥落、残断、刻画、植物损害、其他附着物等病害	残	1	高：37.0 宽：19.5 厚：11.6	山东青州香山汉墓
576	K1②区1东北部：93	陶骑俑（小型）	汉		陶	保存不完整，残断为三块，双手缺失。通体彩绘，绘有彩绘纹饰。表面有脱落、泥土附着物、残断、剥落等病害	残	1	高：46.1 宽：19.7 厚：13.1	山东青州香山汉墓
577	K1②区2北二排西部与103马相配：104	陶骑俑（小型）	汉		陶	通体彩绘，绘有彩绘纹饰。表面有脱落、泥土附着物、剥落等病害	残	1	高：45.5 宽：18.5 厚：12.8	山东青州香山汉墓
578	K1②区2北二排马西部：106	陶骑俑（小型）	汉		陶	保存不完整，残断为七块，右手残缺。通体彩绘，绘有彩绘纹饰。表面有脱落、泥土附着物、残断、剥落、植物损害等病害	残	1	高：43.0 宽：18.0 厚：12.2	山东青州香山汉墓
579	K1②区3东部与马237相配：236	陶骑俑（小型）	汉		陶	通体彩绘，绘有彩绘纹饰。表面有脱落、泥土附着物、剥落等病害	残	1	高：32.0 宽：19.3 厚：14.1	山东青州香山汉墓

续表

序号	总登记号	名称	年代	级别	质地	保存状况	完整情况	数量	尺寸（厘米）	出土地点
580	K1②区3东部：248	陶骑俑（小型）	汉		陶	保存不完整，残断为二块，一腿缺失。通体彩绘，绘有彩绘纹饰。表面有脱落、泥土附着物、残断、剥落等病害	残	1	高：45.4 宽：19.6 厚：13.3	山东青州香山汉墓
581	K1②区4西部偏北与291马相配：290	陶骑俑（小型）	汉		陶	通体彩绘，绘有彩绘纹饰。表面有脱落、泥土附着物、剥落等病害	残	1	高：31.4 宽：17.9 厚：13.3	山东青州香山汉墓
582	K1②区3：142	陶骑俑（小型）	汉		陶	通体彩绘，绘有彩绘纹饰。表面有脱落、泥土附着物、剥落等病害	残	1	高：40.8 宽：12.9 厚：18.0	山东青州香山汉墓
583	K1②区3东部与247马相配：246	陶骑俑（小型）	汉		陶	通体彩绘，绘有彩绘纹饰。表面有脱落、泥土附着物、剥落等病害	残	1	高：45.8 宽：18.4 厚：13.9	山东青州香山汉墓
584	K1②区1北二排东部西二个骑俑：68	陶骑俑（小型）	汉		陶	保存不完整，残断为二块，一脚缺失。通体彩绘，绘有彩绘纹饰。表面有脱落、泥土附着物、残断、剥落、其他附着物等病害	残	1	高：46.4 宽：16.4 厚：13.6	山东青州香山汉墓
585	K1②区1北二排东部骑俑西一个：67	陶骑俑（小型）	汉		陶	通体彩绘，绘有彩绘纹饰。表面有脱落、泥土附着物、剥落等病害	残	1	高：46.1 宽：19.7 厚：13.1	山东青州香山汉墓
586	K1X3区5南六排东部：1316	陶骑俑（小型）	汉		陶	保存不完整，残断为二块，头部、双腿缺失、右手残缺。通体彩绘，绘有彩绘纹饰。表面有脱落、泥土附着物、残断、剥落等病害	残	1	高：45.5 宽：18.5 厚：12.8	山东青州香山汉墓
587	K1②区1东北部：95	陶骑俑（小型）	汉		陶	保存不完整，残断为四块，右手缺失。通体彩绘，绘有彩绘纹饰。表面有脱落、泥土附着物、残断、剥落等病害	残	1	高：43.0 宽：18.0 厚：12.2	山东青州香山汉墓
588	K1②区1西北部：3	陶骑俑（小型）	汉		陶	通体彩绘，绘有彩绘纹饰。表面有脱落、泥土附着物、剥落等病害	残	1	高：45.2 宽：19.7 厚：13.1	山东青州香山汉墓
589	K1②区2北二排马西部偏东与116马相配：115	陶骑俑（小型）	汉		陶	通体彩绘，绘有彩绘纹饰。表面有脱落、泥土附着物、剥落等病害	残	1	高：44.5 宽：18.5 厚：12.8	山东青州香山汉墓
590	K1②区3北三排马东部：197	陶骑俑（小型）	汉		陶	通体彩绘，绘有彩绘纹饰。表面有脱落、泥土附着物、剥落等病害	残	1	高：43.0 宽：18.0 厚：12.2	山东青州香山汉墓
591	K1②区3北三排马东部与200马相配：199	陶骑俑（小型）	汉		陶	通体彩绘，绘有彩绘纹饰。表面有脱落、泥土附着物、剥落等病害	残	1	高：45.3 宽：19.6 厚：13.1	山东青州香山汉墓

续表

序号	总登记号	名称	年代	级别	质地	保存状况	完整情况	数量	尺寸（厘米）	出土地点
592	K1②区3北三排马中部偏东与189马相配：188	陶骑俑（小型）	汉		陶	通体彩绘，绘有彩绘纹饰。表面有脱落、泥土附着物、剥落等病害	残	1	高：44.5 宽：18.4 厚：12.8	山东青州香山汉墓
593	K1②区3中部偏东：227	陶骑俑（小型）	汉		陶	保存不完整，双腿缺失，头部、衣领残缺。通体彩绘，绘有彩绘纹饰。表面有脱落、泥土附着物、残断、剥落、其他附着物等病害	残	1	高：43.0 宽：18.1 厚：12.2	山东青州香山汉墓
594	K1②区3中部偏东与229马相配：228	陶骑俑（小型）	汉		陶	通体彩绘，绘有彩绘纹饰。表面有脱落、泥土附着物、剥落等病害	残	1	高：44.2 宽：19.7 厚：13.1	山东青州香山汉墓
595	K1②区4东部：268	陶骑俑（小型）	汉		陶	通体彩绘，绘有彩绘纹饰。表面有脱落、泥土附着物、剥落等病害	残	1	高：42.5 宽：18.5 厚：12.8	山东青州香山汉墓
596	K1②区4西部偏东：374	陶骑俑（小型）	汉		陶	通体彩绘，绘有彩绘纹饰。表面有脱落、泥土附着物、剥落等病害	残	1	高：42.0 宽：18.3 厚：12.1	山东青州香山汉墓
597	K1X3区1：604	陶骑俑（小型）	汉		陶	通体彩绘，绘有彩绘纹饰。表面有脱落、泥土附着物、剥落等病害	残	1	高：43.1 宽：19.7 厚：13.0	山东青州香山汉墓
598	K1②区1西北部：11	陶骑俑（小型）	汉		陶	保存不完整，残断为三块，右手缺失。通体彩绘，绘有彩绘纹饰。表面有脱落、泥土附着物、残断、剥落等病害	残	1	高：45.0 宽：18.1 厚：12.6	山东青州香山汉墓
599	K1X3区5南6排：1303	陶骑俑（小型）	汉		陶	保存不完整，残断为五块，左手残缺。通体彩绘，绘有彩绘纹饰。表面有脱落、泥土附着物、残断、剥落、其他附着物等病害	残	1	高：43.1 宽：17.0 厚：12.6	山东青州香山汉墓
600	K1②区7车754前右二：765	陶马（大型)	汉		陶	保存不完整，残断为十五块，一耳缺失。通体彩绘，绘有彩绘纹饰。表面有脱落、泥土附着物、残断、剥落、裂缝等病害	残	1	长：63.2 宽：20.6 高：74.1	山东青州香山汉墓
601	K1②区7车前拉马左一（车743）：750	陶马（大型)	汉		陶	保存不完整，残断为八块，双耳、尾巴缺失。通体彩绘，绘有彩绘纹饰。表面有脱落、泥土附着物、残断、剥落、刻画、裂缝、裂隙、其他附着物、植物损害等病害	残	1	长：59.8 宽：21.0 高：77.3	山东青州香山汉墓
602	K1②区7：764	陶马（大型）	汉		陶	保存不完整，残断为二十三块，颈部残缺。通体彩绘，绘有彩绘纹饰。表面有脱落、泥土附着物、残断、剥落、裂缝、植物损害等病害	残	1	长：70.1 宽：24.8 高：64.7	山东青州香山汉墓
603	K1X3区2：679	陶马（大型)	汉		陶	保存不完整，残断为二十七块，双耳、尾巴、两腿、四蹄缺失，马身残缺。通体彩绘，绘有彩绘纹饰。表面有脱落、泥土附着物、残断、剥落、其他附着物等病害	残	1	长：68.6 宽：22.3 高：43.7	山东青州香山汉墓

续表

序号	总登记号	名称	年代	级别	质地	保存状况	完整情况	数量	尺寸（厘米）	出土地点
604	K1②区7：734	陶马（大型）	汉		陶	通体彩绘，绘有彩绘纹饰。表面有脱落、泥土附着物、剥落等病害	残	1	长：58.2 宽：20.5 高：13.5	山东青州香山汉墓
605	K1②区7中部车后偏南：736	陶马（中型）	汉		陶	外形基本完整，残断为十二块。通体彩绘，绘有彩绘纹饰。表面有脱落、泥土附着物、剥落、刻画、结晶盐、植物损害、裂缝、其他附着物等病害	残	1	身：长：53.5　宽：19.8 高：21.5 头：高：21.2　宽：18.2 厚：7.6 腿：长：22.1　宽：6.5	山东青州香山汉墓
606	K1②区5：417	陶马（中型）	汉		陶	保存不完整，残断为十八块，颈部残缺。通体彩绘，绘有彩绘纹饰。表面有脱落、泥土附着物、残断、剥落、裂隙、结晶盐、刻画、其他附着物等病害	残	1	身：长：54.1　宽：20.3 高：22.8 头：高：22.2　宽：18.3 厚：8.5	山东青州香山汉墓
607	K1X3区5南六排西马五：1310	陶马（中型）	汉		陶	保存不完整，残断为六块，四条腿、尾巴缺失，嘴部残缺。通体彩绘，绘有彩绘纹饰。表面有脱落、泥土附着物、剥落、残断、裂缝、结晶盐、植物损害等病害	残	1	身：长：53.9　宽：21.3 高：22.6 头：高：18.2　宽：15.0 厚：8.5	山东青州香山汉墓
608	K1②区3东部边缘与骑俑253相配：254	陶马（中型）	汉		陶	保存不完整，残断为二十二块，一耳、尾巴缺失，背部、腹部残缺。通体彩绘，绘有彩绘纹饰。表面有脱落、泥土附着物、残断、剥落、龟裂等病害	残	1	身：长：54.0　宽：20.3 高：22.8 头：高：22.2　宽：18.3 厚：8.5	山东青州香山汉墓
609	K1②区2北二排马东部偏西：133	陶马（中型）	汉		陶	保存不完整，残断为十五块，尾巴缺失、右耳、颈部残缺。通体彩绘，绘有彩绘纹饰。表面有脱落、泥土附着物、残断、剥落、结晶盐、硬结物、植物损害等病害	残	1	身：长：52.7　宽：19.3 高：21.4 头：高：21.1　宽：17.7 厚：7.7	山东青州香山汉墓
610	K1X3区2：659	陶马（中型）	汉		陶	保存不完整，残断为十块，双耳、尾巴、一后蹄缺失。通体彩绘，绘有彩绘纹饰。表面有脱落、泥土附着物、剥落、裂隙、结晶盐、植物损害等病害	残	1	身：长：53.5　宽：19.8 高：21.5 头：高：21.2　宽：18.2 厚：7.8 腿：高：22.4　宽：6.2	山东青州香山汉墓
611	K1②区6西部西侧边缘：693	陶马（中型）	汉		陶	通体彩绘，绘有彩绘纹饰。表面有脱落、泥土附着物、剥落等病害	残	1	身：长：53.4　宽：19.0 高：23.6 头：高：20.8　宽：16.1 厚：7.8	山东青州香山汉墓
612	K1②区6西部西侧边缘：694	陶马（中型）	汉		陶	通体彩绘，绘有彩绘纹饰。表面有脱落、泥土附着物、剥落等病害	残	1	身：长：52.9　宽：19.3 高：22.6 头：高：20.7　宽：16.5 厚：8.1	山东青州香山汉墓

续表

序号	总登记号	名称	年代	级别	质地	保存状况	完整情况	数量	尺寸（厘米）	出土地点
613	K1X3区5：1308	陶马（中型）	汉		陶	保存不完整，残断为十五块，四条腿、尾巴缺失，头部、身体残缺。通体彩绘，绘有彩绘纹饰。表面有脱落、泥土附着物、残断、剥落、植物损害等病害	残	1	身：长：54.4 宽：20.2 高：22.6 头：高：22.3 宽：18.2 厚：8.4	山东青州香山汉墓
614	K1②区4东部中间与366骑俑相配：367	陶马（中型）	汉		陶	通体彩绘，绘有彩绘纹饰。表面有脱落、泥土附着物、剥落等病害	残	1	身：长：52.3 宽：17.6 高：21.2 头：高：20.8 宽：19.6 厚：8.9	山东青州香山汉墓
615	K1②区2北二排骑马俑西部：101	陶马（中型）	汉		陶	保存不完整，残断为十三块，一蹄缺失，右耳残缺。通体彩绘，绘有彩绘纹饰。表面有脱落、泥土附着物、残断、剥落、硬结物、结晶盐等病害	残	1	身：长：51.6 宽：18.6 高：20.6 头：高：22.1 宽：18.4 厚：8.1 前腿长：23.2	山东青州香山汉墓
616	K1②区2北二排马俑西部：113	陶马（中型）	汉		陶	保存不完整，残断为十五块，双耳缺失。通体彩绘，绘有彩绘纹饰。表面有脱落、泥土附着物、残断、剥落、结晶盐、植物损害等病害	残	1	身：长：52.7 宽：19.3 高：21.4 头：高：21.1 宽：17.7 厚：8.1 前腿长：22.5 后腿长：22.7	山东青州香山汉墓
617	K1X3区4：784	陶马（中型）	汉		陶	保存不完整，残断为十一块，残缺，三条腿缺失，头部残缺。通体彩绘，绘有彩绘纹饰。表面有脱落、泥土附着物、残断、剥落、植物损害、刻画、其他附着物等病害	残	1	身：长：53.3 宽：19.9 高：21.5 头：高：21.2 宽：18.2 厚：7.8	山东青州香山汉墓
618	K1②区2：105	陶马（中型）	汉		陶	保存不完整，残断为十一块，一蹄缺失。通体彩绘，绘有彩绘纹饰。表面有脱落、泥土附着物、残断、剥落、刻画、结晶盐、其他附着物、植物损害等病害	残	1	身：长：52.1 宽：17.2 高：21.3 头：高：20.6 宽：19.3 厚：8.7	山东青州香山汉墓
619	K1X2区4：526	陶马（中型）	汉		陶	保存不完整，残断为二十二块，头部、臀部残缺。通体彩绘，绘有彩绘纹饰。表面有脱落、泥土附着物、残断、剥落、刻画、结晶盐、植物损害、裂缝等病害	残	1	身：长：53.5 宽：20.0 高：21.4 头：高：18.9 宽：18.7 厚：9.5	山东青州香山汉墓
620	K1②区6西部东侧：663	陶马（中型）	汉		陶	保存不完整，残断为十五块，四蹄缺失，头部、腹部、残缺，嘴部前期粘接。通体彩绘，绘有彩绘纹饰。表面有脱落、泥土附着物、剥落、残断、刻画、植物损害等病害	残	1	身：长：53.2 宽：21.2 高：23.0 头：高：21.7 宽：19.0 厚：8.0	山东青州香山汉墓

续表

序号	总登记号	名称	年代	级别	质地	保存状况	完整情况	数量	尺寸（厘米）	出土地点
621	K1②层区1北一排骑马俑东部与35俑相配：36	陶马（中型）	汉		陶	保存不完整，残断为九块，一蹄、马尾缺失，马嘴残。通体彩绘，绘有彩绘纹饰。表面有脱落、泥土附着物、残断、剥落等病害	残	1	身：长：52.8 宽：20.0 高：22.2 头：高：21.0 宽：17.8 厚：7.9	山东青州香山汉墓
622	K1②区7东部中间：701	陶马（中型）	汉		陶	保存不完整，残断为十三块，左耳缺失，右耳残缺。通体彩绘，绘有彩绘纹饰。表面有脱落、泥土附着物、残断、剥落等病害	残	1	身：长：53.8 宽：19.8 高：22.0 头：高：20.1 宽：18.4 厚：7.8	山东青州香山汉墓
623	K1X3区5南六排西马七：1312	陶马（中型）	汉		陶	保存不完整，残断为十七块，尾巴缺失，头部、颈部残缺。通体彩绘，绘有彩绘纹饰。表面有脱落、泥土附着物、残断、剥落、其他附着物、结晶盐、裂隙、植物损害等病害	残	1	身：长：52.0 宽：19.2 高：22.2 头：高：20.7 宽：18.0 厚：7.1	山东青州香山汉墓
624	K1X3区2：652	陶马（中型）	汉		陶	保存不完整，残断为十八块，尾巴、缺失，头部、颈部残缺。通体彩绘，绘有彩绘纹饰。表面有脱落、泥土附着物、残断、剥落、结晶盐等病害	残	1	身：长：53.1 宽：20.1 高：21.5 头：高：21.2 宽：18.2 厚：7.9	山东青州香山汉墓
625	K1X3区7南一排东部：1206	陶马（中型）	汉		陶	保存不完整，残断为十七块，头部残缺。通体彩绘，绘有彩绘纹饰。表面有脱落、泥土附着物、残断、剥落、裂缝、结晶盐、植物损害等病害	残	1	身：长：49.3 宽：22.2 高：34.1 头：高：20.6 宽：18.4 厚：7.9	山东青州香山汉墓
626	K1②区5中部中间偏西南：498	陶马（中型）	汉		陶	保存不完整，残断为八块，双耳残缺。通体彩绘，绘有彩绘纹饰。表面有脱落、泥土附着物、残断、剥落、刻画、结晶盐、龟裂、其他附着物等病害	残	1	身：长：52.4 宽：19.9 高：31.3 头：高：20.9 宽：17.9 厚：8.6	山东青州香山汉墓
627	K1X3区2：655	陶马（中型）	汉		陶	保存不完整，残断为一块，双腿、双蹄、右耳、尾巴缺失。通体彩绘，绘有彩绘纹饰。表面有脱落、泥土附着物、残断、剥落、其他附着物等病害	残	1	身：长：51.8 宽：18.8 高：22.2 头：高：19.6 宽：16.7 厚：8.3 腿：长：21.9 宽：6.7	山东青州香山汉墓
628	K1X3区2：656	陶马（中型）	汉		陶	保存不完整，双耳、尾巴、四条腿缺失。通体彩绘，绘有彩绘纹饰。表面有脱落、泥土附着物、剥落、植物损害、结晶盐等病害	残	1	身：长：53.1 宽：18.8 高：21.2 头：高：22.3 宽：18.0 厚：8.0	山东青州香山汉墓

续表

序号	总登记号	名称	年代	级别	质地	保存状况	完整情况	数量	尺寸（厘米）	出土地点
629	K1X3区1：567	陶马（中型）	汉		陶	保存不完整，残断为十五块，尾巴缺失，头部、双耳、颈部残缺。通体彩绘，绘有彩绘纹饰。表面有脱落、泥土附着物、残断、剥落、植物损害、刻画等病害	残	1	身：长：52.3 宽：20.8 高：20.0 头：高：20.8 宽：17.3 厚：7.7 前腿长：23.0 后腿长：22.9	山东青州香山汉墓
630	K1②区6东部中间：603	陶马（中型）	汉		陶	保存不完整，残断为十八块，双耳、尾巴缺失。通体彩绘，绘有彩绘纹饰。表面有脱落、泥土附着物、剥落、残断、硬结物、结晶盐、植物损害等病害	残	1	身：长：53.4 宽：19.0 高：23.6 头：高：20.8 宽：16.1 厚：7.8	山东青州香山汉墓
631	K1②区6西部中间偏南：689	陶马（中型）	汉		陶	保存不完整，残断为九块，一耳、尾巴缺失，颈部残缺。通体彩绘，绘有彩绘纹饰。表面有脱落、泥土附着物、残断、剥落、刻画、裂缝、植物损害等病害	残	1	身：长：52.0 宽：19.9 高：21.3 头：高：20.9 宽：17.5 厚：8.3 前腿长：13.1 后腿长：22.7	山东青州香山汉墓
632	K1②区3北三排西第一马与142骑俑相配：143	陶马（中型）	汉		陶	保存不完整，残断为九块，双耳缺失，颈部残缺。通体彩绘，绘有彩绘纹饰。表面有脱落、泥土附着物、残断、剥落、植物损害、结晶盐等病害	残	1	身：长：46.1 宽：15.7 高：51.3 尾：长：10.9 宽：6.7 厚：3.2	山东青州香山汉墓
633	K1②层区北一排骑俑东部：38	陶马（中型）	汉		陶	保存不完整，残断为十块，尾巴缺失。通体彩绘，绘有彩绘纹饰。表面有脱落、泥土附着物、剥落、残断、裂隙、结晶盐、刻画、植物损害等病害	残	1	身：长：51.6 宽：18.9 高：21.5 头：高：21.5 宽：18.2 厚：7.5	山东青州香山汉墓
634	K1②层区1北第一排中部偏东：24	陶马（中型）	汉		陶	保存不完整，残断为十块，尾巴缺失、一耳缺失。通体彩绘，绘有彩绘纹饰。表面有脱落、泥土附着物、残断、剥落、裂缝等病害	残	1	身：长：52.8 宽：21.5 高：19.8 头：高：21.4 宽：19.7 厚：8.3	山东青州香山汉墓
635	K1②区6西部东侧：662	陶马（中型）	汉		陶	保存不完整，残断为十七块，四蹄、尾巴缺失，耳残缺，身体残缺。通体彩绘，绘有彩绘纹饰。表面有脱落、泥土附着物、残断、剥落、其他附着物、结晶盐、植物损害等病害	残	1	身：长：53.6 宽：20.0 高：22.8 头：高：19.7 宽：16.8 厚：7.5	山东青州香山汉墓
636	K1X3区2：614	陶马（中型）	汉		陶	保存不完整，残断为三块，双耳、尾巴、三条腿缺失，嘴部残缺。通体彩绘，绘有彩绘纹饰。表面有脱落、泥土附着物、残断、剥落、其他附着物、裂缝等病害	残	1	身：长：49.6 宽：20.6 高：34.8 头：高：20.6 宽：17.6 厚：7.6	山东青州香山汉墓

续表

序号	总登记号	名称	年代	级别	质地	保存状况	完整情况	数量	尺寸（厘米）	出土地点
637	K1②区5东部偏东：407	陶马（中型）	汉		陶	保存不完整，残断为十四块，尾巴缺失，双耳、颈部残缺。通体彩绘，绘有彩绘纹饰。表面有脱落、泥土附着物、残断、剥落、植物损害、结晶盐等病害	残	1	身：长：51.0 宽：19.9 高：20.8 头：高：21.7 宽：18.1 厚：7.7 前腿长：23.2 后腿长：22.6	山东青州香山汉墓
638	K1②区6西部西侧边缘：691	陶马（中型）	汉		陶	保存不完整，残断为十二块，双手缺失，腰部残缺。通体彩绘，绘有彩绘纹饰。表面有脱落、泥土附着物、残断、剥落、植物损害等病害	残	1	身：长：51.4 宽：19.0 高：21.4 头：高：11.6 宽：18.2 厚：8.3	山东青州香山汉墓
639	K1X2区3：715	陶马（中型）	汉		陶	保存不完整，残断为十块，一耳、马尾缺失。通体彩绘，绘有彩绘纹饰。表面有脱落、泥土附着物、残断、剥落、结晶盐、植物损害等病害	残	1	身：长：51.6 宽：39.2 高：21.6 头：高：20.8 宽：17.9 厚：7.6 前腿长：23.3 后腿长：22.8	山东青州香山汉墓
640	K1②区2北二排马西部：99	陶马（中型）	汉		陶	保存不完整，残断为十二块，一耳残缺。通体彩绘，绘有彩绘纹饰。表面有脱落、泥土附着物、残断、剥落、植物损害、结晶盐等病害	残	1	身：长：52.2 宽：19.3 高：22.4 头：高：21.8 宽：18.5 厚：8.4 前腿长：22.9 后腿长：23.3	山东青州香山汉墓
641	K1②区7东部：700	陶马（中型）	汉		陶	保存不完整，残断为三块，两蹄缺失。通体彩绘，绘有彩绘纹饰。表面有脱落、泥土附着物、剥落、残断、结晶盐等病害	残	1	身：长：52.8 宽：19.0 高：22.0 头：高：20.8 宽：17.7 厚：7.7	山东青州香山汉墓
642	K1②区5东部偏东：411	陶马（中型）	汉		陶	保存不完整，残断为十一块，一耳、尾巴缺失，一耳、颈部残缺。通体彩绘，绘有彩绘纹饰。表面有脱落、泥土附着物、残断、剥落、裂缝、植物损害、其他附着物等病害	残	1	身：长：52.6 宽：21.5 高：22.0 头：高：21.5 宽：20.0 厚：7.9 前腿长：21.5 后腿长：22.5	山东青州香山汉墓
643	K1②区4西部：294	陶马（中型）	汉		陶	保存不完整，残断为十四块，两蹄缺失，头部残缺。通体彩绘，绘有彩绘纹饰。表面有脱落、泥土附着物、残断、剥落、裂隙、植物损害、裂缝等病害	残	1	身：长：53.6 宽：20.0 高：22.8 头：高：19.7 宽：16.9 厚：7.5	山东青州香山汉墓

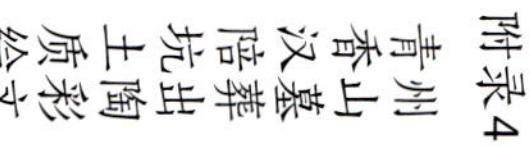

续表

序号	总登记号	名称	年代	级别	质地	保存状况	完整情况	数量	尺寸（厘米）	出土地点
644	K1②层区1西北部：10	陶马（中型）	汉		陶	保存不完整，残断为十块，尾巴、双耳缺失。通体彩绘，绘有彩绘纹饰。表面有脱落、泥土附着物、残断、剥落、其他附着物、起翘、植物损害、结晶盐等病害	残	1	身：长：52.8 宽：19.2 高：22.6 头：高：21.3 宽：20.6 厚：7.3 前腿长：22.5	山东青州香山汉墓
645	K1②区2北二排马西八个马：116	陶马（中型）	汉		陶	保存不完整，残断为十三块，颈部残缺。通体彩绘，绘有彩绘纹饰。表面有脱落、泥土附着物、残断、剥落、结晶盐、刻画等病害	残	11	身：长：51.6 宽：18.2 高：21.3 头：高：21.0 宽：18.7 厚：7.9	山东青州香山汉墓
646	K1②区2北二排马西部：103	陶马（中型）	汉		陶	保存不完整，残断为十一块，右耳、颈部残缺。通体彩绘，绘有彩绘纹饰。表面有脱落、泥土附着物、残断、剥落、其他附着物、植物损害、起翘、结晶盐等病害	残	1	身：长：53.7 宽：21.8 高：19.5 头：高：21.1 宽：18.7 厚：8.5	山东青州香山汉墓
647	K1②区4东部中间：362	陶马（中型）	汉		陶	保存不完整，残断为三块，双脚缺失。通体彩绘，绘有彩绘纹饰。表面有脱落、泥土附着物、残断、剥落等病害	残	1	身：长：49.6 宽：20.6 高：34.8 头：高：20.6 宽：17.6 厚：7.6	山东青州香山汉墓
648	K1X3区2：638	陶马（中型）	汉		陶	保存不完整，残断为九块，右耳、颈部残缺。通体彩绘，绘有彩绘纹饰。表面有脱落、泥土附着物、残断、剥落、刻画等病害	残	1	身：长：53.7 宽：21.8 高：19.5 头：高：21.4 宽：18.2 厚：8.3	山东青州香山汉墓
649	K1X3区4：789	陶马（中型）	汉		陶	保存不完整，残断为数块，颈部残缺。通体彩绘，绘有彩绘纹饰。表面有脱落、泥土附着物、残断、剥落、刻画等病害	残	1	身：长：51.2 宽：19.1 高：21.5 头：高：21.7 宽：18.3 厚：8.4	山东青州香山汉墓
650	K1②区5：395	陶马（中型）	汉		陶	保存不完整，残断为十块，尾巴缺失，右耳残缺。通体彩绘，绘有彩绘纹饰。表面有脱落、泥土附着物、残断、剥落、其他附着物等病害	残	1	身：长：53.2 宽：21.2 高：23.0 头：高：21.7 宽：19.0 厚：8.0	山东青州香山汉墓
651	K1②层区1北部：14	陶马（中型）	汉		陶	保存不完整，残断为数块，尾巴缺失，腿前期粘接。通体彩绘，绘有彩绘纹饰。表面有脱落、泥土附着物、残断、剥落等病害	残	1	身：长：52.1 宽：16.6 高：26.1 头：长：21.2 宽：7.6 高：18.2	山东青州香山汉墓
652	K1②层区1北一排骑马俑东部与31号骑俑相配：32	陶马（中型）	汉		陶	通体彩绘，绘有彩绘纹饰。表面有脱落、泥土附着物、剥落等病害	残	1	身：长：52.8 宽：20.0 高：22.2 头：高：21.0 宽：18.7 厚：8.3	山东青州香山汉墓

续表

序号	总登记号	名称	年代	级别	质地	保存状况	完整情况	数量	尺寸（厘米）	出土地点
653	K1②区1：2	陶马（中型）	汉		陶	保存不完整，残断为八块，右耳残缺。通体彩绘，绘有彩绘纹饰。表面有脱落、泥土附着物、残断、剥落等病害	残	1	身：长：53.7　宽：21.8 高：19.5 头：高：21.2　宽：19.7 厚：19.7	山东青州香山汉墓
654	K1②层区1西北部与11俑相套：12	陶马（中型）	汉		陶	保存不完整，残断为八块，尾巴缺失。通体彩绘，绘有彩绘纹饰。表面有脱落、泥土附着物、残断、剥落等病害	残	1	身：高：51.0　宽：18.6 厚：20.2 头：高：21.2　宽：18.7 厚：8.0	山东青州香山汉墓
655	K1②区1西北角：4	陶马（中型）	汉		陶	保存不完整，残断为数块，尾巴缺失，一耳残缺。通体彩绘，绘有彩绘纹饰。表面有脱落、泥土附着物、残断、剥落等病害	残	1	身：长：52.7　宽：21.4 高：17.3 头：高：21.3　宽：19.0 厚：8.1	山东青州香山汉墓
656	K1②层区1第一排骑俑（北）中部偏东：22	陶马（中型）	汉		陶	保存不完整，残断为四块，双耳、尾巴残缺。通体彩绘，绘有彩绘纹饰。表面有脱落、泥土附着物、残断、剥落、刻画、硬结物等病害	残	1	身：长：52.6　宽：20.9 高：19.2 头：高：20.7　宽：19.1 高：8.3	山东青州香山汉墓
657	K1②区5东部中间：400	陶马（中型）	汉		陶	保存不完整，残断为数十块。通体彩绘，绘有彩绘纹饰。表面有脱落、泥土附着物、剥落、结晶盐、其他附着物等病害	残	1	身：长：51.8　宽：19.0 高：21.2 头：长：20.8　宽：17.3 高：7.7	山东青州香山汉墓
658	K1②区5东部中间与412俑相伴：413	陶马（中型）	汉		陶	通体彩绘，绘有彩绘纹饰。表面有脱落、泥土附着物、剥落等病害	残	1	身：长：52.6　宽：21.5 高：22.0 头：长：22.0　宽：20.5 高：7.9	山东青州香山汉墓
659	K1②层区1北第一排中间：18	陶马（中型）	汉		陶	保存不完整，残断为十四块，颈部残缺。通体彩绘，绘有彩绘纹饰。表面有脱落、泥土附着物、残断、剥落等病害	残	1	身：长：51.7　宽：19.0 高：21.4 头：高：21.3　宽：18.6 厚：8.6 腿：长：22.7　宽：6.7	山东青州香山汉墓
660	K1②区7东部中间：703	陶马（中型）	汉		陶	通体彩绘，绘有彩绘纹饰。表面有脱落、泥土附着物、剥落等病害	残	1	身：长：52.8　宽：19.0 高：22.0 头：高：20.8　宽：17.7 厚：7.9	山东青州香山汉墓
661	K1X2区4中部：475	陶马（中型）	汉		陶	通体彩绘，绘有彩绘纹饰。表面有脱落、泥土附着物、剥落等病害	残	1	身：长：53.5　宽：20.0 高：21.4 头：高：18.9　宽：6.7 厚：9.5	山东青州香山汉墓

续表

序号	总登记号	名称	年代	级别	质地	保存状况	完整情况	数量	尺寸（厘米）	出土地点
662	K1②区2北二排：136	陶马（小型）	汉		陶	保存不完整，残断为七块，头部、尾巴、一蹄缺失，嘴部残缺。通体彩绘，绘有彩绘纹饰。表面有脱落、泥土附着物、残断、剥落、其他附着物等病害	残	1	长：43.0 宽：17.6 高：45.3	山东青州香山汉墓
663	K1X3区3：759	陶马（小型）	汉		陶	保存不完整，残断为九块，双耳、尾巴、四蹄、一条腿缺失，嘴部、颈部残缺，头部前期粘接。通体彩绘，绘有彩绘纹饰。表面有脱落、泥土附着物、残断、剥落、植物损害等病害	残	1	长：49.9 宽：15.5 高：41.3	山东青州香山汉墓
664	K1X3区5南五排西三：1287	陶马（小型）	汉		陶	保存不完整，残断为五块，双耳、三蹄、尾巴缺失，脖子前期粘接。通体彩绘，绘有彩绘纹饰。表面有脱落、泥土附着物、剥落、残断、其他附着物等病害	残	1	长：47.7 宽：15.3 高：47.5	山东青州香山汉墓
665	K1X2区7西南部：1200	陶马（小型）	汉		陶	保存不完整，残断为十块，双耳缺失，嘴部、颈部残缺。通体彩绘，绘有彩绘纹饰。表面有脱落、泥土附着物、残断、剥落、植物损害、结晶盐等病害	残	1	长：48.3 宽：15.8 高：50.1	山东青州香山汉墓
666	K1X3区1区东：565	陶马（小型）	汉		陶	保存不完整，残断为十一块，三条腿、四蹄、尾巴缺失，头部残缺。通体彩绘，绘有彩绘纹饰。表面有脱落、泥土附着物、残断、剥落、裂隙、植物损害等病害	残	1	长：40.0 宽：15.9 高：48.7	山东青州香山汉墓
667	K1X3区2：643	陶马（小型）	汉		陶	保存不完整，残断为四块，两条腿、三蹄、双耳、尾巴、下颌缺失，颈部残缺。通体彩绘，绘有彩绘纹饰。表面有脱落、泥土附着物、剥落、结晶盐、植物损害等病害	残	1	长：49.0 宽：16.2 高：48.8	山东青州香山汉墓
668	K1②区层北一排东部与27俑相配：28	陶马（小型）	汉		陶	保存不完整，残断为五块，双耳、尾巴、二蹄缺失。通体彩绘，绘有彩绘纹饰。表面有脱落、泥土附着物、剥落等病害	残	1	长：47.4 宽：15.5 高：49.4	山东青州香山汉墓
669	K1②区4西部偏北与290骑俑相配：291	陶马（小型）	汉		陶	保存不完整，残断为三十七块，一蹄、双耳缺失。通体彩绘，绘有彩绘纹饰。表面有脱落、泥土附着物、残断、剥落、其他附着物等病害	残	1	长：47.9 宽：15.3 高：48.3	山东青州香山汉墓
670	K1X3区7南二排东部：1235	陶马（小型）	汉		陶	保存不完整，残断为十一块，马嘴、马背残缺。通体彩绘，绘有彩绘纹饰。表面有脱落、泥土附着物、残断、剥落、结晶盐、其他附着物、硬结物等病害	残	1	长：45.0 宽：14.3 高：49.2 尾：长：10.0　宽：6.3	山东青州香山汉墓
671	K1X3区6南四排西马十二：1279	陶马（小型）	汉		陶	保存不完整，残断为十八块，双耳、尾巴、一前蹄缺失，头部、颈部、前腿部残缺，头部前期粘接。通体彩绘，绘有彩绘纹饰。表面有脱落、泥土附着物、剥落等病害	残	1	长：47.9 宽：16.1 高：49.8	山东青州香山汉墓
672	K1X2区3西部：518	陶马（小型）	汉		陶	保存不完整，残断为九块，头部、四条腿、尾巴缺失，身体前半部分残缺。通体彩绘，绘有彩绘纹饰。表面有脱落、泥土附着物、剥落、残断、硬结物、裂隙等病害	残	1	长：40.0 宽：15.1 高：48.3	山东青州香山汉墓

续表

序号	总登记号	名称	年代	级别	质地	保存状况	完整情况	数量	尺寸（厘米）	出土地点
673	K1X3区5南五排西马九：1294	陶马（小型）	汉		陶	保存不完整，残断为七块，两条腿、三蹄、双耳、尾巴缺失。通体彩绘，绘有彩绘纹饰。表面有脱落、泥土附着物、剥落、残断、刻画、结晶盐、植物损害等病害	残	1	长：49.3 宽：15.0 高：51.2	山东青州香山汉墓
674	K1X3区5南五排西一：1285	陶马（小型）	汉		陶	保存不完整，残断为十二块，尾巴、双耳缺失，三条腿缺失不全。通体彩绘，绘有彩绘纹饰。表面有脱落、泥土附着物、残断、剥落、其他附着物、植物损害等病害	残	1	长：45.3 宽：13.4 高：48.5	山东青州香山汉墓
675	K1X3区3：721	陶马（小型）	汉		陶	保存不完整，残断为十五块，双耳、四蹄、双腿缺失，马尾残缺。通体彩绘，绘有彩绘纹饰。表面有脱落、泥土附着物、剥落、龟裂、结晶盐等病害	残	1	长：47.5 宽：15.6 高：42.7 尾：长：12.2　宽：3.5	山东青州香山汉墓
676	K1②区5东部中间偏西与423俑相配：424	陶马（小型）	汉		陶	保存不完整，残断为十六块，双耳、尾巴缺失。通体彩绘，绘有彩绘纹饰。表面有脱落、泥土附着物、残断、剥落、植物损害、裂隙、结晶盐、其他附着物等病害	残	1	长：49.7 宽：15.8 高：53.9	山东青州香山汉墓
677	K1②区4东部边缘：256	陶马（小型）	汉		陶	保存不完整，残断为十五块，马头、尾巴、一条腿缺失。通体彩绘，绘有彩绘纹饰。表面有脱落、泥土附着物、残断、剥落等病害	残	1	长：39.9 宽：11.5 高：34.3	山东青州香山汉墓
678	K1②层区1北一排骑俑东部：34	陶马（小型）	汉		陶	保存不完整，残断为十八块，一耳、马尾缺失，一耳、马身部分残缺。通体彩绘，绘有彩绘纹饰。表面有脱落、泥土附着物、残断、剥落等病害	残	1	长：48.2 宽：15.8 高：50.4	山东青州香山汉墓
679	K1X3区6南三排中部：1258	陶马（小型）	汉		陶	保存不完整，残断为十七块，双耳、一蹄缺失，嘴部、腿部残缺。通体彩绘，绘有彩绘纹饰。表面有脱落、泥土附着物、剥落等病害	残	1	长：48.5 宽：15.0 高：51.0	山东青州香山汉墓
680	K1X3区6南三排中部：1254	陶马（小型）	汉		陶	保存不完整，残断为八块，双耳、两条腿缺失。通体彩绘，绘有彩绘纹饰。表面有脱落、泥土附着物、残断、剥落等病害	残	1	长：49.0 宽：15.3 高：48.5 尾：长：11.5　宽：7.5	山东青州香山汉墓
681	K1X3区6南四排西马六：1271	陶马（小型）	汉		陶	保存不完整，残断为十一块，一耳缺失，尾巴、嘴部残缺。通体彩绘，绘有彩绘纹饰。表面有脱落、泥土附着物、残断、剥落、其他附着物、植物损害等病害	残	1	长：48.7 宽：16.0 高：52.7	山东青州香山汉墓
682	K1X3区7南二排中部偏东：1232	陶马（小型）	汉		陶	保存不完整，残断为十块，双耳、一条腿缺失，另一条腿经拼对可能不属于本马。嘴、脖子处残缺。通体彩绘，绘有彩绘纹饰。表面有脱落、泥土附着物、残断、剥落、结晶盐、刻画、其他附着物、植物损害等病害	残	1	长：40.0 宽：15.6 高：48.2	山东青州香山汉墓
683	K1X3区6南三排东部：1262	陶马（小型）	汉		陶	保存不完整，残断为八块，双腿、一蹄、尾巴缺失。通体彩绘，绘有彩绘纹饰。表面有脱落、泥土附着物、残断、剥落、植物损害、裂隙、其他附着物等病害	残	1	长：40.8 宽：15.9 高：40.7	山东青州香山汉墓

续表

序号	总登记号	名称	年代	级别	质地	保存状况	完整情况	数量	尺寸（厘米）	出土地点
684	K1②区3东部与248骑俑相配：249	陶马（小型）	汉		陶	保存不完整，残断为十三块，双耳、一条腿、三蹄缺失，嘴部残缺，头部、尾巴前期粘接。通体彩绘，绘有彩绘纹饰。表面有脱落、泥土附着物、剥落、残断、其他附着物、结晶盐、植物损害等病害	残	1	长：45.2 宽：16.0 高：47.3 尾：长：10.6　宽：3.0	山东青州香山汉墓
685	K1②区4中部偏北与276骑俑相配：277	陶马（小型）	汉		陶	保存不完整，残断为十二块，双耳、尾巴、一蹄缺失，头部、腿部残缺。通体彩绘，绘有彩绘纹饰。表面有脱落、泥土附着物、剥落、残断等病害	残	1	长：48.0 宽：15.0 高：47.9	山东青州香山汉墓
686	K1X3区2：651	陶马（小型）	汉		陶	保存不完整，残断为十二块，双耳、尾巴、四条腿缺失，左腹部部分残缺，头部前期粘接。通体彩绘，绘有彩绘纹饰。表面有脱落、泥土附着物、残断、剥落等病害	残	1	长：39.3 宽：16.3 高：46.1	山东青州香山汉墓
687	K1②区3北三排马西第九匹马上与171骑俑相配：172	陶马（小型）	汉		陶	保存不完整，残断为十一块，双耳、尾巴、一蹄缺失，另外两蹄无法拼对，脖子、腿部残缺。通体彩绘，绘有彩绘纹饰。表面有脱落、泥土附着物、残断、剥落、结晶盐、其他附着物、植物损害等病害	残	1	长：49.3 宽：15.3 高：49.8	山东青州香山汉墓
688	K1X3区3：758	陶马（小型）	汉		陶	保存不完整，残断为八块，左耳、两蹄缺失，腰部、右足残缺。通体彩绘，绘有彩绘纹饰。表面有脱落、泥土附着物、残断、剥落等病害	残	1	长：47.0 宽：16.0 高：49.5	山东青州香山汉墓
689	K1X3区6南四排西马二：1267	陶马（小型）	汉		陶	通体彩绘，绘有彩绘纹饰。表面有脱落、泥土附着物、剥落等病害	残	1	长：49.0 宽：15.9 高：46.0	山东青州香山汉墓
690	K1②层区1北一排骑俑东部：26	陶马（小型）	汉		陶	保存不完整，残断为十一块，双耳缺失，颈部、马身残缺。通体彩绘，绘有彩绘纹饰。表面有脱落、泥土附着物、残断、硬结物剥落等病害	残	1	长：47.9 宽：15.8 高：49.3 尾：长：10.7　宽：6.8	山东青州香山汉墓
691	K1X3区6南四排西马四：1269	陶马（小型）	汉		陶	保存不完整，残断为十七块，嘴、脖子、尾巴、一耳残缺。通体彩绘，绘有彩绘纹饰。表面有脱落、泥土附着物、残断、剥落、结晶盐、裂隙、植物损害等病害	残	1	长：49.0 宽：15.9 高：46.0	山东青州香山汉墓
692	K1X2区1南部：162	陶马（小型）	汉		陶	保存不完整，残断为七块，头、三条腿、四蹄、尾巴缺失，身体残缺。通体彩绘，绘有彩绘纹饰。表面有脱落、泥土附着物、剥落、残断、植物损害等病害	残	1	长：40.0 宽：15.9 高：25.6	山东青州香山汉墓
693	K1②区2北二排马中部偏东与129骑俑相配：130	陶马（小型）	汉		陶	保存不完整，残断为十一块，一条腿、三蹄、一耳、尾巴缺失。通体彩绘，绘有彩绘纹饰。表面有脱落、泥土附着物、残断、剥落等病害	残	1	长：49.6 宽：15.5 高：47.8	山东青州香山汉墓

续表

序号	总登记号	名称	年代	级别	质地	保存状况	完整情况	数量	尺寸（厘米）	出土地点
694	K1②区3北三排马西第七匹与165骑俑相配：166	陶马（小型）	汉		陶	保存不完整，残断为三十三块，双耳缺失，颈部、臀部、尾巴残缺。通体彩绘，绘有彩绘纹饰。表面有脱落、泥土附着物、剥落等病害	残	1	长：47.0 宽：15.5 高：47.3 腿：长：21.6　宽：5.7	山东青州香山汉墓
695	K1X3区7南一排东部：1212	陶马（小型）	汉		陶	保存不完整，残断为十一块，右耳缺失，嘴部残缺。通体彩绘，绘有彩绘纹饰。表面有脱落、泥土附着物、残断、剥落等病害	残	1	长：46.6 宽：15.6 高：52.0 尾：长：10.5　宽：6.8	山东青州香山汉墓
696	K1X3区2：645	陶马（小型）	汉		陶	保存不完整，残断为二块，四条腿、双耳、尾巴缺失。通体彩绘，绘有彩绘纹饰。表面有脱落、泥土附着物、残断、剥落、植物损害、其他附着物等病害	残	1	长：46.7 宽：16.0 高：48.3	山东青州香山汉墓
697	K1X3区7南二排东部：1234	陶马（小型）	汉		陶	保存不完整，残断为十一块，双耳缺失，脖子处有残缺。通体彩绘，绘有彩绘纹饰。表面有脱落、泥土附着物、残断、剥落等病害	残	1	长：39.3 宽：14.1 高：49.3	山东青州香山汉墓
698	K1X3区6南三排东部：1264	陶马（小型）	汉		陶	保存不完整，残断为二十七块，马嘴、颈部残缺。通体彩绘，绘有彩绘纹饰。表面有脱落、泥土附着物、残断、剥落等病害	残	1	身：长：46.3　宽：15.2 高：52.0 尾：长：11.7　宽：3.5 高：3.3	山东青州香山汉墓
699	K1②区北三排马东部与197俑相配：198	陶马（小型）	汉		陶	保存不完整，残断为十一块，四条腿残，双耳、两蹄缺失。通体彩绘，绘有彩绘纹饰。表面有脱落、泥土附着物、残断、剥落等病害	残	1	长：48.3 宽：15.2 高：47.6	山东青州香山汉墓
700	K1X3区2：658	陶马（小型）	汉		陶	保存不完整，残断为十四块，两耳、尾巴、四条腿缺失，左侧臀部残缺。通体彩绘，绘有彩绘纹饰。表面有脱落、泥土附着物、残断、剥落、结晶盐、植物损害、硬结物等病害	残	1	长：39.4 宽：16.1 高：46.2	山东青州香山汉墓
701	K1②区3东部中间与242骑俑相配：243	陶马（小型）	汉		陶	保存不完整，残断为三十块，一耳、尾巴缺失，背部、腹部残缺。通体彩绘，绘有彩绘纹饰。表面有脱落、泥土附着物、残断、剥落等病害	残	1	长：49.0 宽：15.3 高：48.3	山东青州香山汉墓
702	K1X3区5南五排西四个：1288	陶马（小型）	汉		陶	保存不完整，残断为十二块，四条腿、双耳、尾巴缺失。通体彩绘，绘有彩绘纹饰。表面有脱落、泥土附着物、残断、剥落等病害	残	1	长：48.4 宽：15.0 高：39.6	山东青州香山汉墓
703	K1②区7中部中间偏西与743东的拉马左二：749	陶马（小型）	汉		陶	保存不完整，残断为二十二块，一耳、一条腿缺失，头部、颈部、腿部残缺。通体彩绘，绘有彩绘纹饰。表面有脱落、泥土附着物、剥落、残断等病害	残	1	长：47.9 宽：16.0 高：49.3	山东青州香山汉墓
704	K1②区6东部中间：608	陶马（小型）	汉		陶	保存不完整，残断为八块，四条腿缺失，左耳、马尾残缺。通体彩绘，绘有彩绘纹饰。表面有脱落、泥土附着物、剥落、残断、其他附着物、结晶盐、植物损害等病害	残	1	长：40.0 宽：15.1 高：48.3	山东青州香山汉墓

续表

序号	总登记号	名称	年代	级别	质地	保存状况	完整情况	数量	尺寸（厘米）	出土地点
705	K1X3区7南二排西四个：1225	陶马（小型）	汉		陶	保存不完整，残断为六块，双耳缺失，头部残缺。通体彩绘，绘有彩绘纹饰。表面有脱落、泥土附着物、剥落、残断、其他附着物、结晶盐、植物损害等病害	残	1	长：47.0 宽：11.9 高：47.5	山东青州香山汉墓
706	K1X3区6南四排西马：1266	陶马（小型）	汉		陶	保存不完整，残断为七块，双耳、两条腿缺失。通体彩绘，绘有彩绘纹饰。表面有脱落、泥土附着物、剥落、残断、其他附着物、裂缝、结晶盐、植物损害等病害	残	1	长：44.2 宽：15.5 高：54.0 尾：高：9.8　宽：3.2	山东青州香山汉墓
707	K1②区2北二排马（东西向）东部与骑俑138相配：139	陶马（小型）	汉		陶	保存不完整，残断为十三块，一耳缺失，嘴部、颈部、腿部残缺，嘴部前期粘接。通体彩绘，绘有彩绘纹饰。表面有脱落、泥土附着物、剥落、残断、其他附着物等病害	残	1	长：47.3 宽：15.5 高：52.0 尾：长：10.2　宽：3.8	山东青州香山汉墓
708	K1②层区1北一排骑马俑东部与骑俑29相配：30	陶马（小型）	汉		陶	保存不完整，残断为十块，双耳、尾巴缺失，马身残缺。通体彩绘，绘有彩绘纹饰。表面有脱落、泥土附着物、残断、剥落、结晶盐、植物损害等病害	残	1	长：45.2 宽：15.7 高：48.8	山东青州香山汉墓
709	K1X3区6南三排西部：1249	陶马（小型）	汉		陶	保存不完整，残断为十块，一条腿、尾巴缺失，颈部残缺。通体彩绘，绘有彩绘纹饰。表面有脱落、泥土附着物、残断、剥落、植物损害等病害	残	1	长：48.9 宽：15.4 高：49.5	山东青州香山汉墓
710	K1X3区7：1202	陶马（小型）	汉		陶	外形基本完整，残断为九块。通体彩绘，绘有彩绘纹饰。表面有脱落、泥土附着物、残断、剥落、裂缝、裂隙、植物损害、结晶盐等病害	残	1	长：48.2 宽：16.4 高：50.2	山东青州香山汉墓
711	K1②区1西北部：6	陶马（小型）	汉		陶	保存不完整，残断为九块，一蹄缺失。通体彩绘，绘有彩绘纹饰。表面有脱落、泥土附着物、残断、剥落、刻画、植物损害等病害	残	1	长：46.0 宽：16.0 高：48.8	山东青州香山汉墓
712	K1X3区7：1194	陶马（小型）	汉		陶	保存不完整，残断为八块，尾巴缺失。通体彩绘，绘有彩绘纹饰。表面有脱落、泥土附着物、残断、剥落等病害	残	1	长：40.0 宽：15.1 高：48.3	山东青州香山汉墓
713	K1X3区7南一排中部：1204	陶马（小型）	汉		陶	保存不完整，残断为九块，尾巴、双耳缺失。通体彩绘，绘有彩绘纹饰。表面有脱落、泥土附着物、残断、剥落、其他附着物、植物损害、结晶盐等病害	残	1	长：49.3 宽：15.0 高：51.2	山东青州香山汉墓
714	K1②区3北部马东部边缘：210	陶马（小型）	汉		陶	保存不完整，残断为六块，双耳缺失。通体彩绘，绘有彩绘纹饰。表面有脱落、泥土附着物、残断、剥落、结晶盐等病害	残	1	长：45.3 宽：13.4 高：48.5	山东青州香山汉墓
715	K1X3区7西南角：1192	陶马（小型）	汉		陶	保存不完整，残断为七块，双耳缺失。通体彩绘，绘有彩绘纹饰。表面有脱落、泥土附着物、残断、剥落、其他附着物等病害	残	1	长：49.6 宽：15.3 高：50.2	山东青州香山汉墓

续表

序号	总登记号	名称	年代	级别	质地	保存状况	完整情况	数量	尺寸（厘米）	出土地点
716	K1X3区7东南角：1196	陶马（小型）	汉		陶	保存不完整，残断为九块。一耳缺失。通体彩绘，绘有彩绘纹饰。表面有脱落、泥土附着物、残断、剥落、裂隙、植物损害、结晶盐等病害	残	1	长：47.0 宽：14.0 高：50.0	山东青州香山汉墓
717	K1X3区6南三排西部偏东：1252	陶马（小型）	汉		陶	保存不完整，残断为二十三块，一蹄缺失，嘴部、马身残缺。通体彩绘，绘有彩绘纹饰。表面有脱落、泥土附着物、残断、剥落等病害	残	1	长：46.0 宽：15.3 高：52.0	山东青州香山汉墓
718	K1X3区7南二排西二个：1223	陶马（小型）	汉		陶	保存不完整，残断为六块，右手缺失，左手残缺。通体彩绘，绘有彩绘纹饰。表面有脱落、泥土附着物、残断、剥落、植物损害等病害	残	1	长：47.3 宽：16.0 高：48.8	山东青州香山汉墓
719	K1X3区7南二排中部：1229	陶马（小型）	汉		陶	保存基本完整。通体彩绘，绘有彩绘纹饰。表面有脱落、泥土附着物、剥落、结晶盐、植物损害等病害	残	1	长：49.9 宽：16.3 高：48.0	山东青州香山汉墓
720	K1②区3北三排马东部偏西：194	陶马（小型）	汉		陶	保存不完整，残断为八块，一耳、一条腿、三蹄缺失。通体彩绘，绘有彩绘纹饰。表面有脱落、泥土附着物、残断、剥落、结晶盐、植物损害、裂隙、其他附着物等病害	残	1	长：47.5 宽：16.0 高：54.1	山东青州香山汉墓
721	K1X3区6南中排西马八：1273	陶马（小型）	汉		陶	保存不完整，残断为三块，双耳、尾巴、三条腿缺失，嘴部残缺。通体彩绘，绘有彩绘纹饰。表面有脱落、泥土附着物、残断、剥落、其他附着物、裂缝等病害	残	1	长：49.1 宽：15.4 高：42.9	山东青州香山汉墓
722	K1X3区6南四排西马七：1272	陶马（小型）	汉		陶	保存不完整，残断为数块，双耳、三蹄缺失，嘴部、颈部、腿部残缺。通体彩绘，绘有彩绘纹饰。表面有脱落、泥土附着物、残断、剥落等病害	残	1	长：46.4 宽：16.2 高：53.5	山东青州香山汉墓
723	K1X2区7西部边缘：1105	陶马（小型）	汉		陶	保存不完整，残断为四块，双耳、尾巴、一条腿、两蹄缺失。通体彩绘，绘有彩绘纹饰。表面有脱落、泥土附着物、残断、剥落、裂隙、植物损害等病害	残	1	长：49.9 宽：15.1 高：49.1	山东青州香山汉墓
724	K1②层区1北部中间：16	陶马（小型）	汉		陶	保存不完整，残断为十一块，尾巴缺失，双耳残缺。通体彩绘，绘有彩绘纹饰。表面有脱落、泥土附着物、残断、剥落等病害	残	1	长：46.8 宽：15.4 高：49.0	山东青州香山汉墓
725	K1X3区2：631	陶马（小型）	汉		陶	保存不完整，残断为三块，四条腿缺失。通体彩绘，绘有彩绘纹饰。表面有脱落、泥土附着物、残断、剥落等病害	残	1	长：40.0 宽：15.1 高：48.3	山东青州香山汉墓
726	K1X3区7东部（南一排）：1211	陶马（小型）	汉		陶	保存不完整，残断为六块，双耳、一条腿缺失，尾巴前期粘接。通体彩绘，绘有彩绘纹饰。表面有脱落、泥土附着物、残断、剥落、植物损害、裂隙、结晶盐等病害	残	1	长：49.3 宽：15.0 高：51.2	山东青州香山汉墓

续表

序号	总登记号	名称	年代	级别	质地	保存状况	完整情况	数量	尺寸（厘米）	出土地点
727	K1X3区6南三排中部偏东：1261	陶马（小型）	汉		陶	保存不完整，残断为十六块，双耳、尾巴缺失，嘴部、颈部、一条马腿残缺。通体彩绘，绘有彩绘纹饰。表面有脱落、泥土附着物、残断、剥落等病害	残	1	长：45.3 宽：13.4 高：48.5	山东青州香山汉墓
728	K1X3区7西南部：1198	陶马（小型）	汉		陶	保存不完整，残断为九块，一耳缺失，嘴部残缺。通体彩绘，绘有彩绘纹饰。表面有脱落、泥土附着物、残断、剥落、裂隙、结晶盐等病害	残	1	长：48.2 宽：16.4 高：50.2	山东青州香山汉墓
729	K1X3区2：654	陶马（小型）	汉		陶	保存不完整，残断为十四块，双耳残缺，一条红色马腿前期粘接。通体彩绘，绘有彩绘纹饰。表面有脱落、泥土附着物、剥落、残断、其他附着物、硬结物、裂缝、植物损害等病害	残	1	长：47.2 宽：16.0 高：49.1	山东青州香山汉墓
730	K1②层区1西北部：8	陶马（小型）	汉		陶	通体彩绘，绘有彩绘纹饰。表面有脱落、泥土附着物、剥落等病害	残	1	长：46.1 宽：15.4 高：48.7	山东青州香山汉墓
731	K1X3区7南三排中部偏西：1228	陶马（小型）	汉		陶	保存不完整，残断为七块，尾巴缺失。通体彩绘，绘有彩绘纹饰。表面有脱落、泥土附着物、残断、剥落病害	残	1	长：58.7 宽：15.6 高：44.8	山东青州香山汉墓
732	K1X3区1：605	陶马（小型）	汉		陶	通体彩绘，绘有彩绘纹饰。表面有脱落、泥土附着物、剥落等病害	残	1	长：46.8 宽：15.4 高：49.0	山东青州香山汉墓
733	K1X3区4：771	陶马（小型）	汉		陶	通体彩绘，绘有彩绘纹饰。表面有脱落、泥土附着物、剥落等病害	残	1	长：49.0 宽：16.8 高：23.0	山东青州香山汉墓
734	K1X3区6南四排西马五：1270	陶马（小型）	汉		陶	通体彩绘，绘有彩绘纹饰。表面有脱落、泥土附着物、剥落等病害	残	1	长：40.8 宽：15.9 高：40.7	山东青州香山汉墓
735	K1②区2北二排骑马俑西端与98俑相配：97	陶马（小型）	汉		陶	通体彩绘，绘有彩绘纹饰。表面有脱落、泥土附着物、剥落等病害	残	1	长：46.9 宽：15.6 高：49.1	山东青州香山汉墓
736	K1②区3北三排马东部：206	陶马（小型）	汉		陶	保存不完整，残断为八块，尾巴缺失。通体彩绘，绘有彩绘纹饰。表面有脱落、泥土附着物、剥落等病害	残	1	长：48.0 宽：15.2 高：45.6	山东青州香山汉墓
737	K1②区3北三排马东部边缘与207俑相配：208	陶马（小型）	汉		陶	保存不完整，残断为数块。通体彩绘，绘有彩绘纹饰。表面有脱落、泥土附着物、剥落等病害	残	1	长：39.2 宽：14.8 高：51.9	山东青州香山汉墓

续表

序号	总登记号	名称	年代	级别	质地	保存状况	完整情况	数量	尺寸（厘米）	出土地点
738	K1②区4东部中间：360	陶马（小型）	汉		陶	保存不完整，残断为十块，尾巴缺失。通体彩绘，绘有彩绘纹饰。表面有脱落、泥土附着物、残断、剥落、其他附着物等病害	残	1	长：40.0 宽：16.0 高：42.2	山东青州香山汉墓
739	K1②区6东部中间偏西：615	陶马（小型）	汉		陶	通体彩绘，绘有彩绘纹饰。表面有脱落、泥土附着物、剥落等病害	残	1	长：45.8 宽：15.6 高：48.7	山东青州香山汉墓
740	K1X2区7南一排东部：1208	陶马（小型）	汉		陶	保存不完整，残断为十一块，双耳、尾巴缺失。通体彩绘，绘有彩绘纹饰。表面有脱落、泥土附着物、残断、剥落、裂隙等病害	残	1	长：47.5 宽：15.5 高：50.5	山东青州香山汉墓
741	K1X3区2：617	陶马（小型）	汉		陶	保存不完整，残断为六块，双耳、尾巴、一条腿、两蹄缺失。通体彩绘，绘有彩绘纹饰。表面有脱落、泥土附着物、残断、剥落、结晶盐、植物损害等病害	残	1	长：42.8 宽：15.9 高：47.1	山东青州香山汉墓
742	K1X3区6南三排中部：1256	陶马（小型）	汉		陶	保存不完整，残断为六块，尾巴缺失。通体彩绘，绘有彩绘纹饰。表面有脱落、泥土附着物、残断、剥落等病害	残	1	长：48.3 宽：16.8 高：52.8	山东青州香山汉墓
743	K1X3区1：606	陶牛	汉		陶	保存不完整，残断为二十三块，两蹄缺失。通体彩绘，绘有彩绘纹饰。表面有脱落、泥土附着物、残断、剥落、植物损害等病害	残	1	长：45.0 宽：14.6 高：31.0	山东青州香山汉墓
744	K1X1区5南部：86	陶牛	汉		陶	保存不完整，残断为四块，四蹄、双耳缺失。通体彩绘，绘有彩绘纹饰。表面有脱落、泥土附着物、残断、剥落、裂隙等病害	残	1	长：48.6 宽：15.6 高：50.5	山东青州香山汉墓
745	K1X1区4中部：62	陶牛	汉		陶	保存不完整，残断为十块，两前蹄、尾巴、右后腿缺失。通体彩绘，绘有彩绘纹饰。表面有脱落、泥土附着物、残断、剥落、裂隙、植物损害等病害	残	1	长：47.8 宽：15.8 高：49.8	山东青州香山汉墓
746	K1X1区4：77	陶牛	汉		陶	保存不完整，残断为五块，犄角、四蹄缺失，脖子左侧残缺。通体彩绘，绘还有彩绘纹饰。表面有脱落、残断、剥落、裂隙、裂缝、结晶盐、植物残留痕等病害	残	1	长：47.6 宽：15.5 高：50.1	山东青州香山汉墓
747	K1X3区1：598	陶牛	汉		陶	保存不完整，残断为十五块，双耳、四蹄、双腿缺失，马尾残缺。通体彩绘，绘有彩绘纹饰。表面有脱落、泥土附着物、剥落、龟裂、结晶盐等病害	残	1	长：42.8 宽：15.9 高：47.1	山东青州香山汉墓
748	K1X3区1：575	陶牛	汉		陶	保存不完整，残断为四块，背部残缺。通体彩绘，绘有彩绘纹饰。表面有脱落、泥土附着物、残断、剥落、植物残留痕等病害	残	1	长：24.1 宽：7.6 高：13.3	山东青州香山汉墓

续表

序号	总登记号	名称	年代	级别	质地	保存状况	完整情况	数量	尺寸（厘米）	出土地点
749	K1X3区1：595	陶牛	汉		陶	保存不完整，残断为十三块，三蹄、尾巴缺失。通体彩绘，绘有彩绘纹饰。表面有脱落、泥土附着物、剥落等病害	残	1	长：48.5 宽：15.5 高：31.6	山东青州香山汉墓
750	K1箱1区1北：12	陶牛	汉		陶	保存不完整，残断为三块，双耳、尾巴、三蹄缺失。通体彩绘，绘有彩绘纹饰。表面有脱落、泥土附着物、残断、剥落等病害	残	1	长：47.6 宽：15.2 高：27.2	山东青州香山汉墓
751	K1箱区1-区2之间区1中偏北：21	陶牛	汉		陶	保存不完整，残断为七块，尾巴、四条腿缺失。通体彩绘，绘有彩绘纹饰。表面有脱落、泥土附着物、残断、剥落、其他附着物、刻画等病害	残	1	长：24..5 宽：7.5 高：11.2	山东青州香山汉墓
752	K1X3区1：581	陶牛	汉		陶	通体彩绘，绘有彩绘纹饰。表面有脱落、泥土附着物、剥落等病害	残	1	长：45.9 宽：15.2 高：30.6	山东青州香山汉墓
753	K1X3区1：587	陶牛	汉		陶	保存不完整，残断为五块，两蹄、缺失。通体彩绘，绘有彩绘纹饰。表面有脱落、泥土附着物、残断、剥落等病害	残	1	长：44.2 宽：15.7 高：30.9	山东青州香山汉墓
754	K1X1区4：63	陶牛	汉		陶	通体彩绘，绘有彩绘纹饰。表面有脱落、泥土附着物、剥落等病害	残	1	长：47.1 宽：15.4 高：29.3	山东青州香山汉墓
755	K1X1区3南部：50	陶牛	汉		陶	通体彩绘，绘有彩绘纹饰。表面有脱落、泥土附着物、剥落等病害	残	1	长：47.9 宽：15.6 高：30.5	山东青州香山汉墓
756	K1X1区4中部：60	陶牛	汉		陶	通体彩绘，绘有彩绘纹饰。表面有脱落、泥土附着物、剥落等病害	残	1	长：46.8 宽：14.9 高：28.7	山东青州香山汉墓
757	K1X3区1：591	陶牛	汉		陶	保存不完整，残断为二块，犄角、三蹄缺失。通体彩绘，绘有彩绘纹饰。表面有脱落、泥土附着物、残断、剥落、植物损害等病害	残	1	长：43.0 宽：26.0 高：30.7	山东青州香山汉墓
758	K1箱1区1东：9	陶牛	汉		陶	通体彩绘，绘有彩绘纹饰。表面有脱落、泥土附着物、剥落等病害	残	1	长：47.5 宽：15.6 高：29.9	山东青州香山汉墓
759	K1X3区1东北：568	陶牛	汉		陶	通体彩绘，绘有彩绘纹饰。表面有脱落、泥土附着物、剥落等病害	残	1	长：48.0 宽：16.1 高：28.7	山东青州香山汉墓
760	K1X3区1东北：569	陶牛	汉		陶	通体彩绘，绘有彩绘纹饰。表面有脱落、泥土附着物、剥落等病害	残	1	长：46.8 宽：15.6 高：30.1	山东青州香山汉墓

续表

序号	总登记号	名称	年代	级别	质地	保存状况	完整情况	数量	尺寸（厘米）	出土地点
761	K1X3区1东北：571	陶牛	汉		陶	通体彩绘，绘有彩绘纹饰。表面有脱落、泥土附着物、剥落等病害	残	1	长：48.2 宽：16.4 高：29.6	山东青州香山汉墓
762	K1X3区2：610	陶牛	汉		陶	通体彩绘，绘有彩绘纹饰。表面有脱落、泥土附着物、剥落等病害	残	1	长：47.3 宽：16.2 高：30.1	山东青州香山汉墓
763	K1X3区1：577	陶牛	汉		陶	通体彩绘，绘有彩绘纹饰。表面有脱落、泥土附着物、剥落等病害	残	1	长：47.9 宽：15.3 高：23.4	山东青州香山汉墓
764	K1X3区1：580	陶牛	汉		陶	通体彩绘，绘有彩绘纹饰。表面有脱落、泥土附着物、剥落等病害	残	1	长：46.9 宽：15.2 高：29.1	山东青州香山汉墓
765	K1X3区1：582	陶牛	汉		陶	通体彩绘，绘有彩绘纹饰。表面有脱落、泥土附着物、剥落等病害	残	1	长：47.5 宽：15.7 高：28.9	山东青州香山汉墓
766	K1X3区1：594	陶牛	汉		陶	通体彩绘，绘有彩绘纹饰。表面有脱落、泥土附着物、剥落等病害	残	1	长：46.9 宽：23.2 高：31.4	山东青州香山汉墓
767	K1X3区1：597	陶牛	汉		陶	通体彩绘，绘有彩绘纹饰。表面有脱落、泥土附着物、剥落等病害	残	1	长：46.2 宽：15.3 高：25.7	山东青州香山汉墓
768	K1X3区1：599	陶牛	汉		陶	通体彩绘，绘有彩绘纹饰。表面有脱落、泥土附着物、剥落等病害	残	1	长：46.2 宽：14.9 高：23.1	山东青州香山汉墓
769	K1X2区1：160	陶羊	汉		陶	保存不完整，残断为一块，头部、四条腿缺失。通体彩绘，绘有彩绘纹饰。表面有脱落、泥土附着物、剥落、残断等病害	残	1	长：19.2 宽：7.5 高：12.0	山东青州香山汉墓
770	K1X2区1中部偏北：117	陶羊	汉		陶	保存不完整，残断为四块，两条腿、四蹄、双耳缺失。通体彩绘，绘有彩绘纹饰。表面有脱落、泥土附着物、剥落、残断、刻画、其他附着物等病害	残	1	长：23.3 宽：7.0 高：20.0	山东青州香山汉墓
771	K1X3区1：584	陶羊	汉		陶	保存不完整，残断为四块，两蹄、尾巴、双耳缺失。通体彩绘，绘有彩绘纹饰。表面有脱落、泥土附着物、残断、剥落、其他附着物等病害	残	1	长：22.2 宽：7.5 高：17.5	山东青州香山汉墓
772	K1X3区3：733	陶羊	汉		陶	保存不完整，残断为八块，三蹄、双犄角缺失，尾巴残缺。通体彩绘，绘有彩绘纹饰。表面有脱落、泥土附着物、残断、裂缝、结晶盐等病害	残	1	长：21.8 宽：6.9 高：23.5	山东青州香山汉墓

续表

序号	总登记号	名称	年代	级别	质地	保存状况	完整情况	数量	尺寸（厘米）	出土地点
773	K1X3区3：738	陶羊	汉		陶	保存不完整，残断为一块，头、尾巴、四条腿缺失。通体彩绘，绘有彩绘纹饰。表面有脱落、泥土附着物、残断、剥落、其他附着物、裂隙、植物损害、结晶盐等病害	残	1	长：19.2 宽：7.2 高：10.7	山东青州香山汉墓
774	K1X2区1中部：139	陶羊	汉		陶	保存不完整，一蹄、三条腿缺失。通体彩绘，绘有彩绘纹饰。表面有脱落、泥土附着物、残断、剥落、植物损害、结晶盐、其他附着物等病害	残	1	长：22.4 宽：7.0 高：16.7	山东青州香山汉墓
775	K1X2区1中部：116	陶羊	汉		陶	通体彩绘，绘有彩绘纹饰。表面有脱落、泥土附着物、剥落等病害	残	1	长：24.7 宽：6.4 高：19.4	山东青州香山汉墓
776	K1X3区3：675	陶羊	汉		陶	通体彩绘，绘有彩绘纹饰。表面有脱落、泥土附着物、剥落等病害	残	1	长：23.9 宽：6.9 高：19.8	山东青州香山汉墓
777	K1X3区3：681	陶羊	汉		陶	通体彩绘，绘有彩绘纹饰。表面有脱落、泥土附着物、剥落等病害	残	1	长：24.1 宽：6.8 高：18.2	山东青州香山汉墓
778	K1X3区2：644	陶羊	汉		陶	通体彩绘，绘有彩绘纹饰。表面有脱落、泥土附着物、剥落等病害	残	1	长：25.3 宽：6.6 高：17.9	山东青州香山汉墓
779	K1X3区3：678.1	陶羊	汉		陶	通体彩绘，绘有彩绘纹饰。表面有脱落、泥土附着物、剥落等病害	残	1	长：23.9 宽：6.5 高：20.1	山东青州香山汉墓
780	K1X3区3：678.2	陶羊	汉		陶	通体彩绘，绘有彩绘纹饰。表面有脱落、泥土附着物、剥落等病害	残	1	长：23.1 宽：6.8 高：17.5	山东青州香山汉墓
781	K1X3区2：689	陶羊	汉		陶	通体彩绘，绘有彩绘纹饰。表面有脱落、泥土附着物、剥落等病害	残	1	长：23.5 宽：6.9 高：19.2	山东青州香山汉墓
782	K1X3区3：699	陶羊	汉		陶	通体彩绘，绘有彩绘纹饰。表面有脱落、泥土附着物、剥落等病害	残	1	长：23.8 宽：7.1 高：18.7	山东青州香山汉墓
783	K1X3区3：739	陶羊	汉		陶	通体彩绘，绘有彩绘纹饰。表面有脱落、泥土附着物、剥落等病害	残	1	长：24.1 宽：6.6 高：17.3	山东青州香山汉墓
784	K1X3区3：752	陶羊	汉		陶	通体彩绘，绘有彩绘纹饰。表面有脱落、泥土附着物、剥落等病害	残	1	长：23.8 宽：6.4 高：17.6	山东青州香山汉墓

续表

序号	总登记号	名称	年代	级别	质地	保存状况	完整情况	数量	尺寸（厘米）	出土地点
785	K1X2区2：213	陶羊	汉		陶	保存不完整，残断为四块，双耳、尾巴、一条腿、四蹄缺失。通体彩绘，绘有彩绘纹饰。表面有脱落、泥土附着物、残断、剥落等病害	残	1	长：23.2 宽：6.6 高：16.9	山东青州香山汉墓
786	K1X2区2中：229	陶羊	汉		陶	通体彩绘，绘有彩绘纹饰。表面有脱落、泥土附着物、剥落等病害	残	1	长：24.9 宽：6.6 高：20.5	山东青州香山汉墓
787	K1X2区3西部：519	陶羊	汉		陶	通体彩绘，绘有彩绘纹饰。表面有脱落、泥土附着物、剥落等病害	残	1	长：23.6 宽：7.0 高：18.2	山东青州香山汉墓
788	K1X3区1：588	陶羊	汉		陶	通体彩绘，绘有彩绘纹饰。表面有脱落、泥土附着物、剥落等病害	残	1	长：24.2 宽：6.8 高：16.9	山东青州香山汉墓
789	K1X3区2：683	陶羊	汉		陶	通体彩绘，绘有彩绘纹饰。表面有脱落、泥土附着物、剥落等病害	残	1	长：25.2 宽：6.9 高：18.9	山东青州香山汉墓
790	K1X3区2：687	陶羊	汉		陶	通体彩绘，绘有彩绘纹饰。表面有脱落、泥土附着物、剥落等病害	残	1	长：23.4 宽：6.6 高：17.8	山东青州香山汉墓
791	K1X3区2：702	陶羊	汉		陶	保存不完整，残断为三块，尾巴缺失，腿残缺。通体彩绘，绘有彩绘纹饰。表面有脱落、泥土附着物、残断、剥落、植物损害等病害	残	1	长：24.4 宽：6.4 高：19.5	山东青州香山汉墓
792	K1X3区2：704	陶羊	汉		陶	保存不完整，残断为四块，四蹄、尾巴缺失。通体彩绘，绘有彩绘纹饰。表面有脱落、泥土附着物、残断、剥落等病害	残	1	长：21.3 宽：19.5 高：7.7	山东青州香山汉墓
793	K1X3区3：729	陶羊	汉		陶	保存不完整，残断为四块，双耳、四蹄缺失。通体彩绘，绘有彩绘纹饰。表面有脱落、泥土附着物、残断、剥落、结晶盐等病害	残	1	长：23.0 宽：6.5 高：17.1	山东青州香山汉墓
794	K1X3区3：744	陶羊	汉		陶	通体彩绘，绘有彩绘纹饰。表面有脱落、泥土附着物、剥落等病害	残	1	长：22.9 宽：6.5 高：17.6	山东青州香山汉墓
795	K1X3区3：753	陶羊	汉		陶	通体彩绘，绘有彩绘纹饰。表面有脱落、泥土附着物、剥落等病害	残	1	长：24.3 宽：6.6 高：18.2	山东青州香山汉墓
796	K1X3区3：661	陶羊	汉		陶	通体彩绘，绘有彩绘纹饰。表面有脱落、泥土附着物、剥落等病害	残	1	长：24.6 宽：6.5 高：18.5	山东青州香山汉墓

续表

序号	总登记号	名称	年代	级别	质地	保存状况	完整情况	数量	尺寸（厘米）	出土地点
797	K1X3区3：677	陶羊	汉		陶	通体彩绘，绘有彩绘纹饰。表面有脱落、泥土附着物、剥落等病害	残	1	长：23.2 宽：6.5 高：17.3	山东青州香山汉墓
798	K1X3区3：673	陶羊	汉		陶	通体彩绘，绘有彩绘纹饰。表面有脱落、泥土附着物、剥落等病害	残	1	长：23.5 宽：6.5 高：17.9	山东青州香山汉墓
799	K1X3区3：676	陶羊	汉		陶	通体彩绘，绘有彩绘纹饰。表面有脱落、泥土附着物、剥落等病害	残	1	长：22.9 宽：6.5 高：17.8	山东青州香山汉墓
800	K1X3区3：742.1	陶羊	汉		陶	通体彩绘，绘有彩绘纹饰。表面有脱落、泥土附着物、剥落等病害	残	1	长：23.1 宽：6.6 高：17.2	山东青州香山汉墓
801	K1X3区3：732	陶羊	汉		陶	保存不完整，双耳、尾巴、两条腿、四蹄缺失。通体彩绘，绘有彩绘纹饰。表面有脱落、泥土附着物、残断、剥落、结晶盐、植物损害等病害	残	1	长：23.4 宽：7.1 高：14.5	山东青州香山汉墓
802	K1X3区3：740、741	陶羊	汉		陶	通体彩绘，绘有彩绘纹饰。表面有脱落、泥土附着物、剥落等病害	残	1	长：22.9 宽：6.7 高：18.1	山东青州香山汉墓
803	K1X3区3：742.2	陶羊	汉		陶	通体彩绘，绘有彩绘纹饰。表面有脱落、泥土附着物、剥落等病害	残	1	长：23.6 宽：6.9 高：18.3	山东青州香山汉墓
804	K1X3区3：727	陶羊	汉		陶	保存不完整，双耳、尾巴、一条腿、四蹄缺失。通体彩绘，绘有彩绘纹饰。表面有脱落、泥土附着物、残断、剥落、结晶盐、植物损害等病害	残	1	长：22.1 宽：6.2 高：16.5	山东青州香山汉墓
805	K1X3区3：686	陶羊	汉		陶	通体彩绘，绘有彩绘纹饰。表面有脱落、泥土附着物、剥落等病害	残	1	长：23.5 宽：6.7 高：19.2	山东青州香山汉墓
806	K1X3区3：743	陶羊	汉		陶	保存不完整，残断为二十四块，三条腿缺失，头顶、背部、臀部残缺。通体彩绘，绘有彩绘纹饰。表面有脱落、泥土附着物、残断、剥落、植物损害等病害	残	1	长：22.9 宽：24.2 高：7.8	山东青州香山汉墓
807	K1X3区3：728	陶羊	汉		陶	保存不完整，残断为六块，双腿、三蹄、双耳缺失。通体彩绘，绘有彩绘纹饰。表面有脱落、泥土附着物、残断、剥落、结晶盐、植物损害等病害	残	1	长：23.6 宽：7.0 高：22.9	山东青州香山汉墓
808	K1X2区1南部：563	陶猪	汉		陶	保存不完整，通体彩绘，绘有彩绘纹饰。表面有脱落、泥土附着物、剥落等病害	残	1	长：23.3 宽：7.9 高：16.1	山东青州香山汉墓

续表

序号	总登记号	名称	年代	级别	质地	保存状况	完整情况	数量	尺寸（厘米）	出土地点
809	K1X2区2北：179	陶猪	汉		陶	保存不完整，残断为三块，尾巴、四蹄缺失。通体彩绘，绘有彩绘纹饰。表面有脱落、泥土附着物、残断、剥落、结晶盐等病害	残	1	长：28.1 宽：9.0 高：18.5	山东青州香山汉墓
810	K1X2区2西部：561	陶猪	汉		陶	通体彩绘，绘有彩绘纹饰。表面有脱落、泥土附着物、剥落等病害	残	1	长：23.2 宽：8.2 高：17.3	山东青州香山汉墓
811	K1X2区2西部：563	陶猪	汉		陶	通体彩绘，绘有彩绘纹饰。表面有脱落、泥土附着物、剥落等病害	残	1	长：26.1 宽：9.0 高：18.9	山东青州香山汉墓
812	K1X2区2中：184	陶猪	汉		陶	通体彩绘，绘有彩绘纹饰。表面有脱落、泥土附着物、剥落等病害	残	1	长：21.9 宽：7.9 高：22.7	山东青州香山汉墓
813	K1X2区3西部：521	陶猪	汉		陶	通体彩绘，绘有彩绘纹饰。表面有脱落、泥土附着物、剥落等病害	残	1	长：22.3 宽：8.3 高：28.1	山东青州香山汉墓
814	K1X3区2：629	陶猪	汉		陶	通体彩绘，绘有彩绘纹饰。表面有脱落、泥土附着物、剥落等病害	残	1	长：21.0 宽：7.9 高：22.3	山东青州香山汉墓
815	K1X3区2：682	陶猪	汉		陶	通体彩绘，绘有彩绘纹饰。表面有脱落、泥土附着物、剥落等病害	残	1	长：25.1 宽：9.0 高：20.9	山东青州香山汉墓
816	K1X3区3：692	陶猪	汉		陶	通体彩绘，绘有彩绘纹饰。表面有脱落、泥土附着物、剥落等病害	残	1	长：21.9 宽：7.9 高：22.7	山东青州香山汉墓
817	K1X3区1：603	陶猪	汉		陶	通体彩绘，绘有彩绘纹饰。表面有脱落、泥土附着物、剥落等病害	残	1	长：22.3 宽：8.3 高：28.1	山东青州香山汉墓
818	K1X3区3：730	陶猪	汉		陶	保存不完整，残断为十块，四条腿、尾巴缺失，身体残缺。通体彩绘，绘有彩绘纹饰。表面有脱落、泥土附着物、剥落、残断、植物损害、结晶盐等病害	残	1	长：22.6 宽：8.2 高：29.3	山东青州香山汉墓
819	K1X2区2南：232	陶猪	汉		陶	保存不完整，残断为三块，四条腿缺失，脖子残缺。通体彩绘，绘有彩绘纹饰。表面有脱落、泥土附着物、残断、剥落、刻画、结晶盐等病害	残	1	长：24.6 宽：8.9 高：17.9	山东青州香山汉墓
820	K1X3区3：718	陶猪	汉		陶	保存不完整，残断为二块，尾巴、四条腿缺失。通体彩绘，绘有彩绘纹饰。表面有脱落、泥土附着物、残断、剥落、结晶盐、植物损害等病害	残	1	长：26.1 宽：9.0 高：18.9	山东青州香山汉墓

续表

序号	总登记号	名称	年代	级别	质地	保存状况	完整情况	数量	尺寸（厘米）	出土地点
821	K1X3区3：664	陶狗	汉		陶	保存不完整，残断为八块，双耳、尾巴、三蹄缺失。通体彩绘，绘有彩绘纹饰。表面有脱落、泥土附着物、剥落等病害	残	1	长：21.9 宽：7.9 高：22.7	山东青州香山汉墓
822	K1X3区1：590	陶狗	汉		陶	保存不完整，残断为二块，一条腿、四蹄、双耳、尾巴缺失。通体彩绘，绘有彩绘纹饰。表面有脱落、泥土附着物、剥落、残断等病害	残	1	长：22.3 宽：8.3 高：28.1	山东青州香山汉墓
823	K1X3区1：592	陶狗	汉		陶	保存不完整，残断为块，四蹄、尾巴、双耳缺失。通体彩绘，绘有彩绘纹饰。表面有脱落、泥土附着物、残断、剥落、其他附着物等病害	残	1	长：21.4 宽：4.8 高：18.5	山东青州香山汉墓
824	K1X2区3西部：520	陶狗	汉		陶	保存不完整，残断为两块，四条腿缺失。通体彩绘，绘有彩绘纹饰。表面有脱落、泥土附着物、剥落、残断、其他附着物等病害	残	1	长：17.9 宽：15.1 高：5.0	山东青州香山汉墓
825	K1X3区3马背上：712	陶狗	汉		陶	通体彩绘，绘有彩绘纹饰。表面有脱落、泥土附着物、剥落等病害	残	1	长：23.5 宽：4.6 高：6.8.0	山东青州香山汉墓
826	K1X3区3马背上：713	陶狗	汉		陶	通体彩绘，绘有彩绘纹饰。表面有脱落、泥土附着物、剥落等病害	残	1	长：22.1 宽：4.8 高：7.0	山东青州香山汉墓
827	K1X2区1：120	陶狗	汉		陶	保存不完整，两条腿、四蹄、双耳缺失。通体部彩绘，绘有彩绘纹饰。表面有脱落、泥土附着物、残断、剥落等病害	残	1	长：18.5 宽：4.6 高：9.6	山东青州香山汉墓
828	K1X3区1：601	陶狗	汉		陶	通体彩绘，绘有彩绘纹饰。表面有脱落、泥土附着物、剥落等病害	残	1	长：21.9 宽：4.5 高：6.7	山东青州香山汉墓
829	K1X3区2：630	陶狗	汉		陶	通体彩绘，绘有彩绘纹饰。表面有脱落、泥土附着物、剥落等病害	残	1	长：22.5 宽：4.6 高：7.1	山东青州香山汉墓
830	K1X3区2：633	陶狗	汉		陶	通体彩绘，绘有彩绘纹饰。表面有脱落、泥土附着物、剥落等病害	残	1	长：22.7 宽：4.7 高：6.3	山东青州香山汉墓
831	K1X3区2南边：710	陶狗	汉		陶	通体彩绘，绘有彩绘纹饰。表面有脱落、泥土附着物、剥落等病害	残	1	长：22.3 宽：4.9 高：6.8	山东青州香山汉墓
832	K1X3区3：680	陶狗	汉		陶	通体彩绘，绘有彩绘纹饰。表面有脱落、泥土附着物、剥落等病害	残	1	长：23.5 宽：4.5 高：6.2	山东青州香山汉墓

续表

序号	总登记号	名称	年代	级别	质地	保存状况	完整情况	数量	尺寸（厘米）	出土地点
833	K1X3区3：685	陶狗	汉		陶	通体彩绘，绘有彩绘纹饰。表面有脱落、泥土附着物、剥落等病害	残	1	长：21.9 宽：4.6 高：6.6	山东青州香山汉墓
834	K1X3区3：693	陶狗	汉		陶	通体彩绘，绘有彩绘纹饰。表面有脱落、泥土附着物、剥落等病害	残	1	长：21.8 宽：4.7 高：6.9	山东青州香山汉墓
835	K1X2区4：549	陶鸡	汉		陶	保存不完整，尾巴缺失，脖子处前期粘接。通体彩绘，绘有彩绘纹饰。表面有脱落、泥土附着物、剥落、结晶盐等病害	残	1	长：10.7 宽：4.3 高：7.0	山东青州香山汉墓
836	K1X2区7西部：1110	陶鸡	汉		陶	外形基本完整，尾部微残。通体彩绘，绘有彩绘纹饰。表面有脱落、泥土附着物、残断、剥落、结晶盐、植物损害等病害	残	1	长：9.4 宽：4.6 高：4.7	山东青州香山汉墓
837	K1X2区6：1088	陶鸡	汉		陶	外形基本完整，残断为二块。通体彩绘，绘有彩绘纹饰。表面有脱落、泥土附着物、残断、剥落、结晶盐、植物损害等病害	残	1	长：10.7 宽：4.0 高：6.2	山东青州香山汉墓
838	K1X2区6：1087	陶鸡	汉		陶	保存不完整，尾巴残缺。通体彩绘，绘有彩绘纹饰。表面有脱落、泥土附着物、残断、剥落等病害	残	1	长：9.5 宽：5.1 高：6.3	山东青州香山汉墓
839	K1X2区7西部：1113	陶鸡	汉		陶	通体彩绘，绘有彩绘纹饰。表面有脱落、泥土附着物、剥落等病害	残	1	长：11.1 宽：6.5 高：4.2	山东青州香山汉墓
840	K1X2区7西部：1119	陶鸡	汉		陶	通体彩绘，绘有彩绘纹饰。表面有脱落、泥土附着物、剥落等病害	残	1	长：11.1 宽：6.5 高：4.2	山东青州香山汉墓
841	K1X2区7西部：1122	陶鸡	汉		陶	通体彩绘，绘有彩绘纹饰。表面有脱落、泥土附着物、剥落等病害	残	1	长：10.8 宽：3.7 高：6.0	山东青州香山汉墓
842	K1X2区7南二排西部：1157	陶鸡	汉		陶	通体彩绘，绘有彩绘纹饰。表面有脱落、泥土附着物、剥落等病害	残	1	长：11.0 宽：3.8 高：5.9	山东青州香山汉墓
843	K1X2区7南二排西部：1158	陶鸡	汉		陶	通体彩绘，绘有彩绘纹饰。表面有脱落、泥土附着物、剥落等病害	残	1	长：10.5 宽：3.8 高：6.3	山东青州香山汉墓
844	K1X2区6：1099	陶鸡	汉		陶	通体彩绘，绘有彩绘纹饰。表面有脱落、泥土附着物、剥落等病害	残	1	长：10.2 宽：3.9 高：6.0	山东青州香山汉墓

续表

序号	总登记号	名称	年代	级别	质地	保存状况	完整情况	数量	尺寸（厘米）	出土地点
845	K1X2区7：1112	陶鸡	汉		陶	保存不完整，嘴部、尾巴残缺。通体彩绘，绘有彩绘纹饰。表面有脱落、泥土附着物、残断、剥落等病害	残	1	长：10.0 宽：4.0 高：6.5	山东青州香山汉墓
846	K1X2区6：1085	陶鸡	汉		陶	保存基本完整，残断为二块，头部残缺。通体彩绘，绘有彩绘纹饰。表面有脱落、泥土附着物、结晶盐、植物损害等病害	残	1	长：11.0 宽：3.6 高：5.5	山东青州香山汉墓
847	K1X2区6南侧边缘：1059	陶鸡	汉		陶	通体彩绘，绘有彩绘纹饰。表面有脱落、泥土附着物、剥落等病害	残	1	长：10.8 宽：3.9 高：6.1	山东青州香山汉墓
848	K1X2区6：1086	陶鸡	汉		陶	保存不完整，嘴部残缺。通体彩绘，绘有彩绘纹饰。表面有脱落、泥土附着物、残断、剥落、结晶盐、植物损害等病害	残	1	长：9.5 宽：3.6 高：6.0	山东青州香山汉墓
849	K1X2区6：1089	陶鸡	汉		陶	保存基本完整。通体彩绘，绘有彩绘纹饰。表面有脱落、泥土附着物、剥落、结晶盐等病害	残	1	长：11.0 宽：4.1 高：6.0	山东青州香山汉墓
850	K1X2区6：1091	陶鸡	汉		陶	保存基本完整。通体彩绘，绘有彩绘纹饰。表面有脱落、泥土附着物、剥落、结晶盐、植物损害、硬结物等病害	残	1	长：10.6 宽：3.9 高：5.4	山东青州香山汉墓
851	K1X2区6：1097	陶鸡	汉		陶	外形基本完整，残断为三块。通体彩绘，绘有彩绘纹饰。表面有脱落、泥土附着物、残断、剥落等病害	残	1	长：10.9 宽：3.8 高：5.6	山东青州香山汉墓
852	K1X2区6南部边缘：1066	陶鸡	汉		陶	保存基本完整。通体彩绘，绘有彩绘纹饰。表面有脱落、泥土附着物等病害	残	1	长：10.2 宽：3.9 高：6.3	山东青州香山汉墓
853	K1X2区6：1092	陶鸡	汉		陶	通体彩绘，绘有彩绘纹饰。表面有脱落、泥土附着物、剥落等病害	残	1	长：10.9 宽：3.7 高：5.9	山东青州香山汉墓
854	K1X2区6：1093	陶鸡	汉		陶	保存不完整，残断为二块，一处前期粘接，腹部残缺。通体彩绘，绘有彩绘纹饰。表面有脱落、泥土附着物、残断、剥落、结晶盐等病害	残	1	长：11.1 宽：3.9 高：6.5	山东青州香山汉墓
855	K1X2区6：1094	陶鸡	汉		陶	保存不完整，前期粘接，尾巴残缺。通体彩绘，绘有彩绘纹饰。表面有脱落、泥土附着物、残断、剥落、结晶盐、植物损害等病害	残	1	长：8.5 宽：3.9 高：6.3	山东青州香山汉墓
856	K1X2区6：1095	陶鸡	汉		陶	外形基本完整，前期粘接。通体彩绘，绘有彩绘纹饰。表面有脱落、泥土附着物、残断、剥落、结晶盐等病害	残	1	长：13.0 宽：4.0 高：6.8	山东青州香山汉墓

续表

序号	总登记号	名称	年代	级别	质地	保存状况	完整情况	数量	尺寸（厘米）	出土地点
857	K1X2区6南部边缘：1067	陶鸡	汉		陶	保存基本完整。通体彩绘，绘有彩绘纹饰。表面有脱落、泥土附着物、剥落、其他附着物等病害	残	1	长：11.2 宽：3.9 高：5.9	山东青州香山汉墓
858	K1X2区6南部边缘：1068	陶鸡	汉		陶	保存不完整，嘴部残缺。通体彩绘，绘有彩绘纹饰。表面有脱落、泥土附着物、剥落等病害	残	1	长：11.6 宽：4.0 高：7.4	山东青州香山汉墓
859	K1X2区6南部边缘：1074	陶鸡	汉		陶	保存基本完整，残断为十块。通体彩绘，绘有彩绘纹饰。表面有脱落、泥土附着物、植物损害等病害	残	1	长：11.0 宽：3.7 高：5.7	山东青州香山汉墓
860	K1X2区6南侧边缘：1058	陶鸡	汉		陶	通体彩绘，绘有彩绘纹饰。表面有脱落、泥土附着物、剥落等病害	残	1	长：10.7 宽：3.8 高：5.9	山东青州香山汉墓
861	K1X2区6：1096	陶鸡	汉		陶	保存不完整，前期粘接，颈部残缺。通体彩绘，绘有彩绘纹饰。表面有脱落、泥土附着物、残断、剥落等病害	残	1	长：10.2 宽：3.9 高：6.3	山东青州香山汉墓
862	K1X2区6南侧边缘：1060	陶鸡	汉		陶	通体彩绘，绘有彩绘纹饰。表面有脱落、泥土附着物、剥落等病害	残	1	长：10.6 宽：3.7 高：6.0	山东青州香山汉墓
863	K1X2区7：1109	陶鸡	汉		陶	保存不完整，尾部残缺。通体彩绘，绘有彩绘纹饰。表面有脱落、泥土附着物、剥落等病害	残	1	长：11.2 宽：3.6 高：6.1	山东青州香山汉墓
864	K1X2区7：1111	陶鸡	汉		陶	外形基本完整，残断为二块。通体彩绘，绘有彩绘纹饰。表面有脱落、泥土附着物、残断、剥落等病害	残	1	长：9.4 宽：5.0 高：6.6	山东青州香山汉墓
865	K1X2区7：1139	陶鸡	汉		陶	保存基本完整。通体部彩绘，绘有彩绘纹饰。表面有脱落、泥土附着物、剥落、其他附着物等病害	残	1	长：11.2 宽：4.1 高：6.4	山东青州香山汉墓
866	K1X2区7：1140	陶鸡	汉		陶	保存不完整，头部缺失，尾部残缺。通体部彩绘，绘有彩绘纹饰。表面有脱落、泥土附着物、残断、剥落等病害	残	1	长：11.3 宽：4.3 高：5.9	山东青州香山汉墓
867	K1X2区7：1141	陶鸡	汉		陶	保存基本完整。通体部彩绘，绘有彩绘纹饰。表面有脱落、泥土附着物、剥落、裂缝等病害	残	1	长：10.9 宽：4.2 高：6.0	山东青州香山汉墓
868	K1X2区7：1142	陶鸡	汉		陶	保存基本完整。通体彩绘，绘有彩绘纹饰。表面有脱落、泥土附着物、剥落等病害	残	1	长：11.7 宽：4.3 高：5.9	山东青州香山汉墓

续表

序号	总登记号	名称	年代	级别	质地	保存状况	完整情况	数量	尺寸（厘米）	出土地点
869	K1X2区7：1143	陶鸡	汉		陶	保存不完整，前期粘接，尾部残缺。通体彩绘，绘有彩绘纹饰。表面有脱落、泥土附着物、剥落等病害	残	1	长：11.1 宽：6.5 高：4.2	山东青州香山汉墓
870	K1X2区7：1144	陶鸡	汉		陶	保存基本完整。通体彩绘，绘有彩绘纹饰。表面有脱落、泥土附着物、剥落等病害	残	1	长：11.1 宽：4.0 高：6.2	山东青州香山汉墓
871	K1X2区7：1145	陶鸡	汉		陶	保存不完整，颈部前期粘接，尾部残缺。通体彩绘，绘有彩绘纹饰。表面有脱落、泥土附着物、残断、剥落、裂缝等病害	残	1	长：12.4 宽：4.2 高：4.5	山东青州香山汉墓
872	K1X2区7：1146	陶鸡	汉		陶	保存不完整，头部缺失。通体彩绘，绘有彩绘纹饰。表面有脱落、泥土附着物、残断、剥落等病害	残	1	长：8.7 宽：4.0 高：6.5	山东青州香山汉墓
873	K1X2区7西部：1098	陶鸡	汉		陶	通体彩绘，绘有彩绘纹饰。表面有脱落、泥土附着物、剥落等病害	残	1	长：10.8 宽：3.5 高：5.7	山东青州香山汉墓
874	K1X2区7西部：1114	陶鸡	汉		陶	通体彩绘，绘有彩绘纹饰。表面有脱落、泥土附着物、剥落等病害	残	1	长：10.5 宽：3.7 高：6.0	山东青州香山汉墓
875	K1X2区7西部：1116	陶鸡	汉		陶	通体彩绘，绘有彩绘纹饰。表面有脱落、泥土附着物、剥落等病害	残	1	长：10.9 宽：3.8 高：5.9	山东青州香山汉墓
876	K1X2区7西部：1117	陶鸡	汉		陶	通体彩绘，绘有彩绘纹饰。表面有脱落、泥土附着物、剥落等病害	残	1	长：11.1 宽：4.0 高：6.1	山东青州香山汉墓
877	K1X2区7西部：1115	陶鸡	汉		陶	通体彩绘，绘有彩绘纹饰。表面有脱落、泥土附着物、剥落等病害	残	1	长：10.3 宽：3.8 高：6.1	山东青州香山汉墓
878	K1X2区7西部：1118	陶鸡	汉		陶	通体彩绘，绘有彩绘纹饰。表面有脱落、泥土附着物、剥落等病害	残	1	长：11.0 宽：3.7 高：6.0	山东青州香山汉墓
879	K1X2区7西部：1120	陶鸡	汉		陶	通体彩绘，绘有彩绘纹饰。表面有脱落、泥土附着物、剥落等病害	残	1	长：10.6 宽：3.7 高：6.0	山东青州香山汉墓
880	K1X2区7西部：1121	陶鸡	汉		陶	通体彩绘，绘有彩绘纹饰。表面有脱落、泥土附着物、剥落等病害	残	1	长：10.4 宽：3.6 高：5.8	山东青州香山汉墓

续表

序号	总登记号	名称	年代	级别	质地	保存状况	完整情况	数量	尺寸（厘米）	出土地点
881	K1X2区7西部：1123.1	陶鸡	汉		陶	通体彩绘，绘有彩绘纹饰。表面有脱落、泥土附着物、剥落等病害	残	1	长：10.5 宽：3.7 高：6.0	山东青州香山汉墓
882	K1X2区7西部：1123.2	陶鸡	汉		陶	通体彩绘，绘有彩绘纹饰。表面有脱落、泥土附着物、剥落等病害	残	1	长：10.6 宽：3.9 高：6.1	山东青州香山汉墓
883	K1X2区7西部：1123.3	陶鸡	汉		陶	通体彩绘，绘有彩绘纹饰。表面有脱落、泥土附着物、剥落等病害	残	1	长：10.9 宽：3.8 高：5.8	山东青州香山汉墓
884	K1X2区7西部：1123.4	陶鸡	汉		陶	通体彩绘，绘有彩绘纹饰。表面有脱落、泥土附着物、剥落等病害	残	1	长：10.9 宽：3.7 高：5.9	山东青州香山汉墓
885	K1X2区7西部：1123.5	陶鸡	汉		陶	通体彩绘，绘有彩绘纹饰。表面有脱落、泥土附着物、剥落等病害	残	1	长：10.9 宽：3.9 高：6.0	山东青州香山汉墓
886	K1X2区6：1090	陶鸡	汉		陶	外形基本完整，残断为四块，前期粘接。通体彩绘，绘有彩绘纹饰。表面有脱落、泥土附着物、残断、剥落、结晶盐等病害	残	1	长：10.0 宽：3.6 高：6.0	山东青州香山汉墓
887	K1X2区2：226	陶鸡	汉		陶	保存不完整，残断为二块，头部残缺。通体彩绘，绘有彩绘纹饰。表面有脱落、泥土附着物、残断、剥落、裂隙等病害	残	1	长：10.4 宽：4.0 高：5.7	山东青州香山汉墓
888	K1X2区6南侧边缘：1057	陶鸟	汉		陶	通体彩绘，绘有彩绘纹饰。表面有脱落、泥土附着物、剥落等病害	残	1	长：10.1 宽：6.1 高：6.3	山东青州香山汉墓
889	K1X2区2：176	陶盖鼎	汉		陶	保存不完整，残断为二十九块。一足缺失，一足残缺。局部彩绘，绘有彩绘纹饰。表面有脱落、泥土附着物、残断、剥落、结晶盐等病害	残	1	口径：20.3 腹径：30.5 高：26.3	山东青州香山汉墓
890	K1X2区1：115	陶盖鼎	汉		陶	保存不完整，残断为十块，两足一耳缺失，盖残缺。通体彩绘，绘有彩绘纹饰。表面有脱落、泥土附着物、残断、剥落、刻画、结晶盐、植物损害、裂缝等病害	残	1	口径：14.3 腹径：24.6 高：15.2	山东青州香山汉墓
891	K1X2区1北部：135	陶盖鼎	汉		陶	保存不完整，残断为十二块。局部彩绘，绘有彩绘纹饰。表面有脱落、泥土附着物、残断、剥落等病害	残	1	口径：10.6 腹径：23.4 高：16.3	山东青州香山汉墓
892	K1X2区1：118	陶盖鼎	汉		陶	保存不完整，残断为数块，鼎腹部前期粘接。局部彩绘，绘有彩绘纹饰。表面有脱落、泥土附着物、残断、剥落、结晶盐等病害	残	1	口径：15.4 腹径：24.7 高：17.6	山东青州香山汉墓

续表

序号	总登记号	名称	年代	级别	质地	保存状况	完整情况	数量	尺寸（厘米）	出土地点
893	K1X2区1北部：121-2	陶盖鼎	汉		陶	局部彩绘，绘有彩绘纹饰。表面有脱落、泥土附着物、剥落等病害	残	1	口径：15.1 腹径：24.0 高：15.6	山东青州香山汉墓
894	K1X2区1东北角：109	陶盖鼎	汉		陶	保存不完整，残断为六块，两足、一耳缺失，盖残缺，盖前期粘接。局部彩绘，绘有彩绘纹饰。表面有脱落、泥土附着物、残断、剥落等病害	残	1	口径：17.7 腹径：27.5 高：20.5	山东青州香山汉墓
895	K1X2区1北部：121-1	陶盖鼎	汉		陶	局部彩绘，绘有彩绘纹饰。表面有脱落、泥土附着物、剥落等病害	残	1	口径：15.6 腹径：23.8 高：15.9	山东青州香山汉墓
896	K1X2区5中部偏北：891	陶盖鼎	汉		陶	局部彩绘，绘有彩绘纹饰。表面有脱落、泥土附着物、剥落等病害	残		口径：14.9 腹径：23.9 高：16.3	山东青州香山汉墓
897	K1X2区1：147	陶盖鼎	汉		陶	保存不完整，残断为六块，一足缺失、两足、陶盖鼎残缺。通体彩绘，绘有彩绘纹饰。表面有脱落、泥土附着物、剥落、残断、起翘、结晶盐、植物损害等病害	残	1	口径：14.3 腹径：24.6 高：15.2	山东青州香山汉墓
898	K1X2区2：189	陶盖鼎	汉		陶	保存不完整，残断为十六块，陶盖鼎残缺。局部彩绘，绘有彩绘纹饰。表面有脱落、泥土附着物、残断、剥落、结晶盐、植物损害等病害	残	1	口径：13.1 腹径：23.2 高：23.3	山东青州香山汉墓
899	K1X2区1：146	陶盖鼎	汉		陶	保存不完整，残断为三十五块，腹部、两足残缺。局部彩绘，绘有彩绘纹饰。表面有脱落、泥土附着物、残断、剥落、结晶盐等病害	残	1	口径：14.8 腹径：23.9 高：16.2	山东青州香山汉墓
900	K1X1区2：40	陶壶	汉		陶	保存不完整，残断为八十二块。局部彩绘，绘有彩绘纹饰。表面有脱落、泥土附着物、残断、剥落等病害	残	1	口径：16.5 腹径：39.6 高：58.8	山东青州香山汉墓
901	K1X1区5中部：100	陶壶	汉		陶	保存不完整，残断为六十九块，口沿、壶颈、腹部、壶底残缺。局部彩绘，绘有彩绘纹饰。表面有脱落、泥土附着物、剥落、残断、结晶盐、植物损害等病害	残	1	口径：12.5 腹径：34.9 高：42.0	山东青州香山汉墓
902	K1X2区5东部：877	陶耳杯	汉		陶	保存不完整，残断为十块，边缘缺失，底部残缺。局部彩绘，绘有彩绘纹饰。表面有脱落、泥土附着物、残断、剥落、植物损害等病害	残	1	长：19.6 宽：15.5 高：5.1	山东青州香山汉墓
903	K1X2区5东部：880	陶耳杯	汉		陶	保存不完整，残断为八块，边缘残缺。局部彩绘，绘有彩绘纹饰。表面有脱落、泥土附着物、残断、剥落等病害	残	1	口径：19.3 底径：11.8 高：5.3	山东青州香山汉墓
904	K1X2区5东部：876	陶耳杯	汉		陶	保存不完整，残断为七块，边缘残缺。局部彩绘，绘有彩绘纹饰。表面有脱落、泥土附着物、剥落、其他附着物、结晶盐等病害	残	1	长：18.8 宽：11.7 高：5.4	山东青州香山汉墓

续表

序号	总登记号	名称	年代	级别	质地	保存状况	完整情况	数量	尺寸（厘米）	出土地点
905	K1X2区5：879	陶耳杯	汉		陶	保存不完整，残断为六块，边缘残缺。局部彩绘，绘有彩绘纹饰。表面有脱落、泥土附着物、剥落、结晶盐等病害	残	1	长：19.8 宽：13.3 高：5.2	山东青州香山汉墓
906	K1X2区5东部：878	陶耳杯	汉		陶	保存不完整，残断为八块，边缘、底部部分缺失。局部彩绘，绘有彩绘纹饰。表面有脱落、泥土附着物、残断、剥落等病害	残	1	长：19.3 宽：15.0 高：5.5	山东青州香山汉墓
907	K1X2区3南部272之内：273	陶耳杯	汉		陶	保存不完整，残断为八块，边缘残缺。局部彩绘，绘有彩绘纹饰。表面有脱落、泥土附着物、剥落、结晶盐等病害	残	1	长：16.6 宽：13.5 高：4.6	山东青州香山汉墓
908	K1X2区3：307	陶耳杯	汉		陶	保存不完整，残断为六块，边缘、底部残缺。局部彩绘，绘有彩绘纹饰。表面有脱落、泥土附着物、剥落、结晶盐等病害	残	1	长：16.1 宽：13.9 高：4.4	山东青州香山汉墓
909	K1X2区3：321	陶耳杯	汉		陶	保存不完整，残断为十二块，边缘残缺。局部彩绘，绘有彩绘纹饰。表面有脱落、泥土附着物、剥落、残断等病害	残	1	长：19.6 宽：15.0 高：5.1	山东青州香山汉墓
910	K1X2区2：205	陶耳杯	汉		陶	外形基本完整，残断为六块，局部残缺。局部彩绘，绘有彩绘纹饰。表面有脱落、泥土附着物、剥落等病害	残	1	长：19.7 宽：15.2 高：5.0	山东青州香山汉墓
911	K1X2区2在208器盖下：210	陶耳杯	汉		陶	保存不完整，残断为八块，底部残缺。局部彩绘，绘有彩绘纹饰。表面有脱落、泥土附着物、残断、剥落等病害	残	1	宽：14.0 高：4.5	山东青州香山汉墓
912	K1X2区2：204	陶耳杯	汉		陶	保存不完整，残断为八块，边缘残缺。局部彩绘，绘有彩绘纹饰。表面有脱落、泥土附着物、剥落、残断、结晶盐等病害	残	1	长：19.5 宽：15.2 高：5.2	山东青州香山汉墓
913	K1X2区2：202	陶耳杯	汉		陶	保存不完整，残断为十二块，边缘残缺。局部彩绘，绘有彩绘纹饰。表面有脱落、泥土附着物、剥落等病害	残	1	长：19.4 宽：13.8 高：5.0	山东青州香山汉墓
914	K1X2区2：207	陶耳杯	汉		陶	保存不完整，残断为八块，边缘残缺。局部彩绘，绘有彩绘纹饰。表面有脱落、泥土附着物、剥落、残断、结晶盐等病害	残	1	长：19.3 宽：14.8 高：5.4	山东青州香山汉墓
915	K1X2区2：203	陶耳杯	汉		陶	保存不完整，残断为十二块，边缘残缺。局部彩绘，绘有彩绘纹饰。表面有脱落、泥土附着物、剥落、残断、结晶盐等病害	残	1	长：20.4 宽：15.7 高：4.2	山东青州香山汉墓
916	K1X2区1：143	陶耳杯	汉		陶	保存不完整，边缘残缺。局部彩绘，绘有彩绘纹饰。表面有脱落、泥土附着物、残断、剥落等病害	残	1	长：17.0 宽：13.9 高：5.3	山东青州香山汉墓

续表

序号	总登记号	名称	年代	级别	质地	保存状况	完整情况	数量	尺寸（厘米）	出土地点
917	K1X2区1：142内：144	陶耳杯	汉		陶	保存不完整，残断为四块，边缘残缺。局部彩绘，绘有彩绘纹饰。表面有脱落、泥土附着物、残断、剥落等病害	残	1	长：16.6 宽：13.8 高：4.7	山东青州香山汉墓
918	K1X2区1北142内：145	陶耳杯	汉		陶	保存不完整，残断为七块，边缘残缺。局部彩绘，绘有彩绘纹饰。表面有脱落、泥土附着物、剥落、残断、结晶盐等病害	残	1	长：16.0 宽：13.8 高：5.1	山东青州香山汉墓
919	K1X2区2：186	陶耳杯	汉		陶	保存不完整，残断为二块，边缘残缺，前期粘接。局部彩绘，绘有彩绘纹饰。表面有脱落、泥土附着物、剥落、残断、结晶盐、植物损害等病害	残	1	长：15.8 宽：13.7 高：4.5	山东青州香山汉墓
920	K1X2区2：187	陶耳杯	汉		陶	保存不完整，残断为五块，边缘残缺。局部彩绘，绘有彩绘纹饰。表面有脱落、泥土附着物、残断、剥落、结晶盐等病害	残	1	口径：15.0 底径：11.1 高：4.7	山东青州香山汉墓
921	K1X2区1：112	陶耳杯	汉		陶	外形基本完整，残断为二块。局部彩绘，绘有彩绘纹饰。表面有脱落、泥土附着物、残断、剥落、植物损害、结晶盐等病害	残	1	长：19.1 宽：15.5 高：4.6	山东青州香山汉墓
922	K1X2区2：209	陶耳杯	汉		陶	保存不完整，残断为五块，一耳、边缘残缺。局部彩绘，绘有彩绘纹饰。局部有脱落、泥土附着物、残断、剥落、植物损害等病害	残	1	长：16.7 宽：13.0 高：4.0	山东青州香山汉墓
923	KX2区2中193号内：195	陶耳杯	汉		陶	局部彩绘，绘有彩绘纹饰。表面有脱落、泥土附着物、剥落等病害	残	1	长：19.1 宽：14.9 高：5.0	山东青州香山汉墓
924	K1X2区6东北角：884	陶耳杯	汉		陶	保存不完整，边缘残缺，前期粘接。局部彩绘，绘有彩绘纹饰。表面有脱落、泥土附着物、剥落等病害	残	1	长：19.4 宽：15.0 高：5.6	山东青州香山汉墓
925	K1X2区6东北角：885	陶耳杯	汉		陶	保存基本完整。局部彩绘，绘有彩绘纹饰。表面有脱落、泥土附着物、剥落等病害	完	1	长：19.9 宽：15.4 高：4.9	山东青州香山汉墓
926	K1X2区1：108	陶耳杯	汉		陶	保存不完整，边缘残缺。局部彩绘，绘有彩绘纹饰。表面有脱落、泥土附着物、残断、剥落等病害	残	1	长：20.1 宽：15.5 高：4.8	山东青州香山汉墓
927	K1X2区1：110	陶耳杯	汉		陶	保存不完整，残断为二块，边缘残缺，前期粘接。局部彩绘，绘有彩绘纹饰。表面有脱落、泥土附着物、残断、剥落、起翘等病害	残	1	长：16.7 宽：14.1 高：5.1	山东青州香山汉墓
928	K1X2区1：111	陶耳杯	汉		陶	外形基本完整，前期粘接。局部彩绘，绘有彩绘纹饰。表面有脱落、泥土附着物、剥落等病害	残	1	长：17.2 宽：17.3 高：5.0	山东青州香山汉墓

续表

序号	总登记号	名称	年代	级别	质地	保存状况	完整情况	数量	尺寸（厘米）	出土地点
929	K1X2区1：113	陶耳杯	汉		陶	保存基本完整。局部彩绘，绘有彩绘纹饰。表面有脱落、泥土附着物、残断、剥落、植物损害等病害	残	1	长：19.2 宽：15.0 高：5.0	山东青州香山汉墓
930	K1X2区1：114	陶耳杯	汉		陶	保存不完整，边缘残缺。局部彩绘，绘有彩绘纹饰。表面有脱落、泥土附着物、剥落、植物损害等病害	残	1	长：19.5 宽：15.9 厚：5.0	山东青州香山汉墓
931	K1X2区2：206	陶耳杯	汉		陶	保存不完整，残断为三块，边缘残缺。局部彩绘，绘有彩绘纹饰。表面有脱落、泥土附着物、残断、剥落、结晶盐等病害	残	1	长：19.8 宽：15.3 高：4.8	山东青州香山汉墓
932	K1X2区2中193号内：194	陶耳杯	汉		陶	局部彩绘，绘有彩绘纹饰。表面有脱落、泥土附着物、剥落等病害	残	1	长：18.9 宽：14.3 高：5.1	山东青州香山汉墓
933	K1X2区2中193号内：196	陶耳杯	汉		陶	局部彩绘，绘有彩绘纹饰。表面有脱落、泥土附着物、剥落等病害	残	1	长：16.9 宽：14.1 高：5.1	山东青州香山汉墓
934	K1X2区5：889	陶耳杯	汉		陶	保存基本完整。局部部彩绘，绘有彩绘纹饰。表面有脱落、泥土附着物、剥落、起翘等病害	残	1	长：14.0 宽：11.7 高：4.0	山东青州香山汉墓
935	K1X2区5：890	陶耳杯	汉		陶	保存不完整，边缘残缺。局部彩绘，绘有彩绘纹饰。表面有脱落、泥土附着物、残断、剥落等病害	残	1	长：14.5 宽：11.4 高：3.3	山东青州香山汉墓
936	K1X2区5中部：911	陶耳杯	汉		陶	保存不完整，残断为三块。局部彩绘，绘有彩绘纹饰。表面有脱落、泥土附着物、残断、剥落等病害	残	1	长：19.6 宽：14.1 高：4.6	山东青州香山汉墓
937	K1X2区5中部：912	陶耳杯	汉		陶	保存不完整，边缘残缺。局部彩绘，绘有彩绘纹饰。表面有脱落、泥土附着物、剥落等病害	残	1	长：19.8 宽：15.0 高：5.6	山东青州香山汉墓
938	K1X2区5中部偏北：884	陶耳杯	汉		陶	保存不完整，边缘残缺，前期粘接。局部彩绘，绘有彩绘纹饰。表面有脱落、泥土附着物、剥落等病害	残	1	长：19.4 宽：15.0 高：5.6	山东青州香山汉墓
939	K1X2区5中部偏北：885	陶耳杯	汉		陶	保存基本完整。局部彩绘，绘有彩绘纹饰。表面有脱落、泥土附着物、剥落等病害	残	1	长：19.9 宽：15.4 高：4.9	山东青州香山汉墓
940	K1X2区5中部偏北：886	陶耳杯	汉		陶	保存不完整，残断为五块。局部彩绘，绘有彩绘纹饰。表面有脱落、泥土附着物、残断、剥落等病害	残	1	长：14.1 宽：10.6 高：3.8	山东青州香山汉墓

续表

序号	总登记号	名称	年代	级别	质地	保存状况	完整情况	数量	尺寸（厘米）	出土地点
941	K1X2区5中部偏北：887	陶耳杯	汉		陶	保存不完整，残断为五块。局部彩绘，绘有彩绘纹饰。表面有脱落、泥土附着物、残断、剥落等病害	残	1	长：15.0 宽：8.5 高：4.0	山东青州香山汉墓
942	K1X2区5中部偏北：888	陶耳杯	汉		陶	保存不完整，残断为七块。局部部彩绘，绘有彩绘纹饰。表面有脱落、泥土附着物、残断、剥落、裂缝等病害	残	1	长：17.2 宽：15.8 高：4.1	山东青州香山汉墓
943	K1X2区1：123	陶耳杯	汉		陶	外形基本完整、残断为二块。局部彩绘，绘有彩绘纹饰。表面有脱落、泥土附着物、剥落、残断、结晶盐病害	残	1	长：16.2 宽：4.2 高：12.9	山东青州香山汉墓
944	K1X2区1：124	陶耳杯	汉		陶	保存不完整，残断为十块，底部残缺。局部彩绘，绘有彩绘纹饰。表面有脱落、泥土附着物、剥落、残断、结晶盐等病害	残	1	长：16.3 宽：4.2 高：12.9	山东青州香山汉墓
945	K1X2区1：125	陶耳杯	汉		陶	保存基本完整。局部彩绘，绘有彩绘纹饰。表面有脱落、泥土附着物、剥落、残断、刻画、结晶盐、植物损害等病害	残	1	长：16.2 宽：12.9 高：4.2	山东青州香山汉墓
946	K1X2区1：126	陶耳杯	汉		陶	外形基本完整，残断为二块。局部彩绘，绘有彩绘纹饰。表面有脱落、泥土附着物、残断、剥落等病害	残	1	长：16.3 宽：12.9 高：4.2	山东青州香山汉墓
947	K1X2区1：127	陶耳杯	汉		陶	保存不完整，残断为七块，边缘、底部残缺。局部彩绘，绘有彩绘纹饰。表面有脱落、泥土附着物、残断、剥落、结晶盐等病害	残	1	长：16.3 宽：12.9 高：4.2	山东青州香山汉墓
948	K1X2区1：128	陶耳杯	汉		陶	保存基本完整。局部彩绘，绘有彩绘纹饰。表面有脱落、泥土附着物、剥落、结晶盐、其他附着物等病害	残	1	长：16.2 宽：4.2 高：12.9	山东青州香山汉墓
949	K1X2区3中部：251	陶盒	汉		陶	保存不完整，残断为十二块，边缘、腹、底残缺。局部彩绘，绘有彩绘纹饰。表面有脱落、泥土附着物、剥落、残断、硬结物、结晶盐等病害	残	1	口径：20.1 高：9.6	山东青州香山汉墓
950	K1X2区1：142	陶盒	汉		陶	保存不完整，残断为十三块，边缘、底部残缺。局部彩绘，绘有彩绘纹饰。表面有脱落、泥土附着物、剥落、残断、裂缝、其他附着物、植物损害、刻画、结晶盐等病害	残	1	口径：21.1 高：9.4	山东青州香山汉墓
951	K1X2区2：185	陶盒	汉		陶	保存不完整，残断为三块，边缘、腹部残缺。局部彩绘，绘有彩绘纹饰。表面有脱落、泥土附着物、残断、剥落、结晶盐等病害	残	1	口径：18.6 高：9.6	山东青州香山汉墓
952	青州香山汉墓K1X2区5东部：854	陶盒	汉		陶	保存不完整，边缘、底部残缺。局部彩绘，绘有彩绘纹饰。表面有脱落、泥土附着物、残断、剥落、结晶盐等病害	残	1	口径：21.0 高：9.3	山东青州香山汉墓

续表

序号	总登记号	名称	年代	级别	质地	保存状况	完整情况	数量	尺寸（厘米）	出土地点
953	K1X2区3：246	陶盒	汉		陶	保存不完整，残断为二十七块，边缘、腹、底部残缺。局部彩绘，绘有彩绘纹饰。表面有脱落、泥土附着物、残断、剥落、结晶盐等病害	残	1	盒1：高：10.0 口径：20.5 盒2：高：8.8 口径：23.5	山东青州香山汉墓
954	K1X2区1东北角：107	陶盒	汉		陶	局部彩绘，绘有彩绘纹饰。表面有脱落、泥土附着物、剥落等病害	残	1	口径：20.4 高：10.2	山东青州香山汉墓
955	K1X2区3南部：285	陶盒	汉		陶	保存不完整，残断为二十四块，边缘、底部残缺。局部彩绘，绘有彩绘纹饰。表面有脱落、泥土附着物、剥落、残断、植物损害等病害	残	2	口径：21.0 高：10.2	山东青州香山汉墓
956	K1X2区5：920	陶卮	汉		陶	保存不完整，残断为十五块，口沿、腹部下方残缺。局部彩绘，绘有彩绘纹饰。表面有脱落、泥土附着物、残断、剥落、其他附着物等病害	残	1	腹径：11.1 高：12.0	山东青州香山汉墓
957	K1X2区5：921	陶卮	汉		陶	保存不完整，残断为十四块，边缘残缺。局部彩绘，绘有彩绘纹饰。表面有脱落、泥土附着物、残断、剥落、其他附着物等病害	残	1	腹径：12.9 高：12.5	山东青州香山汉墓
958	K1X2区5东部：919	陶卮	汉		陶	保存不完整，残断为十四块，三足缺失，口沿、腹部残缺。局部彩绘，绘有彩绘纹饰。表面有脱落、泥土附着物、剥落、其他附着物等病害	残	1	腹径：11.9 高：11.7	山东青州香山汉墓
959	K1X2区5东部：859	陶卮	汉		陶	保存不完整，残断为十一块，三足、两环缺失，部分残缺。局部彩绘，绘有彩绘纹饰。表面有脱落、泥土附着物、剥落、残断等病害	残	1	腹径：12.0 高：12.5	山东青州香山汉墓
960	K1X2区5东部：923	陶卮	汉		陶	保存不完整，残断为十五块，口沿、底部残缺。局部彩绘，绘有彩绘纹饰。表面有脱落、泥土附着物、剥落、其他附着物等病害	残	1	腹径：8.6 高：9.2 厚：0.9	山东青州香山汉墓
961	K1X2区5：919	陶卮	汉		陶	保存不完整，残断为十四块，三足缺失，口沿残缺。局部彩绘，绘有彩绘纹饰。表面有脱落、泥土附着物、残断、剥落、其他附着物等病害	残	1	腹径：11.3 高：11.7	山东青州香山汉墓
962	K1X2区5：894	陶卮	汉		陶	保存不完整，残断为十八块，环、三足缺失，腹部残缺。局部彩绘，绘有彩绘纹饰。表面有脱落、泥土附着物、剥落等病害	残	1	腹径：11.4 高：12.4	山东青州香山汉墓
963	K1X2区5东部：858	陶卮	汉		陶	保存不完整，残断为十四块，两环、三足缺失，口沿、腹部、底部残缺。局部彩绘，绘有彩绘纹饰。表面有脱落、泥土附着物、剥落等病害	残	1	腹径：11.5 高：11.7	山东青州香山汉墓

续表

序号	总登记号	名称	年代	级别	质地	保存状况	完整情况	数量	尺寸（厘米）	出土地点
964	K1X2区6西北角：1048	陶卮	汉		陶	保存不完整，残断为十三块，环、一足缺失，口沿、腹部、底部残缺。局部彩绘，绘有彩绘纹饰。表面有脱落、泥土附着物、剥落、其他附着物等病害	残	1	腹径：11.6 高：12.4	山东青州香山汉墓
965	K1X2区2：177	陶卮	汉		陶	保存不完整，残断为数块，边缘残缺。局部彩绘，绘有彩绘纹饰。表面有脱落、泥土附着物、残断、剥落、其他附着物等病害	残	1	腹径：11.5 高：12.3	山东青州香山汉墓
966	K1X2区5东南部：932	陶卮	汉		陶	保存不完整，口沿残缺。局部彩绘，绘有彩绘纹饰。表面有脱落、泥土附着物、剥落、残断、结晶盐、其他附着物等病害	残	1	腹径：11.2 高：11.9	山东青州香山汉墓
967	K1X2区5东南部：927	陶卮	汉		陶	保存不完整，残断为四块，口沿残缺。局部彩绘，绘有彩绘纹饰。表面有脱落、泥土附着物、残断、剥落、结晶盐、植物损害等病害	残	1	腹径：8.9 高：9.5	山东青州香山汉墓
968	K1X2区5东部：918	陶卮	汉		陶	保存不完整，残断为六块，一足残缺。局部彩绘，绘有彩绘纹饰。表面有脱落、泥土附着物、残断、剥落、结晶盐等病害	残		腹径：11.0 高：13.6	山东青州香山汉墓
969	K1X2区5东部：922	陶卮	汉		陶	保存不完整，残断为二块，两足缺失，口沿残缺。局部彩绘，绘有彩绘纹饰。表面有脱落、泥土附着物、残断、剥落、裂缝、其他附着物等病害	残	1	腹径：9.8 高：9.5	山东青州香山汉墓
970	K1X2区5东南部：937	陶卮	汉		陶	保存基本完整。局部彩绘，绘有彩绘纹饰。表面有脱落、泥土附着物、剥落等病害	残	1	腹径：8.2 高：9.0	山东青州香山汉墓
971	K1X2区5东部：916	陶卮	汉		陶	外形基本完整，残断为四块。局部彩绘，绘有彩绘纹饰。表面有脱落、泥土附着物、残断、剥落、其他附着物等病害	残	1	腹径：11.1 高：12.1	山东青州香山汉墓
972	K1X2区1：141	陶卮	汉		陶	保存不完整，残断为九块，口沿残缺。局部彩绘，绘有彩绘纹饰。表面有脱落、泥土附着物、剥落、残断、裂缝、其他附着物、植物损害、结晶盐等病害	残	1	腹径：11.5 高：12.3	山东青州香山汉墓
973	K1X2区1：148	陶卮	汉		陶	保存不完整，残断为五块，一足缺失，口沿残缺。局部彩绘，绘有彩绘纹饰。表面有脱落、泥土附着物、残断、剥落、植物损害等病害	残	1	腹径：10.8 高：13.4	山东青州香山汉墓
974	K1X2区1：119	陶卮	汉		陶	保存不完整。局部彩绘，绘有彩绘纹饰。表面有脱落、泥土附着物、残断、剥落、植物损害等病害	残	1	腹径：10.3 高：11.4	山东青州香山汉墓
975	K1X2区5东部：917	陶卮	汉		陶	保存基本完整。局部彩绘，绘有彩绘纹饰。表面有脱落、泥土附着物、剥落等病害	残	1	腹径：11.2 高：12.1	山东青州香山汉墓
976	K1X2区5南侧边缘：1185	陶卮	汉		陶	局部彩绘，绘有彩绘纹饰。表面有脱落、泥土附着物、剥落等病害	残	1	腹径：11.1 高：12.0	山东青州香山汉墓

续表

序号	总登记号	名称	年代	级别	质地	保存状况	完整情况	数量	尺寸（厘米）	出土地点
977	K1X2区6南部边缘：1078	陶卮	汉		陶	保存不完整，底部残缺。局部彩绘，绘有彩绘纹饰。表面有脱落、泥土附着物、残断、剥落、其他附着物等病害	残	1	腹径：10.9 高：11.4	山东青州香山汉墓
978	青州香山K1X2区5中部900盆内：907	陶卮	汉		陶	局部彩绘，绘有彩绘纹饰。表面有脱落、泥土附着物、剥落等病害	残	1	腹径：10.9 高：11.5	山东青州香山汉墓
979	K1X2区5东南部：928	陶卮	汉		陶	外形基本完整。局部彩绘，绘有彩绘纹饰。表面有脱落、泥土附着物、剥落、残断、其他附着物等病害	残	1	腹径：10.5 宽：11.1	山东青州香山汉墓
980	K1X2区1：136	陶卮	汉		陶	保存不完整，残断为三块，三足残缺。局部彩绘，绘有彩绘纹饰。表面有脱落、泥土附着物、残断、剥落、植物损害、其他附着物等病害	残	1	腹径：11.4 高：11.9	山东青州香山汉墓
981	K1X1区3中部偏东：44-1	陶尊盖	汉		陶	保存不完整，残断为十五块，边缘、内部残缺。局部彩绘，绘有彩绘纹饰。表面有脱落、泥土附着物、残断、剥落等病害	残	1	直径：43.8 厚：2.1	山东青州香山汉墓
982	K1X1区3南部：49-1	陶尊盖	汉		陶	保存不完整，残断为十五块，边缘残缺。局部彩绘，绘有彩绘纹饰。表面有脱落、泥土附着物、残断、剥落、结晶盐、植物损害等病害	残	1	直径：44.5 厚：11.1	山东青州香山汉墓
983	K1X1区3：48-1	陶尊盖	汉		陶	保存不完整，残断为十八块，边缘稍残。局部彩绘，绘有彩绘纹饰。表面有脱落、泥土附着物、残断、剥落、结晶盐等病害	残	1	直径：42.6 高：4.6 厚：1.3	山东青州香山汉墓
984	K1X2区5东南角：959	陶刀	汉		陶	保存不完整，残断为一块，陶刀柄缺失。局部彩绘，绘有彩绘纹饰。表面有脱落、泥土附着物、剥落、结晶盐、残断、植物损害等病害	残	1	长：22.8 宽：8.6 厚：2.5	山东青州香山汉墓
985	K1X2区5东南角：953	陶刀	汉		陶	外形基本完整，残断为二块。局部彩绘，绘有彩绘纹饰。表面有脱落、泥土附着物、结晶盐等病害	残	1	长：30.2 宽：7.6 厚：2.8	山东青州香山汉墓
986	K1X2区5东南角：954	陶刀	汉		陶	外形基本完整，残断为二块。局部彩绘，绘有彩绘纹饰。表面有脱落、泥土附着物、残断、剥落等病害	残	1	长：30.2 宽：6.6 厚：2.6	山东青州香山汉墓
987	K1X2区5东南角：951	陶刀	汉		陶	保存基本完整。局部彩绘，绘有彩绘纹饰。表面有脱落、泥土附着物、剥落等病害	残	1	长：30.0 宽：5.8 厚：3.0	山东青州香山汉墓
988	K1X2区5东南角：952	陶刀	汉		陶	保存基本完整。局部彩绘，绘有彩绘纹饰。表面有脱落、泥土附着物、剥落等病害	残	1	长：30.1 宽：5.9 高：2.7	山东青州香山汉墓

续表

序号	总登记号	名称	年代	级别	质地	保存状况	完整情况	数量	尺寸（厘米）	出土地点
989	K1X2区5东南角：950	陶刀	汉		陶	保存基本完整，残断为二块。局部彩绘，绘有彩绘纹饰。表面有脱落、泥土附着物、残断、剥落、其他附着物等病害	残	1	长：30.2 宽：6.1 厚：2.5	山东青州香山汉墓
990	K1X2区5东南角：955	陶刀	汉		陶	保存不完整，残断为二块。通体彩绘，绘有彩绘纹饰。表面局部落、泥土附着物、残断、剥落、植物损害等病害	残	1	长：31.0 宽：5.9 厚：2.9	山东青州香山汉墓
991	K1X2区5东南角：956	陶刀	汉		陶	外形基本完整，残断为二块。局部彩绘，绘有彩绘纹饰。表面有脱落、泥土附着物、残断、剥落、结晶盐等病害	残	1	长：33.6 宽：6.0 厚：3.1	山东青州香山汉墓
992	K1X2区5东南角：957	陶刀	汉		陶	外形基本完整，残断为二块，局部彩绘，绘有彩绘纹饰。表面有脱落、泥土附着物、残断、剥落、植物损害、刻画等病害	残	1	长：31.1 宽：8.9 厚：2.5	山东青州香山汉墓
993	K1X2区5东南角：958	陶刀	汉		陶	保存基本完整。局部彩绘，绘有彩绘纹饰。表面有脱落、泥土附着物、剥落等病害	残	1	长：30.8 宽：6.0 厚：2.9	山东青州香山汉墓
994	K1X2区7东南角：949	陶刀	汉		陶	保存基本完整，残断为十块。局部彩绘，绘有彩绘纹饰。表面有脱落、泥土附着物、残断、剥落起翘、植物损害等病害	残	1	长：30.2 宽：5.5 厚：2.8	山东青州香山汉墓
995	K1X2区6西北角：1045	陶盘	汉		陶	保存不完整，残断为三十七块，部分残缺，其中两块有前期粘接。局部彩绘，绘有彩绘纹饰。表面有脱落、泥土附着物、剥落、残断、其他附着物等病害	残	1	盘1：口径：25.3 高：6.0 盘2：口径：15.8 高：10.5	山东青州香山汉墓
996	K1X2区5东南部：933	陶盘	汉		陶	局部彩绘，绘有彩绘纹饰。表面有脱落、泥土附着物、剥落等病害	残	1	口径：40.0	山东青州香山汉墓
997	K1X2区5东南部：934	陶盘	汉		陶	局部彩绘，绘有彩绘纹饰。表面有脱落、泥土附着物、剥落等病害	残	1	口径：41.0	山东青州香山汉墓
998	K1X2区7中部偏南：947	陶盘	汉		陶	局部彩绘，绘有彩绘纹饰。表面有脱落、泥土附着物、剥落等病害	残	1	口径：25.6 高：10.5	山东青州香山汉墓
999	K1X2区7中部偏南：948	陶盘	汉		陶	局部彩绘，绘有彩绘纹饰。表面有脱落、泥土附着物、剥落等病害	残	1	口径：26.3 高：10.8	山东青州香山汉墓
1000	K1X2区2：208	陶器盖	汉		陶	保存不完整，残断为十三块，边缘、腹部残缺。局部彩绘，绘有彩绘纹饰。表面有脱落、泥土附着物、剥落、残断、结晶盐等病害	残	1	口径：23.9 高：7.8	山东青州香山汉墓
1001	K1X2区2中：190	陶器盖	汉		陶	保存不完整，残断为十一块，一侧部分缺失，边缘残缺。局部彩绘，绘有彩绘纹饰。表面有脱落、泥土附着物、残断、剥落、结晶盐、植物残留痕等病害	残	1	口径：24.4 高：8.5	山东青州香山汉墓

续表

序号	总登记号	名称	年代	级别	质地	保存状况	完整情况	数量	尺寸（厘米）	出土地点
1002	K1X2区6中部：991	陶簸箕	汉		陶	保存不完整，残断为十七块，边缘、内部残缺。通体彩绘，绘有彩绘纹饰。表面有脱落、泥土附着物、残断、剥落、其他附着物等病害	残	1	长：23.9 宽：23.2 高：9.5	山东青州香山汉墓
1003	K1X2区5东部：901、902-1	陶簸箕	汉		陶	保存不完整，残断为六块，局部残缺。局部彩绘，绘有彩绘纹饰。表面有脱落、泥土附着物、剥落、残断、刻画等病害	残	1	长：23.9 宽：23.6 高：9.5	山东青州香山汉墓
1004	K1X2区5东部：901、902-2	陶簸箕	汉		陶	保存不完整，残断为九块，边缘残缺。局部彩绘，绘有彩绘纹饰。表面有脱落、泥土附着物、剥落、残断、刻画等病害	残	1	长：23.7 宽：18.9 高：8.1	山东青州香山汉墓
1005	K1X3区3：495	陶簸箕	汉		陶	保存不完整，残断为十七块，底部残缺。局部彩绘，绘有彩绘纹饰。表面有脱落、泥土附着物、剥落等病害	残	1	长：23.7 宽：18.9 高：8.1	山东青州香山汉墓
1006	K1X2区3中部：251	陶簸箕	汉		陶	保存不完整，残断为十二块，边缘、腹、底残缺。局部彩绘，绘有彩绘纹饰。表面有脱落、泥土附着物、剥落、残断、硬结物、结晶盐等病害	残	1	长：23.6 宽：18.1 高：7.9	山东青州香山汉墓
1007	K1X3区3：492	陶簸箕	汉		陶	通体彩绘，绘有彩绘纹饰。表面有脱落、泥土附着物、剥落等病害	残	1	长：20.3 宽：17.8 高：10.6	山东青州香山汉墓
1008	K1X2区5西北角：816	陶钵	汉		陶	保存不完整，残断为七块，口沿残缺。局部彩绘，绘有彩绘纹饰。表面有脱落、泥土附着物、残断、剥落、结晶盐、起翘等病害	残	1	口径：18.7 底径：9.7 高：8.7	山东青州香山汉墓
1009	K1X1区4西南角：85	陶钫	汉		陶	局部彩绘，绘有彩绘纹饰。表面有脱落、泥土附着物、剥落等病害	残	1	长：10.9 宽：10.8 高：22.3	山东青州香山汉墓
1010	K1②区7西部：754	陶车	汉		陶	保存不完整，残断为数块。通体彩绘，绘有彩绘纹饰。表面有脱落、泥土附着物、残断、剥落、其他附着物、植物损害、结晶盐等病害	残	1	长：118.0 宽：75.0 高：73.0	山东青州香山汉墓
1011	K1②区7中部中间：743	陶车	汉		陶	保存不完整，残断为数块。通体彩绘，绘有彩绘纹饰。表面有脱落、泥土附着物、残断、剥落、其他附着物、植物损害、结晶盐等病害	残	1	长：120.0 宽：78.0 高：71.0	山东青州香山汉墓

后　记

当初在接受青州香山汉墓出土彩绘陶质文物保护修复项目工作时，周铁先生就给我提出要求，在项目完成后，撰写一部保护修复报告来总结项目实施过程中的各种经验和教训，以期为科研基地后续工作及其他陶质彩绘文物修复工程提供一些借鉴。但由于本人拙于文字，不擅于提炼总结，同时由于承担了多个保护修复项目，因此报告撰写工作一拖再拖。在领导的再三督促和同事们的不断鼓励下，终于起笔时才发现，这部报告的撰写于我而言是一项非常艰巨的任务，其难度甚至超过了项目本身的研究和实施。

回顾项目开展的初期遇到的诸多困难，如缺乏标准化的文物描述与病害标识方法、缺乏规范化的文物保护修复操作流程、缺乏专业修复技术人员且人员流动性大……但点滴积累，磨揉迁革，我们通过借鉴国内外文物保护修复文献与案例，结合工作中的实际问题，逐步统一了陶质彩绘类文物的描述与标识方法，避免因实施人员不同导致的描述方式与标识的差异；规范了该类文物的保护修复流程，并在此基础上形成了标准化的保护修复方案撰写方法与档案归档管理制度；同时在人员的培训方面也付出巨大的心血，看到一批批的专业技术人才在项目实施过程中从青涩到成熟最终独当一面，颇感欣慰。

于我而言倍感幸运的是，从项目的开展，到报告的撰写，都得到了来自领导、同事、同行朋友的大力支持。今天，这部报告终于完成了，我如释重负，内心充满了喜悦，也对大家给予的支持和帮助充满了感激。

感谢国家文物局、陕西省文物局、秦始皇帝陵博物院、青州市博物馆

各位领导在项目立项、实施、结项整个过程中的支持与指导。

感谢周铁先生给了我一个机会，使我能够参与这样一项重要的文物保护工作。

感谢青州市博物馆王瑞霞、周麟麟等同仁一直以来给予我的信任与肯定，这是项目能够开展的坚实基础和动力。

感谢为本项目提供技术支持的各位专家，通过大量的科学分析与实验保证了保护修复项目实施的科学化。

同心山成玉，协力土变金，项目的顺利结项离不开所有参与人员的辛勤付出和努力，在此对赵昆、夏寅、容波、马生涛、兰德省、毛小芬、朱振宇、惠娜、王伟峰、张益、王春燕、王东峰、黄建华、付倩丽、王亮、严苏梅、李华、马宇、张尚欣、李斌等各位同事表示衷心的感谢；感谢我院孙桢鹰同志为本书绘制了部分插图；感谢科学出版社赵越编辑为本书顺利出版付出的辛勤劳动。

最后，特别感谢詹长法、马涛、葛川、周双林老师对本书给予的悉心指导与帮助。

希望本书能够为从事文物保护修复专业技术人员提供一定的参考与示范。由于作者水平有限，书中难免存在不足，恳请大家不吝指正。

刘江卫

2020 年 4 月